合规一体化

从生态重塑到顶层战略规划

张能鲲 著

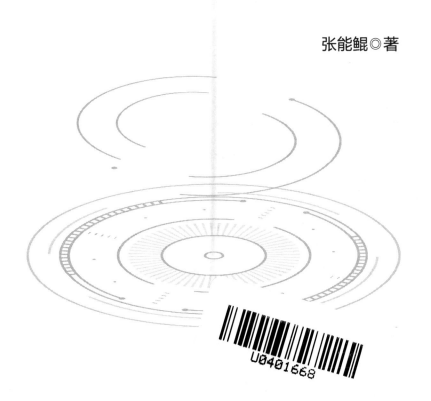

机械工业出版社
CHINA MACHINE PRESS

为达成企业风控合规生态重塑到顶层战略规划的落地，本书阐述了合规体系一体化转型融合对策，以助力企业实现合规体系专业化与数智化；就风控合规一体化的概念演进、顶层规划、专业实施、数智架构、模块迭代、共享实现、场景赋能等方面做了翔实的解读；系统解决了风控合规的风险管理、内部控制、合规管理、法务管理与内部审计的融合拓展与升级迭代难题；从专业化与数智化角度，给出了合规一体化建设的对策、方法、路径、框架；结合个性化和体系化的案例，图文并茂地阐释了如何循序渐进地实现风控合规一体融合的基础建设，并系统应用于顶层规划的落地实施；基于数智化转型大背景，给出了企业实现风控合规数智化转型和价值赋能的应对策略。本书具有较强的实用性，是业财融合、合规建设、风险管理、数智融合等公司治理方面人员和高校师生学习或实践的领航宝典。

图书在版编目（CIP）数据

合规一体化：从生态重塑到顶层战略规划/张能鲲著.—北京：机械工业出版社，2024.6
ISBN 978-7-111-75876-1

Ⅰ.①合…　Ⅱ.①张…　Ⅲ.①企业法–研究–中国　Ⅳ.①D922.291.914

中国国家版本馆 CIP 数据核字（2024）第 104720 号

机械工业出版社（北京市百万庄大街22号　邮政编码100037）
策划编辑：王　涛　　　　责任编辑：王　涛
责任校对：郑　婕　李　杉　责任印制：李　昂
河北宝昌佳彩印刷有限公司印刷
2024 年 7 月第 1 版第 1 次印刷
184mm×260mm・29 印张・646 千字
标准书号：ISBN 978-7-111-75876-1
定价：128.00 元

电话服务　　　　　　　　网络服务
客服电话：010-88361066　　机　工　官　网：www.cmpbook.com
　　　　　010-88379833　　机　工　官　博：weibo.com/cmp1952
　　　　　010-68326294　　金　　书　　网：www.golden-book.com
封底无防伪标均为盗版　　　机工教育服务网：www.cmpedu.com

序 一

当下我们所处的时代在被称为"数智时代"的同时，又被称为"数治时代"。就是因为治理成为时代的主题，而合规又是治理的首要命题，现代企业的合规已不仅仅是监管或其他外部的要求，而是内化在企业的生态系统中，尤其是成为有效防范化解重大风险的重要手段。正是在这一背景下，风控合规模式主动融入企业新发展格局，按照产业发展和企业协同落地的趋势，形成合规融合、风控集成、提质增效、系统布局风控合规的战略性规划，实现企业发展从量到质的转变，促进战略性产业的风控、合规、绿色、数字、规模的协同发展，推动企业塑造风控合规的核心竞争力，实现企业合规嵌套融合转型、企业风控系统结构优化、价值创造的风控合规的重大变革。

风控系统的合规融合，按照时代科技的生态重塑模式，无论是对于国有企业还是民营企业，均具有重大的时代意义，主要体现在如下三个方面：

首先，企业防范化解自身面临的重大风险，是各类企业必须履行好的基本责任。从国家层面，国务院和国务院国资委高度重视防范化解重大风险工作，要求中央企业切实履行好防范化解重大风险的政治责任。因此，从企业可持续经营角度，坚决打好打赢防范化解重大风险攻坚战，才能确保企业活下来，也才有资格讲如何活得好。实现可持续性发展，是各类型企业必须全力以赴推动的重要任务。

其次，防范化解重大风险是实现企业高质量发展的内在要求。企业面临复杂的外部环境，如何在转方式、调结构、换动力的发展阶段实现高质量发展是必须解决的问题。当前，企业发展面临复杂形势，尤其是发展的周期性问题和结构性问题相互交错、环境变化和体制变革相互影响。除此之外，企业的内部矛盾和外部冲击相互作用，对于存量风险和增量风险如果不做好系统性设计和前瞻性规划，则很可能不能对冲而导致相互叠加，导致企业在既有各类风险基础上风险频繁性高发、叠加性集中释放。因此，企业本身需要加快风险管理体系建设，将风控模式和治理能力现代化融合，系统防范化解各类可能出现的风险。与此同时，企业还需要做好守住不发生系统性风险的底线，只有以此为基础，才能为产业变革、质量变革、效率变革、动力变革提供坚强保障，形成坚固的企业风控合规"防火墙"。

最后，防范化解重大风险是创建一流企业的必由之路。做好风控合规，形成风控一体化的系统建设，是企业改革发展各项工作的前提。无论是国有企业对照国务院国资委提出的"三个领军""三个领先""三个典范"标准对标国际同行知名企业，还是民营企业等其他成分企业对照可持续发展逻辑推动系统风控合规建设，风险管理等软实力都是各类型企业当下面临的重要短板之一，也是创建一流示范企业必须夯实的企业基础。

因此，在企业不断推动商业模式变革、结合数字化科技体系赋能的转型调整之下，需要按照风控合规嵌套的要求，深入实施对标一流价值创造行动。基于合规的管控要求，企业还需要持续推进精益化管理，夯实风控合规管理要求的职业化、专业化、精细化、制度化、流程化"五化"基本功。

从系统性解决风控合规的要求来说，企业的风控与合规底线上也需要落实如下三个层面的设计与管控：

首先是企业安全环保层面。企业基于风险管理与合规管理的要求，落实安全管控的引领目标，固化安全巡视整改落实，层层管控确保安全生产责任匹配，形成生产制造应急管理体系，基于企业可持续运营模式落实风控应急处置能力。

其次是企业降本增效提质增收层面。企业需要系统落实法务管理，建设内控制度和风险管理，按照集约化、规模化、系统化、流程化、标准化、模块化的"六化"成本管控战略，强化企业从产品创新到生产成本费用管控。基于合规融合与集约管控要求，推动管理层级压缩，提升企业共享服务集成，加强资产盘活和处置。

最后是企业有效提升风险管控能力的综合层面。企业需要针对资金管理、全面预算、投资并购、科技创新、数字赋能等方面，系统加强风控合规的嵌入与融合力度，加强内部审计确认与外部评价效率，促进企业高效运作、依法合规、规避风险。基于内部审计的监督管理，协同推动企业纪检监察等监督管理，加强内部审计与纪检监察的确认与咨询功能，将"治未病"重于"治已病"的防范和教育功能系统推动落实，从企业可控的风控合规内部系统加强企业多维、立体式的风控建设。

然而，"黑天鹅事件""灰犀牛事件"层出不穷，不少企业因此蒙受巨大损失，甚至因此彻底破产倒闭，不少投资者、供应商也遭受连带损失。企业过往采取的专业性风险管理职责模式，在当前的经济发展形势之下不断出现断层。

由于企业风险管理是企业在生产经营中运用各种科学方法对各种可能发生的风险进行识别、预警和处理的过程，在当下的科技赋能阶段，要想有效利用大数据挖掘企业的相关风险知识，发现和挖掘各类有机联系的知识内容，构建知识的网络层次和框架结构，快速实现高新技术的快速发展，就需要将风控系统的各个环节节点从过往的专业化但松散的模式转型为专业化且集成化的模式。企业风险管理面临信息爆炸的难题和风险决策困难的巨大挑战。建设基于企业风险管理、合规管理、内部控制、法务管理等协同要求的公司风控合规治理库，就成为当前企业合规发展的新要求。

张能鲲先生基于他过往的实践经历，结合风控集成方案的实施团队及战略合作团队，实现了风控合规专业化的设计与实施工作，并解决了风控合规集成一体化模式设计的协同工作，在风控合规数字经济下的风控合规集成模式落地的诸多领域，服务了众多细分行业的龙头企业及潜力企业，并借助基于战略格局的风控合规专业化到集成化，系统助力企业风控系统的智能化转型，形成了"从实践中来，到实践中去"的风控合规场景架构设计，并实现了标准化输出的转型服务体系。

本书系统融合了权威的国际标准和国内标准，尤其是融合了国际标准组织（ISO）于 2021 年发布的 ISO 37301：2021《合规管理体系 要求及使用指南》，认为一个组织的合规管理体系应反映组织的价值观、目标、战略和合规风险，并应考虑组织环境。以此为基础，本书引用的组织的合规管理体系，一方面，形成了集约化、融合性的独到的转型方法，有效实用；另一方面，专业集成内容也完全遵循"良好治理""相称性""完整性""透明度""问责制""可持续性"等基本原则。本书还基于诸多相关规范及国内权威文件要求，提供了组织开发、实施、维护和改进一个有效的合规管理系统所需了解的主要内容，并基于数字化场景给出了系统的设计建议。

因此，企业股东会和董事会成员、企业管理层和经理层、企业合规人员、法务人员、审计人员、内控人员、风险管理类相关人员，都可以通过系统阅读本书，为企业提供精准的风控决策的有效对策，或是潜移默化地融合进企业工作中，形成系统的落地思路。

李维安

南开大学讲席教授、中国公司治理研究院院长

2024 年 5 月 31 日

序 二

合规已成为现代企业生存发展的时代命题。企业需要系统开展合规工作，并达成建立合规组织相对健全、制度相对完备、流程相对规范的合规管理体系的基础目标。此外，企业合规工作还需要基于此，实现风控合规的融合，并就风控合规与业务有机融合，建设体系健全规范有效、成效显著、合规文化全面普及的企业合规文化。长期从事产学研一体化实务工作的张能鲲博士所写的这本《合规一体化：从生态重塑到顶层战略规划》，有助于读者系统学习大合规体系下风控合规一体化的最新理论和实践方面的知识。

从我自身的经历和实践及理解来说，企业遵循建设一流企业治理的标准，实现基于企业特色，达成有机融合、协同联动、试点先行、分布推进的工作原则，循序渐进构建企业合规管理体系，合规工作任重道远。

企业建设合规工作主要涉及如下两大方面：

一方面，需要结合企业特色确立企业管理重点，建立健全合规管理制度体系；健全保障机制，发挥合规管理工作效能；解决企业合规体系建设的系统性问题。从这个层面来说，还需要区分国有企业与民营企业的运作模式。

国有企业的合规特色，体现为反腐败、专项合规和全面合规等多项合规内容，涉及多个条线。国有企业的合规体系建设，需要划分为以三个阶段为代表的相关阶段，实现合规的外规、内规、价值观的融合协同。因此，国有企业在建设合规体系过程中，需要解决合规、风控、内控、法务、违规追责等职能的融合。

民营企业的合规体系建设，除了上述阶段，还需要以由主业引领的全面风险管理为导向，落实影响民营主业重大风险的防控要求；以内部控制为手段，支撑流程控制的有效运行；以合规管理为底线，保障经营行为依法合规；以权利义务为基础，集成融合，降本增效，系统打造企业多维度的"防火墙"，系统维护企业利益。

另一方面，当前企业的数字化转型如火如荼，企业数字化转型、节点创新发展与突破已成为促进企业发展壮大的重要因素。企业数字化转型是对传统业务进行升级改造，以适应时代需求，是企业价值链的重塑，是基于数字化的管理体系变革。业内标杆企业以行业的数字化标杆企业为目标，依靠新一代数字化技术推进企业管理、业务、办公"智慧"转型，打造数字合规企业，是大势所趋。

数字化思维模式之下，企业面临如下几个问题亟待突破：

- 全面风险管理 ERM 模式制度逻辑、优势与挑战，行业应该如何应对？
- 从财务型风险管理模式到融合业财技政的风险管理模式的迭代，尤其是科技迭代与产业行业融合的持续发展、企业的共享模式、融合业财技政的设计，模块化分解如何实现嵌入与融合？

● 企业如何实现从资产流动性风险识别到系统性的前瞻性风险识别？

● 企业共享服务的精细化和模块化的演进发展，企业各个共享服务模块如何嵌入风险识别的底层逻辑？如在企业常见的财务共享的资金司库中，如何嵌入风险识别的底层逻辑并做系统迭代？

● 基于财务价值创造模式，财务共享如何从企业风险损失的规避思维到风险溢价思维的迭代？

● 基于商业模式变化的风控集成模式之下，从企业风控物理平台到企业风控虚拟平台，企业如何嵌入财务共享模式的迭代？

以上这两大方面的问题，也就是风控不断集成和扩界、风控融合商业模式、风控嵌入数字化科技并协同实现底线思维的融合，需要系统思考企业如何从风险事后处置到风险过程防控的迭代、企业的总体目标管理如何与风险管理有机融合、企业财务共享目标管理如何与风险管理有机协同。

此外，企业还需要基于业财一体化的融合模式，思考如何实现从风险职能管理到风险治理一体化运作的迭代。与此同时，数据资产在数字化转型之下，企业需要实现从粗放型风控文化到持续降低风险图谱文化的迭代，并针对大的风险环境，接近企业从舆情"做空"的管控到机制型应对的迭代，并形成财务共享传导和财务共享系统的应对机制。而这些内容的落实，需要企业针对合规的要求，并结合法务管理、风险管理、内部控制、合规管理融合的要求，实现集成与平台化的改革创新、提质创效、对标创优、价值创造，并基于融合效率和效果，借助企业内部审计的确认与评价，实现企业"三道防线"风控体系的融合落地。

张能鲲博士针对企业战略目标实现的风控合规与业财一体的融合，推动企业实现可持续发展，针对既有科技赋能工具，结合合规集成与融合需要的路径与规划，对合规当下环境中牵涉的各个合规细节、融合合规转型案例进行解读，非常接地气，值得企业中负责做决策的董事、负责执行的管理层、合规实操相关人员、风控法务相关人员一读。

张能鲲博士长期在企业从事公司治理决策与管控工作，与第三方中介公司视角完全不同。因此，这本书基于公司治理的演进路线，推动风控合规的设计与执行过程中的动态优化的模式非常新颖；同时，持续优化迭代，以不拘泥于传统的、说教的方式叙述原本乏味、枯燥的风控合规方案，更具可读性；在科技融合方式之下，基于企业大合规场景的场景化模式，从风控合规专业化到场景化，从企业传统公司治理的大合规模式到科技赋能下公司治理的动态场景合规架构师模式，既有专业理论高度，又有协同效果，不同于以往的纯传统理论型书籍。

此外，针对合规一体化实现的路径规划，这本书从风控合规的转型、数字化赋能、企业整体融合与风控模型建设等方面提出了很好的落地建议，尤其是合规五位一体系统化落地和数字化转型建议都是基于企业发展战略规划目标的高度而得出的，对于如何实现合规集成的智能化转型也很有见地和高度。这得益于张能鲲博士多年的数字化转型和公司治理推动的一线合规化融合实践。此外，这本书在应用端也有不少非常有益的创新应用的建议和探索，能够给实务工作者带来非常有益的启发，对于高校相关专业师生而言也是一本非常好的指导性教材。

王春阁

招商局总法律顾问，北大法学博士，京能集团外部董事，国务院特殊津贴专家

2024 年 5 月 31 日

前　言

最大的风险就是错失机遇，最大的机遇需要管住风险。当前，企业面临着世界格局不断重塑、各类突发事件频发、经济下行压力持续加大等多重考验和冲击。国内针对经济的稳增长、稳就业、稳物价及相关财政金融政策频出，以达成不断推动市场需求持续恢复、生产供给持续增加、发展质量持续提高的目标。

在多重考验和冲击的大环境下，企业不仅需要围绕高质量发展的任务，推动企业转方式、调结构、增动能等企业治理各个方面的措施，还需要应对通货膨胀等引发的全球格局调整，以及全球产业链、供应链调整重构对产业发展带来的新挑战和不确定性。企业要落实全面深化改革、实现高质量发展，除了需要围绕"深化改革、数字赋能、创新创效、降本增效、现金为王"的工作主线，还需要全面加强企业风控合规建设。

加强企业合规管理，是培育世界一流企业、推动经济高质量发展的客观要求，是企业治理体系和治理能力现代化的应有之义。企业基于法治建设，强化依法合规经营，有效防范合规风险，推动实现合规管理体系建设系统全覆盖、持续优化提升、合规管理体系考核评价的闭环工作。企业必须与时俱进，采取系统的合规生态重塑方式，应对合规管理的国际变化和国内变化，实现企业合规顶层战略的规划和落地。

当前，合规管理的国际趋势呈现如下四个方面的巨大变化：首先，合规监管范围逐步扩大。随着科技的进步和数字化的赋能，企业的商业模式、业务范围、交易模式在不断变化，合规监管的范围也在不断扩大，以涵盖新的业务领域和新型合规问题。其次，合规监管标准不断提高。国际组织和国家层面对合规监管的要求越来越严格，标准也在不断提高和细化。再次，数据的合规流动和隐私保护。随着数字化的发展，数据流动和隐私保护成为重要的合规议题，企业需要遵守数据保护法律法规，确保合规处理企业与相关个人数据。最后，企业合规的社会责任凸显。在企业社会责任不断明确的大环境下，企业不仅需要关注经济效益，还需要积极履行环境保护、社会责任和公司治理等多个方面的合规责任。

从合规管理的国内趋势来看，国内合规管理制度也在不断演进发展。2014 年，国家将全面合规管理的重要性提至前所未有的高度。2018 年，国务院国资委印发《中央企业合规管理指引（试行）》，对中央企业合规管理提出了"硬性要求"。同年，国家发展改革委等多部门联合印发《企业境外经营合规管理指引》，对全球化背景下的企业合规管理提出了明确要求。2020 年，检察机关开始推进合规不起诉试点，使得合规管理逐步成为企业刚需。2021 年，企业合规管理成为大势所趋，全国各类央国企均不同程度地加强了合规管理，以防范化解各类风险。2022年，国务院国资委部署开展"合规管理强化年"，深入开展央企全面合规体系建设，落实合规入岗入流程。2023年，国务院国资委正式颁布《中央企业合规管理办法》，以部门规章形式进一步推动中央企业加强合规管理。

随着合规监管制度的不断完善，国内合规管理呈积极发展趋势，具体表现在如下两个方面：一是法律法规体系不断完善，政府自上而下高度重视合规管理，不断完善相关法律法规体系。一系列涉及企业合规的法律法规为企业提供了明确的合规要求和指导；监管部门加强执法，国内监管部门在合规管理领域加大了执法力度。通过采取对企业进行监督检查、违规行为处罚等方式，推动企业加强合规管理。二是企业重视程度不断提升。随着国内市场竞争的加剧和法律法规要求的提高，企业越来越意识到合规管理的重要性。特别是近年来涌现出很多企业因违规经营而导致重大风险的案例，促使合规管理正在成为企业管理的必要组成部分和刚需。但不少企业依然面临风控合规管理的落地难题，主要是基于如下三方面的原因：

首先，企业风险管理、内部控制系统方面存在问题。虽然很多企业建立了基于企业自有资源的风控系统，但是在当前的环境之下，企业内外部环境变化很大，风控系统如果不能实现动态融合与优化，企业就仍然会出现新的问题和新的矛盾。尤其是在不断推动数字化转型的背景之下，企业潜在风险不断积累，如果未能及时处理，爆发的时间段就会不断缩短，给企业带来巨大风险。这包括：风险防控系统与业务系统的紧耦合导致重复建设和数据孤岛，工作模式孤立、滞后，对风险的描述不够全面，碎片化、局部化问题严重；当新的业务增加时，重新增加新功能往往严重滞后；企业快速存储与算力的限制导致风险防控计算速度的瓶颈，无法进行实时分析，也无法快速提供辅助决策，然而企业获得实时决策能力并实现转化已逐渐成为风险防控系统的标配；企业的规则模型迭代周期长导致无法应对层出不穷的新风险、新业务。

其次，企业合规管理、法务管理等方面存在问题。美国发起人组织委员会（COSO）在《企业风险管理——整体框架》这份报告中，根据风险管理目标将企业风险分为战略风险、经营风险、财务风险、合规风险等，将合规风险视为企业风险的一部分。在当下，我国有不少大型国有企业正在推进内控管理体系、全面风险管理体系和合规管理体系建设，不少民营企业也在不断采取集成集约专业模式推动企业合规管理。但从当前看，很多企业的合规管理普遍存在如下问题：合规管理理念有待提高，重视业务发展、忽视合规管理；合规管理方法需要创新，以往多以定性分析为主、以定量分析为辅，没有标准的测算模型，人为因素占主导地位；传统的人工核查无法满足监管要求；合规管理体系有待完善，合规管理框架不完善、合规管理运行机制不健全、合规管理信息系统单独存在，不能及时获得其他数据系统的共享数据；合规考核落实不力，队伍建设力度不够。

最后，企业接受内部审计与外部审计或其他机构评价确定方面存在问题。审计确认层面的问题主要体现在企业落实合规风险的工作细节不到位引发的风险。针对此类风险，笔者通过调查问卷进行了归类分类，重点体现在如下四个方面：

一是合规风险清单问题。各部门风险清单的梳理过程是中介机构和法务部门通过访谈职能部门、梳理制度、制定风险清单初稿，部室评定风险，中介机构完善风险清单输出风险清单成果实现的。出于对合规管理理解不足及后期被检查的顾虑，不少企业的各相关部门往往欠缺识别所涉外部合规要求并将其转化为内部规章制度的自觉或者"避重就轻"混淆风险点的轻重，而中介机构和法务部门则往往因对其部门相关业务缺乏深入了解，而欠缺识别有关外部合规要求并将其转化为合规风险清单的能力或条件，进而造成部门合规管理风险清单不能全面涵盖或者准确认定部门风险等级的问题，导致合规风险清单界定不准确。

二是合规管理体系建设进度问题。从合规管理建设的认识上看，不少企业由于合规管理建设工作采取的是集中式而非渐进式的建设，在体系建设的认识上存在不统一的问题，尤其体现在理解合规管理与内控、风险管理的内在联系和显著区别方面，造成建设前期理解不清、项目推进缓慢的情况。在内部控制制度上，不少企业在推进规章制度合规审查梳理的过程中，存在制度存档分散、没有及时更新、没有及时反馈等现象，导致制度收集利用存在滞后的情况；在合规成果输出过程中，中介机构存在对制度理解消化、其他企业合规制度借鉴转化、合规过程性成果完善优化等，造成工作进展缓慢或无效等问题。在合规制度审核审查工作中，法务部门作为企业合规管理建设主导部门，对于中介机构提供的合规成果需要持审慎性态度，既要考虑各项合规制度尤其是运行机制与上级企业相衔接的问题，又要考虑合规成果在企业的适配性问题，以及影响项目时效延长的情况。此外，企业总部的相关会议等待也影响合规管理体系建设的项目工作进度。

三是合规管理数字化对策问题。企业实施数字化技术或信息技术，有助于全面提升企业的合规管理水平。信息化、数字化的实现，可以解决企业不同业务领域、不同部门、不同生产经营环节的信息共享，做到流程对接、工作联动，进而提高合规管理效能。而在当前的大环境下，不少企业的合规运行制度还停留在纸面上。一方面，无法实现运营信息化手段完整准确记录、相关合规工作信息保存，以及经营管理行为在线监控，进行合规风险分析，做出合规风险预警；另一方面，合规管理信息化的实现路径仅仅依靠没有打通的企业OA系统或其他相关系统，无法实现数据共享，数字化赋能合规方案远未成熟。要解决企业合规专业性落地问题，往往需要协同合规数字化与智能化。常规而言，企业合规需要融合嵌入企业管理，并在企业数字化转型过程中，通过系统化、集约化、集成化的合规智能化模式，实现合规专业化与智能化的系统落地。

四是企业合规运行机制问题。企业建设系统的合规方面的内部控制制度，包括合规管理办法等一揽子相关制度规范，可以系统地对合规各方面职责及合规咨询与举报等运行机制进行明确。不少企业在实际工作中还需要进一步探索并系统研究合规机制落实问题，如怎样调动相关部门将合规管理的工作要求嵌入业务流程，以实现对重点领域、重点环节、重点人员的有效覆盖，使各部门按照合规运行机制的要求落实到位，形成表里如一的落实，真正起到"三道防线"的作用。

为此，企业系统推动合规有效落地应从以下几个方面着手：做好一揽子的公司治理层面的合规工作和企业风控系统协同与融合工作，并借助内部审计或外部中介机构评价风控系统的实施效果；在做好成本可控的前提下，做好合规的管控措施和一揽子风控协同措施；锚定目标任务，全力保障企业任务指标完成；加强学习，提升能力，熟悉新政策、新法规，不断提高履职能力；加强沟通效率，与企业加强沟通协调，形成合力，解决历史遗留问题，助力企业提质增效。在此之外，企业还需要针对企业的可持续发展目标加强队伍培养，加大人员专业能力、信息化能力和综合素质培养力度，完善考核机制。除了需要打造一支能打硬战的业务人员队伍，还需要针对风控合规落地打造一支专职与兼职互相配合的风控合规人员队伍，以服务企业高质量发展。

企业应就风控系统做好协同与融合，以推动合规的系统落实。风控合规的关键节点体现在企业实现流程、制度、平台的协同，解决企业"三道防线"和证据链支持的协同，推动企业管理向有效风控支持企业可持续经营并持续向构建企业生态系统进化，改善企业生存状态，实现企业活下来、活得好、活得久的根本目标。这就有必要针对风控合规系统做好模块化分解，系统细化风控合规工具。借助风控合规各个工具的系统应用，企业可以系统实现企业风控合规五项职能的专业化运作，形成意识形态、底线思维、战略价值、制衡模式、兜底管控系统的落地。借助企业风险管理、内部控制、审计监督、合规和法务等专业部门的职能整合，通过一体化融合手段，做到既能成功化解存量风险，又能筑牢风险防范体系的有效企业治理的目标。

一体化融合层面，本书也体现出如下几个融合逻辑：

一是五位一体法务管理形成的预防机制的落实，重点关注外部法律法规的要求和权利维护。结合数字化转型融合在工具端的应用，企业法务管理落实企业供产销合同系统，提升企业业绩和竞争力，实现企业产销链条各环节的数字化和数据流通，运用大数据和智能算法技术挖掘数据价值、自动化处理业务、提供决策支持、驱动商业模式创新，实现企业法务管理的融合。

二是五位一体合规管理形成的底线思维的落实，重点关注内外部合规义务与合规要求。结合合规管理的底线思维，形成闭环逻辑的设计，就企业风控合规妥善构建五位一体监督机制，实施动态分类授权，实现治理管理与流程优化融合，推进合规建设，实现合规和内控融合，推进数字化转型，提升信息化管控水平，加强合规体系建设，完善责任体系。

三是五位一体监督机制结合企业内部控制的落实，重点关注流程的财务与运营目标，尤其是基于制度规章流程嵌套的核决权限的落实。企业按照制度规章的设计，通过核决权限的分授权模式，借助流程管控效果，提升企业成本费用支出的合理性和费用支出的"四流一致"匹配性，实现企业成本费用管理过程可控，系统提升企业流程管控下的降本增效、提质增收。

四是五位一体风险管理审计与监督机制，结合企业落地协同的平台化转型，重点关注公司的战略与绩效目标。企业的风控合规一体化的平台化管控，有助于形成"点、线、面、体"的立体式的平台化五项职能风控系统的架构模式。企业平台化管控模式，借助运用统一工作部署等方式完善企业管理，推动一体化建设，保证一体化工作体系的各个环节稳步运行。为系统克服五项职能本身各个环节职能规范等制度体系过多、容易出现偏重单项职能而忽略五项职能融合的流程管理，导致企业实践脱节、低效等问题，企业需要推动战略目标实现融合与嵌入五项职能的平台化。

在本书中，合规一体化实现了从传统、经典的理论抽样的专业化到集成化，既结合了笔者的企业实践经历和参与的现场实践调研，又结合了科技赋能的产业演进的普适性，以及国有企业系统的风控合规一体化转型的经验，从产业运营的内生式角度出发，给出了企业推动风控合规一体化的工具类建议和对策。

上述问题的解答，正是基于笔者亲身实践，基于企业外部环境变化引发的企业合规层面生态重塑到顶层战略层面应该给予解答的内容。企业风控合规体系建设一般分为三个阶段，从合规的外规建设阶段，到合规的企业内规转化阶段，再到企业合规价值观的融合转型阶段。在这三个阶段的合规体系建设过程中，企业需要解决合规、风控、内控、法务、内审监察的违规追责等职能的融合问题，需要考虑合规体系运行的系统化和一体化。

在本书撰写过程中，得到了中雪投资（北京）有限公司、中和财智云数字科技有限公司、北京米洛时代科技有限公司、北京在礼合规有限公司的大力支持。在合规专业化落地层面，胡国辉先生、赵亚先生、洪学智先生等30余位长期从事法务合规类工作和研究的相关专家、学者，给予了诸多建议、指导和指正；在数智化合规落地层面，刘定西先生、谷书锋先生、丁欣先生、窦威先生、王班先生等20余位长期从事智能化转型企业实践的专家、学者和软件设计师及架构师，对本书针对实践案例的数智化架构模式给予了非常中肯的改进和优化建议，这是本书数智化风控合规落地的关键。具体细节上，牛云鹏先生提供了智能合规模型的实施落地方案，王馨怡女士提供了智能审计的具体落地方案，这是本书两个细节点的补充；书稿学习交流层面，中国人民大学商学院等部分高校会计专硕和MBA对本书部分章节内容进行了斧正。这其中，赵志超女士、王君予先生、郝政和先生、杜灵杰先生、汉玉威女士、王晨阳女士等提供了书籍文稿学习后的交流意见，这为修订完善书稿提供了不少帮助；风控合规的顶层设计架构的动态演进层面，中国中车股份有限公司审计法务部部长陈震晗先生基于自己的实践工作经验和深厚的理论归纳和实践落地转化功力，对本书针对风控合规的章节提供了部分通用性素材整理指导，并给予了很多合规落地实施层面的非常中肯的指导意见。

此外，在合规调研实践层面，发放的调查问卷获得了不少企业相关人员的积极回复，一并感谢对本书调查问卷提供有效反馈的60余家央国企、外资企业、民营企业的相关股东、董监事、经理层、财税法务类高级管理人员和相关专业人员，这些一手的、最新的信息尤其是有关合规数字化的革命性的进展信息非常让人振奋和震撼，通过更进一步的现场深入调研，对本书的编撰起到了十分重要的改进和优化作用。还有不少同行与同仁，也为本书提供了非常有价值的修改建议。不少参加过专项风控合规线上和线下培训的学员，除了对本书出版的期待，也给予了大量中肯的改进建议。在这里，一并向上述人员致谢。

目 录

序一
序二
前言

第一章 风控合规发展与一体化演进 1

第一节 新形势下企业合规环境 1
一、企业风控五项职能执行逻辑 4
二、风控发展趋势与制度规范 10

第二节 新形势下企业合规问题与对策 21
一、风控业务的常见困难与问题 21
二、企业合规实施的瓶颈与痛点 26

第三节 风控一体生态重塑与进阶 36
一、风险管理工作生态重塑基本逻辑 36
二、风控一体化模式的重塑优化与举措 39

第四节 风控一体数字融合演进 42
一、风控一体模式的设计总体方案 42
二、风控一体模式的进阶总体方案 49

第五节 本章小结 58

第二章 公司治理的风控合规职能设计 59

第一节 风险管理 59
一、概念界定与业务内涵 59
二、风险管理基本流程 65

第二节 法务管理 80
一、概念界定与业务内涵 80
二、法务发展及进阶 84

第三节 合规管理 90
一、概念界定与业务内涵 90

二、合规管控方式 99
　　三、合规管理标准 104
第四节　内部控制 110
　　一、概念界定与业务内涵 110
　　二、内部控制建设与评价 118
第五节　内部审计 127
　　一、概念界定与业务内涵 127
　　二、工作规划与保障措施 131
第六节　本章小结 137

第三章　公司治理的风控合规生态重塑 138
第一节　风险管理 138
　　一、数智化风控系统平台的功能阐述 138
　　二、风险管理的数字化模式与功能 142
第二节　法务管理 145
　　一、法务数字化转型的进程与生态 146
　　二、企业法务数字化转型的具体应用场景 149
第三节　合规管理 155
　　一、数字化合规框架规划与顶层设计 155
　　二、数字化合规管理路径与重点环节 163
第四节　内部控制 172
　　一、内部控制的智能化转型 172
　　二、内部控制五要素转型的体系完善 173
第五节　内部审计 182
　　一、内部审计转型模式 182
　　二、内部审计转型进阶 183
　　三、机器学习的智能审计应用 189
第六节　本章小结 191

第四章　风控合规五位一体系统融合治理 193
第一节　五位一体化管理提升设计策略 193
　　一、构建风控合规五位一体平台集成框架 194
　　二、构建风控合规五位一体平台协同维度 199
　　三、构建风控合规五位一体五项职能关系节点 204
第二节　五位一体的平台融合对策 207
　　一、五位一体合规设计 208

二、合规一体化的协同融合逻辑 ………………………………… 212
第三节　五位一体体系融合协同程序 …………………………………… 217
　　一、业财税与风控合规融合程序与方法 ………………………… 217
　　二、合规内控融合程序与方法 …………………………………… 225
第四节　五位一体的一体化审计设计 …………………………………… 229
　　一、企业内部审计的合规融合规范 ……………………………… 229
　　二、内部审计工作管理办法 ……………………………………… 232
第五节　本章小结 ………………………………………………………… 235

第五章　风控合规五位一体场景集成治理 … 237
第一节　场景集成的合规机制 …………………………………………… 237
　　一、合规场景建设运行机制 ……………………………………… 237
　　二、企业场景化合规审查机制 …………………………………… 239
第二节　构建"三道防线"合规管理体系 ……………………………… 244
　　一、"三道防线"的协同路径 …………………………………… 244
　　二、"三道防线"场景化穿透式建设 …………………………… 247
第三节　构建合规"三库"体系 ………………………………………… 248
　　一、合规风险识别的"三全"体系建设 ………………………… 248
　　二、合规风险识别的"三库"制度建设 ………………………… 250
第四节　构建合规"三张清单" ………………………………………… 253
　　一、合规"三张清单"概念与逻辑 ……………………………… 253
　　二、合规三张清单细化实施内容 ………………………………… 254
第五节　合规场景化融合程序与方法 …………………………………… 255
　　一、形成合规场景的体制协同 …………………………………… 255
　　二、合规场景化实施的过程程序 ………………………………… 258
　　三、场景化合规防范重大风险实施步骤 ………………………… 263
第六节　本章小结 ………………………………………………………… 270

第六章　企业风控合规数据信息库建设 … 271
第一节　数智化通用平台及合规嵌入建设 ……………………………… 271
　　一、总体方案设计 ………………………………………………… 271
　　二、数智化场景合规 ……………………………………………… 275
第二节　数智化合规数据信息库建设 …………………………………… 283
　　一、数据合规信息库建设风险与可行性 ………………………… 283
　　二、数据合规信息库建设原则与方案 …………………………… 285
第三节　数智化合规数据治理与创新建设 ……………………………… 288

一、企业合规数据治理 ·· 289
　　二、解析关键风控流程与合规创新 ··· 291
第四节　数智化合规的科技技术建设 ··· 294
　　一、合规智能化系统建设 ·· 294
　　二、智能风控大数据建设与成果 ·· 296
第五节　数智化合规的大模型融合建设 ··· 299
　　一、合规模型场景模型设计总体方案 ··· 299
　　二、合规模型场景模型设计动态方案 ··· 300
第六节　本章小结 ·· 305

第七章　企业风控合规模型标准化建设 ·· 306
第一节　数智化合规模型合规库建设 ··· 306
　　一、数智化合规模型信息库建设 ·· 307
　　二、业务场景和规则指标模型驱动 ··· 311
第二节　数智化合规模型治理体系建设 ··· 312
　　一、企业风控合规模型的安全治理建设 ·· 312
　　二、企业风险智能识别模型建设 ·· 313
第三节　数智化合规模型应用规则建设 ··· 315
　　一、基于风控合规设计的全域网络建设 ·· 316
　　二、企业风控合规模型的数据与运营融合建设 ·································· 320
第四节　数智化合规模型量化系统建设 ··· 323
　　一、数据中台升级及数据治理 ·· 324
　　二、企业风控模型数据合规治理 ·· 324
第五节　数智化合规模型数据链接建设 ··· 327
　　一、智能合规重点模块 ··· 327
　　二、AI智能合规模型的核心功能 ·· 335
　　三、风险管理应用场景架构设计分类 ··· 339
第六节　本章小结 ·· 340

第八章　企业风控合规平台化系统建设 ·· 342
第一节　合规系统平台集成建设 ·· 342
　　一、数字底座的合规底座嵌入设计 ··· 343
　　二、数字底座的合规底座融合中台嵌入设计 ···································· 346
第二节　合规系统模型集成建设 ·· 349
　　一、实施方案与嵌套合规设计安排 ··· 349
　　二、合规嵌入业财系统的融合 ·· 350

  第三节 合规系统中台方案建设 …… 352
    一、通用业务中台建设 …… 353
    二、智能合规中台建设七步法 …… 357
  第四节 合规系统功能技术建设 …… 373
    一、数字化合规风控系统技术架构 …… 373
    二、合规融合数据合规效益 …… 377
    三、智能风控大数据平台建设 …… 377
  第五节 合规系统架构方案建设 …… 379
    一、合规嵌套的系统搭建框架 …… 379
    二、企业智能化合规落地 …… 379
  第六节 本章小结 …… 383

第九章 企业合规精益数智化场景建设 …… 385
  第一节 数智化金融风控合规场景模式 …… 385
    一、数智化资金场景合规 …… 385
    二、数智化金融场景合规 …… 388
  第二节 数智化工厂风控合规场景模式 …… 392
    一、数智化工厂人员场景化合规建设 …… 392
    二、数智化工厂作业场景合规建设 …… 395
  第三节 数智化运营风控合规场景模式 …… 397
    一、数智化内控场景化合规建设 …… 397
    二、数智化业务场景化合规建设 …… 402
  第四节 数字化供应与创新合规场景模式 …… 410
    一、数字化供应链合规场景模式 …… 410
    二、数字化创新的风控合规场景模式 …… 415
  第五节 数字化内审风控合规场景模式 …… 417
    一、风险数据库量化分析防控融合路径模式 …… 417
    二、风控"三道防线"场景化路径模式 …… 418
  第六节 本章小结 …… 420

第十章 风控合规生态重塑与战略结论 …… 421
  第一节 风控合规生态重塑 …… 421
    一、企业合规治理的基本目标 …… 421
    二、风控合规融合价值呈现与结论建议 …… 423
  第二节 风控合规战略规划 …… 426
    一、风控合规数智化实现两大基础 …… 427

二、风控合规数智化演进三阶段 ································ 427
三、风控合规数智化落地四步法 ································ 429
第三节　数智化合规与合规场景架构师 ······························ 430
一、数智化合规的场景化实现思路 ································ 430
二、合规场景架构师的模式与方案 ································ 430
第四节　不足与进一步努力方向 ····································· 432
第五节　本章小结 ··· 434

附录　名词解释 ·· 436

参考文献 ·· 441

第一章
风控合规发展与一体化演进

针对面临的各类叠加风险，企业需要制定适当的综合性策略以应对当下的变化，而做好风控合规非常关键。一是风控合规的专业化。企业需要以全面风险管理为导向，落实重大风险的防控要求；以内部控制为手段，支撑流程控制的有效运行；以合规管理为底线，保障经营行为的依法合规。二是风控合规的数智化。由于在技术创新融合推动各个行业发展模式和业态重塑层面，数字科技技术引发了终端场景的不断变化和企业商业模式的不断创新，企业面临产业与数字化融合所引发的各个产业变革之下的新竞争形势。推动高质量发展形成新质生产力，需要从内而外推动企业变革，已经成为企业端的共识。

在产业业态不断实现科技融合、数字融合、智能融合特征的进程中，企业面临的安全内容生产与合规体系需要系统的生态重塑，实现合规体系的系统升级。从企业风控措施的顶层设计和战略定位角度来说，基于企业精益化合规的设计及推动数字科技融合企业战略转型与风控一体化建设刻不容缓。其中，风控模式的系统设计和生态重塑对于企业而言至关重要。

第一节 新形势下企业合规环境

在当前的内外部环境下，能否认识到行业及社会行为的强烈"变革信号"并做出商业层面和风控合规层面的应对，往往决定着企业未来的发展。因此，面临当前的竞争格局、风险环境及监管要求，企业要想立于不败之地，就需要持续进行精益化管理和商业模式变革。企业的发展顶层设计和规划的融合上，面临基于风控合规嵌套的业务和财务融合协同的落地实施，需要制定全面综合的风险管理方法，持续为投资者增加价值。

企业管理者必须引入企业合规管理，完善企业风险管理流程，并提升企业风控合规管理的法务管理、内部控制、风险管理、合规管理的专业度，并由此形成企业特定的风控合规文化，形成一套符合业务策略、业务流程及能够应对主要风险的企业风险管理方法，提供实现企业风险管理潜能的方法，促使企业增加业务价值、获得竞争优势。

数字经济的协同推动了企业数字电商和数字化工厂的建设，不断形成智能化的融合格局。企业业务与财务的不断模块化和精益化融合，重塑了企业风控合规管理的法务管理、内部控制、风险管理、合规管理的实现方式，形成了智能风控合规的转型。

首先，在业务层面，国家推动的数字建设不断实现突破并跨上新台阶，数字精准化、普惠化、便捷化也不断取得成效，数字生态文明建设获得了积极进展。企业应用端的数字技术创新不断实现突破，数字领域合作的企业生态也不断开创新局面。为此，企业需要推动系统的数字建设，实现基于数字基础的设施高效联通。基于数据资源规模和质量的加快提升，企业层面需要结合资源禀赋，系统解决数据要素沉淀和价值释放问题，系统推动企业数字融合、企业科技创新带动的质量效益提升。

其次，在财务层面，财务职能不断推动智能化的融合探索。一方面，业财融合不断实现接口和边界打通的实践，财务管控新模式探索之下，数据要素计量与应用不断落地。新的数字赋能之下，企业会计改革与发展必然会对会计数字化转型提出刚性融合的要求。企业针对会计数字化转型做好贯彻落实，推动企业信息化发展融合嵌入企业生态总体发展方向，推动企业数字化落地实现区域数字经济和企业实体经济深度融合。因此，企业会计信息化发展可以借助信息化支撑会计职能拓展作为主线，以标准化为基础，以数字化为突破口，引导和规范企业本身的规范性，并结合企业发展阶段，实现基于企业可持续发展的会计信息化数据标准、管理制度、信息系统、人才建设等持续健康发展，从而有效推动企业本身的会计数字化转型。另一方面，数字科技推动业务和财务的协同融合进程加速。科技技术实现了企业业务模式和财务管控模式的转型，物联网及 ABCD（AI、区块链、云计算、大数据）等技术的融合，呈现不断迭代演进并实现业财融合新业态发展的态势，使得企业在合规和风险管控方面面临严峻压力。

在当前的经济大背景和数字科技快速迭代的大形势之下，数字科技迭代融合对产业产生的变革驱动对经济结构形成了剧烈的冲击，不断实现新赛道的优化重构。OpenAI 技术、AIGC 技术、ChatGPT 技术的不断演进，使得 AI 数字人成为 AI 新世界的交互基础单元。AI 内容生产 AIGC 创造了新的生产力，在以 AI 融合的发展中，规模化的标准产品和持续构建的数字平台使得企业不断实现外部链接。在具有充分算力的前提下，企业甚至可以整合全球范围内的相关资源，从而构建强大的 AI 技术中台满足众多应用场景，系统实现大模型在企业的落地，包括企业所在特定行业的专属训练，完成角色设定、数据学习、调优增强，并实现企业的私有化部署。

科技赋能企业风控一体化管理如图 1-1 所示。

与业财融合迭代演进相对应的是企业在快速推动数字化转型和改变商业模式的路径中，需要采取在推动业财融合和数字化转型之下，设计和安排确保企业合规和基于风控之下的机遇的把握和有效的风控规避的有效对策和手段。

而这些的实现，很重要的一个底层基础就是风控措施，重要基础模式是实现数字安全保障。数字安全保障能力全面提升，数字治理体系的系统完善是有效支撑企业业财融合的关键所在。对于企业而言，认识到行业及企业面临的强烈"变革信号"并做出应对，针对新形势下的竞争格局、风险环境及监管要求制定有效、系统、综合、全面的风险管理方法，可以持续为企业增加价值。

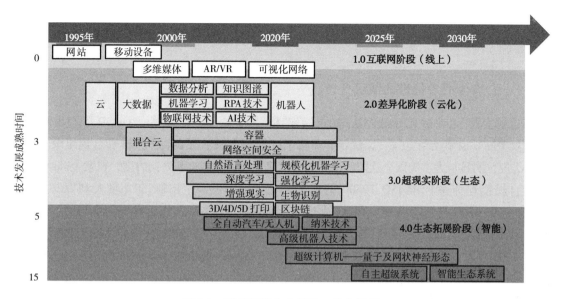

图 1-1　科技赋能企业风控一体化管理

资料来源：《业财一体化：从应用路径到顶层战略规划》及 dimensions data via@ mikequindazzi 协同优化绘制

如何结合新形势凝练聚焦，在提升企业推动市场拓展和运营、实现各个层面的有效转化的同时，同步做好合规和风险管控，结合商业需求、监管要求推动企业风险管理的协同落地是企业的当务之急。企业需要针对资源禀赋、特定文化、发展模式量身打造一套符合自身业务策略、业务流程及主要风险的风险管理方法，系统促使企业增加业务价值，获得竞争优势。

企业风险分析评估方案如图 1-2 所示。

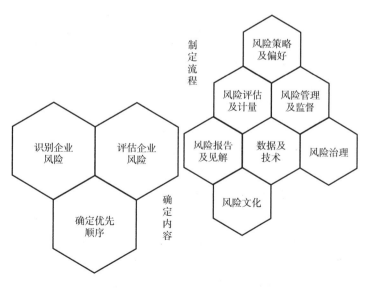

图 1-2　企业风险分析评估方案

一、企业风控五项职能执行逻辑

（一）合规管理标准的演进

合规管理标准制定源于法律法规的日趋严格，美国、欧盟、世行、OECD等均反海外腐败、反垄断、反不正当竞争、反洗钱、劳工、环保等多领域强调合规标准和合规建设。政府执法力度也明显加大，美国、欧盟等不断加大对违规行为的调查和处罚力度，罚款金额巨大。

合规管理体系标准ISO 19600的起源可追溯至1998年出版的《澳大利亚标准AS 3806》。AS 3806早期就在澳大利亚的监管机构中推广，并将其作为各个组织建立、执行、维护和提高组织有效合规框架的一种方法范例。2006年AS 3806被修订为AS/NZS 3806，并于2009年被新西兰采用。2014年底，AS/NZS 3806向ISO 19600的转化代表了一个重要的进程——一系列广泛的准则成为澳大利亚、新西兰、亚洲部分地区甚至而今全球范围内合规最佳实践的基准。

AS/NZS 3806由12项通则组成，具体如下：

准则1：管理机构的承诺及最高管理层对渗透于整个组织中的有效法规的遵循。
准则2：合规政策要与组织的战略和经营目标一致，并要得到管理机构的支持。
准则3：分配合适的资源制订、实施、维护和提高合规计划。
准则4：合规计划的目标和战略要得到管理机构和最高管理层的支持和认可。
准则5：辨识和评估合规义务。
准则6：清晰地衔接和分配合规绩效责任。
准则7：辨识工作能力和培训需求，并将其传达给员工，以便使员工完成合规义务。
准则8：鼓励创建和支持合规的行为，不容许危害合规行为的发生。
准则9：建立控制标准，以便管理可辨识的合规义务并实现期望的行为。
准则10：监控、衡量和报告合规计划的绩效。
准则11：组织能够同时通过书面材料和实践展示合规计划。
准则12：定期修订合规计划，持续完善合规计划。

在ISO 19600正式形成之前，亚太地区周边的许多组织均在合规管理框架的制定中用到了AS/NZS 3806。在借鉴制定AS/NZS 3806的12项准则时，ISO使用了相同的基本原理，以期保证ISO 19600的适用性，使其适用于一系列广泛的组织结构。在12项准则中，近一半强调组织领导层对推动合规管理体系的作用，ISO 19600也采取了类似的方法。没有较强的领导力与来自首席执行官和董事会的支持，一旦员工看到领导者们不能言出必行、不能以期望员工做到的相同标准来要求自己，合规计划也会失败。"上层的声音"理念并不是偶然发生的，可以在AS/NZS 3806中追本溯源。

2012年10月，ISO成立ISO/PC 271合规管理项目委员会，负责制定合规管理体系国际标准，成员包括澳大利亚、英国、中国、美国、法国、德国等。中国标准化研究院担任

ISO/PC 271 国内技术对口单位。2013 年 4 月，在澳大利亚悉尼会议上，开始讨论和起草工作草案。2013 年 10 月，在法国巴黎会议上，将工作草案转化为委员会草案。2014 年 7 月，在奥地利维也纳会议上，将国际标准草案转化为最终国际标准草案。2014 年 12 月 15 日，正式发布合规管理国际标准。我国合规管理标准的制定等同采用 ISO 19600 制定国家标准。2016 年 5 月，提出立项建议，国家标准委下达《合规管理体系指南》国家标准计划项目。2016 年 12 月 16 日，召开工作组成立大会暨第一次标准讨论会。2017 年 1 月 11 日，召开第二次标准讨论会。2017 年 2 月 7 日—3 月 7 日，面向社会公开征求意见。2017 年 3 月 28 日，召开标准审查会。2017 年 6 月底，报批至国家标准委。2017 年 12 月 29 日，批准发布为国家标准。

（二）合规管理标准的主要内容

企业合规管理体系标准主要分为两大类别：要求类和指南类。其中，要求类标准提供管理体系要求标准（规范）和特定领域管理体系要求标准；指南类标准提供使用管理体系要求标准的指南，或者建立管理体系的指南，或者改进与提高管理体系的指南。GB/T 35770/ISO 19600《合规管理体系 指南》属于指南类标准，目的在于为企业或其他组织提供建立合规管理体系的指引。进一步细分，管理体系标准可以分为通用指南、通用标准、特定指南、特定标准等目类。这些既相互独立又彼此关联的标准，共同组成了合规管理体系的标准框架。在设计管理体系标准的过程中，要确保管理体系标准易于使用和彼此兼容，同时符合高层结构（HLS）的特征，即相同的条和分条标题、相同的文本和通用术语及核心定义。

在管理体系标准高层结构的框架下，基于持续改进原则，围绕组织背景、领导、策划、支持、运行、绩效评价和改进等方面，为各类组织建立一套有效和及时响应的合规管理体系，并为其实施、评价、维护和改进提供框架、指导和建议。

合规风险管理总流程如图 1-3 所示。

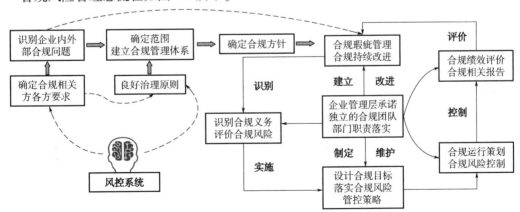

图 1-3　合规风险管理总流程

资料来源：中国标准化研究院模式结合一体化逻辑优化

具体执行分解为如下几步：

第一步，确定合规管理体系的范围和方针。

1）理解组织及其环境。尤其是与合规风险、组织目标相关的，并可能影响合规、管理体系实现的问题。考虑因素：监管、社会和文化环境、经济形势、内部方针程序与过程、资源。

2）理解相关方的需求和期望。确定合规管理体系的相关方及相关方的要求；确定合规管理体系的边界和适用性；确定组织合规管理体系的边界和适用性，以确立其范围。考虑因素：组织的内部和外部问题，相关方的需求和期望，以及合规义务。

3）组织的合规方针。主要包括如下内容：组织合规管理体系的构成要素；最高管理者正式发布的企业合规承诺方针；组织核心价值观的重要内容；组织合规管理的指导思想；鼓励组织人人合规、建立合规文化的基础。

第二步，领导承诺和职责支持实施。

1）治理机构和最高管理者通过下列方式证明其对合规管理体系的领导和承诺：确立和坚持组织的核心价值观；确保确立组织的合规方针和合规目标，并与该组织的价值观、目标和战略方向保持一致；确保制定并实施合规方针、程序和过程，以实现合规目标；确保合规管理体系所需资源能被找到、分配和指派；确保合规管理体系要求融入组织的业务流程；传达有效合规管理体系的重要性和符合合规管理体系要求的重要性；指导和支持人员提升合规管理体系的有效性；支持其他相关管理者，使他们在自己担责的领域中展现合规领导力；确保运行指标和合规义务保持一致；确立并维护问责机制，包括对合规事件和不合规及时报告；确保合规管理体系实现预期成果；推进持续改进。

2）合规管理职责层面，合规职能部门要做到：负责合规管理工作的组织、协调、监督、支持；负责风险评估、合规管理绩效评估、考核、评价业务部门及某些职能管理部门；合规管理的责任主体与首要承担者业务部门及员工；合规组织的组成部门，宜各司其职。

3）支持层面主要体现为资源支持和培训支持。一是资源支持层面。最高管理者和各管理层确保有效部署必要的资源，以确保满足合规管理体系目标。资源包括：财务和人力资源，外部建议和专业技能，组织基础设施，关于合规管理和法律义务、专业发展和技术的现时参考资料。二是培训支持层面。培训目标：确保所有员工有能力以与组织合规文化和合规承诺一致的方式履行岗位职责。培训作用：设计合理并能有效执行的培训，为员工提供有效的方式了解之前未识别的合规风险；针对员工角色和职责量身定制相关的义务和合规风险，在适当时，以对员工知识和能力缺口的评估为基础，在组织成立时就提供并持续提供，与组织的培训计划一致，并纳入年度培训计划，实用并易于员工理解。以相关行业、组织或部门的情况作为案例，足够灵活，涉及各种技能，以满足组织和员工的不同需求，定期评估有效性，并按要求更新记录与保存。

第三步，合规义务履行与风险规避。

1）合规义务履行层面，企业需要识别：合规义务（包括合规要求和合规承诺），并以适合的方式予以记录；合规要求，如法律法规、许可、执照或其他形式的授权、监管机构发布的命令、条例或指南、法院判决或行政决定、条约、惯例和协议；合规承诺，如与社区团体或非政府组织签订的协议、与公共权力机构和客户签订的协议、组织要求（方针和程序、自愿原则或规程、自愿性标志或环境承诺、组织签署协议产生的义务、相关组织和产业标准）。

2）维护合规义务层面，企业需要组织有适当的过程识别产生和变更的法律、法规、准则和其他合规义务，确保持续合规。例如，列入相关监管部门收件人名单成为专业团体的会员、订阅相关信息服务、参加行业论坛和研讨会、关注监管部门网站、与监管部门会晤、与法律顾问洽商、关注合规义务来源（如监管声明和法院判决）。另外，组织有过程评价已识别的变更和任何变更的实施对合规义务管理的影响。

3）合规风险规避层面，企业需要识别、分析和评价合规风险。企业识别合规风险的过程中，需要把合规义务与它的活动、产品、服务和运行的相关方面联系起来，以识别可能发生的不合规。组织识别不合规的原因及后果时，应针对合规风险进行系统分析。企业可以通过考虑不合规的原因、来源、后果的严重程度、不合规及其后果的可能性进行合规风险分析。

4）风险评价层面，企业针对涉及组织合规风险分析过程中发现的合规风险等级与组织可能并愿意接受的合规风险水平进行系统的比较。借助风险评价，企业可以实现认识风险及其对目标的潜在影响；增进对风险的理解，以利于风险应对策略的正确选择；帮助确定风险是否可以接受；通过事后调查进行事故预防；建立优先顺序；识别导致风险的主要因素，以及系统和组织的薄弱环节，并为决策者提供相关信息。

第四步，合规应对策划、运行与绩效评价。

1）合规风险的应对措施层面，在考虑组织内部和外部问题、相关方的要求和期望、良好治理原则、合规义务、合规风险评估结果等的基础上，进行合规管理体系策划。组织宜计划应对合规风险的措施，并考虑如何将行动纳入合规管理体系过程并实施，以及如何评价这些行动的有效性。组织宜保留与合规风险和应对合规风险计划的行动相关的文件化信息。

2）合规目标和实施策划层面，确立相关部门和各层级的合规管理体系目标，并符合如下标准：与合规方针一致；可测量（如可行）；考虑适用的要求；得到有效监控；充分沟通；适当时，更新或修订。策划如何实现合规目标，确定做什么、需要什么资源、谁负责、何时完成、结果如何评价。

3）运行层面，企业运行的策划和控制上，通过确定过程的目标、依据、实施过程控制、记录文件化信息，组织计划、实施和控制满足合规义务必需的过程。控制计划变更，并重新评审计划外变更的后果，必要时采取措施缓解所有不利影响。建立控制和程序上，在合理的情况下，控制措施宜植入正式的组织流程。维护、定期评价并试验这些控制措施，以确保控制的持续有效。确立程序，使之文件化，执行并维护，以支持合规方针、实践合规义务。

第五步，合规绩效评价与改进。

1）企业监视、测量、分析和评价确定。包括：需要被监控和测量的内容和原因；监控、测量、分析、评价的方法（如适用），以确保有效的结果；何时宜进行监控和测量；何时宜分析、评价和报告监控和测量的结果。

2）合规绩效反馈来源。包括：员工，如通过举报工具、热线电话、反馈和意见箱；客户，如通过投诉处理系统；供应商；监管部门；过程控制日志和活动记录（电子版和纸质版）。

3）合规审核要求层面。计划、确立、实施、维护和审核程序，包括频率、方法、职责、计划要求和报告。审核程序宜考虑相关过程的重要性和前期审核的结果；规定审核准则和每次审核的范围；选择审核员，并进行审核，以确保审核过程的客观和公正；确保审核结果报告给相关管理层。

4）合规改进层面。不合格、不合规和纠正措施上，发生不合格或不合规时组织做出反应，在适用情况下采取行动控制和纠正它，管理不合规或不合格造成的后果；评价是否需要采取行动，消除不合格或不合规的根本原因，避免再次发生或在其他地方发生。通过评审不合格或不合规，确定不合格或不合规的原因；确定是否存在或发生潜在的类似不合格或不合规；实施必要的行动；评审所采取的纠正措施的有效性；如有必要，修改合规管理体系。

5）合规上报措施。组织采用和宣传清晰、及时的上报过程，以确保所有不合规都能被提出、报告并最终上报给相关管理层，确保合规团队得到通知并能够为上报提供支持。在适当的情况下，向最高管理者和治理机构上报，其中包括相关委员会，详细说明报告的对象、方式和时间及内部和外部报告的时间表。当组织需按法律要求报告不合规时，应根据适用法规或其他商定方式通知监管机构。即使法律未要求组织报告不合规，组织也可考虑自愿向监管机构自我披露不合规，以减轻不合规的后果。有效的合规管理体系包括一种机制，使组织的员工或其他人以保密的方式报告可疑的或实际的不当行为或违反组织合规义务的行为，而无须担心遭到报复。

6）持续改进层面。企业组织设法持续改进合规管理体系的适用性、充分性和有效性，将合规报告中对已收集信息进行的分析和相应评价作为识别该组织合规绩效改进机会的依据。

（三）企业风控合规的执行框架

就传统模式而言，企业面临的合规要求包括：来自于开展业务中应遵守的外部法律法规、行业规范等合规义务，以及企业认同的高标准合规道德规范。所有员工不仅要准确理解合规明示的要求，还要深刻把握合规背后所体现的风控原则和精神。企业的管理者责任体现在：各级管理者要发挥遵守企业合规发展的表率作用，体现担当精神，以身作则，以高标准规范自身的合规行为，带动全员诚信合规。企业风控合规协同路径如图1-4所示。

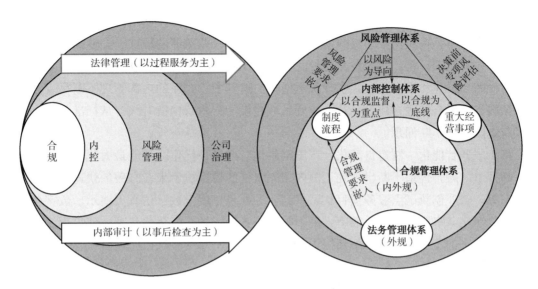

图1-4 企业风控合规协同路径

具体实操体现在：向员工说明日常业务中诚信与合规的重要性，以及工作中适用的法律法规和合规的相关规定；指导并监督员工遵守合规的要求，同时采取必要的措施防止出现违反法律法规和合规规定的行为，切实履行预防、发现和应对合规问题的管理责任；企业的员工责任体现在，作为企业的一名成员，无论是高级管理者、中层管理者，还是普通员工，都有责任知悉并理解合规的要求并在日常工作中遵守。

企业按照可持续发展的目标，需要制定完善风险管控体系、提升合规经营能力总体思路，在业务应用层面、管理应用层面系统实现风控措施落地并达成企业战略目标。

首先，业务应用层面价值。企业风控合规落地需要对企业业务层面做好把关，主要是对企业生产经营全过程的合理性、各种生产力要素的开发利用情况，以及经济性、效率性和有效性的实现程度的风控融合。企业通过现代智能化手段，对企业的物资供应过程、生产组织过程、资源利用过程、产品销售过程等进行优化升级，通过大数据、云计算、物联网等技术使企业的业务层深度融合，对风控合规制度做好动态管控，确保企业内控制度正常运行。

其次，管理应用层面价值。管理应用层面通常是企业风控合规管理的一个重要方面。企业内部的风控合规通常指对管理体系和管理工作的确认和咨询，其考核内容一般包括两个方面：一是考核企业的管理职能；二是考核企业各项管理职能的工作。企业可以提前设定覆盖企业整体需求的管理制度，配套核心的管理流程，在关键节点做好不同企业职员的分解授权，并不断为之优化升级，增加企业风控合规的组织价值。

在科技赋能环境之下，基于业务形态转型的需要，为达成国家战略引领的科创能力建设，企业需要针对新业态导入做好创新融合的机制。实现方案包括：第一，独立建设企业智库，或协同相关高校或科研机构、相关研究院建设联合智库。借助智库建设，推动企业目标实现的战略引领。智库的实现包括"创新科技方案咨询智库""信息中心业主工程师库""数字化赋能协同架构师库"等相关类型。第二，基于科技创新的业务场景融合，助推主业保本降本、提质增收、提效增利的实现。按照科技赋能的模式，企业需要解决智慧平台模式、智慧工厂模式、智慧生态模式的标准化建设与数智化创新设计，实现业务按数智化时代的场景化和平台化模式实现价值增长。这其中，企业的内部管理不断呈现智慧云体系架构和云平台的融合建设，从公域到私域建设的智慧营销链升级、从标准到生态的智慧供应链改造都不断涌现。

基于服务智能化、制造自动化、产出定制化、产量最优化、效能最大化等落地融合方案不断推出，融合效果不断呈现处于国内领先水平的模式被后来者打破的快速迭代数字赋能的态势。企业创新试点服务项目从试点到业务稳步拓展，数字仿真人演示、数字化模型工厂、数字化共享服务机构、数字人民币收支等各项场景不断落地呈现，使得不少借助数字化赋能形态的企业运营效率不断探索和持续提高，不断突破过往的效率和效能边界。

二、风控发展趋势与制度规范

从企业的战略发展角度，企业风控模式实现以数字技术与财务管理深度融合为抓手，固根基、强职能、优保障，以合规嵌套融合方式，有力支撑服务国家战略，支撑增强企业本身的经济竞争力、创新力、控制力、影响力、抗风险力。企业需要基于国家战略的发展路径和风控系统的建设进行系统规划，总体框架和发展演进趋势的具体要求如下。

（一）国家法治建设制度性文件

1. 风控合规国家战略演进

国家战略层面，风控体现在功能手段变革，集中风控管控模式，实现企业从传统风控的模式不断融合数字管控系统的嵌套与融合。

第一，风控管理融合成为流程执行的服务者、业务设计的参与者、业务风险的识别者、合规底线的守护者、决策信息需求的识别者、决策者与智能系统的翻译者、决策信息的分析者、决策者、数据直觉的训练者、决策备选方案的提供者，从而系统支持企业基于宏观环境做好风险防控的有效决策。

第二，借助风控模式，实现企业降本增效下的有效风险防控，解决企业直接与间接价值的协同问题。首先，直接价值体现在：经济价值的体量（资金集中管理、成本控制、税收筹划、专业服务），提升效益的质量（智慧转型促进效率提升、财务信息本身促进管理）；其次，间接价值体现在有效支撑决策、系统防控风险，从而实现企业效益与社会效益；最后，实现有效的防控风险，解决企业内部供产销的双向关系风险防控及基于业务合作伙伴关系的生态型风险防控。

在风控合规制度层面，国家各部委协同推动了系列制度规范的实施，国务院国资委对央企风险管控及财税融合协同的要求具体如图1-5所示。

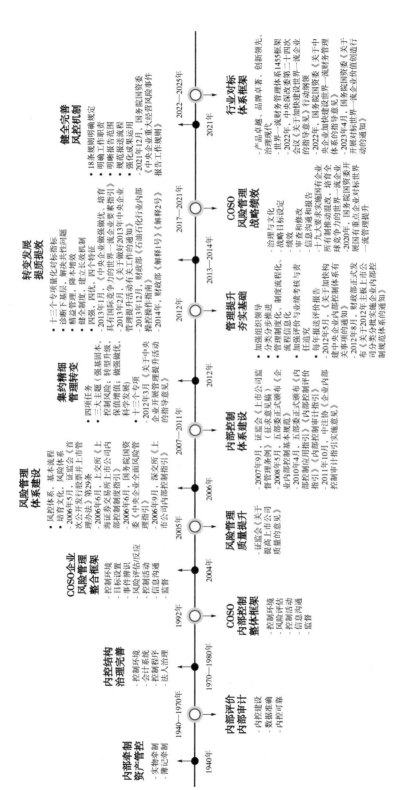

图 1-5 国务院国资委对央企风险管控及财税融合协同的要求

从图 1-5 中可以看出：

- 2006—2018 年，是我国风险管理的起源探索期。
- 2006 年 6 月，国务院国资委发布《中央企业全面风险管理指引》（国资发改革〔2006〕108 号），提出要建立切实可行的风险管理体系，建立风险管理的基本流程，培育良好的风险管理文化，建立健全全面风险管理体系。
- 2008 年 5 月，财政部联同证监会、审计署、原银监会、原保监会（后二机构已合并为银保监会）印发《企业内部控制基本规范》（财会〔2008〕7 号）。
- 2012 年 3 月，国务院国资委发布《关于中央企业开展管理提升活动的指导意见》（国资发改革〔2012〕23 号），要求向集约化、精细化转变，提升管理水平，其中包括四项任务、三大主题（强基固本、控制风险，转型升级、保值增值，做强做优、科学发展）、十三个专项。
- 2012 年 5 月，国务院国资委发布《关于加快构建中央企业内部控制体系有关事项的通知》（国资发评价〔2012〕68 号），指出要推动管理提升活动、夯实基础管理，加强组织领导、分类分步推进，实现管理制度化、制度流程化、流程信息化，加强评价与审计业绩考核及责任追究，每年报送评价报告。
- 2013 年 1 月，国务院国资委印发了《关于印发〈中央企业做强做优、培育具有国际竞争力的世界一流企业要素指引〉的通知》（国资发改革〔2013〕17 号），提出"四强"（自主创新能力强、资源配置能力强、风险管控能力强、人才队伍强）、"四优"（经营业绩优、公司治理优、布局结构优、企业形象优）的评价标准，明确了世界一流企业的"四个特征"（主业突出、公司治理良好；拥有自主知识产权的核心技术和国际知名品牌；具有较强的国际化经营能力和水平；在国际同行中综合指标处于先进水平，形象良好，有一定的影响力）。
- 2013 年 2 月，国务院国资委发布《关于做好 2013 年中央企业管理提升活动有关工作的通知》（国资厅发改革〔2013〕9 号），要求以转变发展方式为主线，以提高质量和效益为中心，按照十三个专项量化对标指标，诊断下基层，解决共性问题，精益管理，降本增效，健全制度，建立长效机制。
- 2015 年 8 月，中共中央、国务院发布《中共中央国务院关于深化国有企业改革的指导意见》（中发〔2015〕22 号）。
- 2017 年 10 月，党的十九大报告中指出"深化国有企业改革，发展混合所有制经济，培育具有全球竞争力的世界一流企业"。
- 2018 年 11 月，国务院国资委发布《中央企业合规管理指引（试行）》（国资发法规〔2018〕106 号）。
- 2019—2021 年，是我国风险管理的融合深化期。
- 2019 年 3 月，国务院国资委印发《中央企业负责人经营业绩考核办法》（国资委令第 40 号），提出"坚持国际对标行业对标。瞄准国际先进水平，强化行业对标，不断提升企业在全球产业发展中的话语权和影响力，加快成为具有全球竞争力的世界一流企业"等。

- 2019 年 10 月，国务院国资委发布《关于加强中央企业内部控制体系建设与监督工作的实施意见》（国资发监督规〔2019〕101 号），提出"强内控、防风险、促合规"目标。
- 2019 年 11 月，国务院国资委印发《关于进一步推动构建国资监管大格局有关工作的通知》（国资发法规〔2019〕117 号），提出"探索在地方国有企业开展创建世界一流示范企业工作"。
- 2020 年 7 月，国务院国资委启动"国有重点企业对标世界一流管理提升行动"。
- 2020 年 8 月，国务院国资委印发《关于加快推进国有企业数字化转型工作的通知》，要求建设基础数字技术平台，建立系统化管理体系，构建数据治理体系，提升安全防护水平。
- 2021 年 10 月 17 日，国务院国资委发布《关于印发〈关于进一步深化法治央企建设的意见〉的通知》（国资发法规〔2021〕80 号）。
- 2021 年 12 月，国务院国资委发布《关于印发〈中央企业重大经营风险事件报告工作规则〉的通知》（国资发监督规〔2021〕103 号），提出要进一步健全完善重大经营风险防控机制，对 18 条工作规则做出明确规定，以明确工作职责、明晰报告范围、规范报送流程、强化成果运用。
- 2022 年，我国风险管理迈入全面推动期。2022 年是中央企业"合规管理强化年"，2023 年国资体系下的央国企逐步推动法务、合同、风控平台建设。
- 2022 年 2 月，中央深改委第二十四次会议审议通过了《关于加快建设世界一流企业的指导意见》，提出"产品卓越、品牌卓著、创新领先、治理现代"的 16 字标准，把建设世界一流企业作为一个阶段的行动纲领提出来，并且把它和建设社会主义现代化国家目标联系起来。
- 2022 年 3 月，国务院国资委印发《关于中央企业加快建设世界一流财务管理体系的指导意见》（国资发财评规〔2022〕23 号），提出世界一流财务管理体系建设"1455 框架"。通过 5 年左右的努力，中央企业整体财务管理水平明显跃上新台阶。通过 10～15 年的努力，绝大多数中央企业建成与世界一流企业相适应的世界一流财务管理体系，一批中央企业财务管理水平位居世界前列。
- 2022 年是"合规管理强化年"，国资体系下的央国企逐步推动法务、合同、风控平台建设。
- 2023 年 2 月，北京市国资委印发《关于市管企业深化安全可靠应用替代工作的通知》，对自主可控国产化替代工作提出了明确要求。
- 2023 年 2 月，中共中央、国务院印发《数字中国建设整体布局规划》，明确数字中国建设要夯实数字基础设施和数据资源体系"两大基础"。
- 2023 年 4 月，国务院国资委印发《关于开展对标世界一流企业价值创造行动的通知》（国资发改革〔2022〕79 号），提出聚焦效益效率核心指标开展价值创造，不断夯实国企高质量发展根基作为行动措施。

从系统性制度规范性文件来看,国家战略层面引领的企业结合推动风控合规与协同数字化赋能转型,是企业发展时代的需要,合规也因此成为现代企业生存发展的时代命题。

2. 风控合规管理体系建设

企业自主开展合规工作,建立合规组织相对健全、制度相对完备、流程相对规范的合规管理体系,实现与业务有机融合,体系健全规范有效,成效显著,合规文化全面普及意义重大。从国家各部委协同推动系列制度规范的实施,以及持续推出的政策规范可以看出,国家正在着力推动机制变革,并主要体现在如下四个方面:

第一,加强关键指标硬约束。坚持质量第一、效益优先,建立以资产负债率、净资产收益率、自由现金流、经济增加值等关键指标为核心的财务边界,科学测算投资、负债、利润、现金流等指标的平衡点,保持企业整体资本结构稳健、风险可控在控。

第二,加强资源配置硬约束。坚守主责主业,建立资本收益目标约束,限制资源流向盈利低、占资多、风险高的业务领域,加强金融、境外等重点领域管控,加快低效资本回笼、无效资本清理、亏损资本止损,促进资本布局动态优化。

第三,加强风控规则硬约束。统筹发展和安全,健全与公司治理架构及管控要求相适应的财务内控体系,扎紧扎牢制度的笼子,健全完善风险管理机制,以规则的确定性应对风险的不确定性。

第四,加强政策激励软引导。科学制定个性化、差异化的指标体系和激励措施,统筹利用财务资源,落实国家安全、国计民生等重大战略。

经整理,合规管理国内权威文件见表1-1,合规管理国外权威文件见表1-2。

表1-1 合规管理国内权威文件

编号	名称	简介	发布时间
A01	GB/T 35770—2022/ISO 37301:2021《合规管理体系要求及使用指南》	中国国家标准,B01国际标准的中文翻译版。受版权保护	2022年10月12日
A02	《中央企业合规管理办法》	国务院国资委制定	2022年9月14日
A03	《市管企业合规管理指引(试行)》	北京市国资委制定	2021年12月20日
A04	《关于进一步加强市管企业法务和内控工作,提高重大风险防控能力的若干意见》	北京市国资委制定。关于内控、风险与合规管理工作的指导性文件。简称"若干意见"	2020年5月27日
A05	《关于加强中央企业内部控制体系建设与监督工作的实施意见》	国务院国资委制定。关于内控、风险与合规管理工作的指导性文件。简称"101号文"	2019年10月19日

(续)

编号	名称	简介	发布时间
A06	《市管企业合规管理工作实施方案》	北京市国资委制定。市管企业合规管理体系建设工作的指导性文件	2018年12月26日
A07	《企业境外经营合规管理指引》	发展改革委、外交部、商务部、人民银行、国资委、外汇局、全国工商联共同制定	2018年12月16日
A08	《中央企业合规管理指引（试行）》	国务院国资委制定	2018年11月2日
A09	《企业内部控制应用指引》	财政部会同证监会、审计署、银监会、保监会制定	2010年4月15日
A10	《企业内部控制评价指引》	财政部会同证监会、审计署、银监会、保监会制定	2010年4月15日
A11	《企业内部控制审计指引》	财政部会同证监会、审计署、银监会、保监会制定	2010年4月15日
A12	《企业内部控制基本规范》	财政部会同证监会、审计署、银监会、保监会制定	2008年7月10日
A13	《中央企业全面风险管理指引》	国务院国资委制定	2006年6月6日

注：表中资料由北京在礼合规整理与作者优化。

表1-2　合规管理国外权威文件

编号	名称	简介	发布时间
B01	ISO 37301：2021 Compliance Management Systems-Requirements with Guidelines for Use	国际标准化组织（ISO）发布的权威性国际标准。英文版。受版权保护	2021年4月12日
B02	ISO 37001：2017 Anti-bribery Management Systems-Requirements with Guidance for Use	国际标准化组织（ISO）发布的权威性国际标准。英文版。受版权保护	2016年10月15日
B03	Good Practice Guidance on Internal Controls, Ethics and Compliance	经合组织（OECD）指导性文件。关于企业通过内控、道德与合规管理防止行贿公职人员。英文版	2010年2月18日
B04	Foreign Corrupt Practices Act	美国《反海外行贿法》。通常被认为是合规管理的起源。英文版。最早颁布于1977年	1998年11月10日
B05	Evaluation of Corporate Compliance Programs	美国司法部对企业合规管理方案的评价依据。英文版	2023年3月

(续)

编号	名称	简介	发布时间
B06	A Resource Guide to the U.S. Foreign Corrupt Practices Act	美国司法部和证券交易委员会发布的关于美国《反海外行贿法》合规的指导性文件。英文版	2020 年 7 月
B07	Evaluation of Corporate Compliance Programs in Criminal Antitrust Investigations	美国司法部在反垄断刑事调查中，对企业合规管理方案的评价依据。英文版	2019 年 7 月
B08	ISO 31000：2018 Risk Management-Guidelines	国际标准化组织发布的权威性国际标准。前期版本发布于 2009 年。英文版。受版权保护	2018 年
B09	Enterprise Risk Management-Integrating with Strategy and Performance	美国 COSO 组织发布的关于风险管理的指导性文件。前期版本发布于 2004 年。英文版。受版权保护	2017 年 6 月
B10	Export Compliance Guidelines	美国商务部关于出口合规的指导性文件。英文版	2017 年 1 月
B11	Guidelines to Corporate Governance of State-Owned Enterprises	经合组织关于国有企业治理的建议。前期版本发布于 2005 年。英文版	2015 年 7 月
B12	Internal Control-Integrated Framework	美国 COSO 组织发布的关于内部控制的指导性文件。前期版本发布于 1992 年。英文版。受版权保护	2013 年
B13	世界银行集团廉政合规指南概要	世界银行关于廉政与合规管理的指导性文件	

注：表中资料由北京在礼合规整理与作者优化。

从上述的管控制度规范可以得出，风控管理平台的发展历程与趋势分为以下三个阶段：

第一阶段，风控传统纸质管理模式。分散在各个业务过程，如会议方式培训、宣贯，文件化风控制度管理，纸质化收集、上报，体现了风控实施汇总难、监控难、统计分析难的特点。

第二阶段，风控应用系统模式。风控台账电子化记录，风控文档电子化管理，风控人为上报，应用程度不深，主要由风控部门使用，需要专人对风险管理进行监控，无法与其他系统打通。

第三阶段，风控平台化模式。规范化，定时定稿自动下发收集；自动化，风险埋点系统自动监测；集成化，多个系统集成风险预警；流程化，规则通过流程方式落地。真正实现风险、内控、合规，从上报、预警、处置到监控全场景的一体化的风控管理平台。

按照风控管控的要求，企业管理体系有效性工作开展的系统性不仅需要结合风险管理、内部控制、合规管理、法务管理的综合要求，还需要结合内部审计的独立审计定论的要求。因此，风控管理体系有效性涉及组织结构、管理制度、工作内容、运营机制、保障机制等相关内容，涉及人力资源与履职、制度流程制定与发布、管理体系建设与运营、运行机制建设与保障，以及基于上述措施的落实平台建设的安排。在涉及平台建设安排总体实现企业风控管理体系建设的情况。

(二) 风控体系建设重点内容

风控体系建设从落地的重要节点而言，需要综合风险管理、内部控制、合规管理、法务管理等相关内容，重点包括如下五个方面。

1. 风控组织架构的顶层设计

常规顶层设计需要首先明确企业党组织、董事会或执行董事、总经理及总经理办公会在风控顶层架构中的职责，并将需要承担的风控管理职责细化为基本职责内容。基本的职责内容需要符合企业管理要求。从这个层面看，需要系统地明确企业党组织、董事会或执行董事、总经理及总经理办公会是否能履行风控的管理职责。

除上所述，企业还需要落实在董事会下设置承担风控及类似风控合规管理职责的专门委员会，具体形式可以多样。类似的具体模式可以为法治与风险管理委员会、法律合规与风险管理委员会、战略委员会（法治合规委员会）、合规管理（法治建设）委员会、法律与合规管理委员会、审计与法律风险管理委员会、风险合规委员会、审计与风险管理委员会。国资企业"三会建设"及风险管理功能分解如图1-6所示，其他企业"三会建设"及风险管理功能分解如图1-7所示。

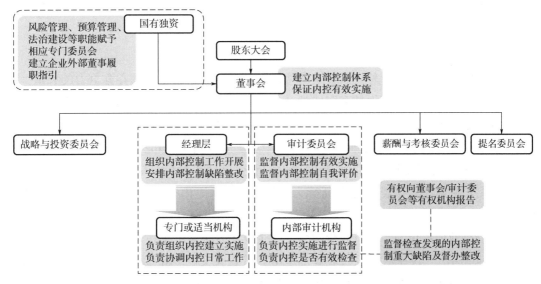

图1-6 国资企业"三会建设"及风险管理功能分解

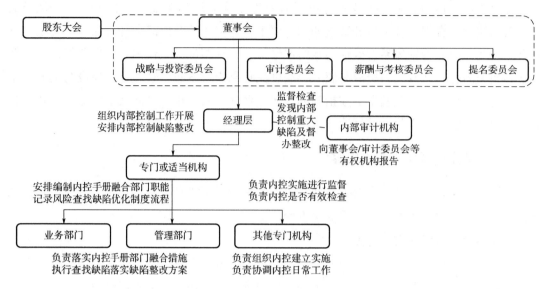

图1-7 其他企业"三会建设"及风险管理功能分解

在此之后，企业需要结合企业的性质，结合企业风控设计的要求，任命专职或兼职的企业总法律顾问或副总经理（法务为其中一个方向），还需要任命专职或兼职的企业合规管理负责人或首席合规官或副总经理（合规为其中一个方向），确定法务管理、风险管理、合规管理、内控管理等各自的履职部门，并明确这些相关具体职责的牵头部门。此外，上述管理人员及部门人员的职责内容需要符合企业要求。除了内部控制管理、风险管理，企业法务管理负责人正常履行法务管理职责与合规管理负责人正常履行合规管理职责等都需要协同落实。此外，在基层层面，建立风控联络员、内控联络员、合规联络员、法务联络员等（兼职或专职）名单。同时，在可能性之下，同步设立风控信息员或风控架构师等（兼职或专职）名单，形成风控+数字协同，并保持更新。

2. 内控制度流程的合规建设

企业按照内生式发展与外延式并购的协同是不断推动企业塑造核心竞争力的关键。企业面对进入资本市场的外部加持和赋能的"高质量发展"的前景，脚踏实地地推动企业主业可持续发展、培育新兴产业发展，很重要的一点就是合规建设的融合。

在按照资本市场标准进行推动的前提下，企业需要结合上市公司标准或持续优化的实际需求，完善内部控制制度，将制度建设的有效落地作为衡量标准，克服"制度编制陷阱"，系统落实行之有效的《合规行为准则》，持续优化和组织全体员工学习并持续更新。

为改善企业内控风险、提升合规契合度，企业还有必要组织在职员工和新入职员工完成《合规承诺书》《保密协议及履职规范承诺》等相关文件。除了这些基本的合规管理要求，企业还可以制定合规事件管理手册、合规咨询举报规范、关键岗位合规识别要点、合规不起诉管控说明、合规尽职免责界定等方面的具体管理制度和图表。

3. 风控嵌入主业的执行方案

企业可以从落地层面，结合企业主业发展的重点，重点关注的合规义务领域、合规管理领域、合规制度领域、合规数字领域等，系统制定基于企业主业可持续发展的合规制度建设手册、合规管理专项指引、风控一体化合规规范等相关材料。

在这些落地方案和制度规范融合层面，企业各级组织需要结合主业发展的牵引目标，以主业可持续发展的目标为方向，将风控融合要求融合进企业的内控制度流程节点。数字化融合模式上，嵌入风险合规管理体系建设方案的落地布局节点和主业的各个内控节点，在主业的业务牵引下，实现内控制度与流程的同步改善。在数字化底座建设的模块化搭建过程中，调优改善风控合规要求的定性与定量要求融合的具体节点，以此形成业务牵引、业财融合、风控融合、模块迭代、数字底座的综合风控嵌入主业的执行方案有效落地。

为确保执行方案有效落地，企业需要在制定风控合规管理体系建设方案之前和优化迭代过程中，有效借助事前访谈、调查问卷、事中检查、节点监控、事后总结、反馈调优等方式，实现全过程闭环的调查研究，系统改善风控嵌入的架构和流程逻辑，确保有效性执行落实的过程依据。

为确保有效性的落地过程建设，企业在风控体系建设方案中，需要将风控嵌入的业务节点做好沿主业的业务牵引的协同布局与协同融合。在主业实现方式、发展模式、业务形态、一体管控等形态变化之下，风险管理的融合逻辑上，需要做好并明确风控措施与合规管理体系的系统性覆盖。

风控合规体系的系统性覆盖需要逐步在主业的业务牵引逻辑下，实现针对各业务领域、各支持部门、全体员工，并结合落地方案将合规的底线要求贯穿决策、执行、监督的全过程。在贯穿全过程领域的过程中，企业可以明确数字化融合至风控合规管理重点方向、重点领域、重点环节、重点方案、重点人员，确保实现一体化融合效果。

4. 风控运行与保障机制建设

主业的业务牵引风控合规体系的系统性覆盖需要落实运行机制和保障机制。具体的逻辑建设如下。

（1）运行机制的建设逻辑

企业需要在内部控制的制度建设中明确合规风险评估参与主体、评估周期、评估方法。尤其是在企业完成《合规行为准则》《合规管理规范》等制度化流程化体系建设后，各级职能部门或分/子公司均需要完成基于企业主业发展的定性指标与定量指标融合的风险评估工作、内控评价工作、合规评估工作等相关工作。

在评估或评价工作中，企业需要按照总法律顾问与首席合规官主责的法律部门、合规部门等融合保障模式建设的要求，系统运行法律事务工作、合规审查工作，确保合规审查的事项范围与法律审核一致。其中，应重点落实如下几个建设事项：明确内控管理中是否明确风险反馈主体、风险确定周期、风险落实途径；明确合规管理中是否明确合规审查范围、合规确认方式、合规落实程序、合规审查角色、合规审查责任；明确法务管理中是否建立电话咨询渠道、电邮咨询渠道、风险报告范围、风险沟通主体、风险沟通渠道。

（2）保障机制的建设逻辑

企业需要明确规范规章制度中举报范围与程序、调查范围与程序，并明确鼓励举报违规行为的操作模式，包括允许匿名举报程序与要求、员工调查权利和义务、禁止针对举报打击与报复、配合调查人员和单位等相关保障机制。为此，企业还需要建立一系列合规的举报渠道，包括电话举报方案、电邮举报方案、来信来访方案等。

保障机制建设上，企业还需要针对性制定违规经营责任处罚规定、违规投资责任追究规定、违规行为追责范围、违规操作问责标准、违规程序协同方案等，并就上述违规行为系统形成问题线索查处的操作方案、实施细则等规范。

5. 风控考核与评价平台建设

主业的业务牵引风控合规体系的运行机制和保障机制得到有效贯彻的关键，很大程度上与相关人员考核评价的考评落实相关。考评具体的逻辑建设如下：企业总部与各级管理架构层面，需要系统性明确风控合规管理体系建设的要求，形成风控管理体系建设会、合规管理体系建设会、内控管理体系建设会等系列管理方案。在此过程中，需要董事会、管理层等主要领导人员贯彻动员讲话，组织各级负责人协同参会、安排企业合规管理方案备案评审、工作人员职责能力培训的系统工作做实做透。

基于上述系统工作做实做透的前提，企业按照结合法治管理建设、合规管理建设、内控管理建设等情况安排系统的考核与评价。评价过程包括如下几个方面：对各级管理架构和分/子公司落实风控管理费用预算编制、预算执行的收集整理和分析；按计划完成风控管理体系建设的宣贯和培训；开展风控管理工作情况的全面检查和专项检查。

进一步节点的规范评价上，将考核与评价按照管控节点优化完善，并结合企业数字化进程不断融合嵌套评价的事前设计、事中预警、事后反馈的考评体系建设。具体包括：是否设置专职或兼职风控管理岗、内控管理岗、合规管理岗及是否配备相关管理人员；是否在规章制度中明确风控负责人、内控负责人、合规负责人、法务负责人等相关管理负责人的汇报权限；是否在组织架构中明确财务负责人、合规负责人等类型人员的双线汇报方式；是否在风控管理中确保履职人员向董事会（董事长或执行董事）和总经理汇报企业经营管理、企业财务管理、企业风险管理等重大事项的职责权限；是否在企业当年全面预算和未来远景规划（包括国家五年规划的企业层面目标匹配）中明确提出风控落实的相关目标和要求、系列培训计划、风控管理经费预算等细节工作，实现风控考评体系的综合闭环。

为此，企业还可以在内部控制规范中，融合风险管理与合规管理的要求，明确内部控制的规章制度中合规管理工作的内容框架、编制分工、审核要点、审议流程、核决节点、报送主体等，为企业风控考核与平台化建设夯实规范性基础，从而为企业系统按期编制风控一体化的各个模块管理工作报告落实系统的基础。

第二节 新形势下企业合规问题与对策

一、风控业务的常见困难与问题

在传统模式和单一形态模式不再契合数字科技融合的一体化治理模式之下,基于数字赋能的业财与风控融合协同一体化的治理逻辑和落地场景不断实现有效的公司治理新形态,在风控与合规融合前置模式之下,细分产业项目不断实现产出落地效果。企业一体化转化基地、绿色服务交易、共享服务项目、综合服务项目、虚拟数字聚合项目、算力算法融合项目,在风控一体化模式的综合风险防控之下,以合规为融合核心,形成了较好的融合发展态势。

(一)风控管理总体转型框架问题

1. 风控体系建设的风险边界厘定

企业内部企业法务管理体系、内部控制体系、风险控制体系、合规管理体系均有不同的独立运行管理要求,内部审计体系则需要对企业运行效果做独立性评价。如何有效协同风控不同模块的要求内涵和边界,避免风控职责执行过程中边界职责混淆导致的混乱?企业面临的难点在于:在风控一体化融合进程中,准确把握各管理系统相互联系的关键点,形成一体牵引系统落地的风险管理,实现体系统筹、优势突出、系统协同、数字融合、效能转化、立体管控,系统提升企业风险管控效果,优化风控容错协同效率的统筹平衡。

企业在风控合规管理体系建设中,常常遇到合规管理、法务管理、内控管理、风险管理体系交叉重叠的问题,未能有效发挥协同联动作用。这也是当下企业面临的严峻挑战。内部审计的独立评价系统因汇报层级、专业能力、评价机制等原因,尚未形成有效评价与监督机制的落地落实。风控合规管理制度融合嵌套岗位职责、流程融合、共享模块等迭代进度滞后于业务拓展,导致风控系统无法有效匹配企业业务牵引之下的业务流程开展。

2. 风控体系建设的风险识别过程

企业在结合自身业务领域识别风险方面,一方面,需要投入较大量资源识别自身各类风险;另一方面,企业风险识别未涉及的领域仍然很多,公司治理之下按照业务牵引推动的企业管理风险无处不在,潜在暴雷合规风险点较多。企业面临的难点在于:常规既要在横向拓展风险识别的覆盖面和科技融合方式上持续投入,还需要对业务形态牵引的重点领域纵向深耕上持续投入，做到基于战略规划下的风险管理顶层设计的统筹平衡。

在风险识别过程中，风险管控意识既是企业发展的基石，又是企业文化与价值观的综合体现。企业管理职能部门和生产服务部门的协同转型效果如果滞后，则会导致顶层设计的管理模式与执行落地的执行模式脱节，导致上下无法协同、风控意识和合规意识无法落地，造成企业风控与合规管理意识从管理层、中层、基层的风控"效用递减"，以及"上热中温下凉"的局面，形成中层、基层缺乏风险管控意识、合规底线意识。

3. 风控建设完成的风险人才培养

风控合规体系建成后，主要依靠企业自主运行准确识别评价和更新风控合规风险库、职能部门按相关制度机制协调有效运转。企业风控合规管理能否产生价值，人才培养是有效落地的关键。在不少企业中，管理层对风控合规管理的理解较为有限，员工对风控合规和风控一体化的综合理解与学术层面和科研层面有较大脱节。企业员工风控合规意识是一个持续导入、持续探索的长期工程，也是一个"十年树木、百年树人"的长久工程。发挥企业"关键少数""关键群体"的风控意识转化、合规管理作用，内控贯彻落地，实现全员风控培训落到实处，是一项融合多学科管理的管理科学、技术科学等形成产学研一体化落地的过程。企业面临的难点在于：风险人才的持续性培养包括迭代过程，以及风险总设计师、风险场景架构师等人才的持续培养，做到基于企业战略规划的科学策划、基于系统谋划的风险管理人才培养的统筹平衡。

风控管理体系工作落地问题上，风控管理的着眼点和落脚点在员工的具体行为。由于企业业务规模、风险水平、数字科技、企业文化等因素和智能化的不同，风控管理的层次层级不同，风险管理场景架构师等基于数字化场景的落地不同，风控人才队伍工作能力、合规意识的持续提升对推进合规管理体系建设具有重要意义。

4. 风控建设优化的数字科技创新

风控体系的建设、运行、优化需要数字化科技的创新，并匹配一定的资源与资金的持续性投入。

首先，企业需要建设风控数字底座，夯实企业风险管理一体化融合的数字化建设将为风控管理与合规管理等落地提供坚实的载体。

其次，企业需要落实风控系统的建设模式。建设模式包括：第一种，将风控、法务、内控、合规的要求分别直接嵌入业务流程的各个具体模块，之后将内审的要求融入业务流程的各个具体模块，并针对风控、法务、内控、合规要求按照日常和年终两个层面做独立性的节点自动评价与系统评价；第二种，风控、法务、内控、合规的数字化管理模块及内审的独立评价数字化模块，类似风控、法务、内控、合规数字化管理平台和内审独立评价数字化管理平台；第三种，建立与企业内部独立的风控、法务、内控、合规的数字化管理系统及内审独立评价数字化管理系统，实现风控系统的全面外包模式，由中介机构提供风控、法务、内控、合规的数字化管理产品及内审独立评价数字化产品。

企业稳步推进风控管理与合规管理的有效性和协同性上，风控系统建设需要解决日常监控、风险识别、横向共享、纵向贯通的信息化系统与数字化建设同步问题。风控数字科技创新上,涉及两个层面需要评估:第一,如何形成系统的风控管理体系成果,实现基础风险库、风险信息集成、风险数据共享有效嵌入是核心重点,从而达成企业风险闭环管理的目的;第二,如何形成系统的合规管理数据成果,实现内控合规库、合规底线清单、合规管理专项指引的一体融合是核心重点,从而达成企业合规有效管理的目的。

科技创新与数字化转型有较大提升空间,企业集成应用创新、科技成果转化的一体化协同本身受制于业务牵引之下业务层面的迭代速度。过快的业务迭代导致风控的实施力度不同程度滞后,业务层面与管理服务层面的创新研究、风控建设、运营服务、内控节点、合规识别的能力形成一体化整合滞后。企业总部与业务模式匹配的信息化管理系统的完善、实现数字化的融合迭代,为企业实现多业态融合打好基础,需要针对企业业务数据做好系统的整合标准、规范标准、模块标准、系统标准,从而为企业实现数据资产化的数据入表夯实基础,系统实现数据价值的落地。企业面临的难点在于:数字化的发展不仅需要满足业务牵引需要、管理决策需求、科技创新实施要求等,还需要结合数字化赋能之下的巨大变化引发的各个模块无法有效跟进企业风险管理的统筹平衡。

企业基于风控系统内部集成、应用创新、文化建设的融合与考核机制、评价机制、转型机制均有待按照数字化赋能的业务牵引形态转型与升级,基本面上需要基于数字科技创新逻辑实现生态重塑,形成风控系统的重构与迭代。

(二) 风控管理生态重塑落地问题

企业风险管理生态重塑落地层面,数字化赋能风控生态重塑落地要先解决业务转型。在全面风险管理体系基础上,企业需要结合自身实际建立风险管理、内部控制等管理体系,各项业务监管指标符合企业内部管控的要求,确保企业的整体风险状况保持在良好可控水平。具体来说,企业需要健全风险预警机制,锁定风险防控底线。

一是建立资产风险分级预警监控,对业务风险、运营风险、财务风险、法律风险、合规风险五大类风险涉及的各项风险指标设置两级承受度,并进行定期监测和公示,明确流动性风险级别和应急管理措施。

二是利用信息科技手段创新管理模式,通过信息系统实现对各项风险指标的实时监控、动态预警。

三是强化风险识别与论证,明晰风险处置程序,科学选取分散、对冲、转移、规避、补偿等多种措施进行及时有效的风险管理与控制。

基于这几个方面,企业还需要融合风控一体化嵌套逻辑,系统实现生态重塑落地,具体体现在如下三个方面的处理。

1. 风控体系建设的风险节点确定

企业往往因为过往积累的治理瓶颈,导致不同程度缺乏数据化、系统化监控,很难与当下风控融合的系统形成有效协同,主要有如下六个方面:

1)企业风控系统薄弱,风险识别难度大,风控以人工管理为主,基于企业集团化管理的汇报路径不明确，无法实现自上而下的管理路径。

2）风险管控未实现一体化，分散在企业业务的不同环节，缺乏数据化、系统化监控，无法集成顶层逻辑识别风险征兆，且大概率无法做到事前预防。

3）尚未形成供产销一体化的管控逻辑，风控识别以割裂的供应商、客户等风险采取外部平台搜索检查为主。有效收集的信息无法形成复用，企业内部供应商管理、销售客户管理无法协同，信息断点导致无法互联互通。

4）内控以文件的制度建设为主，核决权限、制度流程、规范文件、控制节点无法协同运作。

5）内控识别的关键控制点与风险管理、法务管理、合规管理不协同，也无法与企业业务协同。所有节点均需要人工判断、人工处理与重复检查，无法提升效率。

6）企业风控模式中，企业面临的风险点较多。如果人工判断节点过多，就无法形成审批和确认的各个环节相关节点的支持证据链系统来进行内部验证。传统模式之下业务流脱节于支持服务环节，导致证据链缺失或无法有效匹配，给企业带来系统风险。

举例来说，企业印章管理没有执行线上和线下协同模式，用印的线下模式与印章审批的线上模式需要匹配协同，印章外借使用线下审批与线上确认脱节，存在人为确认的管控要求。而涉及分/子公司用印风险则进一步扩大了相关风险，加大了应对有效性的难度，证据链支持的检查也大大滞后，增加了风险暴雷问题。

虽然科技赋能可以实现系统快速处理业务并补齐短板，但是企业所有管理模块中，统一风控体系的系统建设逻辑是基于总体的一体化平台基础上推动的。从企业管理提升过程中风险节点的植入实现应用效果来说，植入的风险管理节点一般融合在企业大平台实现，这个大平台往往集成了应用的用户管理、制度管理、权限管理、流程管理等各个管控细节。针对一个节点的风控节点嵌入，平台的一个风控管理节点的增加，从企业内部管理的角度而言，从产品应用上看这个节点增加是一个细节的细微事件。但在整体企业管控的流程中，这个风控节点如何嵌入、哪个节点嵌入、嵌入多少内容、由哪类人员管控、出具哪类报表、如何关联其他系统，这些融合嵌入的逻辑，需要从总体架构设计下进行细化分解，如果设计融合错误，就会导致错误。如果从企业内部升级角度，就是有效系统规划的细节服务；如果从外部咨询服务角度，就是非常复杂的咨询服务。

以企业资金司库的设计与运营嵌入模式为例。企业资金司库是财务共享服务平台基础上的一个应用，并不是一个完全独立的应用或产品。企业往往有资金司库的自有的独立应用，但由于整个财务共享平台的很多管理节点和管控要求，资金司库的风控管理和合规管理的嵌入这个多加的管理节点，从企业内部升级角度，在企业内部数字架构的系统建设模式下，是有效系统规划的细节服务的小事情；但是从外部咨询服务角度，如果设计融合错误，会导致错误，容易变成非常复杂的咨询服务。

2. 风控体系建设的战略规划落地

企业风控体系建设相对企业其他业态更加复杂，主要是因为风控体系建设与业务直接实现企业收入引流相比，本身并不直接创造价值。这个原因使得企业在达成一定规模之前，风控系统的规范是一项循序渐进的持续性工作，不能生硬地用一个系统做"一刀切"式的改变，必须通过实际操作经验、成熟体系方案才能逐步改进并解决问题。这个不能直接显著达成效果的模式，使得企业不能急功近利，而是需要具有战略发展的眼光。

建立有效风控合规的企业各个模块，尤其是内部控制管理体系，落实合规的底线思维。这是系统实现企业降本增效、提质增收的有效方案，也是企业提升收入水平、改变收入结构、提升利润率和降低财务成本至关重要的部分。这个顶层格局需要企业的决策层决定并需要决策层的决策决心，一旦实施，效率的提升在带来业绩增长的同时，还往往导致民营类企业基础相关人员的裁撤或国有类企业基础人员的转型问题。

从内部视角来说，信息化发展落后成为业务发展的堵点和制约因素。从外部视角来说，数字化转型是企业链接外部社会生态的必需落脚点。结合国内外数字化的发展现状及技术发展水平、发展趋势，设计匹配企业资源禀赋的模式是关键。

企业的业务必须有数字化动态调整的能力，在企业数字化内生式闭环中需要系统按照企业战略实现收缩领域与扩展领域的数字化协同赋能。规划蓝图形成业务未来的发展方向协同，同时实现企业管控和服务效率与效果的提升。

风控嵌入的融合措施需要改善管理的效率与效果，实现企业业务牵引模式之下业务质量、盈利效果、收入质量、员工服务的协同提升，反过来风控嵌入使得业务从束缚到协同，使整个管理更轻松。

结合业务牵引的"四网融合"（天网、地网、人网、资源网）的多维度企业实现市场营销和市场拓展的落地，企业可以实现市场营销端的线上线下融合。在这个过程中，需要系统考虑风险集聚，采取妥善方式有效嵌入风控合规节点，实现数字化运营平台与风控系统融合；还需要围绕属地化和联网化的全面覆盖度，提供有价值的合规基础服务，确保达成风控合规的自主可控的管控要求。

3. 风控体系建设的科技赋能落地

当前业务牵引、数字底座、业财一体、风控融合的系统形成有效的数字化赋能的业务协同，主要体现在：企业业务牵引的商业模式创新，同步实现风险控制的协同创新。利用数据赋能方式实现基础人员下沉到基层提供服务的支持证据链快速匹配与锁定，叠加多种服务到单点或多点等。企业需要结合企业自有的资源禀赋，将企业本身多元的能力进行数字化赋能的整合，围绕不同业态的不同场景形成"企业服务管家"数字化架构设计的不同场景的赋能和风控融合，使得企业营销、生产、创新、供应的各个场景的数字化赋能一体化服务形成产业互联、风控嵌套的生态。

通过已有的围绕人和法人的业务，实现数据的分类与集聚，实现知识图谱的自然人和法人的画像。系统借助风控的融合，将企业业务量过程形成自动化筛查，实现业务落地的高效与风控落地的有效性协同。

风控业务常见的困难与挑战如图1-8所示。

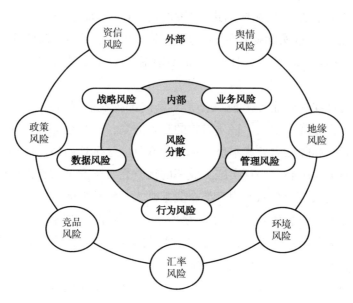

图 1-8 风控业务常见的困难与挑战

二、企业合规实施的瓶颈与痛点

企业的风控合规是管理层顶层设计的问题。高度决定视野，风控合规管理工作遇到困境的根源之一就是定位过于局限，过多停留在风控合规经营和满足监管底线层面，过分强调技术环节，缺乏战略高度。企业风控合规是动态迭代的优化过程，需要在做好业务模式优化的业务牵引的基础上，做好风控的顶层设计、优化落地、人才培养、数字底座的协同。结合需求不断迭代优化，形成生态重塑之下的制度、组织、业务、管理、流程的一系列变革，并实现风控系统的数字底座的协同建设。这与企业可持续发展的资源禀赋、发展过程、企业业态、企业属性、管理要求、信息化水平也有一定的相关性。

一般而言，以合规、内控、风险、法务职能和内部审计职能协同形成的风控体系在执行实操上容易形成执行落地问题，具体包括：

1）在风险合规层面，企业的风控体系并未厘清边界，未形成一个统一的平台集中管理，风险处理与合规节点多，稽核与人工判断节点无法形成系统性，依赖人工专业判断多；重要风控节点脱节，难以对风险事项与合规问题、内控制度执行和流程事项达到动态监控。这些都导致企业无法及时对风险进行预警和防范。

2）在内控法务层面，内部控制体系常规需要企业通过建立不相容岗位分离制度、严格的管控制度、审批制度、会计制度、合同管理等控制举措实现企业内部控制目标和法务管控目标，并采取及时优化和流程管控的方式达成内部控制有效性。一方面，内部控制体系使用通用的控制手段对企业的业务交易进行一般性的控制，而对特殊业务或蓄意钻流程空子的交易或行为无法进行有效控制；另一方面，企业内部控制流程一般节点较多且需要及时更新，这些可能导致涉及数据量大、计算复杂、人工审核成本高、错误概率大的业务，以及串通舞弊和内外部勾结等行为失效。

许多企业虽然建立了完善的内部控制体系，但仍会发生对企业造成致命影响的舞弊和内部控制案件，具体如下。

（一）企业风控建设管控问题

在国务院国资委等国资系统率先掀起的数字化转型规划和科技创新规划的引领之下，不少央企与地方国资实现了产业创新能力稳步提高。传统产业面临转型升级的迭代过程中，新兴产业和创新赛道业务的发展动能强劲，实现了量的增长和质的提升。新兴业态、数字化赋能的行业和产业发展新业态实现了国内各个产业的拓展，业务领域呈现融合性增长，经济结构的再次调整改变了过往业务模式。但是企业发展过程中面临着外部环境的重大变化，风险管理涉及的范围不断拓宽。与此同时，企业风险管理过往不同职责的落地，则呈现出协同效果不断减弱的问题。为此，企业的风控系统需要系统转型。具体的风控执行和评价常见问题包括如下三类。

1. 风控组织架构类问题

股东会和董事会都是企业治理机构，在实现有效的合规管理中发挥着关键作用，也代表着治理机构的有效性。股东会、董事会对风控合规管理的设计与重视程度是顶层设计的重要方面。风控合规管理是企业治理中的重要问题，主要针对建设方案、基本制度、年度报告董事会未审，以及公司章程中规定的需要股东会和董事会审议确定的事项。针对风控合规，董事会行使对风控合规管理工作整体情况的知情权、指导权和监督权，至少需要董事会审议确定的重点包括如下几个方面：风控合规体系建设方案、风控合规管理基本制度、风控合规相关年度报告。

董事会专门委员会运行逻辑上，在董事会下设相关专门委员会的企业，承担相关管理职责的董事会专门委员会发挥专业指导作用层面，需要确保有效运行。

企业管理决策层中，总经理及其领导的管理层负责有效管控风险，落实企业风控战略、目标和要求。因此，企业管理决策层对风控合规管理的重视程度体现在报告内容需要经过企业管理层充分沟通讨论形成共识。此外，年度报告编制完成后还需要由总经理办公会审议。这两个基本做法能确保企业风控管理工作形成准确、完整的共识，推动企业管理层对企业风控合规进行系统、完整、有效、闭环的决策部署。

在架构层面的制度建设和模式上，企业管理层充分沟通讨论与企业管理层日常工作针对风控合规事件采取及时应对措施做出决策是不同类型事项。也就是说，企业管理层层面形成一致的合规讨论与部分企业管理层采取应对措施的讨论和对策实施是不同类型事项。在任职模式上，企业需要按照内部控制管理要求，按照确保不相容岗位相分离原则安排岗位。风控合规会议常规实际运行后，企业需要在制度中明确风控合规联席会议参加人员和会议召开周期。

案例

企业 P 为江苏 X 市国有企业，公司有 5 家下属子公司 A、B、C、D、E。P 企业董事长兼任合规部首席合规官，管理层总经理兼任下属三家子公司 A、B、C 的合规部首席合规官，管理层营销副总经理兼任下属两家子公司 D、E 的合规部首席合规官。

最高董事会决策层、最高管理层兼任风控合规类管理负责人与业务负责人兼任风控合规管理责任人的不相容岗位冲突，导致风控合规管理无法达成预期效果。董事会对决策负责，总经理对企业经营管理的整体效率和效果负责，总经理同时作为主要领导承担合规管理第一责任人的职责。风控合规管理负责人岗位需要与董事长、总经理岗位分离，业务人员不能兼任合规管理负责人。

案例

企业 M 为广西 Y 市国有企业。企业 M 的内部控制制度中仅有总的要求框架中提到企业需要编制风控会议和合规会议召开，没有任何细则明确风控会议和合规会议的执行细则。企业实际召开过相关会议仅有照片留存，没有形成相关会议纪要。

企业没有在制度中确定风控合规制度规范，包括风控合规的相关范围、内容，合规会议的参加人员、召开周期，企业最高管理层的总经理参加合规类会议的要求。风控合规是企业重要的综合性管理工作，风控会议是跨部门沟通协调的重要机制，由总经理召集并主持可以确保风控会议召开的效果。制度中确定召开定期会议有助于企业总体提升对风控合规工作的认识，并促进部门之间沟通协调。会议内容应当经过充分准备，包括规章制度、工作计划、合规总结、风控动态、内控动态、合规动态、行业案例、实践分享等。

2. 风控制度流程类问题

企业内部控制制度落地与执行层面，风控制度、合规制度建设需要具有顶层设计视角和企业总体规划视角。因此，企业内部控制制度推动需要有系统的计划性。按照内部控制管控要求，企业需要制定《企业风险管理办法》《企业内部控制管理办法》《合规管理办法》《关键岗位风险识别管理办法》等风控基本制度，并形成闭环管理模式。制度管控形成系统性，系统明确风控管理的整体目标、原则、组织架构、运行机制和保障机制，确保制度建设和流程建设具有执行的可操作性和必要性。

风控制度，尤其是内部控制管理具体制度应当符合企业实际情况和管理需要，避免制度规定与企业实际做法脱节，制度建设缺乏计划性可能会导致合规管理制度脱离企业实际，导致企业实际风控管理工作缺少必要的规章制度依据。此外，按照内部控制制度和合规管理的要求，企业制定的各项具体专项管理细则需要具有系统性和逻辑性，避免出现冲突事项。

案例

企业 Q 为 S 市医药大健康类国有企业。企业 Q 的内部控制制度中，除编制和修订内部控制制度体系，还精心编制并修订了内控管理专项指引、合规管理专项指引、法务管理专项指引等多个专项指引。上述内部控制制度和多个专项指引均未明确合规管理专项指引与相关领域管理体系文件和规章制度的关系。此外，企业 Q 针对医药企业合规的要求，将合规指引中针对医药企业需要执行和遵守的法律法规进行了罗列，对企业中现实的医药生产制造、药品质检规范、新药研发规范、医药营销市场规范等进行了明确。企业 Q 本身作为医药类研发、生产、营销一体化的创新型医药制造企业，大部分员工未签署保密协议、竞业限制等内部控制员工管理规范性文件。

由于没有明确内控制度和相关专项指引的关系，造成制度和管理的双重冲突。企业内部控制制度体系建设缺乏应有的内部稽核，导致企业在规章制度之外形成另一套专项指引类管理文件。这需要规范风控合规管理类专项指引制定和稽核，明确风控合规管理专项指引的功能定位和内容要求。

医药企业本身风控合规管理要求严格，相关专项指引由于缺少落地途径仅为法律法规罗列，不具有实操性。由于缺少对医药市场和医药企业本身风险场景的梳理和描述，制度规范和合规指引类管理建议实操性不强，对企业的应用情况缺乏指导和监督意义，无法发挥预期作用。企业如经评估确认有必要对相关领域进行规范，应当首先考虑完善已有的规章制度或者制定新的规章制度。如果出于特殊考虑不便形成规章制度，而以风控合规管理专项指引的形式进行规范，应当保证指引内容与现有规章制度协调衔接，避免出现在指引中提出要求而规章制度和企业管理实践中未能落实的情况，否则可能会在外部监管机构检查中被认为执行不力。此外，更应当避免指引内容与规章制度冲突，在执行中给员工造成困扰。

制度化与流程化落实上，组织并采取合适的程序保证员工签署《保密协议》《合规承诺书》《岗位职责》等内部控制员工管理规范性文件。全员签署内部控制员工管理规范性文件是企业风险管理和合规管理中的一项重要措施，在企业遇到相关危机时可能发挥切割企业责任与员工个人责任的作用，为企业减轻直至免除责任。

3. 风控运行机制类问题

企业风险控制的运行制度和相关机制落实层面，企业需要建立风控审查清单、合规审查表单、法律审核表单。常规企业相关执行部门本身需要结合上述执行表单，做好工作推动的检查和复核确认工作，审计部门需要做好相关风控执行层面的审计确认和整改跟进工作。只有制度规范，没有具体的相关执行表单，企业日常工作推动和审计相关的审查工作就很有可能存在缺陷。

企业风控工作运行层面，需要落实风控组织的沟通联络及举报渠道。举报是发现违规行为并弥补风控管理工作缺陷的重要手段，企业常规应在企业范围内部公开相关接收举报的机构电话联系方式及邮箱类信息，确保举报渠道被知悉。

案例

企业 A 为江西 R 市国有企业。企业 A 内部控制制度中，相关内部控制制度比较完整，规定的执行流程和程序也比较完整，下级子公司和各分公司制度规范也全面覆盖并进行了宣传。企业 A 为了贯彻落实廉洁管理的要求，在本部和分/子公司规章制度中均明确了合规举报和查处后处罚的要求，但风控审查清单、合规审查表单、法律审核表单并未附在内部控制制度规范内，缺乏必要的明细清单和审查表单，违法违规举报的举报电话、举报邮箱、举报联系人和保密措施等也未统一在企业范围内公布。

内控制度建设总体健全但缺失相关清单和表单，则导致开展日常工作和相关审计工作中未提前明确审查要点，造成日常工作和审计工作缺失工作标准。这会带来如下问题：第一，由于缺失表单，流程无法实现，业务部门无法有效实施，导致风控审查、合规审查在日常工作和经营工作中失效；第二，由于缺少清单表单导致审查点不明确，日常工作和审计缺乏针对性，工作容易陷入重复，导致浪费企业管理资源；第三，内审稽核如果未就清单表单问题做明确确认，则会导致企业业务部门无法明确推动实施，审计部门无法结合清单精准提出审查意见，日常管理的层层跟踪落实及审计确认、监察履行职责无法落实，造成企业内控制度落实甚至企业总体风控系统从执行到监管均流于形式。

企业在规章制度中，既要明确合规规范的要求，也要明确合规举报渠道和方式，确保企业员工、第三方单位知悉和使用举报渠道，实现合规举报渠道的畅通有效。

（二）企业风控落地管控问题

从系统性上看，企业在不断转型适应外界环境变化的情形之下，风控的功能定位不断从事后向事前协同保障企业发展转型，甚至成为可持续经营并助力产业升级转变的重要部分。为此，企业风控嵌套企业业务牵引的转型升级也确保了企业长久的可持续发展，风控合规上升到企业战略层面协同规划和落地的高度。

从不少企业的发展现状看，企业转型发展面临较大压力。业务受政策及市场环境变化影响波动较大，经营面临较大的不确定性。受国家数字化转型引领及各个行业转型升级影响，企业的业务普遍受制于成本波动和销售端价格体系未理顺等因素，不断挤压利润空间，导致不断从"高盈利"向"保本微利"甚至"持续亏损"的经营状态滑落。随着国家整体监管力度的不断加大，企业业务牵引的业财融合运营方式需要嵌入风险合规系统，实现企业基于风控合规匹配之下的生态重塑。

1. 风控融合内容类问题

在合规风控体系的建设过程中，企业需要进行风险评估和管理评价。在形成管理体系建设方案前，需要开展全面调研访谈并形成访谈记录，并基于此形成严谨的风险评估报告和管理评价报告。

企业需要制定企业内部统一的风控合规管理体系建设方案,并编制合规风险清单。合规风险清单是合规管理中的一个重要工具,企业需要按照规范的方法,以严谨的态度编制,确保企业遵守合规经营的"底线"。此外,企业建立内部控制体系时,需要制定规章制度以规范风险控制措施,包括与合规风险相关的控制措施。企业在合规管理体系建设方案中,一般需要明确合规管理的重点领域、重点环节和重点人员。

案例

企业 P 为山东 W 市国有企业。企业 P 近 5 年年营收平均规模为 30 亿元,缴纳社保类人员达 5000 人以上,但法务风险部部门仅有 3 人。W 市国资委相关巡查检查部门联合检查发现,企业 P 法务风险部由于受制于人力资源不足,在企业对下级公司 A 进行调研并确定风控管理体系建设方案之前,就在企业本部编制完成了调研报告,并就调研报告结论完成了风控管理体系建设方案,之后才就需要编写调研报告的内容和风控体系建设方案形成之前的框架开展调研访谈;在企业 P 对下级公司 B 进行调研之前,也在企业本部编制完成了风控合规管理体系建设方案,并按照已经完成的建设方案倒过来编制了针对公司 B 的风控合规调研报告。此外,企业 P 编制的相关合规管理办法中,对合规风险与其他类型风险并未做解释和概念界定。且合规办法中,列举的法律法规作为开展合规工作的依据,只摘抄了法律法规的部分条款,不具备完整性,不包含与具体领域相关的全部重要法律法规条款。企业 P 对本部各个部门和下属分/子公司做的合规风险清单检查和评定中,"风险等级"的评定全部没有过程记录。且企业 P 法务风险部对合规清单中认定的"高、中、低"风险,无法提供评定过程记录。

不少企业在制定风控合规管理体系建设方案时,未结合实际的必然要求对相关的合规义务、合规风险和现有风险控制措施进行真实的调研,仅仅闭门造车并上缴方案模式就完成工作。此类体系建设方案缺少针对性,无法识别和弥补已有管理工作中真正的短板,导致风控管理对提升企业管理水平的价值不明确,管理层和员工无法确认企业合规是合规管理体系在发挥作用还是其他管理体系在发挥作用,因而可能对合规管理体系建设认识不到位、重视不足。

案例

企业 J 为浙江 J 市国有企业。企业 J 作为地方竞争性国有企业,营收体量三年年均为 50 亿元,且最近三年发展呈现下滑态势,年均下滑 15% 左右,各级员工有 3000 人左右。企业 J 设立的合规部,部门人数为 2 人。经审计发现并确认,从企业 J 编制的合规底线清单上看,合规风险清单中仅选择了一部分违规行为或者违规风险场景标注为"底线",但是在"底线"的认定上,相关制度中缺乏清晰、明确、一致的标准。

编制合规底线清单的方法可能存在缺陷。从违规行为中选择一部分标注为"底线",

其他不做标注，这种做法可能会被误解成未标注为"底线"的行为是企业可以容忍的，而未标注为"底线"的领域一旦发生违规行为，在监管审查调查中可能会被认为是企业故意纵容。

案例

企业 L 为湖北 W 市国有企业。企业 L 作为地方竞争性国有企业，投资方向较宽泛，涉及消费、文旅、能源三大领域，近三年营收年均为 25 亿元。企业 L 受制于外部经济压力业绩下滑，除新能源增长弥补了消费与文旅板块的下跌，年均略下滑 5% 左右。企业 L 的员工总数为 8000 左右，总部设立了法务合规部，部门人数为 4 人。企业 L 从总部抓起，建立了风险控制措施清单，但未就识别的合规风险明确控制措施。

就识别的合规风险，企业可能无法明确风险控制措施，建立风险控制措施清单的企业很可能无法做好风险控制措施的描述并采取妥善方式推动，问题的根源在于未进行严谨的合规风险评估和管理差距评价。仅列举合规风险而未明确控制措施，可能导致企业对已有控制措施是否能够全面、有效地防范和控制合规风险缺少清晰、完整的认识。

案例

企业 V 为广东 Q 市国有企业。企业 V 作为地方民营类企业，聚焦主业为绿色建材及家装领域，近三年营收年均为 10 亿元。企业 V 由于细分赛道的建筑转型升级和一体化运作，业绩还有较好的增长速度，近一年增速 20%。企业 V 各级员工有 1000 人左右。企业 V 为推动风险管理建设工作，设立的法务部兼管风险管理体系建设及合规相关工作。企业 V 法务部制定了相关风险管理体系文件，但经内审复核与审定后发现，这些文件内部和各类文件相互之间普遍存在脱节现象，具体表现为：企业 V 合规管理重点领域和重点环节与合规风险清单缺少对应关系；合规风险清单与合规管理重点岗位清单和重点岗位合规职责清单缺少对应关系；合规风险清单与合规风险控制措施（包括内部控制管理手册中的合规风险控制措施）缺少对应关系；合规管理专项指引与合规风险清单中的合规风险场景、合规风险等级评定结果和合规风险控制措施缺少对应关系；合规培训计划与合规风险清单中的合规风险场景、合规风险等级评定结果和合规管理重点岗位清单缺少对应关系。这些工作顺序出现颠倒问题导致形成的调研报告缺少事实支撑，说理不充分，仓促形成结论和建议，与企业 V 制定的风控管理体系建设方案内容脱节。企业 V 制定的标准并不完善，所做的调研报告甚至无法具体描述与企业 V 相关的风险和管理差距。

合规管理体系文件缺少协同衔接，这一问题的根源在于未进行严谨的合规风险评估和管理差距评价，照搬文件或者其他企业管理经验虽然能够形成大量文件资料，但文件质量不高，文件内部和文件之间的逻辑关系不清晰，体系文件不闭环，合规管理工作碎片化，在实际运行中脱节错位，影响合规管理工作的效率和效果。

2. 风控保障机制类问题

企业推动并进行合规管理，需要做好风控保障的机制类措施。尤其是企业需要制订专业人员的人力资源计划，明确专兼职合规管理人员，保障合规管理负责人和合规管理综合部门的信息知情权。合规培训计划需要有系统性和针对性，并系统评估合规管理数字化和信息化相关方面的需求。

案例

企业 U 为贵州 D 市国有企业。企业 U 未进行合规管理专业人员的人力资源计划，也并设置合规管理人员岗位。经内部审计确认并提出整改要求后，企业 U 设立了兼职合规管理岗 1 人，但该兼职岗位职责基本以承担其他管理职责为全部内容。

如果配置没有系统规划，那么在以其他时效性强的工作为主的情况下，可能导致合规管理人员难以深入开展工作，更难以开展在相对长周期后才能见到效果的工作。即使能够获得外部专业机构的支持，也难以把控外部专业机构的工作过程和成果质量。如果企业没有必要或者在成本上不能支持设立专职的合规管理岗位，至少应当牵头制定合规管理人力资源计划，包括考虑共享服务的模式。

案例

企业 G 为云南 X 市混改企业。企业 G 在国有股东的要求下，设立了合规部门并配置了相关人员。企业 G 采纳国企做法，对合规管理采取了防火墙建设协同的模式，合规管理负责人和合规管理综合部门处于防火墙建设的职能部门范围。但有关制度规范中，针对合规管理负责人和合规管理综合部门的信息知情权层面未做明确，制度和流程及企业 G 内部均未就这些做系统明确。

合规管理由于缺乏制度性保障，合规负责人的认知可能不够全面。由于制度保障缺失，企业无法有效确保合规管理负责人和合规管理综合部门充分履职所应具备的信息知情权。保障合规管理负责人和合规管理综合部门的信息知情权，是对其进行赋能的重要方面。合规管理负责人和合规管理综合部门属于后台职能部门，通过间接知情的方式履职。

案例

企业 Z 为河北 B 市民营企业控股的上海证券交易所主板上市企业。为推动合规落地，企业 Z 安排了一系列合规培训并形成了合规培训计划。经内部审计确认，企业 Z 合规培训虽有计划，但缺乏针对性且内容过于简单，通常只有标题，对培训对象缺少清晰的界定，未深入分析培训对象的特点和需求。

合规培训是提升员工合规意识、传授合规知识和技能、实现合规经营的重要工作抓手。除了思想意识培训，合规培训应当符合培训对象的实际需要，填补培训对象在知识和技能等方面的空白。如果未对培训对象进行调研且未对培训效果进行评估，所拟定的培训主题很可能会偏离培训对象的真实需求，培训对象认为培训内容脱离工作实际，或者重复培训已经掌握的知识和技能，浪费企业管理资源，这两种情况都可能导致培训对象对合规培训产生抵触情绪，对合规培训的参与度和培训过程中的专注度造成不利影响。

案例

企业 N 为河南 Z 市大型民营企业，近两年营收平均在 30 亿元，净利率在 10% 左右。企业 N 董事长王先生认为，企业做到合规非常有必要，信息化也是有效的协同手段，企业计划在新的一年开展合规信息化建设，并计划三年内投资不少于 3000 万元用于合规信息化建设。但企业 N 未就企业特点、合规管理信息化需求做系统评估，也未采取妥善的转型规划方案。

合规管理信息化有利于固化管理措施，及时发现合规风险事件和违规行为，提升管理效率，但是盲目进行信息化建设可能会浪费企业资源。如果企业没有必要或者在成本上不能支持开展合规管理信息化，至少应当牵头评估合规管理信息化需求，并在必要且可行的前提下，结合企业整体的信息化建设规划制定合规管理信息化工作方案。

3. 企业风控平台化问题

企业合规管理平台化的重要方案在于体系建设工作落地的系统、充分的指导，形成全面跟踪企业合规管理体系建设的工作计划体系和合规计划完成情况检查反馈体系。同时，企业风控平台化的集成模式，形成对企业合规管理预算计划的事前系统计划分解、事中系统同步纠偏、事后使用情况精细监督。以集成化的风控平台化功能，实现企业对合规管理预算计划和预算执行情况充分、动态、及时的了解和掌握。

案例

企业 X 为宁夏 Q 市大型民营企业集团，下辖化石能源、医药制造、贸易服务、其他投资四大主营业务。企业营收受市场经济波动及业务操作未采取合规化方式处理影响，遭受直接损失近 3 亿元，并间接损失了几家大客户。因此，企业 X 近一年营收萎缩接近 50%，计划安排的医药制造 IPO 计划也受制于合规问题陷入半停滞状态。董事长认为，企业必须在这个阶段推动合规建设，尤其是医药营销合规必须下大力气，合规化的系统建设必须系统推动，公司管理层推动了大量的宣贯工作。

经外部专业合规评价机构对企业 X 的专项诊断发现，企业管理层及企业合规部门对企业合规管理体系建设工作指导不足，体现在如下这些方面：企业管理层未全面跟踪企业合规管理体系建设的工作计划和计划完成情况，未组织企业对合规管理体系建设成果进行系统的宣贯培训，未对企业合规管理体系运行情况进行全面深入的检查评价。企业 X 的四大主业各级子公司制度全部按照集团公司一致或基本未做系统的修订。此外，合规部仅向企业收集体系建设方案，而不进行实质性评审并提供反馈意见，未全面跟踪企业合规管理体系建设的工作计划和计划完成情况，合规管理体系建设完成后未充分宣贯，未对所属企业合规管理体系建设和运行情况进行过程性指导。

集团型企业的业务行为复杂，涉及企业业务和财务融合问题，对所属企业合规管理方面的前置性设计和指导非常重要。在体系建设中，如果下级企业照抄照搬上级企业文件，则会导致体系建设文件内容雷同，偏离体系建设目标。合规工作无法集成并有效运作，一旦形成杂乱型成果被束之高阁，则企业内部员工很容易以制度文件建设思维替代合规管理体系建设思维。

案例

企业L为B市X区的大型民营企业服务型科技集团。企业L为推动企业合规，与时俱进完善了合规部门的设立，专职岗2人，兼职岗3人。基本的制度规范和合规管理要求形成了相对系统的操作方案，但财务部门和合规部门对企业合规管理预算仅仅编制了总额，并未细化分解。这导致合规预算计划和使用情况无法就实施进度按细化项目进行监督，企业对合规管理的预算计划和预算执行情况缺乏了解和掌握。

企业不掌握相关预算计划和预算执行情况数据，不利于支持合规管理部门和合规管理人员有效工作，不利于横向对比企业在合规管理中的预算使用效率，不利于从企业整体角度有效利用经费。此外，企业合规经费的支持，需要落地到实际运营的企业本身，还需要覆盖企业所有的分/子公司。作为成本中心的合规部门，对经费支出敏感度较高，如果无法细化分解到具体层级，则合规管理部门和合规管理人员大概率无法获得经费支持。

（三）企业风控产业融合问题

企业风控合规与产业融合推进，同样存在如下问题：

一是企业数字化转型尚未形成体系化，风控合规本身也尚未有效运营，无法形成一定的影响力，存在政策支持不到位、商业模式不清晰等状况，缺乏竞争力；相关业务资源分散，企业间的协同力度较弱，存在一定的"各自为战"及风控融合为企业降本增效提质增收的空间有限等问题。

二是企业基于业务持续发展和企业可持续的要求，基于主业协同的风控数字底座融合模式处于发展初期，难以满足企业可持续确保收益之下的成本匹配，基于资源的投入更集中于企业的经营收入和利润等考核要求，基于风控集成的转型动力不足。

三是企业风控集成的模式上，对风控人才的培养一般投入不大，业务牵引、数字底座的模式更多解决市场一线和供产销问题及业财融合的价值创造问题。风控融合的技术底蕴薄弱，风控系统及合规体系的数字融合尚不成熟，风控嵌入业务的节点管控模式尚不清晰，总体上处于摸索开发阶段，风控合规的技术、人才、资源等方面都有较大成长空间。

风控架构师、合规场景架构师的落实更多在于大型企业的应用实践，在风控架构师、合规场景架构师结合企业场景赋能业务模式创新并实现降本增效和提质增收的实践落地上，企业投入较少难以实现。

因此，企业数字化转型融合企业科技创新体系建设，在科技投入力度不断加大之下，在风险底座的系统建设和风控一体化融合建设的"保驾护航"下，使得基于风控思维与合规思维的企业科技投入与投入强度得以有效实现系统转化与产出。基于企业顶层风控思维的融合逻辑，也大大释放了企业的优势资源，助力国务院国资委推动的"揭榜挂帅"制度的系统推动与企业有效落地。这其中，不少细分赛道的优质企业还借助数字化融合与风险控制协同实现了"降本增效和提质增收"的多重效果。

第三节　风控一体生态重塑与进阶

一、风险管理工作生态重塑基本逻辑

企业风控的基本逻辑体现在：企业顶层设计的架构端和营销端的转化上，其他各个端口模块不断实现融合。企业需要从顶层设计出发，构建企业风控体系，结合风控为先的前置设计，筑牢企业稳健的发展根基。基于企业面临风险的防控和处置化解十分重要，需要系统提升企业资产质量。在科技不断赋能产业实体之下，企业需要系统做好科技转型，从根本上强化企业制度建设及改善风控核心。从企业的本质而言，需要回归本源，着力做好企业结构优化。

为此，企业需要建立健全以风险管理为导向、以合规管理监督为重点的内控体系，将风险管理和合规管理要求嵌入业务流程，实现"强内控、防风险、促合规"的管控目标。基于五大体系的五位一体并存，各体系间有效融合，通过构建监督评价体系，形成联动闭环机制，实现管控目标。

风控一体化融合框架如图1-9所示。

（一）企业风控合规一体化闭环逻辑

从内部控制传统模式之下的发展趋势而言，传统的内部控制体系下，企业通过建立不相容岗位分离制度、严格的审批制度、健全的会计制度等控制举措来实现企业内部控制目标，这在一定程度上实现了控制目标，但仍存在较大的缺陷：一方面，传统内部控制体系使用通用的控制手段对企业的业务交易进行一般性的控制，而对特殊业务或蓄意钻流程空子的交易或行为无法进行有效控制；另一方面，传统的企业内部控制体系大多数流程依靠人工审核和相互监督得以实现，导致对于涉及数据量大、计算复杂、人工审核成本高、错误概率大的业务可能失效，以及串通舞弊和内外部勾结等行为可能失效。

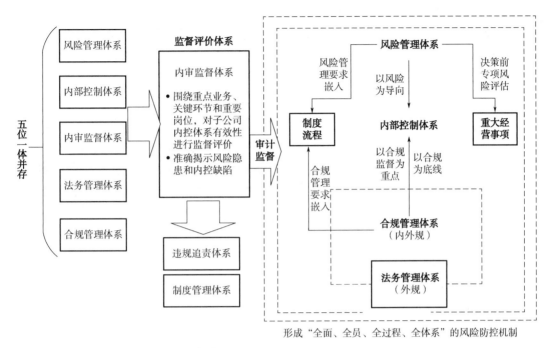

图 1-9　风控一体化融合框架

资料来源：《老板必知的十大风控合规工具》

企业需要结合发展情况做好风控措施，实现企业风控。就传统模式而言，企业面临的合规要求包括：来自于开展业务中应遵守的外部法律法规、行业规范等合规义务，以及企业认同的高标准合规道德规范。所有员工不仅要准确理解合规明示的要求，还要深刻把握合规所体现的风控原则和精神。

1. 风控合规的价值

首先，业务应用层面价值。企业风控合规落地需要对企业业务层面做好把关，主要是对企业生产经营全过程的合理性、各种生产力要素的开发利用情况，以及经济性、效率性和有效性的实现程度的风控融合。传统的风控合规制度需要不断优化转型以适应企业的发展。企业通过现代智能化手段，对企业的物资供应过程、生产组织过程、资源利用过程、产品销售过程等进行优化升级，通过大数据、云计算、物联网等技术作用于企业的业务层，对风控合规制度做好动态管控，确保企业内控制度正常运行。

其次，管理应用层面价值。管理应用层面通常是企业风控合规管理的一个重要方面。企业内部的风控合规通常指对管理体系和管理工作的确认和咨询，其考核内容一般包括两个方面：一是考核企业的管理职能，二是考核企业各项管理职能的工作。为做好企业管理层面的风控，企业可以提前设定好覆盖企业整体需求的管理制度，配套核心的管理流程，对不同企业职员做好关键节点的分解授权，并不断为之优化升级，增加企业风控合规的组织价值。

2. 五项职能下内控制度建设细节

企业需要针对风控合规做好从股东会到企业执行层面的贯通设计，持续开展企业内控体系建设工作。编制管理标准，涵盖企业经营行政管理范畴的各项业务内容，包括并涵盖决策管理、投资管控、法律合规、财务管理、采购管理、资产管理、安全管理等关键业务领域制度建设情况。

推进核决权限的分授权体系持续改进。适度授权放权的同时，需要控制授权风险。此外，企业可以以国内外经济形势变化和企业内外部发展环境变化为契机，持续推进内控缺陷整改工作，确保企业股东会决策事项、董事会确定事项、管理层办公会事项的贯彻执行，推动企业的内部监督检查、内控缺陷整改、经营风险识别与监测、不相容职务分离控制等合法合规。针对企业发现的问题，制定整改措施，按照"问题清单"逐项进行跟踪落实。

3. 风控合规融合下的企业内部审计趋势

从企业风控合规工具来看，企业合规层面的融合，在模式、逻辑及相关风控合规的系统上，从定性的性质角度，法务管理与合规管理是做人，内部控制与风险管理是做事，内部审计则是做评价，如图 1-10 所示。从五项职能中的每项职能的边界及思维方式、工作抓手、互动机制、工作侧重点的角度各有不同。具体从协同角度，五大职能的功能需要系统并融合应用。

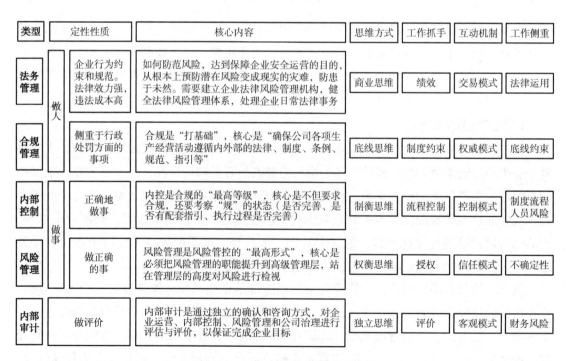

图 1-10 化解企业风险的主要手段

资料来源：《老板必知的十大风控合规工具》

（二）顶层设计风控规范落地方法

企业通过顶层设计制度和规范，落实流程规定，系统强化企业风险管控并融合企业的风险管控至企业的生产运营管理之中，具体如下：

第一，制度管控。企业需要系统建立《全面风险管理办法》《内部控制管理办法》《内部审计管理办法》《企业核决权限表》《财务核决权限表》等风险管控制度。逐步按照制度规范，建立全面风险管理、内控管理、合规风险管理等管理体系。

第二，分级管控。企业按照《企业核决权限表》《财务核决权限表》等相关要求，建立相关的核决权限规范，尽量实施扁平化管控，减少管控层级，提升管理效果。涉及多家分/子企业的，尽可能减少主体，常规实施不超过三级的"三级管控"分授权管理模式。

企业的管控目标无论是分级、集权、分类层面，还是授权、用权、执行、反馈等层面，都需要做好内控与流程的管理。具体通过设计，达成企业管理"分级有责、集权有道、分类有序、授权有章、用权有度、执行到位、反馈及时"的管控目标，充分运用制度管控层面的六大管理体系作为核心管控的制度化建设抓手，按不同专业管理条线明确相应管理职责及主责部门，兼顾风险和效率的平衡。

第三，风险隔离，厘清风险管理界面。企业需要针对分级管控之后系统业务的运行进行监测和风险排查。为防范企业日常经营及相关业务潜在的风险隐患，对所开展业务实行运行监测。针对企业的业务管理规定及日常管理的计划要求，进行动态监测管理。对企业商业模式涉及的客户和生产运营进行动态跟踪，如业务类型、体量规模、收益水平等，对凡是触及风险变化的情况，将及时报告问题并提出调整建议。

第四，压力测试。企业按照自身风险管理的要求，结合自身实际情况，对企业风险事项进行系统的风险水平承受能力测试，并就测试结果进行评价。当评价结果显示可能面临相关运营类风险，尤其是资金可能存在流动性风险、战略执行存在重大偏差风险时，企业应调整执行战略目标，就企业资产配置或制定有针对性的应急方案与建议，以应对并化解相关风险，尤其是资金的流动性风险。

第五，风控评价。企业按照风控体系建设的要求，在整个系统落地层面做好内部审计管理，系统发挥内部审计的确认与咨询功能，系统实施对企业的内部审计。

二、风控一体化模式的重塑优化与举措

企业为做优全面风险管理体系，需要优化风险管理架构，推动企业做实管理职责的责任体系，实现风险管理基础与质量的提升，具体如下。

（一）企业风控一体化的重塑与优化

1. 风控边界界定并突出功能模块

发挥风控一体化对企业的重要作用，从风控底座、贯穿协同、合规驱动、服务强化等

方面落实风控的系统定位，助力企业建设坚强韧性、绿色智慧、区域协同的现代风控系统。

系统围绕企业合规底线、提升企业内控制度和流程规范、提升企业精细化管理水平和风控保障能力、缓解企业资源制约等现实需求，立足市场，服务企业可持续发展，在企业业务牵引的逻辑下抓住风控融合的突破口，逐步建立企业创新重塑的风控一体化体系，增强服务企业的能力，形成时代风控的融合特色。

法律审核、合规审查需要落实和提升规范性。针对各类董事会决策事项在会前提交法律审核。发起部门向承接董事会议案的董办或办公室提交提案前，完成总经理办公会审议，并经过法律审核。议题审批流程中，由提案部门选择是否需要对议题进行法律审核。涉及法务层面的事项应当经过法律审核。在条件允许的前提下，采用信息化方式开展相关审核确认工作，确保企业重大决策事项按照公司治理规范要求，事前经过法律审核。

重大决策事项提交法律审核、合规审查时，需要附必要的支持材料。企业进行合规审查和决策的支持材料常规需要包括完整的支持材料附件。法律审核、合规审查不能流于形式。合同审核申请不单单附合同文档和相关审批记录，常规合同需附合同相对方尽职调查记录和供应商遴选过程记录等文件。

2. 风控融合业务并突出主业增长

牢牢把握技术革命趋势，抓住新一轮结构调整和技术变革机遇，遵循行业发展规律和阶段性特点，着力增强科技创新能力，加快结构转型，加快数字信息技术与实体业务深度融合，推动产业数字化和智能化升级。

围绕企业的有效发展，将企业布局与主业关联性较强的、代表产业变革方向的未来业务的风控融合，实现企业将优势突出的领域作为风控嵌入的突破口，以市场需求为导向、以风控有效落地为基础，推进合规的融合效用，实现企业业务增长与风控合规融合一体。

产业合理布局，风控注重实效的企业落地上，关注战略性新兴产业的不同发展阶段，综合考虑业务规模、经济性、前瞻性，合理布局业务发展方向，分类分项分级逐步推进风控措施的落地。积极推出相关风控保障措施，疏解发展堵点，激发企业创新活力的同时，注重风控嵌入的有效性，以企业内部需要风控管控的相关项目为依托，将风控应用的各个场景作为风控设计的抓手，产业布局上做强存量、做优增量、做好变量，风控落地上着力提升风控系统的协同性，做实风控底座、做优内控制度、做精内控流程、做精合规管控、做深内部审计，精益法务管理，系统增强企业创新力和竞争力。

（二）企业推动风控合规的具体举措

第一，提升风险制度约束刚性，深入推进制度优化工作。一是加强风险管理专项制度建设，根据政策形势变化，结合内外部检查发现问题，全面梳理监管关注重点领域、风险管理薄弱环节制度建设情况，制订专项制度修订计划，健全风险管理制度体系；二是深入推进制度优化完善工作，并做好制度修订工作"回头看"，确保各项制度与监管要求相一致，与业务发展相适应。

第二，提升信息系统风控支撑能力，全面开展数据治理工作。一是持续推进信息系统建设工作，开发满足监管要求的金融基础数据、利率监测数据、征信数据等金融统计类数据报送系统，开发租赁资产租后大数据风险预警模块；二是继续研究探索数据存储管理模式，持续开发监管数据集市，提高风险数据供给效率；三是进一步加强系统应用管理，持续清理低效"僵尸"表单，优化管理流程，巩固风险控制效果。

第三，提升风险资产质量，强化大额风险管控。一是继续稳健拓展业务，严格执行贷款"三查"制度，加强贷前调查、贷中审查和贷后管理，强化全口径授信业务管理，确保规定动作做到位、做规范，当好风险防控"吹哨人"；二是加强重点客户风险防控，对重点客户进行前瞻性摸底排查，不断提升信用风险管理防控能力；三是加大风险化解处置力度，坚持"以实现风险化解、回收最大化"的不良处置目标，统筹抓好资产保全和债权主张工作。

第四，提升流动性风险管理，守住流动性风险安全线。坚持资金头寸前瞻性管理，确保不发生实质流动性风险。一是长期以实现资产负债均衡发展为目标，量入为出，控制错配；二是短期加强日间头寸管理，确保每日流动性安全；三是强化企业流动性管理统筹，全面提升流动性风险管理精细化水平，确保支付结算安全；四是统筹资产负债期限结构及规模结构，将流动性指标约束嵌入资产负债结构安排，确保流动性监管指标持续达标。

第五，提升操作风险管控力度，加强操作风险应急管理。围绕监管重点和操作风险变化趋势，持续加强操作风险管理。一是优化风险限额分解落实机制，有效传导操作风险管理偏好，强化大额操作风险事件风险预警与前瞻管控；二是开展"监管红线"操作风险与控制自评估工作，围绕监管处罚关键风险点，进一步查漏补缺，着力完善风险控制长效机制。

第六，提升合规风险管理建设，创建全员风险管理文化。坚持文化引领严格管理，把"依法合规"植入企业管理，使合规文化成为企业文化建设的重要内容，形成全员合规、全程合规、主动合规、合规创造价值的经营理念。促进合规管理与业务发展同步，与监管政策同向。加强风险管理培训，对风险管理理念、知识、流程、管控进行宣贯和培训，逐步形成规范化、体系化和常态化的培训教育，积极提升合规文化教育的覆盖面和参与度。

(三) 内部审计对风控一体化重塑的确认

按实施主体划分，审计可分为内部审计和外部审计。内部审计与内部控制和风险管理之间相互影响，其关系如图1-11所示。

内部审计与内部控制与生俱来，内部审计发展的历史就是内部控制发展的历史，从内部会计质量控制到整体内部控制，再到整合风险管理与企业治理的现代内部控制。内部审计既是内部控制系统的一部分，又是控制的确认者。

内部控制的四大核心理念：内部控制是企业经营的"稳定器"；风险管理是内部控制的核心；内控的最高境界是"消灭文本制度"，形成"闭环在线"管理，确保有效执行；内控发挥作用的根本动力是"软控制"。

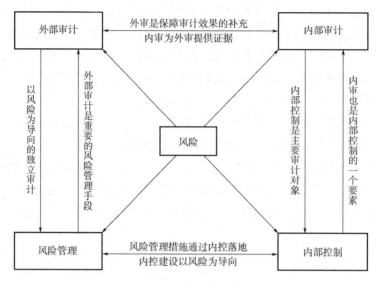

图 1-11 内部审计与内部控制和风险管理的关系
资料来源：《老板必知的十大风控合规工具》

内部审计与内部控制的最终目的都是管理风险、提升治理、实现组织目标。现代内部审计对控制的确认需要更充分的信息、更多的参与者（控制自我评估、人性与文化）。内部审计的理论构建应以内部控制概念为中心。

第四节　风控一体数字融合演进

基于数字科技融合与合规形势，"数字赋能"是企业风控工作提质增效的重要抓手。企业首先要考虑企业商业模式良好运行的企业业务的供产销顺畅，基于自身需求的业务闭环模式，牵引企业公司治理各项功能的融合，并基于数字化赋能的诉求，针对性完善企业数字化融合的数字底座建设，实现风控合规的底层打通。

一、风控一体模式的设计总体方案

从风控的数字化底座建设来说，一般包括：将风控模块融进包含数字化基础设施体系，借助企业数字底座上建设的数字化能力中心（数据中台、业务中台、技术中台），赋能形成风控数字化能力的系统建设。从风险控制与合规管理的数字化基础现状来看，企业普遍面临信息系统较为分散的问题，总体存在信息孤岛、数据共享困难、风险识别缺失、合规底线无法锁定等情况。由于普遍存在既有的信息系统建设标准不统一、数据系统无法互联互通、业务断点无法实现系统融合、风控确认依靠人为判断等问题，无法形成数据治理环境，缺失数据管控标准。这些问题直接影响企业风控数字化转型工作的落地，制约企业风控智能化落地和数字化风控项目的建设。

风控战略价值导向如图 1-12 所示。

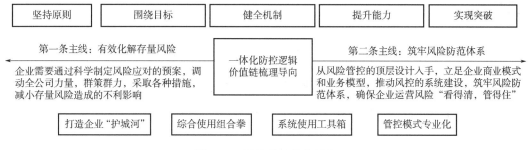

图 1-12　风控战略价值导向

资料来源：《老板必知的十大风控合规工具》

（一）企业实现数字风控建设路径

从企业系统实现风控体系建设的进阶路径来说，需要从原来的信息化协同文件化管理转变为数字化与系统化管理。从风控建设的核心落脚点而言，企业为实现风控体系的管理进阶，需要有序按照一体化风控底座模式，建设风控体系的上报汇总、统计分析管理，实现风控的全周期闭环管理。

针对敏感信息的本地化要求，若业务系统中包含的敏感数据较多，从风险控制的角度，需要做好集成的一体化系统数据底座和风控底座建设，使数据中心得到"充分保护"，实现企业业务牵引、数字底座的数据存储及合理利用协同，实现业务和数据保护的平衡，降低数据传输的合规风险与合规成本。

1. 风控管理平台应用总体路径

企业推动风控系统的数字化赋能的进阶建设，需要打通企业数字基础设施、统一数字技术标准、统一数据治理标准，强化企业数字化管控能力，从而为企业实现业务牵引发展的业务数字化转型发展、融合风控措施进入制度与流程节点、实现风控合规逻辑、完成合规转型和落实可持续发展奠定基础。风控管理平台应用总框架见表 1-3。

表 1-3　风控管理平台应用总框架

1. 两个维度设立三位一体项目组	1.1 定性：以全面风险识别主导的变革推动，牵引融合内部控制＋合规管理协同
	1.2 定量：协同项目组落实预算，落实规划设计，从顶层规划协同实现董监高的项目体量、预算金额、团队人数、外部支持力量的分解
2. 三个层级明确路径和风险偏好	2.1 按照企业整个组织架构设计相关路径与规划，从上至下完成一致的逻辑标准
	2.2 结合企业标准进行压力测试，实现逻辑标准确定的衡量指标与企业战略规划一致
	2.3 按照风险偏好和核决权限要求精简层级与路径，简化报告体系，优化汇报层级

(续)

3. 四个方面改善组织融合与决策	3.1 增补或新设首席风险官及首席合规官的工作范围，明确风险项目组授权
	3.2 落实风险组的首席风险官汇报路径，落实合规组的首席合规官汇报路径
	3.3 结合组织精简要求减少管理层级并优化汇报范围，结合要求明确增补风险与合规
	3.4 结合降本增效需求，建设业务与财务共享服务中心，并引入外包服务机构
4. 五个细节加强风险合规与内控	4.1 综合全面风险+内部控制+合规管理的融合减少或合并相关委员会并精简委员人数
	4.2 融合三位一体或其他多位一体模式，做好边界界定和策略框架的整个组织融合
	4.3 按照全面风险管理的精益管理和分解要求启动精益管理模式
	4.4 按照合规管理的底线思维模式将各项职能运营模型进行规划并做好兜底条款
	4.5 按照内部控制的制度建设和流程管理要求建立集中处理和节点处理的节点管控
5. 六个融合转型的模型与信息建设	5.1 能力：结合融合要求，按照提质增效目标做好合并建模能力建设
	5.2 测试：结合转型需求，按照建模设计好各个方面的建模对策，做好压力测试
	5.3 质量：结合针对三位一体数据标准和数据质量提升要求，做好系统的数据清理
	5.4 转型：结合全面风险、内部控制和合规管理职能需求，做好与数字化的融合转型
	5.5 开发：针对全面风险及合规内控融合要求，模块化设计和接口开发及内部培训
	5.6 文化：结合人力资源投入启动风险文化调查和价值观转化等全面风险转型方案

在产业开放合作、风控协同创新的模式下，需要加强顶层设计，研究完善服务战略性新兴产业发展的相关机制和制度，上下协同联合推动，强化风控融合效率和效果，形成有效的联动。充分利用产业协同协作优势，对内凝聚力量、对外开放合作，采用适合市场需求、灵活多样的方式推进战略性新兴产业发展，探索开拓新技术、新服务、新业态、新模式。

2. 风控基础模式与优化

第一级为风控基础业务：指在企业现有发展模式中，对于主业核心类的持续保持核心竞争力、地位稳固、商业模式成熟的业务，企业按照固化的模式植入法务、风控、内控制度和流程，并按照合规的要求进行全系统闭环的合规融合。针对此类在企业总体业务中占比大，对企业营收、利润贡献度高，发展态势良好的业务，企业推动风控融合的各个关键节点的事前设计、事中动态监管、事后合规评价和指引的协同，实现企业协同支持、流程节点管控、事后评价的闭环合规管理。合规基础业务层面，企业以实现合规的辅助事前风控规范、事中合规协同，以及企业规模、营收双扩张的发展为核心目标。

3. 风控进阶设计与迭代

第二级为风控进阶业务：指企业按照战略规划的发展重要的前景和重要发展方向的核心业务，针对既有的给企业带来持续盈利的产品技术路线，且符合企业主业协同、发展空间充足的创新类业务，通过数字赋能的数字化转型（信息化业务，大数据、数据治理、数据资产、云计算、物联网、人工智能；虚拟工厂、智慧工厂模式等）业务，采取合规嵌入与风控融合，实现业务牵引的合规融合、节点管控，实现合规的重点支持、制度流程的协同管控。风控合规模式以事中协同为主，辅助事前风控规范、事后内审评价协同，促进企业固本培优，从而促进企业抢占市场先机。

4. 风控数字智能与重塑

第三级为风控数字未来业务：指需要通过合规赋能，借助合规场景的架构设计，对企业建设有前瞻性战略地位，对企业本身的商业模式重构和业务场景重构起引导作用，对企业主业的实现路径和方式带来变革性影响，代表企业系统推动技术发展和产业升级方向的业务。企业基于产业＋算力及算力基础设施类数字赋能业务，采取风控融合全过程管控，五位一体全方位协同管控，风控采取事前风控规范、事中协同为主、事后总结与内审评价协同之外，借助合规场景的赋能，促进企业创新业态，在新的业务场景中实现主业价值赋能、协同发展。

（二）企业实现数字风控体系建设框架

企业按照平台融合共享的逻辑模式实现风控中心的融合植入，将风控核心的功能模块植入平台融合的共享模块，提高风控合规五项职能化的平台效率。

数字化转型下的企业管理，充分发挥管理融合职能，将企业业务的各个风险防控点进行模块化分拆，企业整体的业务流的形成过程要穿插进风险应对策略，深度挖掘不同业务的切实需求，在企业管理融合协同中，针对业务流程节点问题进行优化。将企业的管理、财务业务、风险控制有机融合，针对业务流程进行优化，改善企业内部控制管控效率，提升企业管理过程中的风控协同效果。企业在针对风控运营模块彻底融入企业整体内部打通和协同外部融合过程，系统提升企业从顶层规划设计的落地有效性。

1. 落实全面风险管理职能框架

企业需要针对性落实风控的框架，明确风控评估标准。企业基于监管规则和国际标准，参考同业先进实践，从数据全生命周期维度制定数据风险评估矩阵，事前、事中和事后评估需形成闭环。在事前环节，确保企业业务管控形成业务标准、系统性与合法合规性评估；在事中环节，做好执行风控合规的措施，确保企业各个层面的业务与支持材料和准入门槛等素材符合监管机构审批与备案要求，标准协议或合同等各方主体、核心条款、业务内容、合同金额按照风控要求履行了有效的合规评价、数据记录等；在事后环节，做好企业业务数据和财务数据的有效保管等措施，实现业务任务完成后的业务、财务数据的风控措施协同。风控管理平台应用总图如图1-13所示。

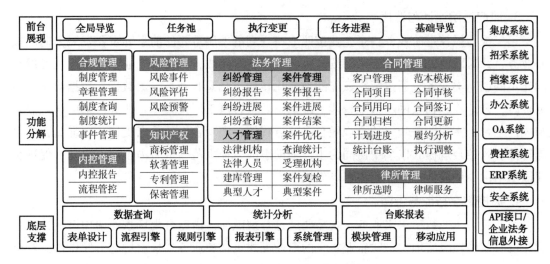

图 1-13　风控管理平台应用总图

从系统开展风控建设角度，企业开展风控的框架和流程程序上，首先需要推动合规建设，根据国家法律法规及监管规定建立企业合规制度和内控制度。其次需要系统明确和强化内控，主要措施包括：根据规章制度设置关键、有效的控制点；管理层、中层、员工分工明确；内控部门对运营部门及相关人员履行管理与检查职责；相关部门人员按照内控流程与核决权限要求审批，确保业务有序依法合规。再次需要结合要求制定风险处置预案，加强风险管控，包括依照紧急情况处置预案、平时发现隐患及时排除、发生事故全力化解减轻后果。之后，企业结合法务工作强化依法治理。如果因合规考虑不周、内控实施不力、风险预判和化解不当导致事故发生，法务将运用法律手段妥善处置，并结合管控配合进行事后追责。最后需要落实风控的闭环管控，针对风控系统的系统管理进行经验总结。如果出现事故，则进行妥善处理并认真分析、吸取教训、总结经验、完善制度，使风控管理中的合规管理、内部控制、风险管理、法务管理首尾相接，形成有效闭环。企业风险管理基本流程如图 1-14 所示。

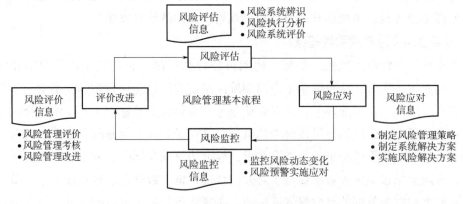

图 1-14　企业风险管理基本流程

2. 风险体系建设管理流程框架

企业需要基于供产销协同的风控融合模式，按照监管要求和同业先进实践，从制度流程设计与业务单位落地执行两个层面制定供产销一体化生态的风险治理方案，主要包括如下两个层面：第一，风险控制与治理层面。针对风险评估结论，制定风险治理方案并进行优先级排期，优先处置影响重大、高紧迫度的风险，缓释影响中小、低紧迫度的风险，适配可落地的技术和组织措施，包括对各业务执行问题的纠正、对现有合规管控基线的优化。第二，企业成果内化与长效运维层面。坚持合规与业务发展相结合、体系完善与落地执行相结合的治理原则，制定可落地、可推广、可持续的数据跨境风险管控和合规治理规则、指引、方法和工具，逐步完善的数据跨境风险治理体系。

基于供应链的一体化风控治理框架如图 1-15 所示。

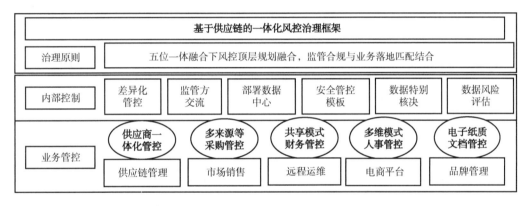

图 1-15 基于供应链的一体化风控治理框架

为评估企业供产销融合的风控与合规风险，提升企业风控管理能力，为业务发展提供可靠保障，企业需要对标监管要求对企业全跨境场景开展风险评估，整体流程如图 1-16 所示。

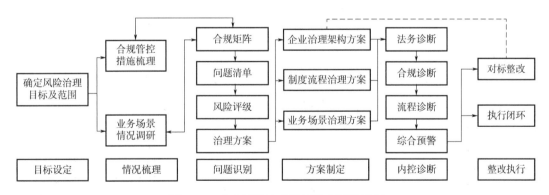

图 1-16 确定风险治理目标及范围的流程

基于风险评估整理问题清单，以"风险为导向"的合规策略对问题进行风险等级划分。结合实践经验，数据风险的评级可以从风险影响程度及风险发生概率等多个维度出发。风险级别见表 1-4。

表1-4　风险级别

风险影响	高	中	高	高
	中	低	中	高
	低	低	低	中
风险发生概率		低	中	高

风险影响等级具体判断标准见表1-5。

表1-5　风险影响等级具体判断标准

风险影响等级	描述
高	高危风险项会导致很高的数据跨境合规风险，是监管机构关注的重点，一旦被监管机构查处，会严重影响此模块业务的正常运营；或一旦被发现和利用，可能会直接导致数据泄露，对公司造成重大经济损失或产生重大声誉风险，对模块业务运行造成较大的影响
中	中危风险项会导致一般的数据跨境合规风险，一旦被监管机构查处，有中等或较高概率影响此模块业务的正常运营；或一旦被发现和利用，可能会导致数据泄露，对公司造成一定的经济损失，对模块业务运行造成一定的影响
低	低危风险项会导致较低的数据跨境合规风险，对模块业务正常运营、个人信息安全及公司经济损失等的影响较低且发生的概率较低，此类问题对模块业务的影响受限于特定的条件或与其他问题组合才能导致较大的危害，从而问题发生的概率低于中风险级别的问题

在企业风险管理交互量化的闭环模式设计推动上，企业需要落实的关键动作就是系统做好风险的流程和量化工作，在有条件的情况下推动企业合规层面软件和硬件的协同融合与部署。企业风险管理量化分析框架如图1-17所示。

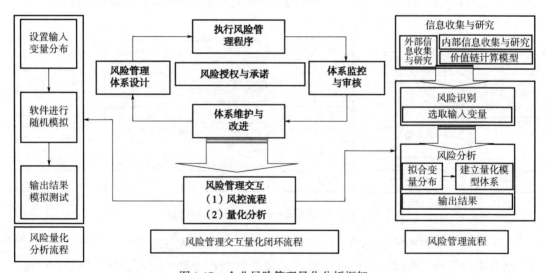

图1-17　企业风险管理量化分析框架

二、风控一体模式的进阶总体方案

（一）风控建设的实施进阶

在风控落地的三个阶段中，风控落地主要体现在定性定量与科技赋能的三个方面，具体如下。

1. 推动风控措施有效落地

从多维度的风险防控融入全业务流程的要求来说，风险管理者亟须建立一个行之有效的业务风险管理体系，这是因为企业风险遍布企业业务各个场景和企业管理的各个维度。

为此，企业风险管理可以系统协助企业应对严峻挑战。通过将风控措施与企业战略设定相结合，可以提升企业业务绩效及企业品牌；通过将风控措施与企业公司治理融合，可以促使企业公司治理效率，提升企业价值。具体企业风险管理措施如下：推动企业风险管理的内容层面评估，实现内容与标准的相互关联。在统一标准模式之下，建设统一的员工风险框架。针对员工能够和应该承担的风险程度，以及当风险或机遇超出风险阈值时汇报的时点达成共识；建立统一的企业风险框架，实现企业风险管理内控流程与风险衡量、风险管理及问责制度的一体化匹配；建设统一的风控方法和工具，打通企业内部风险量化及整合方案；编制统一的标准风险管理报告，并向企业管理层及企业董事会做风险管理报告，确保企业管理层和企业董事会把握风险趋势及新兴风险领域；制订统一的企业风险管理计划，保证企业风控计划能够支持战略决策和品牌保护，实现企业风控管理计划的前瞻性与预测性；建设统一的企业风险文化，实现企业风险文化的有效上传下达，解决企业内部风险共识共振和促进企业内部风险同频，以此系统推动并加强企业风控的有效治理。

企业结合企业本身战略要求，在风险偏好范围内明确企业愿意承担的总体风险水平，承担的总风险水平以有助于企业实现战略及财务目标为限。

风险偏好有助于成功实现战略目标及获取财务回报，因此，风险偏好、资本管理与相关业务规划活动密切相关。企业可针对各类风险或特定风险设定风险承受能力界限，风险分析评估方案如图1-18所示。

企业若想在未来获得最大的成功及可持续发展，当前就需做出正确的风险导向战略决策。面对不断改变的世界，企业可通过企业风险管理这一重要手段理解及应对形势变化，从而获得核心竞争优势。

2. 推动风险集成一体管控

企业风险管理者需要结合风险管理的根本要求，实现风险管理、内部控制、合规管理、法务管理、内部审计的协同（图1-19）与现代化企业融合。

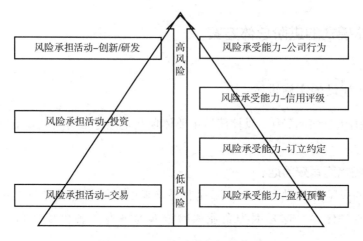

图 1-18　企业风险分析评估方案

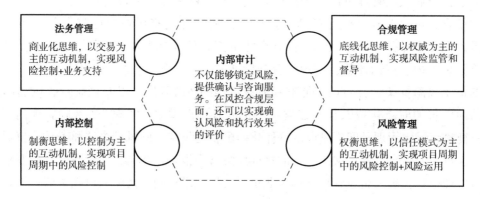

图 1-19　五位一体融合模式

企业风控系统的建设层面，需要在风控规划的前期重点推动风控五大领域的一体化落地。以事前、事中、事后全业务过程的风险管理为基础框架和设计理念，结合企业推动包括财税数智化在内的企业数字化沉淀基础，实现企业风控一体化的完整管控体系的建设。事前管理过程中，基于企业自身有效识别关键风险因素，增强风险预测能力；事中管理过程中，通过实时智能分析业务数据，达到风险的及时纠偏、科学管理的目的；事后管理过程中，通过针对已经形成定案的数据，进行分析比对得出结论，并以此优化企业的管控和风控模式，在确保企业健康运行的同时，确保企业风险敞口处于企业风控合规可承受的范围。

企业风险管理生态框架如图 1-20 所示。

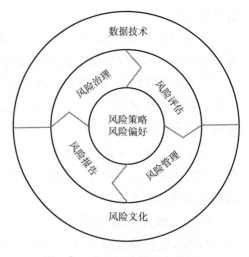

图 1-20　企业风险管理生态框架

3. 推动风险智能一体管控

在数字化转型的变革之下，企业数字化网络安全、企业核心数据隐私等事项带来的新问题，也导致企业在需要支付数字化风控和合规成本之外，还需要承担并支付安全管控成本，这也给企业带来了全新的风险领域。

企业风险管理者除结合风险管理的根本要求，在实现风控一体化协同与现代化企业融合之外，还需要结合风控一体化的逻辑，解决"数字化技术"的风控智能化问题。风控智能化需要做好风控数据底座的建设，基于数字化风控和合规管控做好相对安全或无风险的数字化技术的实施，并借用数字化技术抵御源于业务运营和外界环境的不确定性风险，采取相应的风控措施。

首先，企业需要推动风险智能化监控。企业能在各个业务的关键环节埋点，对接内外部多个系统数据，设置风控监测模型、系统化监控、超阀值自动预警提醒，实现风险征兆提前研判。其次，风控与业务节点嵌入融合，将业务环节中的风控相关制度及关键的控制点融入流程审批过程，实现流程驱动业务对风控要求的自动检查校验。最后，实现风控数据统计分析。通过风控体系系统化实现风控数据在统一平台沉淀，形成多维度可视化图表、风控体系报告等，具体如图 1-21 所示。

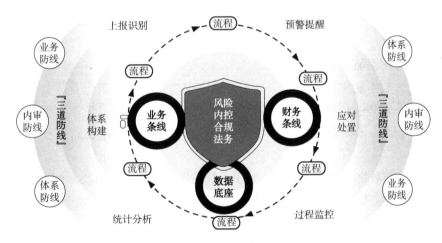

图 1-21　五位一体风控合规"三道防线"协同框架

推动风险智能一体化管控上，企业需要系统高效及协调一致的治理、风险及合规活动。针对日益复杂的经营环境，企业风险管理越来越成为日益增加的企业治理、风险及合规活动多样性的一方面。企业需要协调之前集成的风险评估及控制工作流程方案，在简化报告和监督的一体化之下，增进智能化的集成，形成风控数字底座模式的协同模式，借助风控能力平台的建设和输出模式，扩大各类业务活动的风险管控的覆盖面，减少过程事务对风控合规业务的干扰，集成、系统、智能地利用风控资源，实现法务、风控、合规、风险的有效识别及内审评价的智能、精准、完整、快捷。五位一体协同风险合规路径如图 1-22 所示。

图 1-22　五位一体协同风险合规路径

（二）风控建设的数字化赋能

尽管很多企业已经确定了企业风险管理内容，但可能并不合适，即识别和衡量出的风险可能并非阻碍企业实现战略目标的风险，最终反而可能会破坏价值。企业需审视并确保真正识别出了可能威胁整体业务策略的风险和漏洞，在考虑内外部新兴风险的情况下，结合风险评估情况对业务策略进行调整。

企业的首要任务是持续动态更新风险内容并保证符合外部环境的迭代要求。企业风险评估需要实现健全的迭代风险评估流程，使用结构化和非结构化数据识别企业自身战略及快速变革引起的新兴风险的影响，具体如下。

1. 风控数字化基础建设

风控建设的数字底座建设层面，基于业务牵引逻辑，通过企业业务驱动，建设数字底座。结合业务管理、创新和变更的需要，通过风控融合方式，从而实现支持企业主营业务的变革和创新。在通过业务场景带动数字底座的建设过程中，将风控合规融合非常关键。

企业系统推动数字化建设过程中，基于合规性的前景考虑，需要做到数字化落地能全面支持信创，从云数据中心硬件、数字底座软件等层面，按照合规要求满足信创的落地要求，并实现对信创适配性的有效验证提供方式。多维度风险防控协同模式如图 1-23 所示。

从风控有效落地层面，企业针对数字化赋能逻辑需要系统打破数据壁垒。借助数字底座的建设，实现数据在底层的互联互通，从而一并打破管理壁垒。通过技术手段解决数据壁垒，通过管理层支持及数字底座的有效建设解决管理壁垒。

从风控统一标准层面，企业采取统建统运模式，实现统一数字底座的基础建设，结合全统一逻辑，实现业务、数据、技术、安全、运维、创新、业财、风控的全面融合原则，实现底层合规的数字化赋能的有效管控。

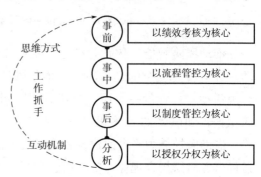

图 1-23　多维度风险防控协同模式

2. 风控数字化建设进阶

企业风控数字化融合的风控底座模式，常规需要达成风控的系统实施与系统建设，借助企业数字化能力中心建设。"四性一体化"融合服务模式如图1-24所示。

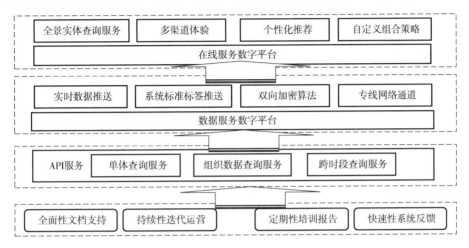

图1-24 "四性一体化"融合服务模式

搭建企业风控数字化能力中心建设的协同落地，具体包括如下三个层面：

第一，企业系统推动数字化赋能的云数据中心和全域系统的风控转型。企业通过统一建设云数据中心，实现包括企业云平台和云管平台的融合，为企业数字化转型各类业务系统和持续进阶提供硬件资源。通过对信息系统、硬件设备的统一管理，实现对企业所有硬件资源的统一管理和运维。这个过程中，企业结合网络进行系统的升级改造，实现企业统一互联网出口，改善并提升数据传输的安全性、可靠性和稳定性，提升企业基础设施出口的风控集成落地，减少企业互联网的风险点，实现企业数字化转型工作的网络基础设施建设，系统实现企业网络的数据管控一体化和风控一体化建设。

第二，系统实施统一运维标准，建设网络安全的风控体系。按照企业统一管控要求，实现一体化运维与管控目标。企业需要全面规划一体化的运维战略，系统建设企业数字化统一运维体系和平台，系统支撑企业实现针对数字化系统和信息化基础设施的一体化运维，为企业的各类数字化系统提供统一的运维门户，系统建设一体化运维服务接口。因此，通过系统建设的标准化模式，提升网络安全治理体系。建立网络安全统一监测及处置平台，实现网络安全的设备一体化管控、事件一体化管控、风险自动化预警。以此为基础，统一建立数据风控智能管理平台，实现数据统一安全管控。通过建设数据灾备系统，提升系统性风控能力和抗风险能力。同时，建立基于零信任的应用安全风控体系，实现基于网络环境的实时动态认证机制，实现数字化资产确认与风险管理一体化。

第三，系统推动企业能力中心与风控能力中心建设。实现企业层级与企业风控层级的数据中台及数据治理。按照企业能力中心建设要求，为企业数字化转型海量数据接入做好设计与规划，企业针对数据中台进行系统建设和升级，包括建设数据存储层、数据开发工具等措施。企业推动数据治理平台建设,从而为企业数据治理工作提供基础的企业能力平台。企业能力中心建设过程中主要涉及如下两个方面:

一方面,建立企业能力中心的数据治理体系。落实各域数据标准并强化管控数据质量,从而构建数据风控管理能力,全量接入管理域和生产域数据,系统建设数据模型和数据资产,为企业各类业务系统提供数据支撑和统一的数据基础,其中包括企业能力中心的统一门户平台建设。企业通过一体化统一门户平台的建设,实现统一使用入口、统一技术底座、统一应用系统和其他业务系统的协同。在这个过程中,企业应加强系统可靠性、稳定性及兼容性建设,优化界面、定制业务,提供办公会务等一体化的智能数字化应用功能。

另一方面,建立企业风控能力中心的数据治理体系。企业建设基于企业能力中心的风控能力中心建设,首先,借助风控通用业务中台,实现通用的流程中心建设,为各应用系统的风控流程审批提供一体化集成的内控流程引擎、内控流程管理服务,并结合内控制度建设形成通用内控文档中心,实现各应用系统内控制度文档管理和知识图谱的系统建设,提升风控知识管理能力。其次,建设风控技术中台。通过企业能力中心的技术中台的建设输出,企业建设统一的风控技术中台,为各应用系统的开发共享,实现统一的风控底层技术开发能力建设。采取分步实施方式,形成针对企业能力中心和企业风控能力中心的云原生、物联网、数字孪生、人工智能、边缘计算、区块链、大模型等风控赋能融合科技的技术能力。以技术要素为核心,赋能风控融合进企业业务数据应用的节点。最后,建设企业风控能力共享平台。通过对风控数字化底座的风控中台的能力进行统一集成与共享,为各业务系统提供底层风控的统一入口,系统降低企业业务系统建设的风控嵌入融合复杂度和成本。整合风控能力中心的中台服务能力,形成统一的风控服务接口,防止底层风控服务能力变化对融合各级业务场景应用脱节带来的冲击。

企业可按照"成熟度模型"制定风险管理方法。企业风险管理方法及所体现出的选择会影响企业风险管理在治理和业务运营中所占的比重,以及对企业风险管理框架各组成部分的投入程度。风险管理成熟度评估有助于企业领导者了解当前工作中的不足,确定一套能够为企业增值的未来企业风险管理方案。"成熟度模型"制定企业风险管理方法见表1-6。

表1-6 "成熟度模型"制定企业风险管理方法

阶段	基础的初级阶段	成熟的中级阶段	智能的高级阶段
风险策略偏好	对战略规划风险及企业的总体风险偏好做出一定程度的正式考量	风险是战略规划的一个关键方面及战略决策的考虑因素。企业对风险偏好的界定和理解清晰、明确	风险与战略规划和风险策略相融合,包括使用情景、关键风险指标、关键绩效指标及风险偏好要素高级计量等复杂工具
风险治理对策	统一风险管理政策以满足外部需求	企业正式记录风险管理模式,且职责明确,包括"三道防线"(业务、风险/合规及内部审计)	企业风险治理受到了高级管理层和董事会的认可。风险管理融入风险责任人的业务活动和绩效管理

(续)

阶段	基础的初级阶段	成熟的中级阶段	智能的高级阶段
风险合规文化	企业文化和经营理念，及其与风险管理之间的关系得到了广泛理解	在领导层重视及企业宣传下，员工能描述企业的风险文化	高级管理层以身作则，将风险管理确定为一项要务，并鼓励适当的风险管理行为
风险评估衡量	执行年度风险评估，做出有限分析、解释及报告	按照一定的频率执行风险评估，制定风险评估方法、工具及系统的分析和报告方法	利用数据、风险指标及员工意见持续识别风险，实时上报
风险管理监测	对主要风险做出基本定义，制定有限或特定风险监测流程	对识别出的主要风险实施常规管理及监测	监测责任应用于"三道防线"，向董事会做出综合性的风险及控制活动报告
风险报告需求	执行特定的业务风险报告，主要用于满足外部需求	定期向董事会、审计委员会及高级管理层做出稳健的风险报告，涵盖新兴风险汇报	针对所有风险类别实时向内部和外部利益相关者传达单个综合风险视图
数据技术标准	数据不标准，质量参差不齐，且主要风险工具在企业内部处于孤立状态	使用自动化技术方案存储及分析风险数据。建立风险数据标准和数据质量政策	使用自动化集成技术存储、管理及报告实时风险数据。制定风险标识，并将数据完整性检查嵌入业务流程

（三）风控数字化数据审计

内部审计部门参与企业战略与风险管理的职能也在不断增强，通过确认风控合规的结果及提供专项咨询服务，内部审计在企业发展的价值创造层面可以发挥巨大作用。内部审计打造数据互通、全面监控的智能化体系，也成为内部审计的必要趋势。

与传统内部审计的事后监督与提出疑点路径不同，数字化及智能化内部审计能够在事前和事中利用系统数据识别风险、规避风险与管控风险，最终目标是服务于企业经营治理，实现整体价值增值。

内部审计数字化是运用大数据、云计算等数据技术实现系统的转变，即实现原始信息向可利用审计数据的转变，并通过已构建的审计数据模型发现线索、实施程序，使审计流程与工作效率得到优化和提高；内部审计智能化是建立在数字化审计的数据基础上，通过数字化技术的深度学习能力，结合科技算法得到最优的下一步审计行动决策，从而更精准地指引审计工作的实施与管理。

企业风险管理进阶——持续数据审计如图1-25所示。

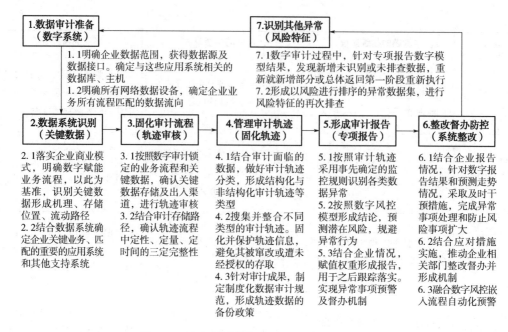

图 1-25　企业风险管理进阶——持续数据审计

内部审计数字化转型模式则是利用内部审计的业务智能门户，使审计全覆盖大数据分析平台，将大数据与审计经验相结合，审计人员通过大数据的全覆盖掌握更多的信息，将工作重点转移到最需要关注的模块并深入了解原因。熟练掌握 AI 和 RPA，内部审计人员能够即时编程、建立模型和使用流程智能工具，以便在整个组织内共享，同时能够对风险管理进行适当的监督。

内部审计在财务报表错报可能性层面实现的确认与咨询工作层面的成果，体现在财务报告与非财务报告两个领域内控缺陷上，即定性与定量层面的管控。具体通过企业风险管理进阶——持续数据审计关注财务报表相关的内控图展示，如图 1-26 所示。

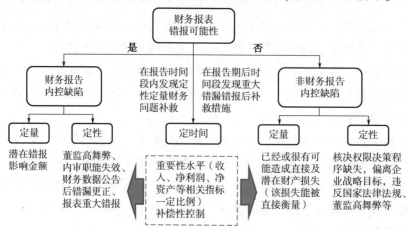

图 1-26　企业风险管理的数据审计确认模式

基于企业内部审计与智能化科技赋能协同的通用技术框架的一体化方案如图 1-27 所示。该框架主要包括审计应用服务、内审保障体系、物联管理服务平台三大层面，并基于应用服务、企业中台、数据中心、物联管理服务平台、边缘智能、数据接入平台六项治理环境要素得以保障。其中，基础层包括计算的能力与大数据，二者分别代表内部审计的计算技术硬件和数据资源渠道；技术层则包含作为核心部分进行算法模块化封装、迭代与推断的软件，以及语音识别、网络爬虫、可视化工具等基础智能化科技；应用层包括内部审计智能化的应用产品与应用场景，它们是智能化科技赋能与内部审计协同的最终成果表现。

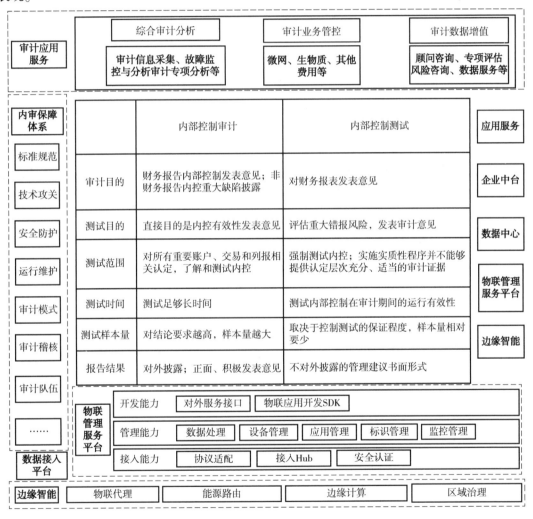

图 1-27　基于企业内部审计与智能化科技赋能协同的通用技术框架的一体化方案

第五节 本章小结

企业基于可持续发展的合规融合，体现在风控合规五项职能的与时俱进的协同，落实企业新形势下企业合规问题与系统应对，系统实现企业风控一体化下专项合规和全面合规等多项合规内容带动的企业生态重塑。

按照企业生态重塑的专业化演进路线，企业合规体系建设一般可以划分为三个阶段：外规，内规，价值观的演进。因此，在建设合规体系的过程中，需要解决合规、风控、内控、法务、内审等职能的专业化与边界厘定和系统融合问题，也需要考虑大合规体系运行的系统化和一体化。并以此为基础，系统推动企业数智化合规，按照数字化的发展路径，协同推动企业的数字化风控系统或体系的建设协同。

企业出现风险的根源在企业管理体制及机制类问题，需要从顶层设计的治理角度出发，建设五项职能协同的风控合规管理体系。企业需要从企业战略层面的顶层设计角度，针对企业业务系统搭建五项职能落地的体系，规避从企业局部出发导致的与企业总体战略规划不一致的"两张皮"问题。为此，企业需要从总体的战略规划角度，基于企业总体战略设计，从上至下进行规划，内部整合管理职能、强化顶层设计、进行全局把控，制定完善风险管控体系、提升合规经营能力总体思路。企业通过制定一体化的管理体系工作框架，构建企业风控体系，以战略价值导向，围绕有效化解存量风险和筑牢风险防范体系两条主线，坚持企业可持续发展原则，围绕打造企业核心竞争力的目标，落实企业合规运营各项机制，提升企业价值创造能力，实现企业资源获取和能力赋能的突破。在这个过程中，企业合规层面的工具应用实现上，以构建防火墙、打好组合拳、丰富工具包、培养专业人才等措施支撑企业大合规体系的建设，以有效的顶层设计推动企业合规生态重塑、专业化落地、数智化协同。

第二章

公司治理的风控合规职能设计

企业风控合规体系建设进程可以划分为多个阶段,从合规的外规建设阶段,到合规的企业内规转化阶段,再到企业合规价值观的融合转型阶段,也就是外规、内规、价值观的三个阶段。本章重点解读企业合规的外规建设阶段内容,重点突出合规系统的专业化建设。

根据全面风险管理、内部控制、合规管理、法务管理的主要目标及关注风险差异,需要针对这四个体系做好专业化的建设。其中,全面风险管理重点关注公司的战略与绩效目标;内部控制重点关注流程的财务与运营目标;合规管理重点关注内外部合规义务与合规要求;法务管理重点关注外部法律法规的要求和权利维护。因此,通过4+1的专业化工作,实现法务管理、风险管理、内部控制、合规管理及内部审计的职责专业化落地和准确的边界厘定。

第一节　风险管理

风险管理是现代企业管理的重要基石,风险管理也是企业管理的重要工具和提高竞争力的重要手段。风险管理对于企业的风险识别和规避、降低企业经营风险、有效提高财务管理水平、促进企业经营水平提升都具有非常重要的现实意义。以企业风险管理的重要性及大数据对其影响为切入点,全面研究企业风险管理中存在的问题。通过针对性提出相应传统和智能化风控的对策,系统提高企业风险管理水平,有效规避潜在风险,系统提升企业核心竞争力。

一、概念界定与业务内涵

(一) 风险管理的内涵与分类

1. 风险管理的内涵

企业风险指对企业的战略与经营目标实现产生影响的不确定性,也就是未来的不确定性对企业管理者实现其既定目标的影响。管理或控制是使企业管理者在实现其未来既定目标的过程中将不确定性因素所产生的影响控制在可接受范围内的过程和系统方法。

在企业经营管理活动中，虽然在一定时期内企业的目标是确定的，但受各种因素的影响，每一个生产、经营、管理活动都是不确定的，所以企业能否实现既定目标也是不确定的。国际标准委员会发布的 ISO 指南 73：2009《风险管理 术语》将风险定义为"不确定性对目标的影响"，国务院国资委 2006 年颁发的《中央企业全面风险管理指引》（国资发改革〔2006〕108 号）首次提出"全面风险管理"的完整概念，将企业风险定义为"未来的不确定性对企业经营目标的影响"。

全面风险管理指企业围绕总体经营目标，通过在企业管理的各个环节和经营过程中执行风险管理的基本流程，培育良好的风险管理文化，建立健全全面风险管理体系，包括风险管理策略、风险理财措施、风险管理的组织职能体系、风险管理信息系统和内部控制系统，从而为实现风险管理的总体目标提供合理保证的过程和方法。

风险管理目标是在确定企业风险偏好的基础上，将企业的总体风险和主要风险控制在风险容忍度范围之内。全面风险管理是一个管理过程，需要围绕企业目标，运用科学的方法和流程，对风险进行有效合理的管控。

风险管理的局限表现在：决策过程中的判断失误，受限于成本效益衡量，类似简单误差或错误的个人缺失、两个或多个人员串通、管理层凌驾。

风险管理的内涵与框架如图 2-1 所示。

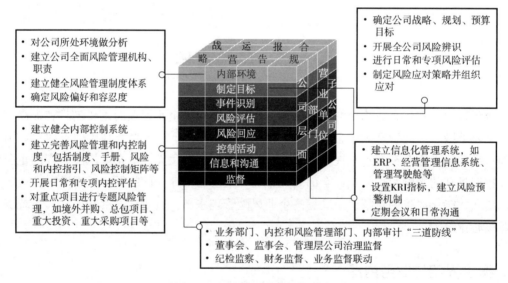

图 2-1　风险管理的内涵与框架

资料来源：《老板必知的十大风控合规工具》

企业风险构成的基本要素如下：①风险因素——促使风险事件发生的原因或条件；②风险事件——造成损失的偶发事故（"灰犀牛""黑天鹅"）；③损失——非故意、非预期、非计划的经济价值减少。风险具有双重特征，兼具客观性与主观性，风险是客观存在的。标准和尺度是人为构建的，不满足标准或要求的才是企业自身面临的风险。

风险产生的原因如下：①风险产生于主观、客观世界的背离；②风险产生于事物的偶然性；③风险产生于外界的干扰；④风险产生于人们的非正常行为；⑤风险产生于人们为消除风险的代价与风险可能造成的损失两者权衡的结果。

项目风险识别层面：①项目风险识别要解决的三个主要问题：识别和确定项目有哪些潜在的风险；识别引起这些风险的主要因素；识别项目风险可能引起的后果。②项目风险识别所需要的信息和依据：项目产出物的描述；项目的计划信息；历史资料：历史项目的各种原始记录；商业性历史项目信息资料；历史项目团队成员的经验。

风险管理有如下工作目标：①运用风险管理的方法，系统性应对影响企业达成目标的不确定性；②风险与目标相适应；③剩余风险可承受；④风险事件可控制。风险管理工作内容包括：风险评估、风险策略、风险应对、风险统计报告、风险预警、风险事件处置。

全面风险管理是一个管理过程，需要围绕企业目标，运用科学的方法和流程对风险进行有效合理的管控，具体见中央企业风险管理指引的 ERM 逻辑模式图（图 2-2）。

企业需要做好重大事项决策规范性，规避重大决策事项认定偏差。在这个过程中，企业需要规范"三重一大"决策事项清单、事项认定程序、事项审批表单，落实企业重大决策台账数量与企业业务规模和复杂程度的具有科学合理性和匹配度。避免使用和适用认定标准时出现偏差，导致应当作为"三重一大"决策范围的事项未被纳入，违反企业治理要求，或者不应当作为"三重一大"决策范围的事项被纳入，浪费管理资源。企业层面常规需要把年度经理办公会纪要、年度法治工作建设方案、未来五年战略规划调整、重大事项决策流程相关资料、保留相关记录等事项作为重大决策事项。

2. 风险管理的分类

风险有多种分类方式，一般而言，以能否为企业带来盈利等机会为标志，风险可以分为纯粹风险（结果包括损失、不损失）和机会风险（结果包括获利、损失、不损失）两类。如以引发风险的原因分类，风险可以分为外部风险和内部风险两类。外部风险包括：政治风险、合规风险、法律风险、文化风险、技术风险、市场风险；内部风险包括：战略风险、运营风险、财务风险。《中央企业全面风险管理指引》将风险分为战略风险、财务风险、运营风险、市场风险、法律风险五类。在实践中，常见的企业风险相互交织，须具体分析风险因素和风险事件发生的过程，确认风险性质，选择匹配的风险应对策略。按照采取的应对措施及其有效性，风险分为固有风险与剩余风险。

企业的核心职能就是管理风险、实现价值。外部环境会对传统企业管理带来巨大冲击，为了应对不确定性，企业的组织架构和管理方式未来都会做出相应的适应性调整。原来的"科层制"式组织架构不再适应高度变化的环境，企业都要转向以客户为中心，内部不同职能的充分协同，尽量同质化管理的职能集合到一起，把边界打开，信息在大职能中可以充分自由流动，拉通管理同质化内容。

变革时代更呼唤"新"的风险管理，不确定性的变化是企业生存和发展面临的最大挑战！管理不确定性是风险的本质要求。

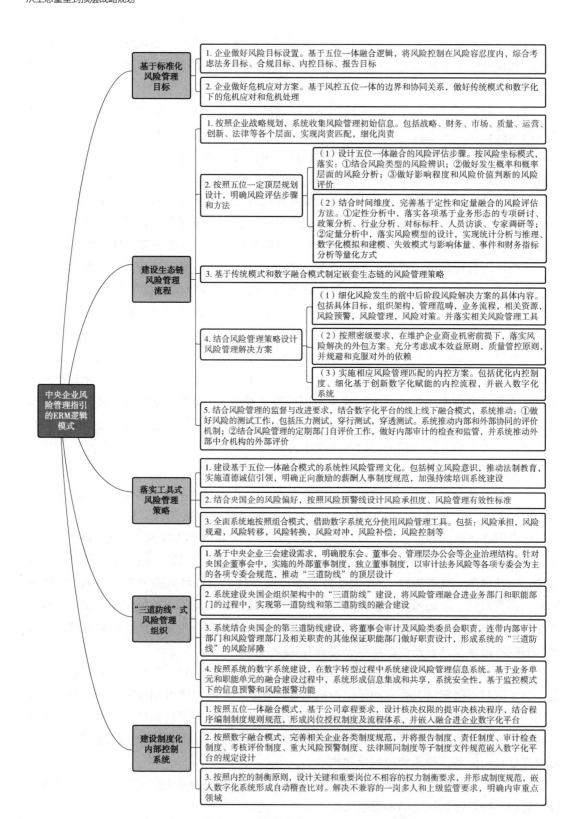

图 2-2 中央企业风险管理指引的 ERM 逻辑模式图

法务风险合规内控等管控措施模式如图2-3所示。

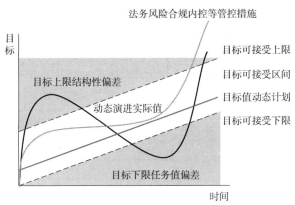

图2-3 法务风险合规内控等管控措施模式

(二) 战略视角风险管理框架

1. 企业风险分布

按照系统全面风险管理的框架逻辑和四层应对策略,有助于企业系统解决风险事项,拟定有效的风险对策。按此来说,企业需要结合全生命周期的管理过程,系统建设风险应对策略。

客观上说,企业需要结合资源禀赋、体量规模、发展阶段进行系统的设计与规划。如图2-4所示,企业全生命周期的各个发展阶段,风险经历了小型企业的初级风险管理阶段、中小型企业的中级风险积淀阶段,中小型企业向大中型企业过渡的中级风险释放阶段和高级风险的叠加阶段,再到大中型企业阶段及大型企业阶段的高级风险爆发阶段。各个阶段的风险管理不尽相同,在涉及的企业发展历程匹配的五项职能的风险管理上,体现为企业持续发展阶段到持续衰退阶段的五项职能中各个职能的实现和不同阶段的协同。

为此,基于企业全面风险管理进行集中,在采取分类和分层管理的基础上,结合企业市场拓展和企业内部管理运营需要,结合企业自上而下的顶层设计,从战略到执行层面进行系统设计和规划。协同五项职能的融合,贯穿在企业全面风险管理过程中。

1) 履行内部环境评估,对企业所处环境进行分析,建立企业全面风险管理机构、职责,建立健全风险管理制度体系,确定风险偏好和容忍度。

2) 制定风险管理目标,确定战略、规划、预算目标,开展全企业风险辨识,进行日常和专项风险评估,制定风险应对策略并组织应对。

3) 针对控制活动建立健全内部控制系统。建立完善风险管理和内控制度,包括制度、手册、风险和内控指引、风险控制矩阵等。开展日常和专项内控评估,对重点项目进行专题风险管理,如境外并购、总包项目、重大投资、重大采购项目等。

4) 建立信息沟通系统。建立信息化管理系统,如ERP、经营管理信息系统、管理驾驶舱等。设置KPI指标,建立风险预警机制,做好定期会议和日常沟通。

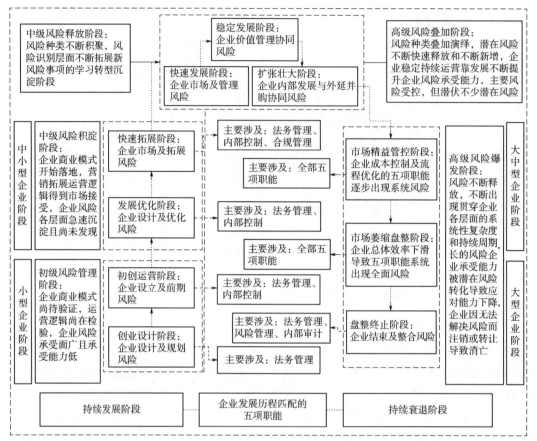

图 2-4 全生命周期视角下企业风险分布

资料来源:《老板必知的十大风控合规工具》

5)企业建设监督管理机制。业务部门、内控和风险管理部门、内部审计的董事会、监事会、管理层企业治理监督。审计、财务、业务监督联动。

通过全面风险管理,将企业在实现其未来战略目标的过程中将各种不确定性和变化所产生的影响控制在可接受范围内。为此,工作范围和管理层级可以系统设计路径,并按此系统运营,规避企业风险。

2. 战略视角风险管理框架

风险管理是战略方向的保障。战略方向的设定和市场赛道的选择、新产品新模式的开发、新客户或新业务的拓展等,都应基于公司充分的风险识别评估和风险底线的保障。战略视角风险管理分析框架如图 2-5 所示。

风险偏好作为公司风险管理体系的顶层设计,是董事会从公司战略出发形成的对风险的基本态度,是公司在实现战略目标的经营过程中能够且愿意承担的风险种类和风险大小。基于公司总体战略规划的风险偏好将贯穿于公司规划实施中的预算编制、产品开发、承保理赔、资产配置等各项经营活动环节,公司要确保公司风险水平始终符合监管要求和自身预期。

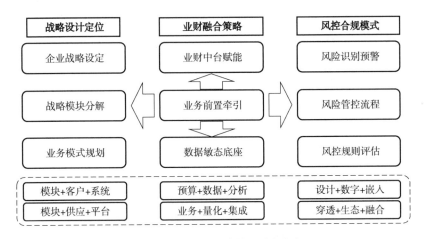

图 2-5　战略视角风险管理分析框架

二、风险管理基本流程

（一）风险识别的工具流程

风险辨识上，需要查找企业各业务单元、各项重要经营活动及其重要业务流程中有无风险、有哪些风险。风险识别是在目标的基础上，充分考虑可能给企业带来有利或不利影响的内外部因素，在此基础上考虑各项因素的重要性，进一步分析相关事件。

1. 风险识别信息收集

风险识别指查找企业各业务单元、各项重要经营活动及其重要业务流程中有无风险、有哪些风险。企业识别风险环节，一般可以组织职能部门和业务单位根据企业的风险评估方案开展风险识别，主要是针对企业的各业务单元重要经营活动及其业务流程中是否涉及风险采取妥善的措施。

风险识别主要分为企业层面风险识别和业务层面风险识别。企业针对识别出的企业层面风险，形成企业层面风险清单；而针对企业识别出的业务层面风险，则形成业务层面风险事件库。

在这个过程中，企业需要结合企业层面风险清单、业务层面风险事件库进行系统推动。系统推动方式上，企业对风险管理信息进行及时优化迭代，确保达成风险的动态管理，根据企业内部资源能力和外部环境条件的变化及时实施风险识别，对企业层面风险清单和业务层面风险事件库做好修订和完善工作。

企业收集风险管理初始信息如图 2-6 所示，企业首先进行风险系统分类，随后进行架构职责分工，最后收集存储信息。在企业进行风险系统分类时，应当建立风险事件指标库，分级分类，闭环覆盖企业的内部风险和外部风险。在架构职责分工层面，企业对于组织架构、职能部门、岗位职责方面应当利用模块分解、流程管控实现风险识别落地单元化。需注意,企业应当动态收集、系统存储企业的历史信息、实时信息和预期信息,实现动态持续系统化收集存储信息。

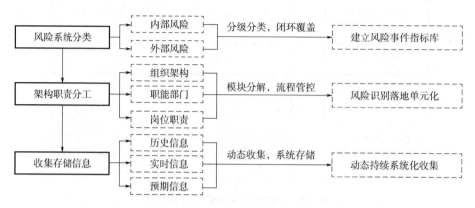

图 2-6　企业收集风险管理初始信息

风险识别体现在企业系统查找组织架构中涉及的各个部门和相关项目单元,就涉及的所有经营场景进行全覆盖,就各项经营活动和业务流程中是否存在风险、风险层面的工作成果做好落实工作。具体针对性落实企业全面风险清单,包括风险事项描述、风险类别、风险成因及五项职责中的对应匹配关系,见表2-1。通过针对不同阶段建设企业风险清单,包括事件与清单资料库,以此对企业风险进行系统的锁定,有助于企业系统动态化识别企业风险。

表 2-1　风险清单

序号	风险事项描述	风险类别	风险成因	五项职责中的对应匹配关系
1	新市场认知不足导致失去潜在市场拓展机会	战略	市场发展策略缺失	法务、内控
2	企业资金管控存在风险,流动资产配置失策带来流动资金风险,其他各项长期资产无法变现导致企业资金出现风险	财务	企业现金流测算缺失	内控、流程、内审
3	企业市场端销售与服务价格下降风险与供应端原料价格上涨风险	市场	市场变化应对不足	法务、风险
4	企业内部信息化设备配置与内部管控的信息未经授权泄露风险	运营	企业安全防范意识缺失	内控、合规、内审
5	企业推出新产品或传统产品进入新市场引发潜在的法律风险	法律	新市场或新产品风险	法务、内控、合规

注:资料来源于《老板必知的十大风控合规工具》。

2. 风险识别方法流程

风险识别方法主要包括问卷调查法、研讨会法、流程图法、情景分析法、风险结构分解法、PEST 分析法等，具体如下：

1）问卷调查法是用来记录和整理数据的常用工具，一般将项目可能发生的许多潜在风险列于一个表中进行检查核对，用来判别是否存在表中所列或类似的风险。

2）研讨会法是常见的有效工具之一。会议可以把不同部门或不同级别的管理人员召集到一起，就风险管理包括风险事件识别、风险应对、风险处理等环节进行讨论。

3）流程图法帮助识别风险所处的具体环节和各个环节之间存在的风险及风险的起因和影响。发现和识别风险可能发生在流程的具体环节，以及流程中相关环节对风险的影响。

4）情景分析法是指通过有关数字、图表和曲线等对未来的某个状态或某种情况进行详细的描绘和分析，从而识别引起风险的关键因素和影响程度的一种风险识别方法。

5）风险结构分解法（RBS）是把风险按照其内在结构进行逐层分解而形成的结构示意图，将风险分解到相对独立的、内容单一的、能把各级风险的地位与构成直观地表示出来易于检查的风险事件。

6）PEST 分析法是分析外部宏观环境的一种方法，针对政治、经济、社会和技术这四大类影响企业的主要外部环境因素进行分析。

由图 2-7 可知，项目生命周期分为四个阶段。阶段一：立项与洞察（Concept，C）；阶段二：识别与开发（Develop，D）；阶段三：应对与实施（Execute，E）；阶段四：解决与收尾（Finish，F）。各阶段典型的风险事件总结见表 2-2。

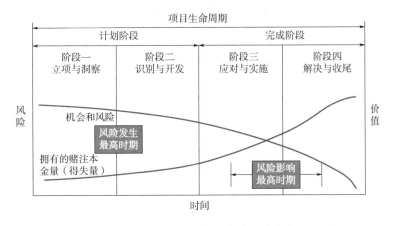

图 2-7 典型项目生命周期内风险变化

表 2-2 各阶段典型的风险事件

阶段一：立项与洞察	阶段二：识别与开发	阶段三：应对与实施	阶段四：解决与收尾
缺少相应专业领域专家 风险事项无法明确厘定 欠缺有效的可行性研究 风控无法与既定目标匹配	尚未针对风险管理制订计划 采取的计划短期而缺乏长期 顶层设计欠缺管理层的理解 各项职能的边界界定性较弱 风险队伍融合项目缺乏经验	团队劳动和管理技能缺失 材料短缺与人员协同缺失 业务范围和外部环境改变 项目进程与内部环境变化 缺乏有效的内控合规体系	企业业务或服务质量差 无法让客户提升满意度 无法与供应商持续合作 企业资本运营能力缺失 项目现金流量出现问题

3. 风险识别的项目与度量

企业针对项目风险需要明确的信息包括：项目风险发生的概率大小估计；项目风险可能发生的时间、范围；项目风险可能影响的范围；项目风险事件带来的损失；潜在的项目风险；项目风险的征兆。项目风险评估（度量）需要明确的信息包括：项目风险度量的主要内容；项目风险发生概率的度量；项目风险后果严重程度的度量；项目风险影响范围的度量；项目风险发生时间的度量；项目风险识别与度量过程。

项目风险管理信息系统的开发建立包括：项目风险信息的跟踪、收集、处理和生成，项目风险的识别，项目风险的分类。

项目风险发生概率的分析与确定包括：项目风险的原因分析与确定，项目风险后果的分析与确定，项目风险发展时间进程的分析与确定，项目风险度量与控制优先序列的确定，给出项目风险识别和度量报告。

项目风险识别与度量流程如图 2-8 所示。

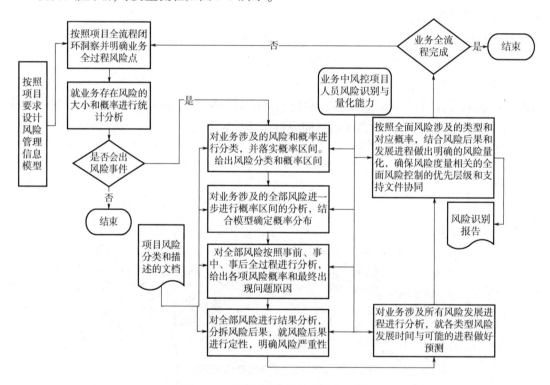

图 2-8　项目风险识别与度量流程图

项目风险管理信息系统的开发建立包括：项目风险信息的跟踪、收集、处理和生成。项目风险的识别；项目风险的分类。

项目风险发生概率的分析与确定包括：项目风险的原因分析与确定；项目风险后果的分析与确定；项目风险发展时间进程的分析与确定；项目风险度量与控制优先序列的确定；给出项目风险识别和度量报告。

(二) 风险分析的方法演进

风险分析是在风险识别的基础上，采用定性分析与定量分析相结合的方法，对识别出的风险及其特征进行明确的定义描述，分析和描述风险发生概率的大小、风险发生的条件，并评估风险对实现目标的影响程度、风险的价值等，目标是保证风险分析准确适当和风险评价结果准确适当。如果由于风险分析不准确，可能导致风险难以应对和解决，而如果由于风险评价结果不准确，可能导致重要风险被忽略。

1. 确定风险优先级

企业进行风险分析，应采用定性分析与定量分析相结合的方法，对辨识出的企业相关风险及其特征进行分类、归集，判断发生概率，并拓展定性与定量结合方法，就"三定"原则进行系统锁定，具体拓展至定量、定性、定时间的三维层面，在这三个层面做好确定。按照风险发生的概率及其影响程度等，对识别出的风险进行分析和排序，确定关注重点和优先控制的风险。

这个阶段，针对风险发生的条件确定所有辨识出的风险发生概率，实现风险识别后确定风险的全覆盖。

1）定性分析是对风险事件的各项定性描述的属性信息进行整理和分析，主要包括动因分析、责任岗位分析、管理上可参照的文件标准分析。通过这些方面的定性分析，可以更清楚地明晰风险事件之间的相关性，确定风险的属性特征，为将来提高这些风险的管理和控制水平提供参考依据。

通过动因分析可以了解风险发生的深层次动因，确定关键性驱动因素，对风险产生的关键点进行重点管理，从根源上控制风险，提高风险管理效率和水平。

通过责任岗位分析可以明确风险的控制和监督等的责任归属，提高风险管理的整体效率，为完善岗位考核体系提供信息依据。

通过管理上可参照的文件标准分析可以认清现有风险的管理文件建设水平，为进一步优化管理体系、完善标准建设提供信息依据。

2）定量分析是对风险的各项定量描述的属性信息进行整理和分析，包括风险影响程度分析、发生概率分析、风险水平分析等。通过这些分析，可以明确各个风险的重要性特征，为整体层面的风险比较提供依据。

迭代风险评估过程的任务和流程上，具体步骤如下：①企业需要对全面风险联合识别与评估进程做好多部门投入协同，按照进度建立全面风险联合识别与评估；②推动并牵引全面风险联合识别与评估过程；③落实针对全面风险牵引的内控技术评估；④进行数据采集，结合数据引擎完成数据迭代评估；⑤将评估结果付诸实施，并视需要调整按照进度建立全面风险联合识别与评估，以此完成风险管理和风险沟通。

在这些流程中，全面风险识别与评估委员会、评估负责人、评估技术组、评估相关方、其他关联方也起到了一定的作用，具体如图2-9所示。

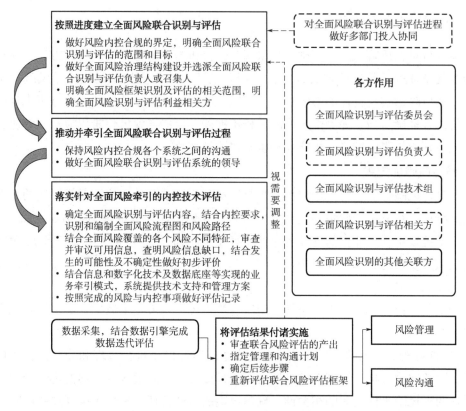

图 2-9　迭代风险评估过程的任务和流程

风险的影响程度指如果风险发生,对企业战略或运营目标所产生影响的大小。根据实际情况,可能涉及税前利润损失、声誉、运营、安全、环境等几个方面的影响。对风险影响程度的分析,可以运用定性和定量的方法。影响程度分为极轻微、轻微、中等、严重、极严重 5 个等级,分别赋予 1~5 分,表示影响程度依次加强,得分越高代表影响程度越大。

风险发生的概率指其在目前的管理水平下,风险事件发生概率的大小或者发生的频繁程度。风险发生的概率主要基于历史数据分析、风险因素分析和专业性经验判断等方式评估。风险事件发生的概率分为极低、低、中、高、极高 5 个等级,分别赋予 1~5 分,表示发生概率依次加强,得分越高意味风险发生的概率越高,1 分表示该风险事件发生的可能性极低,5 分表示该风险事件几乎确定会发生。

风险水平指风险事件的影响程度与发生可能性的乘积,通过风险水平的高低可以对所有风险进行总体分析,判断各个风险的重要性特征。

3) 时间分析的融合上,确保进行风险定量评估时,统一制定各风险的度量单位和风险度量模型的时间节点,并通过测试等方法,确保评估系统的假设前提、参数、数据来源和定量评估程序的合理性和准确性的时间节点一致。企业要根据环境的变化,定期对假设前提和参数进行复核和修改,并将定量评估系统的估算结果与实际效果对比,据此对有关参数进行调整和改进。

因此，企业采用定性、定量、定时间的三定相结合的方法，按照风险发生的概率及其影响程度等对识别的风险进行分析和排序，确定关注重点和优先控制的风险。

2. 确定风险级别

企业可将风险分为以下三个级别：

1）重大风险，或称为高级风险。管理资源分配优先级为高的风险，即当前情况下需要重点关注、优先分配管理资源、积极提高风险管理水平、改善风险管理效果的风险。

2）中等风险，或称为中级风险。管理资源分配优先级为中的风险，即需要根据风险变化趋势持续关注，并相应调整管理资源、保证风险管理效果的风险。

3）一般风险，或称为初级风险。管理资源分配优先级为低的风险，即维持现有管理水平即可，并可适当调整其风险管理资源至其他风险管理上的风险。

3. 企业层面风险分析

（1）企业层面风险分析主要包括风险成因分析、风险发生后影响程度分析两项内容。风险成因指诱发风险的因素，一般可分为环境、设备、人员、管理四方面因素。环境因素可分为自然环境因素和社会环境因素两类，自然环境因素包括气候、地理、生态环境等，社会环境因素包括政策、法律、市场、市政建设等；设备因素包括设备的数量、技术水平、维护状况等；人员因素包括人员的数量、胜任能力、工作态度等；管理因素包括标准设计的健全性、标准执行的有效性等。风险发生后影响程度指风险发生后可能给企业带来的影响。风险发生后影响程度分析可以从对经营目标实现、财务成果、安全生产三个方面进行分析。

（2）企业法务部门定期组织对识别出的企业层面风险进行评价。风险评价从风险发生后影响程度和风险发生概率两个方面进行评价。企业法务部门负责编制、发放和统计《风险评估调查表》。根据企业实际情况设定企业层面风险发生后影响程度判断标准、风险发生概率判定标准，确定风险参评人员范围及相应权重设置标准，以及风险分级判定标准、具体标准界定。

（3）企业在进行风险分析时，应根据对风险发生概率和对目标的影响程度的评估，绘制风险坐标图，对各项风险进行比较，初步确定对各项风险的管理优先顺序和策略。

4. 风险动态管理

企业应对风险管理信息实行动态管理，根据内部资源能力和外部环境条件的变化定期或不定期实施风险分析，以便对新的风险和原有风险的变化重新进行分析。控制证据层面，企业可以形成风险清单、风险成因分析表、风险评估调查表、风险坐标图四个层面的支持控制证据。在针对性风险分析的复盘过程中，还可以编制并建设企业风险清单事件与清单资料库，并就风险事件发生的概率做好企业层面的可能性设计、量化匹配企业风险的概率，做好三定原则实施后的二次复检，并以此对企业风险进行系统的锁定。风险发生概率分布三定法见表2-3，风险发生概率分布两定法见表2-4。

表 2-3 风险发生概率分布三定法

风险评估	低		中		高
概率评分	1	2	3	4	5
	20%	40%	60%	80%	100%
定量	10%如下	10%~30%	30%~60%	60%~90%	90%以上
定性	极低	低	中等	高	极高
	一般不会发生	极少会发生	特定情况发生	很可能发生	常发生
定时间	10年内	5~10年内	2~5年内	1年内	1年内
	可能少于1次	可能发生1次	可能发生1次	可能发生1次	至少发生1次

注：资料来源于《老板必知的十大风控合规工具》。

表 2-4 风险发生概率分布两定法

评估方法	分数	1	2	3	4	5
	评估标准	风险发生的概率极小	风险发生的概率很小	风险有一定概率发生	风险有较大概率发生	风险有极大概率发生
定性方法	针对日常运营中可能发生的潜在风险	一般情况下不会发生	极少情况下才发生	某些情况下发生	较多情况下发生	经常会发生
	适用于大型灾难、自然灾害或重大事故	今后3年内发生的概率少于1次	每年至少发生1次	每半年至少发生1次	每季度至少发生1次	每1个月至少发生1次
	针对外部风险，如战略风险、市场风险等	远期不可预知变化趋势	近期不可预知变化趋势	近期可预知变化趋势，但在内部没有达成共识	近期可预知变化趋势，但缺乏有力的理论支持	近期可预知变化趋势，并有数据支持
定量方法	使用与可以通过历史数据统计出一定时期内风险的发生概率	$X<10\%$	$10\% \leq X < 20\%$	$20\% \leq X < 40\%$	$40\% \leq X < 70\%$	$X \geq 70\%$

注：资料来源于《老板必知的十大风控合规工具》。

(三) 风险评价的方式方法

风险评价指评估风险对企业实现目标的影响程度、风险的价值等。风险识别的应用技术具体实施采取定性与定量结合的方法。定性层面，定性方式包括专项研讨会、集体讨论、行业标杆比较、问卷调查、政策分析、专家咨询、管理层访谈、情景分析、工作访谈、风险组合清单、职能部门风险汇总、SWOT分析、头脑风暴、内部风险管理会议、内部审计、流程图、决策树分析、事件树分析等。定量层面，定量技术包括概率技术和非概率技术，概率技术包括风险"模型"（风险价值、风险现金流量和风险收益）、损失分布、事后检验、蒙特卡洛模拟等，非概率技术包括敏感分析、情景分析、压力测试、设定基准、统计推论、计算机模拟、失效模式与影响分析、事件树分析、损失事件数据追踪等。5W1H方法具体描述风险控制见表2-5。

表2-5　5W1H方法具体描述风险控制

子流程		规章制度		控制目标		风险描述	活动地点		活动方式			部门岗位		控制频率	
编号	名称	控制文档	编号	编号	名称		编号	地点名称	描述	类型	方式	负责部门	活动类型	定期定时	突发不定时
						Why	What	Where		How			Who	When	

注：1. 控制活动方式中，活动类型主要包括预防性或检查性两类。
　　2. 控制频率的定期定时以每天多次、每天、每周、每月或每年的频次方式为主，突发不定时则以不确定性为主。

在对风险分别从发生概率和影响程度的两个维度，结合时间发生频率的第三个维度进行系统分析后，企业需要针对风险进行总体评价。

风险评价也指对企业或某一项目风险全貌进行总体评价并判断出当前的重大风险和管理上需要重点改进的风险。风险评价主要体现在系统的评估，明确风险对企业实现经营目标的影响程度大小、性质重要性、影响持续时间、企业声誉影响度等。

在风险分析的基础上，根据各项风险的影响程度、发生概率、管理水平等属性特征值，采取绘制风险图谱（图2-10）等手段进行风险评价，对各项风险进行比较，确定各项风险的重要性特征和管理优先顺序。风险图谱是反映风险评价结果和风险分布状况的空间分布图谱。风险图谱把风险发生概率的高低、风险发生后对目标的影响程度作为两个维度绘制在同一个平面上（绘制成直角坐标系），能够直观展示不同风险之间根据风险各重要性特征属性变量所确定的序列关系，从而判断各个风险的重要性级别及有待改进管理水平的急迫性等特征。

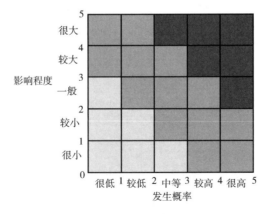

图2-10　风险图谱

资料来源：《老板必知的十大风控合规工具》
注：深灰色指代红色，灰色指代黄色，浅灰色指代绿色。

为此，企业风控部门可以就风险图谱的绘制并采取妥善的风险管理方式。在风险图谱的绘制方法中，路径模式是：①将影响程度和发生概率的分值分为三个等级：高、中、低；②各等级对应的分值可结合企业的风险偏好调整；③按照高、中、低两两组合的原理，形成风险等级矩阵，将相应的坐标空间划分为高、中、低三个等级，分别用红、黄、绿三种颜色加以标注。

风险图谱将风险分为三个级别：①高等级风险即重大风险（红色区域风险）。企业管理资源分配优先级为高的风险，即当前情况下企业需要重点关注，优先分配管理资源、积极提高风险管理水平、改善风险管理效果的风险。②中等级风险（黄色区域风险）。企业管理资源分配优先级为中的风险，即企业需根据风险变化趋势持续关注，并相应调整管理资源、保证风险管理效果的风险。③低等级风险（绿色区域风险）。企业管理资源分配优先级为低的风险，即企业维持现有管理水平即可，并可适当调整其风险管理资源至其他风险管理上的风险。

为做好风险评价的安排，企业需要结合实际情况，就企业风险发生后，企业受影响程度的三定原则进行细化量化，设计高、中、低3个级别或5个级别维度，就风险的影响程度进行评价。其中，涉及的定量层面的影响或百分比数据，可以结合企业实际情况进行设定，表2-6内数据仅作为参考。

表2-6 风险影响程度三定法

风险评估		低		中	高	
影响度评分	数字维度	1	2	3	4	5
	百分比维度	20%	40%	60%	80%	100%
定量	财务损失	较低	轻微	中等	重大	极大
	利润影响	1%以内	5%以内	10%以内	20%以内	20%以上
	数量频次	可能少于1次	可能发生1次	可能发生1次	可能发生1次	至少发生1次
定性	风险性质	极轻微的	轻微的	中等的	重大的	灾难性的
	直接损失	极低	低	中等	高	极高
	企业运营	不影响	轻微影响	中度影响	中重度影响，失去部分市场或丧失部分生产产能，企业管理失控	重大影响，企业严重失误，企业运营停滞
	企业声誉	未受损	轻微受损	中等损害	重大损害	公众关注的严重的无法弥补的损害
定时间	传播频次	未传播	月内传播	季度传播	半年以上传播	超出一年传播

注：资料来源于《老板必知的十大风控合规工具》。

风险发生概率的评估标准上，企业需要重点落实剩余风险发生概率的大小或频繁程度。分析方式可以基于历史数据，风险因素、专业性因素，企业本身内部因素、地方环境因素等方式系统评估。风险影响程度两定法见表2-7。

表2-7 风险影响程度两定法

评估方法	分数	1	2	3	4	5
	评估标准	轻微的影响	较小的影响	中等的影响	较大的影响	重大的影响
定性方法	人员安全与健康	造成个别人员轻微损伤	对人员健康造成损害，但没有构成伤残	造成人员伤残或导致职业病	造成1人以上人员死亡，或导致严重职业病	一次死亡3人以上（含）的重大事故
	环境保护	对环境或社会造成短暂影响，但暂时可不采取行动	对环境或社会造成一定影响，应通知有关政府部门	对环境或社会造成中等影响，需要一定时间才能恢复，出现个别投诉事件；应执行一定程度的补救措施	对环境或社会造成很大损害，需要相当长的时间才能恢复，出现大规模的公众投诉；应执行重大的补救措施	无法弥补的灾难性环境损害，激起公众愤怒；潜在的大规模公众法律投诉
	管理难度	此风险可在事前进行防范，处于可控状态	此风险可在事前进行防范，但事前防范有一定难度	此风险可在事前进行防范，但需要完善现有应对方案	此风险现阶段不能在事前进行防范，需要进行应对方案的改进	此风险不能在事前进行防范，没有可行的应对方案
	经营目标	影响某一个一般管理类目标的实现	影响某几个一般管理类目标的实现	影响某一个重要管理类目标的实现	影响某几个重要管理类目标的实现	影响部分重要管理类目标的实现
	企业声誉	负面消息在企业内部流传；企业声誉没有受损；基本不会引起合作伙伴和公众的关注	负面消息在当地局部流传；对企业声誉造成轻微损害；引起监管机构、少数合作伙伴和少数公众关注负面消息	负面消息在某区域流传；对企业声誉造成中等损害；部分收紧同企业合作条件或暂停合作；员工工作效率效果降低	负面消息全国各地流传，对企业声誉造成重大损害；被监管机构通报或公开谴责；主要合作伙伴关注企业负面消息，暂停或停止同企业合作；公众抵制企业产品/服务	负面消息在海内外流传，对企业声誉造成无法弥补的损害；被监管机构勒令停业整顿；大部分合作伙伴暂停或停止同企业合作；引发群体性事件
定量方法	税前利润损失	$X<1\%$	$1\%\leq X<5\%$	$5\%\leq X<10\%$	$10\%\leq X<20\%$	$X\geq 20\%$
	日常运营	成本超出预算$<1\%$，对运营影响微弱	成本超出预算$1\%\sim5\%$，对运营影响轻微	成本超出预算$5\%\sim10\%$，减慢营业运作	成本超出预算$10\%\sim20\%$，无法达到部分业绩指标	成本超出预算$\geq20\%$，无法达到大部分运营及关键业绩指标

注：资料来源于《老板必知的十大风控合规工具》。

（四）风险应对的目标对策

企业完成风险评价之后，需要系统针对风险评价完成风险应对工作。风险应对指选择风险应对策略，保证风险应对策略合理适当，保证风险解决措施充分有效。风险管理的风险应对层面，做好应对的目标性工作，建设一个准确的、可靠的和及时的财务系统尤为重要。

风险应对策略未合理制定，可能导致风险解决措施出现偏差。风险解决措施缺乏针对性，可能导致风险未得到有效控制。具体应对层面而言，企业需要做好风险偏好分析表、风险预警指标及风险承受度分析表、重大风险解决方案、业务流程目录、业务流程图、控制矩阵。

在风险应对层面，当涉及多项风险时，企业还可以就风险发生概率的高低和对目标的影响程度的评估系统性绘制风险坐标图，对各项风险进行比较，初步确定对各项风险的管理优先顺序和策略，并匹配管理风险的应对方案。企业固有风险风险坐标图如图 2-11 所示。

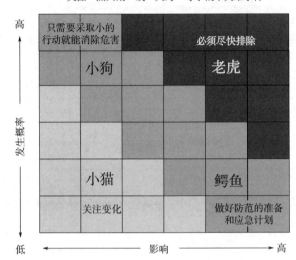

图 2-11　企业固有风险风险坐标图

资料来源：《老板必知的十大风控合规工具》

注：1. 关注小猫区域中的各项风险且不再增加控制措施。
　　2. 严格控制小狗和鳄鱼区域中的各项风险且专门补充制定各项控制措施。
　　3. 确保规避和转移老虎区域中的各项风险且优先安排实施各项防范措施。

企业风险管理的风险问题体现在：①由于不准确、不可靠、不及时的财务会计和管理报告或信息而造成错误的管理决策，导致年底呈现无法更改的较差的、远低于预期的经营结果。②由于的财务经理和财务人员不合格、能力不足导致企业财务系统出现问题，企业财务系统不完整、不相容，大量财务核算和资金交易出现处理困境。

因此，从风险应对而言，企业财务系统与业务部门协同，主要推动财务和会计制度和程序，提升财务部门领导能力，选聘适当的人员，及时做好管理预警，风险应对层面做好财务衔接各个业务部门的各种控制活动。在企业管理过程中，核实查证、授权、审批、对账（银行和供应商）、责任分离、资产的安全保护等层面做好细节工作，并就风险堆积可能性的固定资产管理、库存管理、现金管理、关联企业往来管理、内部账务管理、税收管理、法律事务管理、内部审计职能管理等进行系统管理。

企业风险应对的控制措施具体体现在采取的对策和方法上：

第一步：确定重大风险的风险偏好和风险承受度。

企业法务部门应根据风险分析结果，以及自身条件和外部环境，围绕企业发展战略，确定风险的风险偏好和风险承受度。

企业需要明确愿意承担哪些风险，风险的最低限度和不能超过的最高限度，并据此确定了风险的预警线及相应采取的对策。确定风险偏好和风险承受度，要正确认识和把握风险与收益的平衡，防止和纠正忽视风险，片面追求收益而不讲条件、范围，认为风险越大、收益越高的观念和做法；同时，也要防止单纯为规避风险而放弃发展机遇。

企业对某一具体重大风险的承受度，是基于企业的风险偏好，根据企业目标与风险之间的定量或定性关系而确定的。对于能够和目标建立起直接量化关系的风险，将风险变化导致企业利润、现金流状况等触及企业整体风险承受度时风险度量指标的临界值作为各类重大风险的承受度。对于不能和目标建立直接量化关系的风险，按照企业管理经验、管理要求或行业标杆企业的做法设定风险承受度。

企业对重大风险可设置两级承受度作为风险管理的具体目标和日常风险预警的依据。

一级承受度：表示实现企业战略目标和正常经营所能承受的风险水平。如风险达到或超出这一水平，将会影响企业战略目标的实现和经营业务的正常开展。超过一级承受度而未达到二级承受度为黄色预警区。

二级承受度：表示满足企业基本经营需求和继续生存所能承受的风险水平。如风险达到或超出这一水平，将会对企业产生重大影响，甚至导致企业经营活动中断。超过二级承受度为红色预警区。

当风险度量指标预期触及一级承受度但未达到二级承受度时，亮黄色预警；当风险度量指标预期触及二级承受度时，亮红色预警。

第二步：推动落实系统的风险解决方案。

企业应根据风险管理策略，针对各类风险或每一项重大风险制定风险管理解决方案。方案一般应包括风险解决的具体目标，所需的组织领导，所涉及的管理及业务流程，所需的条件、手段等资源，风险事件发生前、中、后所采取的具体应对措施以及风险管理工具（如关键风险指标管理、损失事件管理等）。

企业制定的重大风险解决方案，应满足合规的要求，坚持经营战略与风险策略一致、风险控制与运营效率及效果相平衡的原则，针对重大风险所涉及的各管理及业务流程，制定涵盖各个环节的全流程控制措施；对其他风险所涉及的业务流程，要把关键环节作为控制点，采取相应的控制措施。

第三步：采取系统风险预警方案。

企业建立风险预警机制，对风险进行持续不断的监测，及时发布预警信息，制定应急预案，并根据情况变化调整控制措施。①企业各级风险设置层面，企业可以设计两级或多级承受度。按照承受度作为企业风险管理的具体目标和日常风险预警的依据。②风险预警的组织层面，可以由企业法务部门牵头组织企业各机构，建立风险预警指标体系，确定风险指标报警的方式、渠道、时间和管理责任等。③风险预警内容层面,企业针对风险指标的现状、风险指标的变化趋势及对企业的影响、风险管理的效率和效果进行分解落实。

第四步:设定业务层面风险的应对方式。

企业结合不同发展阶段和业务拓展情况,持续收集与风险变化相关的信息,进行风险识别和风险分析,及时调整风险应对策略。

业务层面风险的应对上,可将控制措施的设计与描述和风险评估相结合,即根据风险评估过程确定重要的业务流程,编制业务流程目录,结合控制现状,开展风险控制分析;编制风险控制分析表,对现有控制措施进行整理;根据确定的关键控制点,确认关键控制;按照控制设计原则,开展风险控制差异分析,查找控制缺陷;提出控制设计改进意见,进一步改进、完善控制设计,修改相关管理办法。风险评估业务工具的范围如图2-12所示。

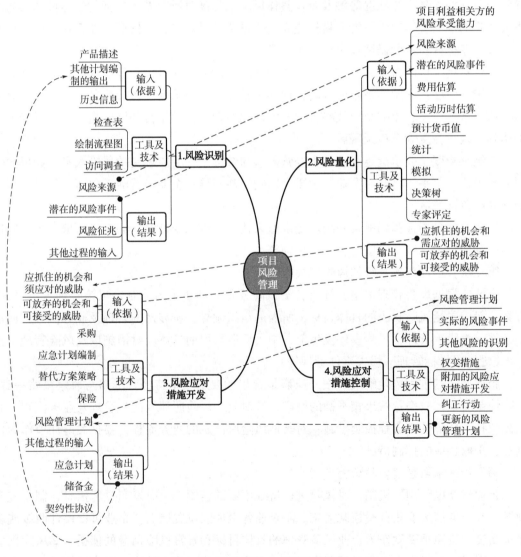

图 2-12 风险评估业务工具的范围

1）风险预警指标体系。具体包括：①风险监控中发现的已形成较大损失的重要事件应向上一级部门报告；②重大事件应向公司管理层或董事会报告；③对特别重要的重大事件预警应建立应急处置机制。

2）信息沟通机制和报告制度。相关信息体现在如下方面：①业内部管理层级、责任单位、业务环节之间；②企业与投资者、债权人、客户、供应商、中介机构和监管部门等有关方面之间。

3）风险报告按照报送内容、频次、对象，分为综合报告和专项报告，定期报告和不定期报告（重大重要事件报告）等。

风险管理监督与改进如图2-13所示。

风险管理评估和建议专项报告

分级监督	定期监督	全流程监督	多维监督
• 三重一大等重要管理及业务流程为重点	• 各部门和业务单位定期自检 • 内部审计部门至少每年一次监督评价	• 贯穿风险管理基本流程 • 系统采取合适的对策	• 压力测试 • 返回测试 • 穿行测试 • 风险控制自评

数字底座系统：链接全员贯穿全过程

图2-13 风险管理监督与改进

4）建立整改和改进机制。落实两个方面的整改：企业建立统一的风险管理理念、形成对风险统一的信念和态度。风险管理理念可通过企业各种口头或书面政策表述，形成风险文化，从而促使个人价值观、团队价值观、行为态度及处世方式在风险管理的价值观上趋同，避免一些部门过于激进而另一些部门过于保守。

5）风险管理数字系统。企业应用的风险管理数字系统的主要功能有：①实现风险信息共享；②风险预测和评估；③开展风险监控。因此，借助数字系统，企业在全面风险管理框架设计基础上，可以实现全面风险管理的重塑，并按照数字的新逻辑起点优化企业风险偏好体系；明确企业风险承受度，并就企业的管理和行为做好行为边界设定，采取合适行动落实预警指标，获取特定风险水平下的最大化收益。

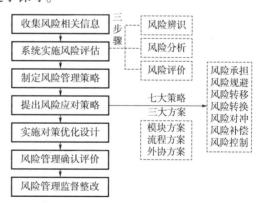

图2-14 风险管理基本流程

基于上述基础，企业推动风险管理策略落地。企业需要按照成因控制理论，针对发生的风险概率、影响程度大小等关键要素，系统制定风险对策，提出系统的控制措施，从而有效实现企业目标。风险应对策略应从收益与成本最优化的角度制定。

风险管理基本流程总结如图2-14所示。

第二节　法务管理

法务是防范化解企业发展风险的重要功能。企业要想活下来、活得好，需要坚决打好打赢防范化解风险这个硬仗。防范化解风险是实现企业可持续发展的内在要求。企业需要加快实现风险管理体系和管理能力现代化，有效防范化解各类可能出现的风险，守住不发生系统性风险的底线，为实现质量变革、效率变革、动力变革提供坚强保障。通过法务管理的有效工作和系统转型，系统防范化解企业风险是确保企业可持续性发展的必由之路。

一、概念界定与业务内涵

（一）概念界定

企业法务管理及其意义体现在，是否能在发展机遇及经营风险并存的经济市场竞争中让企业保持一个健康可持续发展的态势，并让企业发展壮大，这在很大程度上取决于企业自身能否适应当前市场的变化及是否能够快速有效地管理企业法律风险。

企业法务管理需要具备五项职能、五个目标、五个内容。

1）企业法务管理五项职能包括：法律支持（法律研究、法律咨询、法律审核、知识产权）、合同管理、争议解决、律师管理、法律宣传培训。

2）企业法务管理五个目标包括：维护企业的合法权益、争取合法权利、制止不法侵害、履行法定和约定义务、控制违法和违约损失。

3）企业法务管理五个内容包括：编制计划、组织管理、团队管理、沟通管理、绩效管控。具体来说：①编制计划层面，包括法务预算、法务工作计划、法务工作总结；②组织管理层面，包括设计法务部门架构，法务部门的的企业地位，企业架构中的企业各个部门的协同关系；③团队管理则包括法务管理系统的编制、职级、分工、岗位职责、业务流程、企业法律顾问协同、外部律师事务所合作等各个层面；④沟通管理层面，包括法务诉讼专业沟通、法务日常事务沟通、法务培训管理沟通、法务尽职调查及报告编制沟通；⑤绩效管控层面，主要是法务管理的薪酬福利设计、法务管理激励方法、法务绩效考评及晋升路径等。以此为基础，企业系统推动法务部门作为职能部门的履行职责工作，协同创造企业价值。

合同管理问题是企业层面法务管理的重点之一，法务管理需要规范并杜绝合同管理不规范问题，包括：订立合同前进行必要的审查，针对合同做好系统审查，规避缺少关键条款，约定不明事项。合同约定不明可能导致法律争议或者业务风险。合同对手方的经营业态是否符合禁止和限制规范和行业准入规范，企业需要采取必要的尽职调查方案，规避企业与不适格的相对方建立合同关系，规避因相对方的违法或者不当行为承担责任。企业需要规避违反常规业务程序问题，如果先订立主合同后订立技术协议，就会违反先确定技术协议后签订主合同的常规业务程序。在技术协议未生效的情况下订立主合同，可能会导致法律争议。这些情况均需要规范法律审核、合规审查工作。法务管理内容见表2-8。

表2-8 法务管理内容

法务管理基本职能	业务事项	关键环节
企业经营法律服务	为企业重大经营管理活动提供法律服务	企业经营管理活动法律（企业章程审核、投资和经营决策的法律论证）
	研究法律风险识别与防范措施	法律风险识别与防范措施及审核
合同管理	合同法律审核	合同法律审核
		企业合同备案
		企业合同变更审核
	制定并优化合同范本	制定并优化合同范本
	合同履行监督检查	合同履行监督检查
争议解决	收集信息并编制方案	收集争议信息并编制方案
	参与协商谈判，协调指导参与诉讼仲裁	参与争议协商谈判，参与诉讼仲裁
	分析总结并提出改进建议	争议分析
		争议总结和改进
律师管理	建立外部律师合作库	建立企业律师事务所备选库
		企业外部律师评价
	选聘外部律师和法律顾问	选聘外部律师和常年法律顾问管理
	企业内部律师管理	内部律师注册、备案、考核等管理工作
法治宣传培训	法治宣传	组织法治宣传工作
	法律培训	组织法律培训工作

注：资料来源于《老板必知的十大风控合规工具》。

（二）法务管理与法务技能

基于商业思维的法务管理是以绩效为核心的交易模式。法务系统的主要功能包括法治建设、规章制度等，从而满足相关法律业务的横向信息共享和纵向管理贯通。因此，法务工作体系横纵两项管理工作的贯通建设上，协同在基本职责、基本要求、内控逻辑层面上，协同具体工作方式方法的实施推动。法务体系建设基本模式如图2-15所示。

在实施层面，企业可以落实企业内部的普法制度。把企业管理层带头学法作为重中之重，组织推进开展法治专题学习。加强企业内部的法治培训。企业可以组织全员做法治学习，常规针对基层单位法治基础薄弱问题，组织开展法治培训。企业还可以就推动工作解读《民法典》系统开展宣传学习，不断丰富普法方式。不断探索丰富法治宣传教育方式，把各类通信工具和平台作为融合法治宣传主阵地。

法务部门的法务数字化领域包括合同管理、文档管理、法律知识管理等。多重法务工作属性的综合性功能软件亟待落地，合同管理、文档管理、知识管理和法务运营管理是法务部门重要的解决方案。公司常态化法务管理如图 2-16 所示。

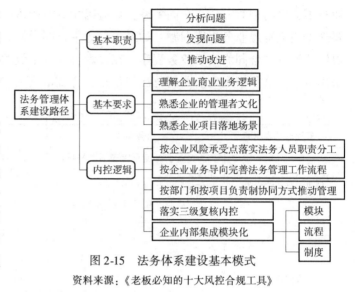

图 2-15 法务体系建设基本模式

资料来源：《老板必知的十大风控合规工具》

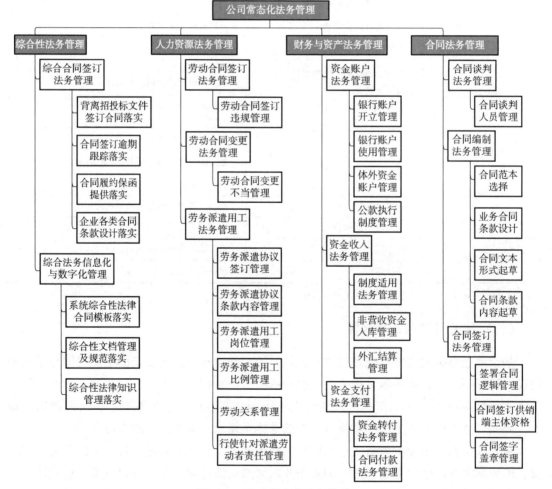

图 2-16 公司常态化法务管理

随着经济的下行、整体合规监管环境的趋严、企业业务的创新发展，企业法务部门面临诸多挑战，如图 2-17 所示。

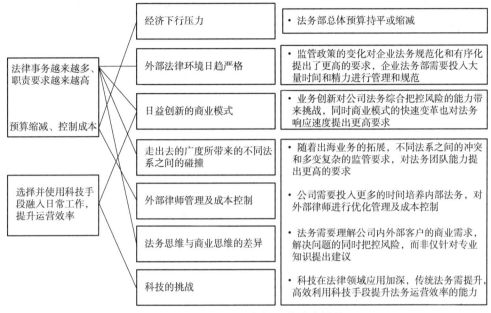

图 2-17　企业法务部门面临诸多挑战

在数字化转型大背景下，企业面临的法律风险受控程度与企业法务管理能力密切相关。如图 2-18 所示，企业法务人员日常工作中常规需要解决的问题包括：高效历史资料查询与优化管理；高效审定合同，减少重复、冗余处理事务性工作的时间；系统挖掘法务业务数据价值，提供原因分析及管理对策；高效应对突发法律事件，降低此类事件对公司业务影响；以科学的方式，实现法务部门内部组织及绩效管理；高效推动外部律师及业务的协同度以及管理效率；有效量化法务工作劳动与价值创造，有效匹配法务投入产出；选取合适数字化方案，实现法务工作提质增效，减少数字化融合磨合时间及影响；企业运营过程中，实现关键节点、重要环节的把握和预警、反馈，实现无遗漏、全闭环；法务工作证据链系统和留痕系统。

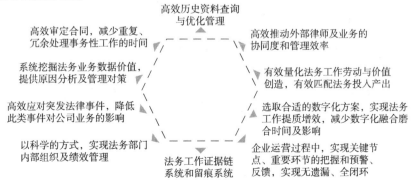

图 2-18　企业法务人员面临的困扰

日益趋严的监管环境对企业法务管理提出新要求，从宏观社会法治数字化转型促进、催化、支持微观企业法务数字化转型，为社会、企业带来多种价值。国家通过宏观规划、战略设计、数字经济进行方向引导行业，并让社会承接战略。如图 2-19 所示，在行业、国家、社会三方面作用下促进微观企业数字化转型。

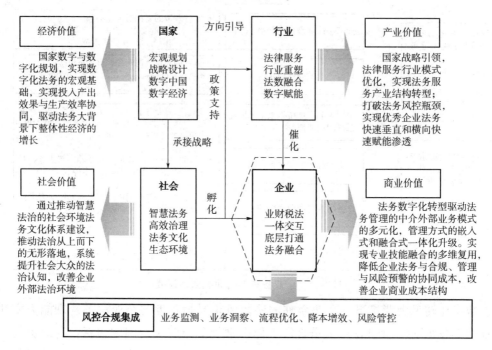

图 2-19　企业法务数字化转型

二、法务发展及进阶

传统法务管理的管控容易出现效率低、成本高、掌控难等问题，人力资源投入较多，管理过程风险大。

企业通过数字化的模块化法务管理线上平台，让传统的企业法务管理服务更加贴合企业经营业务需求。以管理制度要求为突破，结合企业实际管理需求，全面加强企业业务管理制度和流程，并结合企业当前战略发展实际，加强平台的统一性和拓展性。

企业的法务管理不断通过融合，可以系统借助数字化实现转型，既包括法务管理的合同和各项诉讼文本等录入、文书生成的线上化智能化，又包括法务案例知识化、决策管理信息化、诉讼过程标准化、法务管理等五项管理职能的工作全过程一体化，具体如下。

（一）法务管理转型升级

第一，经济下行压力及有限预算亟须法务提升管理运营效率。监管合规要求高，但由于经济下行压力大,法务部门面临预算缩减的现实挑战,如何提升法务效率,最大化利用资源成为法务管理的重要议题之一。

第二,控制成本预算迫使法务管理转型升级。企业法务部门的首要任务是降低/控制外部法律成本,更多地利用技术改善法务运作和法务项目管理,从而提高生产力。企业法务部门合规事务增加,但是预算有限,如何提升法务运营管理效率亟待解决。

第三,企业法务部战略定位走向前台,法务职能发生转变。随着企业经营管理的变化与发展,未来法务职能将从被动管理向主动管理转化,人工、非标的工作模式向智能化、标准化方式转化。法务人员将通过职能转变,逐步从烦琐的低价值事务性劳动中解放出来,为企业提供更多的高附加值战略产出。

企业法务数字化转型应用融合见表2-9。

表2-9 企业法务数字化转型应用融合

序号	事项	说明	科技融合
1	合同管理	企业的经济往来,主要都是以合同的形式进行,对合同的管理尤为重要	
2	诉讼管理	企业法律诉讼纠纷难以避免,实施有效管理,减少损失,创造价值,使案件处理服从、服务于企业发展战略和中心工作,实现企业利益的最大化	
3	知识产权管理	管理知识产权,包括申请、变更、更新等	
4	证照管理	企业妥善保管各类牌照、证书,提供高效、有序的证照文件管理服务	
5	签章管理	负责公司公章、合同章及其他印章的使用和管理,包括印章申请审批、制定印章管理制度、印章刻制、保管、使用等	
6	法律检索	法律数据搜索引擎,为法务工作提供信息支撑	
7	合规管理	为企业及其员工的经营管理行为符合有关法律法规、国际条约、监管规定、行业准则、商业惯例、道德规范和企业依法制定的章程及规章制度等提供管理	
8	外部律师管理	管理企业与外部律师和律所之间的事务	

如图2-20所示,法务合同管理全流程及合规节点主要包括合同模板库、合同智能审查、合同智能履约、企业司法尽调、合同比对、合同纠错、合同排版、智能类案库、法律法规库多个子系统。

(二)法务端到端解决方案

企业法务管理面临企业内部针对法务数字化单点处理方案多、端到端解决方案少的问题,具体体现在:范围单一、处理模式的单一法务工作内容服务模式上,导致企业法务管理内部存在系统隔离、服务独立割裂、存在数据孤岛;法务专业考量缺乏、从纯技术角度思考问题;团队资质参差不齐等。

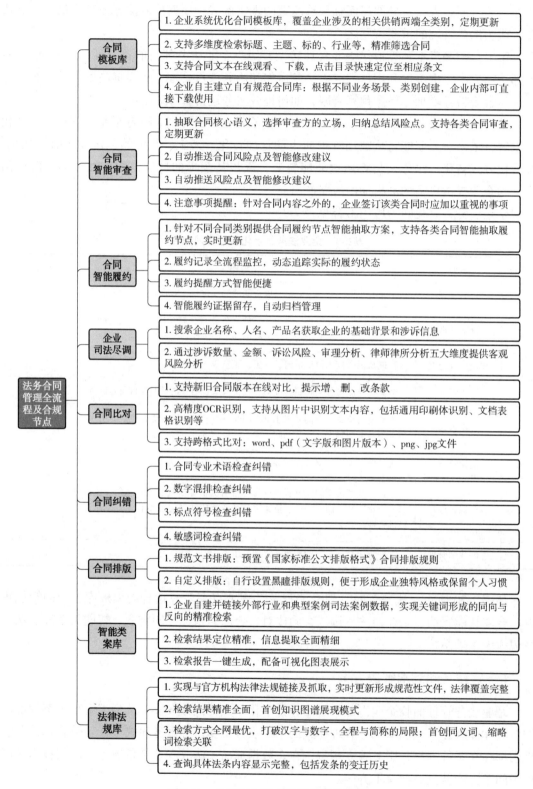

图2-20 全流程合同合规管理风控系统

1. 企业法务数字化单点模式转型端到端解决方案

企业需要将数字化单点模式转型为端到端的解决方案。面向企业法务数字化的完整方案，覆盖全部工作内容，具体体现在：全线打通、实现服务共享、数据共治，专业法务团队参与设计、融合法务与技术理念，专业高效的团队。

如图 2-21 所示，企业可以将合同管理、诉讼管理、证照管理等点对点、单项的职能全面打通，将其融合转型为端到端的解决方案。

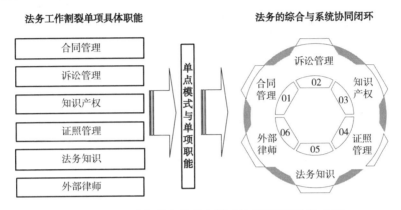

图 2-21　企业法务数字化单点模式转型端到端解决方案

端到端的数字化转型整体解决方案，三项核心服务助力企业法务部门实现自我转型，助力企业法务部门成为公司业务的重要战略决策者。三项核心服务指法务转型咨询、法律托管与外包、法务数字化平台。

1）在法务转型咨询方面，企业需要做到部门运营咨询、流程挖掘改进、采购策略规划、法律数字方案、法律策略涉及、数字产品分析。

2）在法律托管与外包方面，企业需要做到合同解决方案、法律监管方案、法律尽职调查、诉讼电子取证。

3）在法务数字化平台方面，企业需要做到合同管理、法务预算管理、外部律师管理、诉讼案件管理、知识产权管理。

端到端的法务转型如图 2-22 所示。

企业法务管理的另一个重要功能就是企业合同管理。企业合同管理成功落地的标志体现在：有效锁定了合同交易成本，减少了潜在的无形损失，通过提升效率方式促成合同的签署，通过有效的风险转嫁方式规避企业合同签署的风险承担。在此基础上，企业推动合同的内部管理工作包括合同调研、合同模板设计和优化、合同存档等。企业法务管理需要着力加强合同的全面覆盖性管理，选择合适时机建立企业法务管理的信息化平台，完善合同模块的数字化管控。

为此，企业常规需要结合合同的管理全部过程，做好合同全生命周期的管理规范，并结合企业合同管控需要，加大企业内部合同的法律管控力度，推动企业整个系统的合同合规建设。在必要的情况下，将合规审核的日常业务流程进行系统的标准化，具体如下：

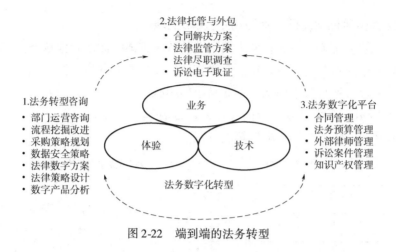

图 2-22 端到端的法务转型

1)集成化。数字法务可视量化驾驶舱。法务数字化管理平台化方式上,形成合同管理、法务预算管理、外部律师管理、诉讼案件管理、知识产权管理的集成。

2)一体化。风控融合数字系统转型,形成法务数字化 IT 解决流程改进、法务流程挖掘、数据安全策略的系统模式。

3)个性化。法务咨询业务知识图谱,具体体现在法务部门转型咨询,形成法务运营咨询、法务数字化 IT 咨询、法务部门战略、法务科技产品选品、团队构成、采购策略、方案规划、法律数字化解决方案落地案策略、法务数字化系统支持、法律策略和运营模式、维护式的重新设计、法务数字化产品分析比较。

4)标准化。细化模块外部接口服务外包,具体体现在托管法律服务和外包,形成合同解决方案、法律和监管解决方案、法律尽职调查、诉讼和电子取证方案的一体化。

2. 合同管理的闭环合规实施方案

企业法务管理的合同管理在经济社会活动中具有重要作用。合同不仅详细规定了当事人之间设立、变更、终止民事的权利和义务,还为项目的顺利进程奠定了基础。

从合同管理的合规流程出发,总体合规化逻辑是:①业务部门需要通过预算和审查实现合同从立项到验收全阶段的业务控制;②后勤支持的相关部门需要对该业务进行合理审查,在事前、事中、事后进行风险控制,确保维护企业利益;③法律部门需要对合同进行审查,确定合同条款的规定合法、严密、可靠,保证企业利益,为经济往来的顺利进行奠定基础;④企业相关决策部门按照专业部门提供的专业意见和业务意见,按照核决权限表规定的有权机构或个人,履行合同决策程序。

企业合同审核管理流程如图 2-23 所示,包括系统调查、资料梳理、风险识别、合同修订、业务评估五个步骤。

图 2-23 企业合同审核管理流程

资料来源:《老板必知的十大风控合规工具》

为此，企业法务针对合同管理层面，需要做好如下四个方面：

第一，加强合同规范管理。最便捷的方式就是建立完善的合同管理体系。制定合同管理办法，规范合同管理程序，明确合同管理职责。组织制定合同审查指引，落实到全企业的全系统使用，有效提升合法审查水平。为实现合同规范的效果，企业需要区分不同业务类型，规范合同通用条款和专用条款，组织制定各类合同范本。发布通用条款库、专用条款库，推荐使用合同文本，并在合适的时机安排纳入信息系统管理。

第二，加强合同全过程管理。企业对合同起草、审查、签署、履行、变更、中止、解除、纠纷处理、立卷归档、监督等全过程进行规范。这个情况体现在：

1）明确合同管理职责，规定合同归口管理部门、合同承办部门及相关会签部门在合同管理中的具体职责。

2）明确合同起草所涉事项具体要求，包括合同相对方应当具备的条件、使用企业示范合同文本和格式条款要求、采购合同预付款比例要求等。

3）明确合同审查要求，包括发起合同审查流程时应填写的信息及添加的附件、合同审查的内容，以及企业针对合同的备案的程序等。

4）对合同流程目录、合同分类及合同编码等内容，按照企业管控要求进行系统、明确的规定。

第三，企业需要重视重大合同的管理。必要条件是企业制度明文规定法务管理的参与度，具体如下：

1）企业法律部门按要求参与重大合同的论证、谈判和起草，发挥审核把关作用。

2）加强对重要合同的管控，对于企业提供担保的合同、涉及企业重要的管控合同、企业性质重要的合同、企业签署的标的额达到企业重要层级管理的合同，可以实行备案制，合同签署前履行必要的审查备案程序。

第四，企业需要重视合同管理的创新。推动风险防控与促进合同业务等交易的平衡，确保合同管理的创新落地，具体体现在：

1）采取多样化方式化解现有风险。企业法务部门主动化解合同风险，持续开展合规综合评价、合同管理领域专项评价，及时发现并堵塞合同管理缺陷和漏洞，促进合同管理能力提升，降低经营风险。

2）抓好合同潜在风险防范。对面临的外部环境突发事件和内部企业突发事件，做好定期的合同风控会议，就合同管理等提出要求，开展风险排查评估，及早应对，做好化解。

3）持续完善合同管理工作体系。需要针对性加强合同归口管理部门与业务部门之间的沟通，实现业务管理要求与合同管理要求的一体化融合。尤其针对业务管理在业务节点的管控要求，与合同管理的后台就业务节点和节点变更做好协同，将合同风险防控工作延伸到业务部门和业务岗位，在合同风险可控的前提下促进企业交易开展。

3. 企业合同风险内控防控解决方案

企业合同风险内控防控解决方案建议如下：

1）启动企业合同调研，加强合同全生命周期的管控。围绕合同标的金额、合同类型、合同履行期限、合同引发的法律纠纷等参考指标，对各类合同情况进行摸底调查，形成调研提纲；在完成合同摸底调查的基础上，对合同履行情况进行评估，探索建立合同责任管理的相关支持管控规范。

2）建立企业法律信息化平台，完善合同模块数字化管控。开展合同管理模块信息化平台建设，强化合同全生命周期管理职责，将合规审核嵌入合同相对方资信调查的信息化审核流程，加强对企业商业伙伴履约风险及履约能力的事前评估。

3）加强企业系统合同管理，编制制式合同范本，防范合同法律风险。进一步规范和优化合同全生命周期管理，针对合同执行阶段做好法律管控；兼顾安全和效率，对合同进行分类管理，优化合同审核的核决权限和其他流程；完善合同会审制度，重点针对投资并购、资本性支出、创新研发类支出的合规领域的合同研讨会商；加强系统的合同管理，明确重大合同的标准和范围，针对性制定不同类型合同的管理模式；结合管理需要，启动合同范本的编制、优化、修订工作。

4）推进企业系统合规体系建设，将合规审核纳入合同管理过程。推动企业合规管理体系建设，为确保质量可控、运行有效，法务部门可以系统开展对企业合规管理体系成果及运行情况的检查评审，完成合规管理体系成果的备案工作；通过合规管理体系试运行总结工作经验，进一步完善合规管理组织架构，推进重点领域专项合规制度的编制，优化各项管理运行机制；法务部门需要加强合同合规审查及风险管控，确保合规管理体现在部门和个人的岗位职责内，并确定在相关企业流程中。在这个过程中，可以充分发挥合规审查在合同管理中的风险防控作用，将合规审核嵌入合同法律审核流程。

第三节 合规管理

合规管理体现了企业的底线思维。合规管理也是企业在行政监管部门的指导和监督下，以预防相关合规风险为主要出发点，建立常态化的合规管理体系的过程。合规识别层面，合规涉及的领域主要体现在企业员工合规风险、企业信息安全合规风险、企业与零工平台和工会合作升级风险、企业合规文化和合规意识培育风险、企业法律风险的管控风险、企业境外业务的合规管理与方案风险。这些合规风险涉及企业的合规管理系列机制设计、企业的管理流程合规方案、企业的业务合规行为准则发布、企业的财务合规系列指引制作、企业的合规管理手册编辑、企业的合规培训内容计划等各个方面。

一、概念界定与业务内涵

（一）概念界定与内涵

合规指企业经营管理行为和员工履职行为符合国家法律法规、监管规定、行业准则、国际条约/规则,以及公司章程、相关规章制度等要求。

合规风险指企业及其员工在经营管理过程中因违规行为引发法律责任、造成经济或者声誉损失及其他负面影响的可能性。

合规管理指企业以有效防控合规风险为目的,以提升依法合规经营管理水平为导向,以企业经营管理行为和员工履职行为为对象,开展的建立合规制度、完善运行机制、培育合规文化、强化监督问责等有组织、有计划的管理活动。具体展开而言,合规管理指企业经营管理行为和员工履职行为符合国家法律法规、监管规定、行业准则、国际条约/规则,以及公司章程、相关规章制度等要求。合规需要符合法律法规、监管规定、国际条约、国际规则、行业准则、商业惯例、企业章程、规章制度、公开承诺、公序良俗的要求。

具体业务合规行为需要事前确认并规范执行。交易安排需要按照对等逻辑做好合理性安排,规避企业利益受损的情形出现。类似企业作为并购项目的主并方或收购方,在假定并购标的项目能够取得未来政府补助的前提下,如果标的项目尚未取得政府补助,企业作为收购方就需要慎重支付全额收购款。类似并购类交易安排需要确保对等性,规避法务管理的不合理领域,规避内控行为不规范导致潜在的风险,规避可能导致企业资产遭受损失的风险,企业需要及时采取必要措施以保护自身权益。

图 2-24 是合规管理体系内容,包括环境扫描、风险监控、风险评估、评价与报告、管控应对。

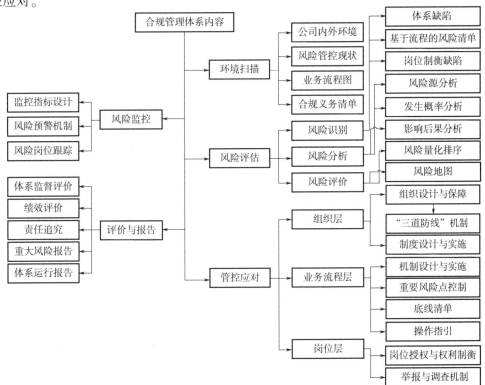

图 2-24 合规管理体系内容

资料来源:《老板必知的十大风控合规工具》

如果合同约定了对方因违约导致的或有收益,当或有收益达到激活条件时,企业就可以采取措施要求对方履行支付手续,采取措施追索激活的或有收益款项,及时推动合同相对方履约,规避导致企业资产损失风险。关联交易定价需要确保合理性。合同审批文件中,需要附可比服务价格的市场调研资料,确保定价的合理性。企业需要事前明确关联交易定价机制,如果由于关联交易定价不合理,就有可能导致财务报告真实性风险和税务风险。在这个层面上,企业需要规范合规审查工作。

涉案企业提交的合规计划,应当以专项合规为重点、以全面合规为目标,主要针对与企业涉嫌犯罪有密切联系的企业内部治理结构、规章制度、人员管理等方面存在的问题,制定可行的专项合规管理规范,构建有效的合规组织体系,完善相关业务管理流程,健全合规风险防范报告机制,弥补企业制度建设和监督管理漏洞,从源头防止再次发生相同或类似违法犯罪行为。

(二)合规管理的底线思维

1. 合规风险与合规义务

合规管理强调遵守和执行规范,满足监管要求。合规可以起到基本的抑制操作风险的作用,保证企业日常生产经营不会因触碰法律法规红线而受到相关处罚,影响企业经营,甚至导致企业倒闭。

合规管理的底线思维是:规范企业合规管理的内容和要求,完善合规管理流程,建立合规管理运行机制,提升企业合规经营管理水平,增强企业防范风险的能力,实现企业健康发展。企业需要制定《合规行为准则》和《合规管理办法》等,明确企业战略中需要落实的底线。通过履行企业核决权限表,落实企业管理的底线逻辑,确保企业运营在可控的风险范围内工作。

合规风险与合规义务如图2-25所示。

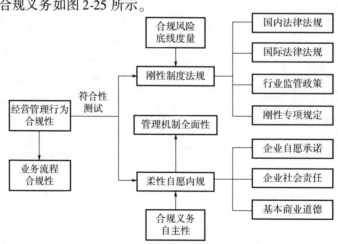

图2-25 合规风险与合规义务

资料来源:《老板必知的十大风控合规工具》

第二章 公司治理的风控合规职能设计

企业的合规管理要点体现在：规制、规章、规范、规则的协同。合规风险四要素包括：可能性、事件、边界、后果。合规管理涉及的范围包括：企业反腐败合规体系、出口管制与经济制裁合规体系、网络安全与数据合规体系、企业刑事合规体系、劳动用工合规管理、环境保护合规管理、企业反垄断合规管理。合规管理的底线思维具体体现在：减轻行政与司法处罚，避免经营资格剥夺、声誉受损，符合监管要求，区分企业行为与员工个人行为。国际贸易之下，跨国业务的合规引发的暴雷问题得到系统控制。

大合规体系包含以下五大类：第一类，反商业贿赂、反腐败、反舞弊、反欺诈；第二类，反垄断、反不正当竞争、反洗钱；第三类，环境保护、知识产权保护、数据与隐私保护；第四类，资格资质、财务税收、劳动用工、安全生产、产品质量；第五类，出口管制、经济制裁。

合规管理涉及的十五类合规风险体现在：反贿赂反腐败、反舞弊、反欺诈、反垄断、反不正当竞争反洗钱、资格资质、财务税收、劳动用工、安全生产、产品质量、环境保护、知识产权保护、数据与隐私保护、出口管制、经济制裁。

合规风险评估如图 2-26 所示。

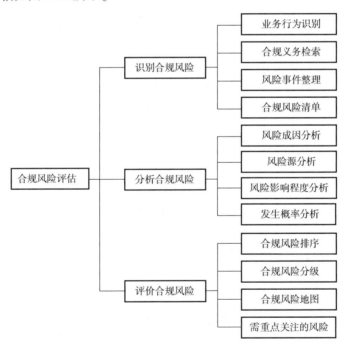

图 2-26　合规风险评估

资料来源：《老板必知的十大风控合规工具》

合规管理是指企业通过制定合规政策，按照外部法律法规的要求统一制定并持续修改内部规范，监督内部规范的执行，以实现增强内部控制，对违规行为进行持续监测、识别、预警、防范、控制，化解合规风险的一整套管理活动和机制。企业合规管理的主要内容包括制度制定、风险识别、合规审查、风险应对、责任追究、考核评价、合规培训七个方面。

风险管理与合规管理密切衔接融合。对于 COSO 内部控制和风险管理体系而言，合规性一直是两个体系的工作目标之一。内部控制、风险管理都是实现合规目标的手段和工具。COSO 在 1992 年和 2004 年分别发布的内控和风险管理框架中都强调了合规目标。

因此，就具体工作而言，合规管理是在各体系中对合规部分和相关内容的巩固和强化，也可以将其相关的内容镜像一份，进一步梳理完善形成合规管理体系，双方是相互促进的良性互动过程。企业可以以实质内容和效果为根本出发点，以优化融合的方式进行推动。

合规管理从目标设定到过程管控再到结果呈现的路径如图 2-27 所示。

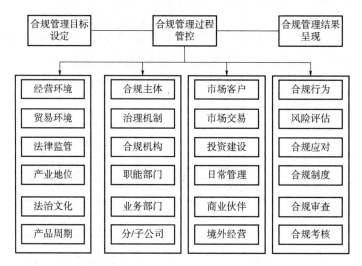

图 2-27　合规管理从目标设定到过程管控再到结果呈现的路径
资料来源：《老板必知的十大风控合规工具》

基于风险视角的合规管理体系建设流程如图 2-28 所示。

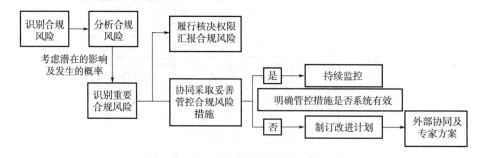

图 2-28　基于风险视角的合规管理体系建设流程
资料来源：《老板必知的十大风控合规工具》

合规风控体系是企业长期稳定发展的重要保证，面对内外部纷繁复杂的市场环境变化，加速在合规风控领域补齐短板成为众多企业的当务之急。完善全面有效的合规风控体系包括：建立健全财务内部控制体系，提高自动控制水平，严格财务内控执行，严把合规关口，完善风险管控体系，采用信息化、数字化手段建立风险量化评估模型和动态监测预警机制等，以增强企业抗风险能力。

数智化风控解决方案对"完善全面有效的合规风控体系"的要求，以"聚焦战略、融合业务、数字风控、智能预判、全程防控"为核心，有效利用新兴技术，深度融合源端业务，科学构建智能模型，打造风险、内控、合规一体的数智化风控系统，实现风险的源头把控、过程管控、结果监控。

基于底线思维的智能化合规管理如图 2-29 所示。

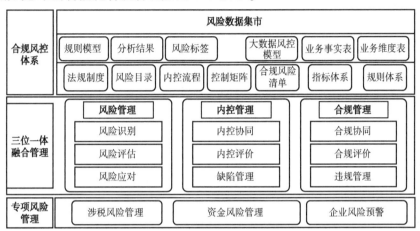

图 2-29　基于底线思维的智能化合规管理

2. 合规管理的类型

合规管理也是企业在行政监管部门的指导和监督下，以预防相关合规风险为主要出发点，建立常态化的合规管理体系的过程。合规识别层面，合规涉及的领域主要体现在企业员工合规风险、企业信息安全合规风险、企业与零工平台和工会合作升级风险、企业合规文化和合规意识培育风险、企业法律风险的管控风险，企业境外业务的合规管理与方案风险。这些合规风险涉及企业的合规管理系列机制设计、企业的管理流程合规方案、企业的业务合规行为准则发布、企业的财务合规系列指引制作、企业的合规管理手册编辑、企业的合规培训内容计划等各个方面。合规全景分类如图 2-30 所示。

A	B	C	D	E	F	G	H	I	J	K	L	M	N	O	P	Q	R	S	T	U	V	W	X	Y	Z
机构治理	资质资格	行业监管	个人信息保护	网络信息安全	知识产权保护	商业秘密保护	国有资产监管	反垄断	反不正当竞争	反贿赂	反舞弊	质量管理	安全生产	环境保护	职业健康	传播内容监管	工作场所行为	劳动用工	财务税收	消费者权益保护	反洗钱	上市公司监管	出口管制	经济制裁	国家安全

图 2-30　合规全景分类

资料来源：北京在礼合规的合规全景分类

对于企业的生存和发展而言，建立合规体系有助于减少损失，实现可持续发展。企业合规可以克服行政监管外部监管的局限性，通过引入协商、对话、妥协和契约的理念，激活企业自我监管的能力，提高外部监管的有效性，为企业防范违法犯罪活动开辟一条新路径。从合规的专业化专项管理到合规的体系建设，主要包括：国有企业合规、涉案企业合规、上市公司合规、特定行业合规、特殊形势合规。

国有企业合规案例

T直辖市W区的地方某国有企业P，合规管理的主要内容包括七个方面：制度制定、风险识别、合规审查、风险应对、责任追究、考核评价、合规培训；合规管理涉及的重点领域有如下七类：反垄断、反商业贿赂、生态环保、安全生产、劳动用工、税务管理、数据保护；关键环节有如下四环：投资、采购、销售、财务资金往来；重要人员涉及如下四类：一把手、高管、关键部门、岗位员工。

涉案企业合规案例

G省Z市的民族类医药制造民营企业B，因采取商业贿赂方式，一方面虚开增值税专用发票，另一方面虚增收入，数额巨大。相关财税人员及法人代表等触犯刑法。按照刑法要求，对企业和相关违法人员进行了处理。

为推动企业刑事犯罪溯源治理、合规整改，企业B全面停止涉罪违规违法行为，退缴虚开增值税违规违法所得，补缴税款和滞纳金并缴纳相关罚款，对相关涉案人员做出处理，全力配合有关主管机关、公安机关、检察机关及第三方组织的相关工作。

企业B为此成立了合规建设领导小组，由其新的实际控制人、主要负责人和直接负责的主管人员等组成，同时聘请了地方外部专业律师事务所的2位专业人员参与。合规建设领导小组在全面分析研判企业合规风险的基础上，结合医药行业合规建设指引，制定了专项合规计划和内部规章制度。

企业B设置了与企业类型、规模、业务范围、行业特点等相适应的合规管理机构或者管理人员。合规管理机构或者管理人员可以专设或者兼理，合规管理的职责明确、具体、可考核。企业B针对合规风险防控和合规管理机构履职的需要，通过制定合规管理规范、弥补监督管理漏洞等方式，建立健全合规管理的制度机制。

企业B合规管理机构和各层级管理经营组织均应当根据其职能特点设立合规目标，细化合规措施。合规管理制度机制应当确保合规管理机构或者管理人员独立履行职责，对于涉及重大合规风险的决策具有充分发表意见并参与决策的权利。

企业B为合规管理制度机制的有效运行提供必要的人员、培训、宣传、场所、设备和经费等人力物力保障；建立监测、举报、调查、处理机制，保证及时发现和监控合规风险，纠正和处理违规行为；建立合规绩效评价机制，引入合规指标对企业主要负责人、经营管理人员、关键技术人员等进行考核；建立持续整改、定期报告等机制，保证合规管理制度机制根据企业经营发展实际不断调整和完善；开展合规文化建设，培育企业合规文化，将合规文化作为企业文化的一部分融入日常生产经营和管理。

（三）合规管理执行步骤与方法

合规管理的主体体现在企业设立的或具有相关职责的合规委员会、合规部、合规岗等相关职责部门，主要针对企业的反商业贿赂、反腐败、合规数据、环保安排、出口管制等推动企业合规工作，合规管理的目标主要体现在企业的合规风险控制、满足监管要求、合规激励落地等层面。企业合规管理的活动包括合规风险评估、合规风险应对措施、合规评价三个层面。企业合规管理的企业内部环境包括企业的法人治理结构、企业设计的合规文化、企业推动的合规准则等层面。从企业合规的风险评估，到合规的风险管控层面，企业构建合规管理体系工具，如图 2-31 所示。

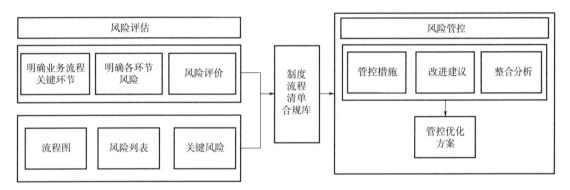

图 2-31　构建合规管理体系工具

资料来源：《老板必知的十大风控合规工具》

1. 合规管理体系执行步骤

合规管理体系执行步骤上，企业可以按照 PDCA 模式，综合将合规管理过程方法的策划 P、实施 D、处置 A、检查 C 四个环节融合进入，具体包括：

1）合规策划（P）环节。企业合规推动之前，确定范围、相关方要求、合规方针，制定合规实施方案。

2）合规实施（D）环节。企业实施合规风险评估，包括合规审查、合规运行机制的充分选择。

3）合规处置（A）环节。企业针对违反合规的事项安排调查。落实合规奖惩措施，明确合规改进方案。

4）合规检查（C）环节。企业针对合规匹配度系统进行检查，做好合规评价与合规审计，编制相关的合规报告。

2. 合规管理体系建设方法

合规管理体系的网状融合建设六步法执行步骤如图 2-32 所示，具体如下：

第一步：企业确定经营模式融合合规方案，梳理风控及合规体系，其有权机构确定合规制度流程及配套材料。

第二步：企业确定总体合规框架与范围，结合实际项目制定合规原则与评估方案，最后结合原则与初步方案设计应对措施。

第三步：企业结合第一步、第二步系统识别合规各层面相关方要求，落实系统合规职责及承诺，明确合规支持对策。

第四步：企业利用第二步、第三步结合初步应对措施制定合规应对方案，结合不同层级合规路径落实应对措施，对违反合规行为的举报材料实施调查。

第五步：企业结合第三步、第四步对违反合规行为的举报材料实施调查，针对合规完成情况落实绩效评价与执行改进方案。

第六步：企业针对合规制度规范执行情况落实修订与流程优化方案。

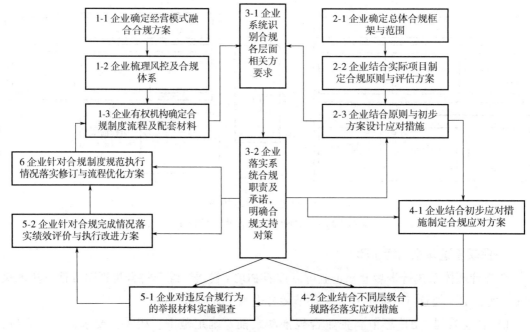

图 2-32　合规管理体系的网状融合建设六步法执行步骤

资料来源：《老板必知的十大风控合规工具》

为实现上述六步法的执行，企业需要系统就合规风险识别梳理有效的方式方法，主要方法如下：

1）流程法。基于企业的业务流程，对企业主要的业务流程（销售、采购、投资、人力资源、财务等）进行梳理，结合专家经验，发现风险。重点在于企业所有的合规领域，特别是重点业务合规。

2）案例法。基于历史或同行发生过的风险事件，收集和整理同类企业发生的典型合规风险案例。重点在于重大的、社会或监管部门重点关注的合规领域。

3）岗位法。基于岗位职权分析，对岗位职责与权利的匹配性、平衡性进行梳理。重点在于企业反腐败、反商业贿赂合规领域。

3. 合规计划书的编制

1）建立合规管理组织体系。修改公司章程，增设合规内容。任命一名高管担任合规专员，聘请律师担任公司法律顾问。

2）建立健全各项合规政策。建立合规审查机制，完善财务管理合规制度，完善增值税专用发票合规管理制度，完善环境保护合规管理制度。

3）建立合规管理运行保障机制。建立飞行检查机制，建立投诉机制，建立合规报告机制，建立合规考核机制。

4）培育企业合规文化。针对重点岗位、重点人员进行有针对性的合规培训和教育，针对全体员工进行全员性合规培训，印发《企业员工行为手册》。

合规实施应对措施见表 2-10。

表 2-10 合规实施应对措施

序号	类型	内容
1	资源配置类	对于合规风险是由资源配置不足引起的，应当设立和调整与合规风险应对相关的机构、人员或补充经费等
2	制度流程类	对于合规风险是由制度、流程不完善引起的，应当补充制定或完善相关制度、流程的控制措施或其他方面。一般而言，制度、流程完善的控制措施有不相容职务分离控制、授权审批控制、信息系统控制、财务保护控制、预算控制、运营分析控制和绩效考评控制等
3	标准、规范、指引类	对于特定领域合规风险是由缺乏相关标准、规范、指引引起的，应当制定相关标准、规范、指引，如制度审核指引、合同审核指引、证据保存指引、项目工程管理合规指引
4	技术手段类	利用技术手段规避、转移、降低合规风险，如合规信息化系统
5	信息类	针对重大合规风险事件，相关部门应发布预警信息
6	活动类	开展专项活动规避、降低或转移相关合规风险，如紧急应对措施
7	培训类	对于合规风险是由相关人员合规意识与合规风险管理技能不足引起的，应当加强合规风险培训与宣传活动，将培训及培训成效作为该类人员的考核因素

注：资料来源于《老板必知的十大风控合规工具》。

二、合规管控方式

企业在建立合规管理组织架构的基础上，建立合规管理运行机制，完善合规管理工作内容和流程，并按照具体执行框架实施。《合规管理体系 指南》（GB/T 35770—2017）中的合规体系权威框架如图 2-33 所示。

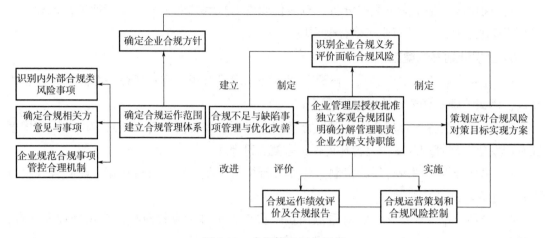

图 2-33　合规体系权威框架

资料来源：《合规管理体系 指南》（GB/T 35770—2017）

（一）合规管理的全链条建设

企业需要建设全面、创新、向业务前端延伸的风险防控方式，包括：加强信息化管控，强化内控体系刚性约束，将内控体系管控措施嵌入各类业务信息系统，确保自动识别并终止超越权限、逾越程序和审核材料不健全等行为，有效减少人为违规操作因素。因此，建设全面、创新、向业务前端延伸的风险防控方式，实时监测、自动预警风险是十分必要的。数智化风控系统构建风险提前警示及实时控制等核心应用，推动风险防控工作从事后监督向事前、事中管控转变，从后端向业务前端延伸，关注信息系统运行的安全、合规、有效，强化业务过程的智能预警及控制，实现事前、事中、事后全过程风险防控。业务前端延伸风险防控方式如图 2-34 所示。

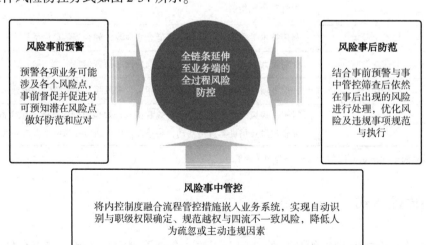

图 2-34　业务前端延伸风险防控方式

企业端本身通过数字风控平台全面借鉴主流技术体系，能够灵活适配前端业务方案，支撑后端快速完成实施落地，通过技术设计，不断累积业务能力和去重复用能力，从而降低成本并提升利润空间。

中央及北京市合规管理模式上，按照《中央企业合规管理办法》要求，重点落实合规的组织和职责、制度建设、运行机制、合规文化、信息化建设、监督问责相关问题。按照北京市《市管企业合规管理指引》要求，北京市市管企业合规管理框架主要包括：组织架构及职责、制度体系、合规管理内容、合规管理运行、合规管理保障。合规体系建设十大运行机制包括：合规决策机制（合规联席会议）、风险管理机制（合规风险识别与评估机制）、合规审查机制（合规审查与强制咨询机制）、合规培训机制、合规报告与应对机制、调查问责机制（举报与调查机制）、有效融合机制（风险嵌入机制）、合规管理信息化建设机制、持续改进机制（风险反馈机制、合规考核评价机制）、合规文化机制。合规管理体系通用框架如图2-35所示。

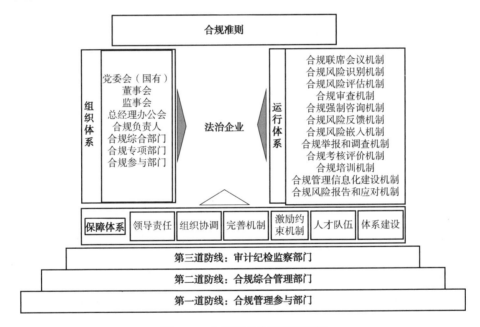

图2-35　合规管理体系通用框架

中央及北京市合规管理框架以党组织/董事会/监事会或监事、总经理和经理层、合规管理负责人、合规管理综合部门、合规联络员和各部门组成组织体系；以合规行为准则、合规基本管理制度、合规专向管理制度及合规管理指引、流程、表单组成制度体系；通过合规风险识别评估、合规审查咨询、合规风险应对及报告、合规举报调查形成。北京市市管企业合规管理指引框架如图2-36所示。

运行机制、保障机制则是通过第一责任人、考核评价、合规管理队伍建设、年度合规培训计划、合规文化建设、合规管理信息化建设、经费预算保障、合规档案管理、年度合规管理工作报告完成；以全面覆盖、强化责任、适宜有效、协同联动、专业独立作为管理原则。

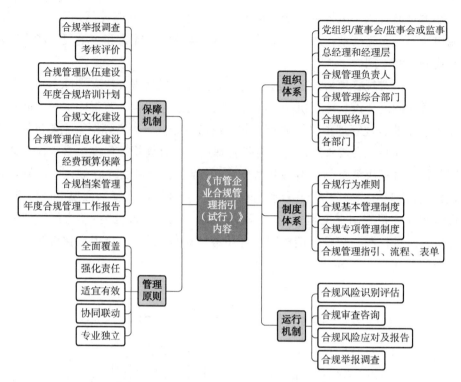

图 2-36　北京市市管企业合规管理指引框架

（二）合规管理的诚信管理

诚信管理的总体目标是企业被信赖，员工有责任感、荣誉感和归属感。诚信管理工作的依据为使命、愿景、价值观、主动承诺。道德责任是诚信管理的核心词。

诚信管理的工作态度应当是积极引导（追求更高的道德标准）。合规管理的总体目标是企业避免承担法律责任、遭受处罚、经济或声誉损失及其他负面影响，员工有底线意识。合规管理的主要工作依据有法律法规、监管规定、行业准则、商业惯例、道德规范、企业内规等。合规管理的核心词是合规义务。合规管理的工作态度为规避风险。

1. 诚信合规概念与生态

合规要求一般指符合法律法规，许可、证照或其他形式的授权，监管机构发布的命令、条例或指南及法院判决或行政命令。诚信合规的核心词是诚信合规义务。

诚信合规义务的来源为：①与社会团体或非政府组织签订的协议，与公共权力机构和客户签订的协议；②组织的要求，如方针和程序自愿的原则或规程。自愿性标志或环境承诺基于合同安排产生的义务；③相关组织和产业的标准。诚信合规义务的参与人主要是内部人员，包括决策层、执行层、第三方人员和内外部的相关方。

在诚信合规义务筛选方面，应采用外部环境 PESTEL 分析方法：Political 政治，Economic 经济，Social 社会，Technological 技术，Environmental 环保，Legal 法律。同时，经营地域、产品服务、目标客户、业务模式这四个内部因素也会影响分析。

企业也需要满足相关方及其需求和期望,用目标贯穿对齐管理。如何从诚信合规义务到诚信合规目标也是企业所需要面临的问题,企业应当从"命令+禁止",到结果目标,最后完成过程目标。

诚信合规的企业生态如图2-37所示。

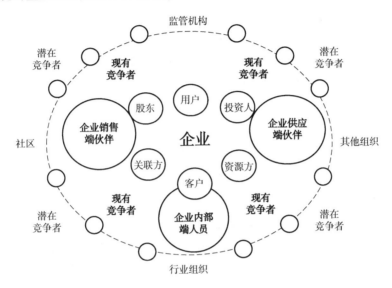

图2-37　诚信合规的企业生态

2. 诚信合规风险与管理

企业层面的诚信合规风险同样包括风险层面的三要素:目标、不确定性、值得关注的项目。做好企业诚信合规风险的闭环工作,需要做到诚信合规系统的信息采集,具体包括环境分析、过往数据分析、问卷调查、员工访谈、专家调研、穿行测试、头脑风暴等方法的组合或综合应用。

风险层面需要做诚信合规层面的风险评估,并就风险场景、风险来源、风险后果综合做好风险识别。在风险识别基础上针对性做好风险分析,具体包括:发生的概率、后果严重程度、分布情况、已有措施及其效果。在整个过程中,诚信合规层面的风险识别节点重要性很高,具体分解为如下四步:

第一步,锁定风险来源。具体而言,诚信合规风险层面的诚信合规风险来源确定上,需要从如下几类因素入手:①环境因素。规则是否明确、规则是否合理、规则是否冲突、执法是否公正、是否普遍违规,这些都是企业诚信合规的重要环境因素。②组织因素。组织是否能够识别风险、是否明确合规义务、能否实现内规转化、内部规则是否合理、是否具备控制和监督、合规目标是否冲突。除此之外,还包括相关第三方和无关第三方。相关第三方包括关联方、商业伙伴等。这些类型是企业诚信合规落地的组织因素。③个体因素。个体因素包括职业层面的道德修养、心理状态、专业能力、行为习惯、操作技能等。

第二步,采取妥善的风险分析方法。风险分析的方法包括问卷调查法、访谈调研法、专家研讨法、案例分析法等。

第三步，针对违规行为的后果进行处理。经过专门机构或内部审计机构确认的违规行为需要承担相应的后果。按照企业常规而言，违规行为的后果由轻到重有：收入利润损失、经营能力下降、竞争力下降、声誉损失、法律权益损害、财产损失、监管处罚、刑事制裁、人身伤害等。

第四步，针对诚信合规风险的评估。诚信合规风险评估有如下三类：周期性合规风险评估，交易中的合规风险评估（合规审查、合规尽调），突发事件的合规风险评估。初次全面诚信合规风险评估流程如下：了解业务、关联合规义务、设定合规目标、风险识别分析、评价现有措施。经营管理活动需要进行如下方面的梳理：职能职责、权责指引、制度汇编、内控管理手册、操作手册、信息化流程等。

风险层面需要做诚信合规层面的风险应对。风险应对包括四种基本策略：规避风险、转移风险、降低风险、接受风险。常见风险控制措施如下：①文件控制。需要控制：员工、客户、用户、伙伴、单方、成文制度。②程序控制。需要确权确责、建立黑白名单制度、技术规范、量化指标、建立标准流程、建立制式表单。③人工控制。需要检查核对、确立上级审批、进行专业审查、主动回避、休假轮岗、申报公示。④技术控制。需要进行物理隔离、建立安全场所、配置影音摄录、识别匹配、建立自动记录、配备自动告警的仪器。

识别完成并采取措施做风险应对之后，结合企业实际情况做系统的风险评价，包括：目标合理性、现有措施充分性、控制措施紧迫性、控制成本和难易程度等。因此，结合诚信合规管理具有重要的作用，具体体现在如下三个方面：

1）诚信合规管理的价值。诚信合规管理的价值主要是减少不合规行为对企业的损害，营造风清气正的企业内部环境，集中精力提升经营能力，厘清边界，放开手脚创新、发展，利用信任作为企业参与市场活动的入场券，出现问题时，作为企业和管理层的保险单切割责任。

2）诚信合规管理的工作目标。诚信合规工作管理目标如下：保证企业履行诚信合规义务；赢得利益相关方信任；防止发生不诚信、不合规行为；当发生不诚信、不合规行为时，切割责任。

3）诚信合规管理工作内容。诚信合规管理工作内容如下：诚信合规风险评估、诚信合规审查、诚信合规尽职调查、其他诚信合规措施、诚信合规培训和宣传教育、诚信合规举报调查、诚信合规风险事件处置。

合规风险管理的合规风险应对如图 2-38 所示。

三、合规管理标准

合规管理国际标准标准体系包括：ISO 9000、ISO 2700x、ISO 20000、BS 25999、ISO 38500、BS 25777 等。合规管理使用的国际标准主要是 ISO 3100：2018《风险管理 指南》（Risk Management Guidelines）和 ISO 37301：2021《合规管理体系 要求及使用指南》。

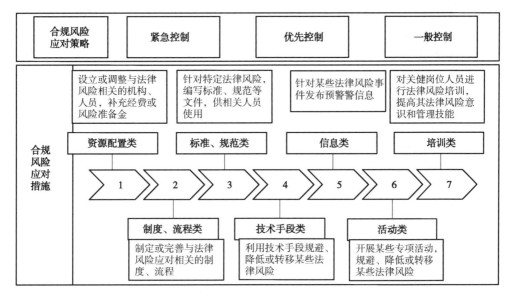

图 2-38 合规风险管理的合规风险应对

（一）合规管理的国际标准

ISO 31000 是全面的风险管理框架，它为组织提供了识别、评估、处理和监控风险的方法和指南。ISO 37301 则是对合规管理体系的详细要求，在合规层面上对 ISO 31000 进行了深入剖析和细化。

国际标准化组织 ISO 于 2009 年发布了全球第一个风险管理国际标准，其后对该文件进行了修订和完善，并于 2018 年 2 月发布了 ISO 3100《风险管理 指南》标准化 2018 版正式文件。ISO 3100：2018 通过"整合""结构化和全面性""定制化""包容""动态""最佳可用信息""人文与文化因素""持续改进"八个原则充分传达了"价值创造与保护"这一核心理念。

与修订 ISO 3100 标准同步，国际标准化组织于 2018 年启动了新版合规管理体系国际标准的制定工作，并于 2021 年 4 月正式发布实施 ISO 37301：2021《合规管理体系 要求及使用指南》标准，替代了 ISO 19600：2014《合规管理体系 指南》（对应的中国标准为 GB/T 35770：2017）。两项 ISO 标准均基于相同的架构、以风险导向为基础的方法，并注重整体的合规管理系统，但只有 ISO 37301 可以用作第三方认证的准则。

ISO 37301：2021《合规管理体系 要求及使用指南》规定了组织建立、制定、实施、评价、维护和改进合规管理体系的具体要求，为指导和规范企业合规管理体系建设提供技术支撑，适用于所有类型、规模、性质和行业的组织。该标准由 ISO/TC 309 技术委员会编制，由 ISO 组织在 2021 年 4 月发布和实施，适用于全球任何类型、规模、性质和行业的组织。

ISO 37301 规定了组织建立、运行、保持和改进合规管理体系的要求，并提供了使用指南，为各类组织提高自身的合规管理能力提供系统化方法。它采用的 PDCA 理念完整覆盖了合规管理体系建立、运行、保持和改进的全流程，基于合规治理原则，为组织建立并运行合规管理体系、传播积极的合规文化提供了整套解决方案。ISO 37301 在 ISO 19600 的基础上进行了修订，增加了一些要求（如针对雇佣的具体要求、针对合规举报和调查的要求等），如图 2-39 所示。

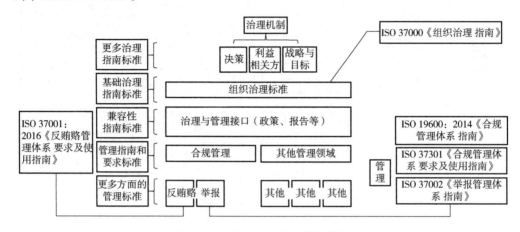

图 2-39　ISO 37301 的内容与管理

资料来源：在中国国际标准化研究院相关资料基础上优化

如果企业已经按照 ISO 19600：2014《合规管理体系 指南》搭建合规体系，还需要进一步对照 ISO 37301：2021《合规管理体系 要求及使用指南》的要求进一步完善合规体系，方可满足认证要求。

ISO 37301 国际标准的前身、ISO 37301 国际标准制定的必要性和可行性、ISO 37301 国际标准的应用情况具体如图 2-40 所示。

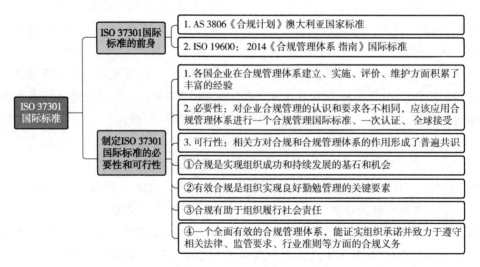

图 2-40　ISO 37301 国际标准的应用情况

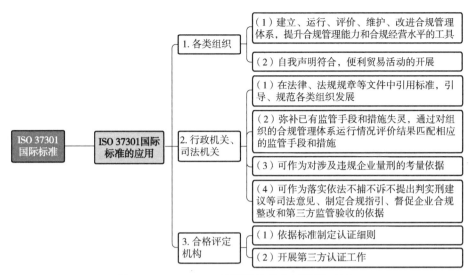

图 2-40　ISO 37301 国际标准的应用情况（续）

ISO 37301 国际标准的内容主要包括：组织环境、领导作用（合规文化）（岗位、职责和权限）（合规团队）、策划、执行（资源）、运行（举报机制和调查机制）、绩效评价、持续改进。

合规管理系统层面，合规管理系统的范围旨在阐明组织面临的主要合规风险以及合规管理系统将适用的地理或组织边界，或两者都适用，特别是在组织是大型实体的一部分的情况下。组织根据要求建立，实施，维护和持续改进合规管理系统，包括所需的过程及其相互作用。遵从管理体系应反映组织的价值观，目标，战略和遵从风险，并考虑到组织的环境。

合规义务层面，组织应系统地识别其活动、产品和服务产生的合规义务，并评估其对运营的影响。具备如下流程：①确定新的和更改的合规义务，以确保持续合规；②评估已识别变更的影响，并在合规义务管理中实施任何必要的变更。保持其合规义务的书面信息。

合规风险评估层面，基于合规风险评估，识别，分析和评估其合规风险；通过将合规义务与其活动、产品、服务和运营的相关方面相关联来识别合规风险；组织应评估与外包和第三方流程相关的合规风险；定期评估合规风险，并在情况或组织环境发生重大变化时进行评估；保留有关合规风险评估及应对其合规风险的措施的书面信息，具体如图 2-41 所示。

（二）合规管理的中国标准

为保证我国各类组织的合规管理规则与国际同步，我国依据 ISO 37301：2021《合规管理体系要求及使用指南》国际标准对 GB/T 35770—2017《合规管理体系》国家标准进行了修订，并于 2022 年 10 月发布了 GB/T 35770—2022《合规管理体系 要求及使用指南》。GB/T 35770—2022《合规管理体系 要求及使用指南》等同采用 ISO 37301：2021《合规管理体系要求及使用指南》，技术内容与 ISO 37301 一致。同时，考虑到在我国的本土化和适用性，GB/T 35770—2022 增加了资料性附录，对合规义务、合规文化、数字化与合规管理及管理体系一体化融合做了补充、提示或进一步的细化与解释。

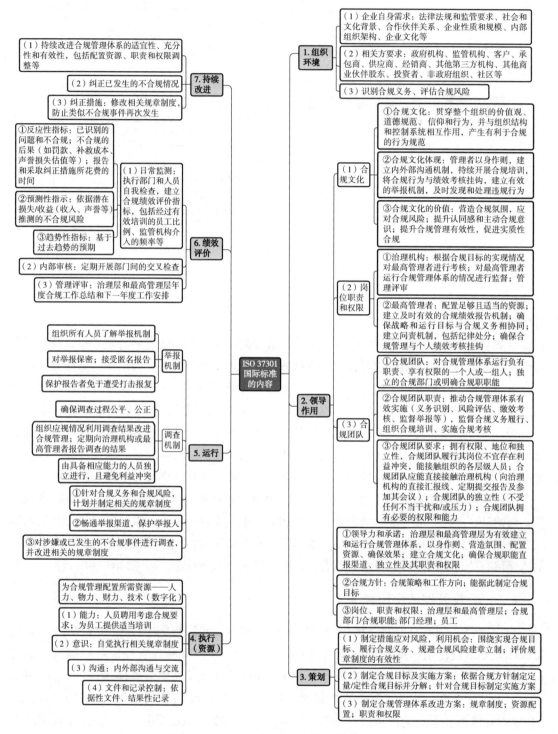

图 2-41 ISO 37301 国际标准的具体内容框架

组织环境层面，了解组织及其背景。组织应确定与其目的相关并影响其实现合规管理系统预期结果能力的外部和内部问题。为此，组织应考虑广泛的问题，包括但不限于：业务模型、包括战略、性质、规模和规模的复杂性及组织活动和运营的可持续性；与第三方的业务关系的性质和范围；法律和法规环境；经济状况；社会、文化和环境背景；内部结构、政策、流程、程序、资源、技术；自身的合规文化。

合规管理系统范围层面，合规管理系统的范围旨在阐明组织面临的主要合规风险及合规管理系统适用的地理或组织边界，或两者都适用，特别是在组织是大型实体的一部分的情况下。

合规管理系统层面，组织应根据本文件的要求建立、实施、维护和持续改进合规管理系统，包括所需的过程及其相互作用。遵从管理体系应反映组织的价值观、目标、战略和遵从风险，并考虑组织的环境。

合规义务层面，组织应系统地识别其活动、产品和服务产生的合规义务，并评估其对运营的影响。组织应具备如下流程：①确定新的和更改的合规义务，以确保持续合规；②评估已识别变更的影响，并在合规义务管理中实施任何必要的变更。组织应保持其合规义务的书面信息。

合规风险评估层面，组织应基于合规风险评估，识别、分析和评估其合规风险；组织应通过将合规义务与其活动、产品、服务和运营的相关方面相关联来识别合规风险；组织评估与外包和第三方流程相关的合规风险；定期评估合规风险，并应在情况或组织环境发生重大变化时进行评估；保留有关合规风险评估及应对其合规风险的措施的书面信息。

合规稽核及审计层面，以标准合规体系、上市公司合规、常规稽核功能、公司信息制度四环构成合规管理系统。合规稽核常规稽核工具包括：风险评估、漏洞扫描、差距分析、业务影响分析等；上市公司审计包括：上交所、深交所、港交所及各国际交易所审计；公司信息制度审计包括：流程审计、制度审查、信息专项审计等。

合规管理系统模块总体设计如图2-42所示。

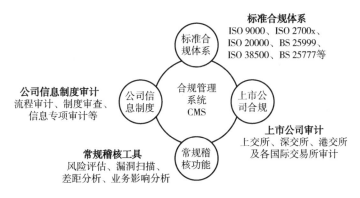

图2-42 合规管理系统模块总体设计
资料来源：合规管理规范并修订扩展及优化

第四节 内部控制

企业完善基于制衡思维的内部控制,精益化推动企业管理,是实现企业可持续性的降本增效、保障企业生存和在竞争中求发展的重要因素。内部控制一方面能够规范企业的经营管理活动,提高企业的经营效率;另一方面能够改善企业的管理效果,提高企业集约化管控效果,从而实现企业的可持续经营。因此,企业内部控制规范体系的建设与实施,对深化企业改革、提升企业抗风险能力和可持续发展能力意义重大。通过内部控制理论,结合内控监督评价全覆盖工作方案,企业形成内部控制的智能化科技赋能融合,可以实现内部控制的智能化转型。

一、概念界定与业务内涵

内部控制的逻辑就是系统的制衡思维,通过企业的建章立制,在制度引领之下编制修订企业内控流程。内部控制的四大核心理念体现在:①内部控制是企业经营的"稳定器";②风险管理是内部控制的核心;③内控的最高境界是"消灭文本制度",形成"闭环在线"管理,确保有效执行;④内控发挥作用的根本动力是"软控制"。因此,企业本身通过内部控制系统,形成一揽子政策制定、流程执行、流程监控、流程审计的协同。

(一)概念界定与内控架构

根据《企业内部控制基本规范》的定义,内部控制是由企业董事会、监事会、经理层和全体员工实施的,旨在为实现运营、报告和合规目标提供合理保证的过程。

就内部控制的基本原理而言,解决的是股东会、董事会、企业管理层三者之间关系的规范过程。首先,企业股东会和董事会之间,履行的是股东会对董事会的受托治理责任;其次,企业董事会和管理层之间,解决的是董事会对企业管理层的授权,行使的是受托管理责任。内部控制的目标是合理保证企业经营管理合法合规、资产安全、财务报告及相关信息真实完整,提高经营效率和效果,促进企业实现发展战略,确保企业治理层保持对企业的控制、最高管理层保持对企业经营管理活动的控制、个体成员的行为处于控制之下。内部控制的实现路径如图 2-43 所示。

内部控制的工作内容是目标设定风险评估、控制措施、内控报告、内控检查、内控评价。在这个过程中,体现了三个层次的协同和制衡:第一层次是股东会对董事会的受托治理,董事会对经理层的受托管理的协同,也就是企业的股东会、董事会、管理层;第二层次是企业的业务部门、后勤类部门和风险管理部门;第三层次是审计委员会和内部审计部门。

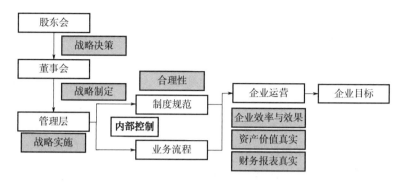

图 2-43 内部控制的实现路径
资料来源:《老板必知的十大风控合规工具》

按照美国反虚假财务报告委员会下属发起人委员会(COSO)1992 年发布的《内部控制—整合框架》,对内部控制概念的定义是由决策层、管理层和全体员工实施的、旨在实现控制目标的过程。控制措施是根据风险识别和分析结果,确保内部控制目标得以实现的方法和手段。

内部控制是为了实现企业内控目标而特别设计和执行的管理机制,企业通过内部流程的设计与优化体现企业的制度管理,通过内部流程的约束实现对全体员工的有效管理。基于此,内部控制一般具有如下特征:

1)全面性。内部控制控制范围涉及企业所组织的一切业务活动,它除了要对企业财务、采购生产、营运销售和人力资源等政策和制度设置的计划的执行情况进行风险识别和控制,还要通过多维度的分析与研究发现流程中的问题并提出整改意见和针对性的改善措施。

2)持续性。内部控制的运行实施不是阶段性和临时性的,需要对企业中各种管理职能和业务流程定期或不定期开展控制和检查。

3)关联性。企业的所有内部控制之间都是相互关联和相互影响的,控制行为之间往往会出现此消彼长的概念,目的是增强整体控制的有效性。

按照内部控制的运作要求,企业需要针对内控缺陷进行认定。

按缺陷所处的阶段划分,内部控制缺陷一般可分为设计缺陷和运行缺陷。其中,设计缺陷指缺少为实现控制目标所必需的控制,或现存控制设计不适当、即使正常运行也难以实现控制目标;运行缺陷指现存设计完好的控制没有按设计意图运行,或执行者没有获得必要授权或缺乏胜任能力以有效地实施控制。

按缺陷的性质严重度,内部控制的缺陷一般可以分为重大缺陷、重要缺陷、一般缺陷,具体如下:

1)重大缺陷。指一个或多个一般缺陷的组合,可能会严重影响内部整体控制的有效性,进而导致企业无法及时防范或发现严重偏离整体控制目标的情形。

2)重要缺陷。指一个或多个一般缺陷的组合,其严重程度低于重大缺陷,但会导致企业无法及时防范或发现偏离整体控制目标的严重程度依然重大,须引起企业管理层关注。

3)一般缺陷。指重大缺陷、重要缺陷之外的其他缺陷。企业内部控制执行之前,制度规范需要提前确定重大缺陷、重要缺陷和一般缺陷的具体认定标准。

内部控制理论是在COSO内部控制理论的基础上不断发展完善的。企业以COSO内部控制框架为基础,围绕五要素搭建内控体系,并融入企业管理过程。内部控制五要素包括:一是以治理结构、企业文化等为基础的控制环境;二是以风险识别、评估和应对为基础的风险评估;三是以各项业务控制措施为基础的控制活动;四是内外部信息沟通模式和机制形成的信息与沟通;五是以内部控制有效性为基础的监督活动。

COSO于2013年发布的《内部控制——整合框架》将内部控制定义为,一个由主体的董事会、管理层和其他员工实施的,旨在为实现运营、报告和合规目标提供合理保证的过程。内部控制五要素包括:控制环境、风险评估、控制活动、信息与沟通、监督活动。

财政部等五部委结合我国企业实际,出台了内部控制规范性指导文件,对内部控制进行了定义,指出内部控制强调的是治理层和管理层及全员共同参与实施,并指出内部控制无法为控制目标的实现提供绝对保证,只能提供合理保证。

内部控制的目标主要包括五个方面,这五个方面目标呈现进阶的特点:合法合规目标、资产安全目标、财务信息真实完整准确等三大目标是基础性目标;在上述三大目标的基础上,结合企业实际,考虑成本效益原则,制定合理的内部控制措施,实现经营效率效果目标;终极目标则是发展战略目标。同时,内部控制五要素仍沿用COSO框架理论并保持一致。而内部监督作为五要素之一,明确规定企业应当按照有关要求制定内部控制监督管理制度,明确内部监督机构及其职责,规范内部监督管理工作,明确缺陷认定标准,追根溯源,剖析缺陷的本质及产生原因,并以整改建议等方式向董监高报告。

内部控制规范体系的整体架构如图2-44所示。

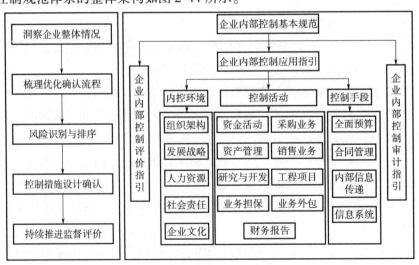

图2-44 内部控制规范体系的整体架构

资料来源:《老板必知的十大风控合规工具》

COSO 内部控制理论新适应性融合如图 2-45 所示。

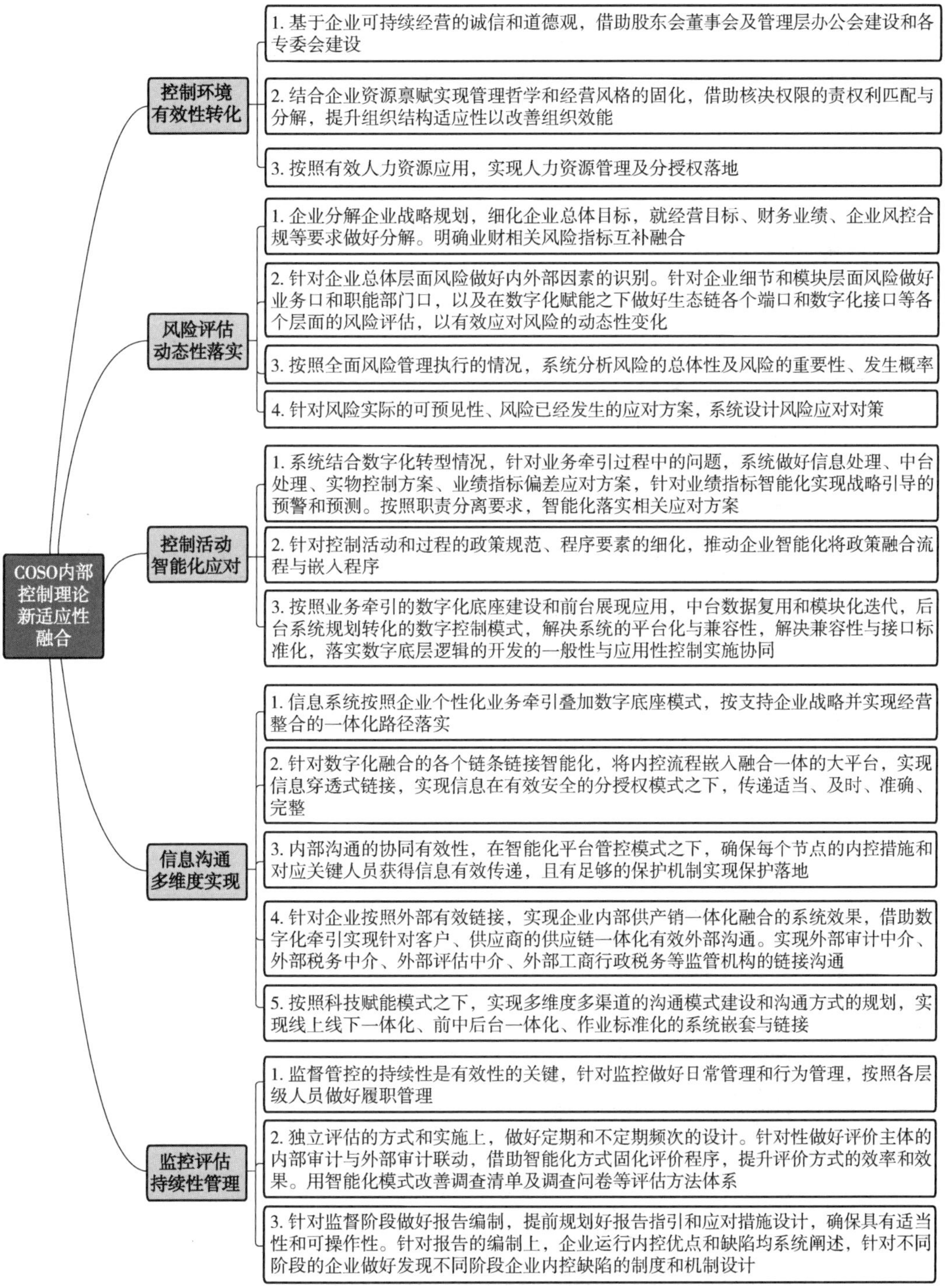

```
COSO内部控制理论新适应性融合
├── 控制环境有效性转化
│   ├── 1. 基于企业可持续经营的诚信和道德观，借助股东会董事会及管理层办公会建设和各专委会建设
│   ├── 2. 结合企业资源禀赋实现管理哲学和经营风格的固化，借助核决权限的责权利匹配与分解，提升组织结构适应性以改善组织效能
│   └── 3. 按照有效人力资源应用，实现人力资源管理及分授权落地
├── 风险评估动态性落实
│   ├── 1. 企业分解企业战略规划，细化企业总体目标，就经营目标、财务业绩、企业风控合规等要求做好分解。明确业财相关风险指标互补融合
│   ├── 2. 针对企业总体层面风险做好内外部因素的识别。针对企业细节和模块层面风险做好业务口和职能部门口，以及在数字化赋能之下做好生态链各个端口和数字化接口等各个层面的风险评估，以有效应对风险的动态性变化
│   ├── 3. 按照全面风险管理执行的情况，系统分析风险的总体性及风险的重要性、发生概率
│   └── 4. 针对风险实际的可预见性、风险已经发生的应对方案，系统设计风险应对对策
├── 控制活动智能化应对
│   ├── 1. 系统结合数字化转型情况，针对业务牵引过程中的问题，系统做好信息处理、中台处理、实物控制方案、业绩指标偏差应对方案，针对业绩指标智能化实现战略引导的预警和预测。按照职责分离要求，智能化落实相关应对方案
│   ├── 2. 针对控制活动和过程的政策规范、程序要素的细化，推动企业智能化将政策融合流程与嵌入程序
│   └── 3. 按照业务牵引的数字化底座建设和前台展现应用，中台数据复用和模块化迭代，后台系统规划转化的数字控制模式，解决系统的平台化与兼容性，解决兼容性与接口标准化，落实数字底层逻辑的开发的一般性与应用性控制实施协同
├── 信息沟通多维度实现
│   ├── 1. 信息系统按照企业个性化业务牵引叠加数字底座模式，按支持企业战略并实现经营整合的一体化路径落实
│   ├── 2. 针对数字化融合的各个链条链接智能化，将内控流程嵌入融合一体的大平台，实现信息穿透式链接，实现信息在有效安全的分授权模式之下，传递适当、及时、准确、完整
│   ├── 3. 内部沟通的协同有效性，在智能化平台管控模式之下，确保每个节点的内控措施和对应关键人员获得信息有效传递，且有足够的保护机制实现保护落地
│   ├── 4. 针对企业按照外部有效链接，实现企业内部供产销一体化融合的系统效果，借助数字化牵引实现针对客户、供应商的供应链一体化有效外部沟通。实现外部审计中介、外部税务中介、外部评估中介、外部工商行政税务等监管机构的链接沟通
│   └── 5. 按照科技赋能模式之下，实现多维度多渠道的沟通模式建设和沟通方式的规划，实现线上线下一体化、前中后台一体化、作业标准化的系统嵌套与链接
└── 监控评估持续性管理
    ├── 1. 监督管控的持续性是有效性的关键，针对监控做好日常管理和行为管理，按照各层级人员做好履职管理
    ├── 2. 独立评估的方式和实施上，做好定期和不定期频次的设计。针对性做好评价主体的内部审计与外部审计联动，借助智能化方式固化评价程序，提升评价方式的效率和效果。用智能化模式改善调查清单及调查问卷等评估方法体系
    └── 3. 针对监督阶段做好报告编制，提前规划好报告指引和应对措施设计，确保具有适当性和可操作性。针对报告的编制上，企业运行内控优点和缺陷均系统阐述，针对不同阶段的企业做好发现不同阶段企业内控缺陷的制度和机制设计
```

图 2-45 COSO 内部控制理论新适应性融合

（二）内部控制框架与建设

内控框架的搭建流程如图 2-46 所示。第一步，通过了解行业背景、商业模式、组织结构等方面了解企业全貌；第二步，将各个方面进行流程辨识优化；第三步，在每个流程上，通过风险量化识别解其风险；第四步，通过管控措施设计各个控制措施；第五步，通过持续监督评价每个控制措施，系统达成内部框架的搭建。

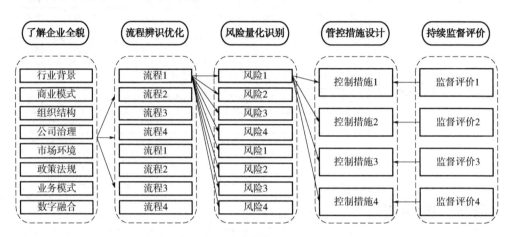

图 2-46 内控框架的搭建流程

标准的内部控制框架中包括控制环境、风险评估、控制活动、信息与沟通、内部监督 5 个要素。五位一体融合下内部控制框架如图 2-47 所示。

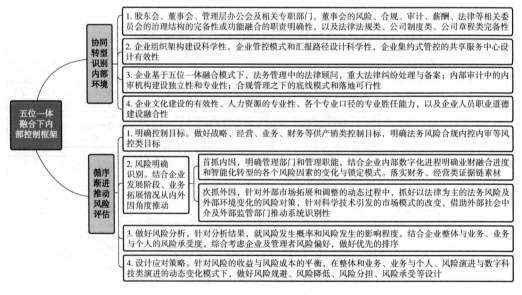

图 2-47 五位一体融合下内部控制框架

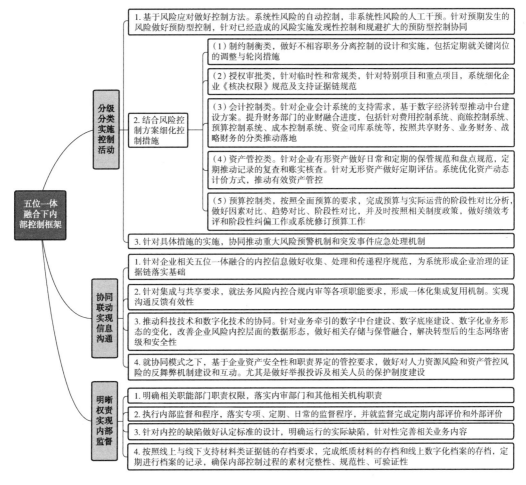

图 2-47　五位一体融合下内部控制框架（续）

（三）内部控制的原则与风险能力

如图 2-48 所示，内部控制原则包括如下几个方面：

1）全面性原则。内部控制应当贯穿决策、执行和监督全过程，覆盖企业及其所属单位的各种业务和事项，实现全过程、全员性控制，不存在内部控制空白点。

2）重要性原则。内部控制应当在兼顾全面的基础上，关注重要业务事项和高风险领域，并采取更为严格的控制措施，确保不存在重大缺陷。企业对"三重一大"事项实行集体决策和联签制度，就是重要性原则的体现。"三重一大"包括：重大事项的决策、重要干部的任免、重要项目的安排、大额资金的运作。

3）制衡性原则。内部控制应当在治理结构、机构设置及权责分配、业务流程等方面形成相互制约、相互监督的机制，同时兼顾运营效率。制衡性原则要求企业完成某项工作必须经过互不隶属的两个或两个以上的岗位和环节，同时要求履行内部控制监督职责的机构或人员具有良好的独立性。

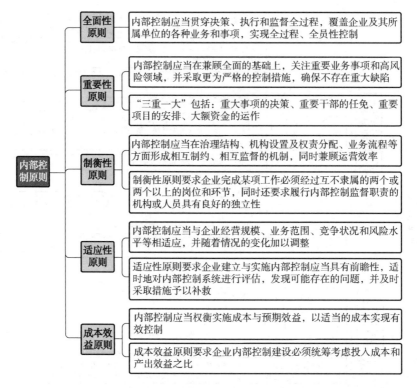

图 2-48 内部控制相关原则要求

4）适应性原则。内部控制应当与企业经营规模、业务范围、竞争状况和风险水平等相适应，并随着情况的变化加以调整。适应性原则要求企业建立与实施内部控制应当具有前瞻性，适时地对内部控制系统进行评估，发现可能存在的问题，并及时采取措施予以补救。

5）成本效益原则。内部控制应权衡实施成本与预期效益，以适当的成本实现有效控制。成本效益原则要求企业内部控制建设必须统筹考虑投入成本和产出效益之比。对成本效益原则的判断需要从企业整体利益出发，尽管某些控制会影响工作效率，但能够避免整个企业面临更大损失，此时仍应实施相应控制。

只针对企业个别或部分环节实施的"孤岛式"数字化解决方案，割裂企业价值链条，以单业务为导向会造成财务数据不透明、不可控，成本高居不下；以单财务管控为导向会造成业务僵硬，开源获客难度加大；以单供应链管控为导向会造成公司系统化数据不通，降低企业经营活力，无法满足企业客观发展需求。企业需要利用全链路集成式业财解决方案（图 2-49），打通企业内部数据要素流通路径，实现多部门、多环节的数据融合，以最大限度挖掘数据资产价值，构建企业体系级经营效率和核心竞争力。单一解决方案，只是让每个环节成为独立闭环，形成每个环节的"数字孤岛"。

在传统财务系统中，业务系统数据流向财务核算系统，管理系统再依据财务核算系统处理形成的财务数据进行预算、成本、绩效、风控等过程管理。一方面，财务数据的处理将消耗大量人力资源；另一方面，单一的财务数据不再适合竞争日益激烈的市场环境。

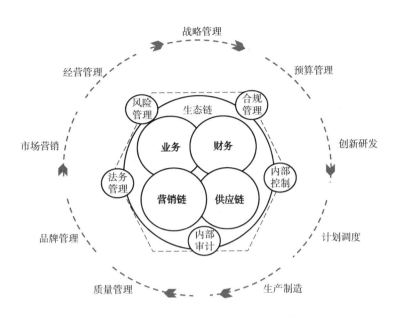

图 2-49 全链路集成式业财解决方案 "数字生态"

而在智能业财系统的赋能下,更进一步实现了业务系统数据和财务系统数据的融合,并在管理系统的加持下,搭建了完善的数据管理体系,为决策系统的数据分析工作提供了有力支撑。决策系统通过对数据进行分析,形成可视化报表,并制定战略目标和经营计划,搭建具体的经营指标体系,最终将结果反馈给管理系统,通过管理系统实现企业资源的合理配置,指导业务良性发展,实现企业生态闭环管理体系,让企业战略实施和落地更精准、更有效。

风控合规嵌入的业财融合从标准化到智能化全景图如图 2-50 所示。

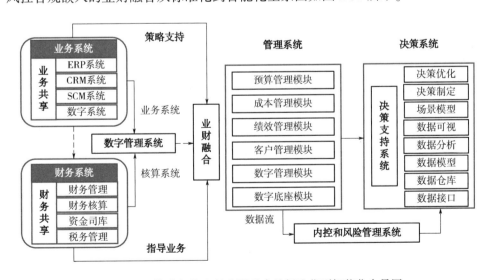

图 2-50 风控合规嵌入的业财融合从标准化到智能化全景图

二、内部控制建设与评价

(一) 内控制度建设与岗位建设

内部控制指根据股东和其他利益相关方的利益指导和控制企业的体系,是通过一套包括正式或非正式的、内部或外部的制度或机制协调公司与所有利益相关方之间的利益关系,以保证公司决策的科学性与公正性,从而最终维护各方面的利益。协同逻辑与路径如图 2-51 所示。

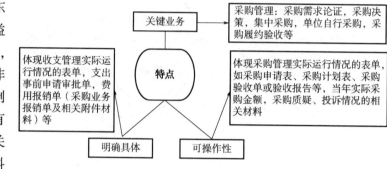

图 2-51 协同逻辑与路径

1. 内控制度建设运行情况

通过内部控制理论,结合内控监督评价全覆盖工作方案,企业形成内部控制的智能化科技赋能融合,可以实现内部控制的智能化转型。制度体系建立健全情况见表 2-11。

表 2-11 制度体系建立健全情况

评价维度	类别	一级指标
设计有效性	单位层面	内控建设实施的组织架构和工作机制
		风险评估机制
		重大事项决策机制
		分级授权
		分岗设权
		定期轮岗要求
	业务层面	内控制度规范性
		业务流程设计完整性
		事项分类管控
执行有效性	单位层面	单位内控体系组织架构的运行情况
		风险评估的运行情况
		单位重大事项决策及权力运行情况
		运行效果
	业务层面	制度流程法定效力
		制度流程运行情况
		运行效果
信息化建设	—	经济活动管理信息化建设情况
		经济活动管理信息化运行维护情况

内部控制是为了实现企业内控目标而特别设计和执行的管理机制，企业通过内部流程的设计与优化体现企业的制度管理，通过内部流程的约束实现对全体员工的有效管理。单位与业务层面的协同设计方案见表2-12。

表2-12 单位与业务层面的协同设计方案

类别	设计	运行
单位层面	内控建设实施的组织架构和工作机制	单位内控体系组织架构的运行情况
	风险评估机制	风险评估的运行情况
	重大事项决策机制	单位重大事项决策及权力运行情况
	分级授权	单位层面运行效果
	分岗设权	
	定期轮岗要求	
业务层面	内控制度规范性	制度流程法定效力
	业务流程设计完整性	制度流程运行情况
	事项分类管控	业务层面运行效果

2. 岗位职责分离的设计

在相关管理制度或管理办法中明确岗位职责分离要求，明确全部需要分离的岗位职责，具体包括：①预算编制与审核、预算审批与执行、预算执行与分析、决算编制与审核；②收款与会计核算、支出申请与审批、支出审批与付款、业务经办与会计核算；③采购需求提出与审核、采购方式确定与审核、采购执行与验收、采购验收与登记；④货币资金保管、稽核与账目登记、资产财务账与实物账、资产保管与清查；⑤项目立项申请与审核、概预算编制与审核、项目实施与价款支付、竣工决算与审计；⑥合同拟订与审核、合同文本订立与合同章管理、合同订立与登记台账、合同执行与监督。

企业还需要确认部门职能和岗位职责的一致性：决策机构、单位领导职责的一致性；部门职责的一致性；关键岗位（预算管理、会计、出纳、票据管理、会计档案管理、资产管理、采购管理、合同管理等）职责的一致性。分岗设权见表2-13。

表2-13 分岗设权

部门职责清单	是否明确了六项经济活动（预算、收支、采购、资产、建设项目、合同，如下相同）的决策、执行、监督部门职能职责	1. 梳理了部门职能职责，但未涵盖六项经济活动关键业务职责	部门职责清单，或体现六项经济活动的决策、执行、监督等部门职责的管理制度或管理办法等
		2. 部门职责中涵盖六项经济活动的决策、执行、监督部门的职责	
岗位职责清单	是否明确了六项经济活动相关岗位的岗位职责	1. 梳理了岗位职责说明书，但未涵盖六项经济活动职责；相关岗位职责包括业务执行部门经办职责、业务执行部门审核职责、归口管理部门经办（审核）职责、分管领导审核职责、单位负责人审批职责等	岗位职责清单，领导权力清单或有关领导分工的文件，或体现六项经济活动相关岗位职责权限的管理制度或管理办法等
		2. 岗位职责说明书体现了六项经济活动职责，包括预算管理、会计、出纳、票据管理、会计档案管理、资产管理、采购管理、合同管理等岗位	

(续)

岗位职责分离的设计	是否明确了六项经济活动关键岗位职责分离的要求	1. 明确了六项经济活动关键岗位职责分离要求 2. 需要分离的职责包括：预算编制与审核、预算审批与执行、预算执行与分析、决算编制与审核、收款与会计核算、支出申请与审批、支出审批与付款、业务经办与会计核算、采购需求提出与审核、采购方式确定与审核、采购执行与验收、采购验收与登记、货币资金保管、稽核与账目登记、资产财务账与实物账、资产保管与清查、对外投资立项申报与审核、项目立项申请与审核、概预算编制与审核、项目实施与价款支付、竣工决算与审计、合同拟订与审核、合同文本订立与合同章管理、合同订立与登记台账、合同执行与监督	体现六项经济活动关键岗位职责分离要求的管理制度或管理办法等
部门职能和岗位职责的一致性	针对六项经济活动梳理的关键岗位职责与部门职责是否一致	部门职责、岗位职责与业务流程说明一致	部门职责清单，或体现六项经济活动的决策、执行、监督等部门职责的管理制度或管理办法、岗位职责清单
			领导权力清单或有关领导分工的文件，或体现六项经济活动相关岗位职责权限的管理制度或管理办法、六项经济活动业务流程说明等

企业同时需要确认内控制度的规范性：是否建立覆盖六项经济活动全部业务环节的内控制度，所建立的内控制度是否明确了本业务领域的关键业务环节及各业务环节的具体控制要求。各项经济活动所包含的业务环节以业务环节为基础，重点关注如下六个业务环节：①预算管理：年度预算编制，预算分解下达，预算执行与分析，预算调剂，预算调整等；②收支管理：支出事前申请及审批，费用报销申请及审批，会计档案建立，会计档案保管与销毁，会计档案借阅等；③采购管理：采购需求论证，采购决策，集中采购，单位自行采购，采购履约验收等；④资产管理：资产购置申请及审批，资产领用，资产盘点、清查，资产处置、报损、报废等；⑤建设项目：建设项目立项决策，建设项目实施，建设项目采购，工程变更，建设项目竣工验收，建设项目竣工财务决算编审，建设项目资金支付流程等；⑥合同管理：合同订立与审批，合同履行与结算，合同档案建立及保管等。

（二）业务流程设计完整性和规范性

业务流程设计包括流程步骤、责任部门、责任岗位、流程步骤描述、流程控制要素及控制措施、输出文档等要素，见表2-14。

表 2-14 业务流程设计包括的要素

编号	流程步骤	责任部门	责任岗位	流程步骤描述	输出文档	流程控制要素及控制措施
1	接收预算编制工作通知	办公室	预算管理岗	办公室预算管理岗接到资管处编制部门预算的通知。并根据预算要求，部署年度预算编报工作		控制要素：财政局部门预算编制要求
						控制措施：正确把握预算编制有关政策，确保预算编制相关人员及时全面掌握相关规定
2	提出预算建议规划数	业务处室	经办岗	业务处室经办岗依据本年度工作计划对本部门支出需求进行合理测算，并提出预算建议规划数	年度部门预算建议规划数	控制要素：年度部门预算建议规划数
						控制措施：依据年度工作计划和本处室支出需求进行合理测算

根据 100 分的定量得分，公司被归为五个风险类别之一。这些风险类别是绝对的，意味着"高风险"评估反映了所涵盖的所有子行业中相当程度的未管理风险。内部控制评价指标解读如图 2-52 所示。

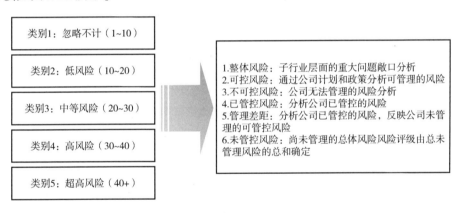

图 2-52 内部控制评价指标解读

（三）内控五要素协同与内控评价

1. 内部控制要素与作用

内部控制的五大要素分别是内部环境、风险评估、控制活动、信息与沟通、内部监督，它们在内控中发挥着不同的作用：

1）内部环境规定企业的纪律与架构，影响经营管理目标的制定，塑造企业文化氛围，并影响员工的控制意识，是企业建立与实施内部控制的基础。内部环境主要包括治理结构、机构设置及权责分配、内部审计机制、人力资源政策、企业文化等。

2）风险评估是企业及时识别、科学分析经营活动中与实现控制目标相关的风险，合理确定风险应对策略，实施内部控制的重要环节。风险评估主要包括目标设定、风险识别、风险分析和风险应对等环节。

3）控制活动指企业根据风险应对策略，采用相应的控制措施，将风险控制在可承受度之内，是实施内部控制的具体方式。控制措施一般采取不相容职务分离控制、授权审批控制、会计系统控制、财产保护控制、预算控制、运营分析控制、绩效考评控制等方式。企业应根据内部控制目标，结合风险应对策略，综合运用控制措施，对各种业务和事项实施有效控制。内控评价指标与内部控制报告的关系如图2-53所示。

此外，授权也是控制活动的重要组成部分，授权批准与业务经办包括业务经办与会计记录、会计记录与财产保管、业务经办与稽核检查。

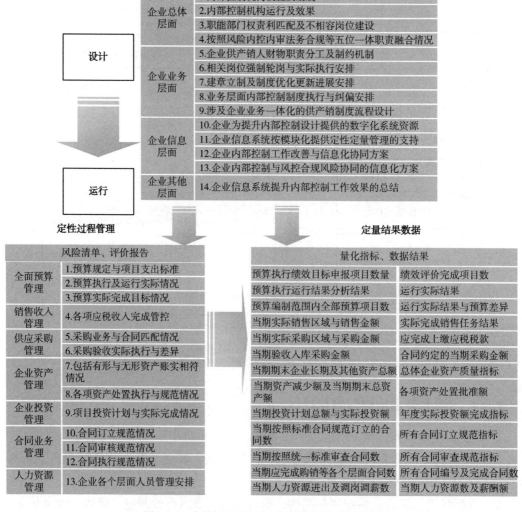

图2-53　内控评价指标与内部控制报告的关系

4）信息与沟通层面，企业应建立信息与沟通制度，明确内部控制相关信息的收集、处理和传递程序，确保信息及时沟通，促进内部控制有效运行。信息与沟通是实施内部控制的重要条件。

5）内部监督是企业对内部控制建立与实施情况进行监督检查，评价内部控制的有效性，对于发现的内部控制缺陷及时加以改进，是实施内部控制的重要保证。内部监督分为日常监督和专项监督。日常监督和专项监督情况应当形成书面报告，并在报告中揭示存在的内部控制缺陷。企业应在日常监督和专项监督的基础上，定期对内部控制的有效性进行自我评价，并出具自我评价报告。

指标评价体系协同与目标导向如图 2-54 所示。

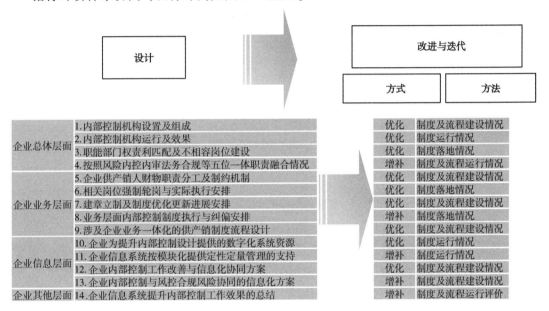

图 2-54　指标评价体系协同与目标导向

2. 日常监督和专项监督

日常监督的常见方式包括：①在日常生产经营活动中获得能够判断内部控制设计与运行情况的信息；②在与外部有关方面沟通过程中获得有关内部控制设计与运行情况的验证信息；③在与员工沟通过程中获得内部控制是否有效执行的证据；④通过账面记录与实物资产的检查比较对资产的安全性进行持续监督；⑤通过内部审计活动对内部控制有效性进行持续监督。

专项监督的范围和频率根据风险评估结果及日常监督的有效性等予以确定。专项监督应当与日常监督有机结合，日常监督是专项监督的基础，专项监督是日常监督的补充，如果发现某专项监督需要经常性地进行，有必要将其纳入日常监督。

图 2-55 是一种独立路径与相互验证程序之间的协同逻辑。对于内部控制组织，组织架构图及流程图可作为支持证据链的业务链材料；对于考核评价程序，考核评价表及结构可作为支持证据链的业务链材料；对于岗位职责轮岗，部门职责及岗位职责表及不相容岗位执行情况可作为支持证据链的业务链材料；对于重大决策程序，重大决策制度规范及执行材料可作为支持证据链的业务链材料；在项目执行程序方面，项目执行进度材料和确认

单材料可作为支持证据链的业务链材料；在业务制度流程方面，业务制度规范及流程图的实际执行情况可作为支持证据链的业务链材料；在制度执行结果方面，制度执行效果评价及制度优化进展情况可作为支持证据链的业务链材料；在数字信息系统方面，信息化及数字化转型实际情况及进展情况可作为支持证据链的业务链材料。最终结果通过自动评价和人工评价呈现。

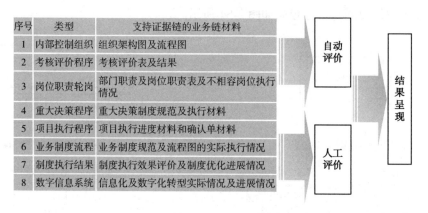

图 2-55　独立路径与相互验证程序协同逻辑

3. 控制测试

无论是内部审计还是外部审计，测试企业控制设计的有效性都是必需的。其含义是：如果控制正在按照设计运行、执行人员拥有有效执行控制所需的授权和专业胜任能力，则表明控制的运行是有效的。如果企业利用第三方的帮助完成一些财务报告工作，审计师在评价负责企业财务报告及相关控制的人员的专业胜任能力时，应当一并考虑第三方的专业胜任能力。如果控制由拥有有效执行控制所需的授权和专业胜任能力的人员按规定执行，能够实现控制目标，从而有效地防止或发现可能导致财务报表发生重大错报的错误或舞弊，则表明控制的设计是有效的。在测试控制设计的有效性时，应当综合运用询问适当人员、观察企业经营活动和检查相关文件等程序。

控制测试的性质，即测试控制运行有效性的程序：询问、观察、检查、重新执行。内部控制授权的原则包括：①RCDI 法则。可以协助决策者厘清管理责权边界，见表 2-15。②核决权限表的签字流程下的三定原则。除提交人，所有权限行使环节原则上按照核决权限规定的签批程序执行，常规应该按照简洁模式，尽量是执行层申请，决策层分层分级审核确定，超出限额的董事会股东会分层确定。

表 2-15　内部控制的权限属性和行使方式（RCDI 法则）

权限属性	行使方式
提（Responsibility）	提议、提案、推荐、跟进等
审（Counsult）	审查、核对、审议、会签等
决（Decision）	决定、批准、裁决、否决等
知（Informed）	备案、通报、查询、参会等

按照核决权限规定的定性、定量、定时间的三定原则,企业内控授权的各环节所用时间均须预先承诺并不得超过合理的时间,甚至在有必要时建立决策授权流程地图,建立重大事项决策标准。

采购活动需要持续做好内控检查,以规避不规范行为。采购项目执行需要做到持续的规范。类似供应商议价模式上,常规需要按照流程规范执行,不得采用非正规或其他"约谈"方式确定合同和价格,不符合企业采购制度要求的提前要做规范。企业采购采用询比价方式选择供应商,在采购过程中需系统识别采购单位是否出现异常情况,包括人员关联和关联方的串标行为。系统规避经营风险。单一来源采购中,规避企业出现供应商一次中标,连续锁定的锁定现象。按照业务流程,企业一般会规定单一来源采购是必须保证与原有采购项目一致性或者服务配套要求需要继续从原供应商处添购的类型,而非竞争性业务的单次供应商中选后,单次中标的被需求单位被持续列为后续采购项目的单一来源供应商问题。此类业务风险需要规范内控审查工作,重点关注采购活动中的风险。

内部控制审批事项的流程与内部控制授权的原则如图 2-56 所示,五位一体融合模式内部控制评价指引如图 2-57 所示。

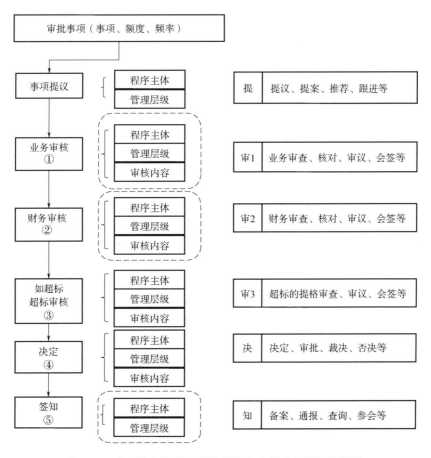

图 2-56　内部控制审批事项的流程与内部控制授权的原则

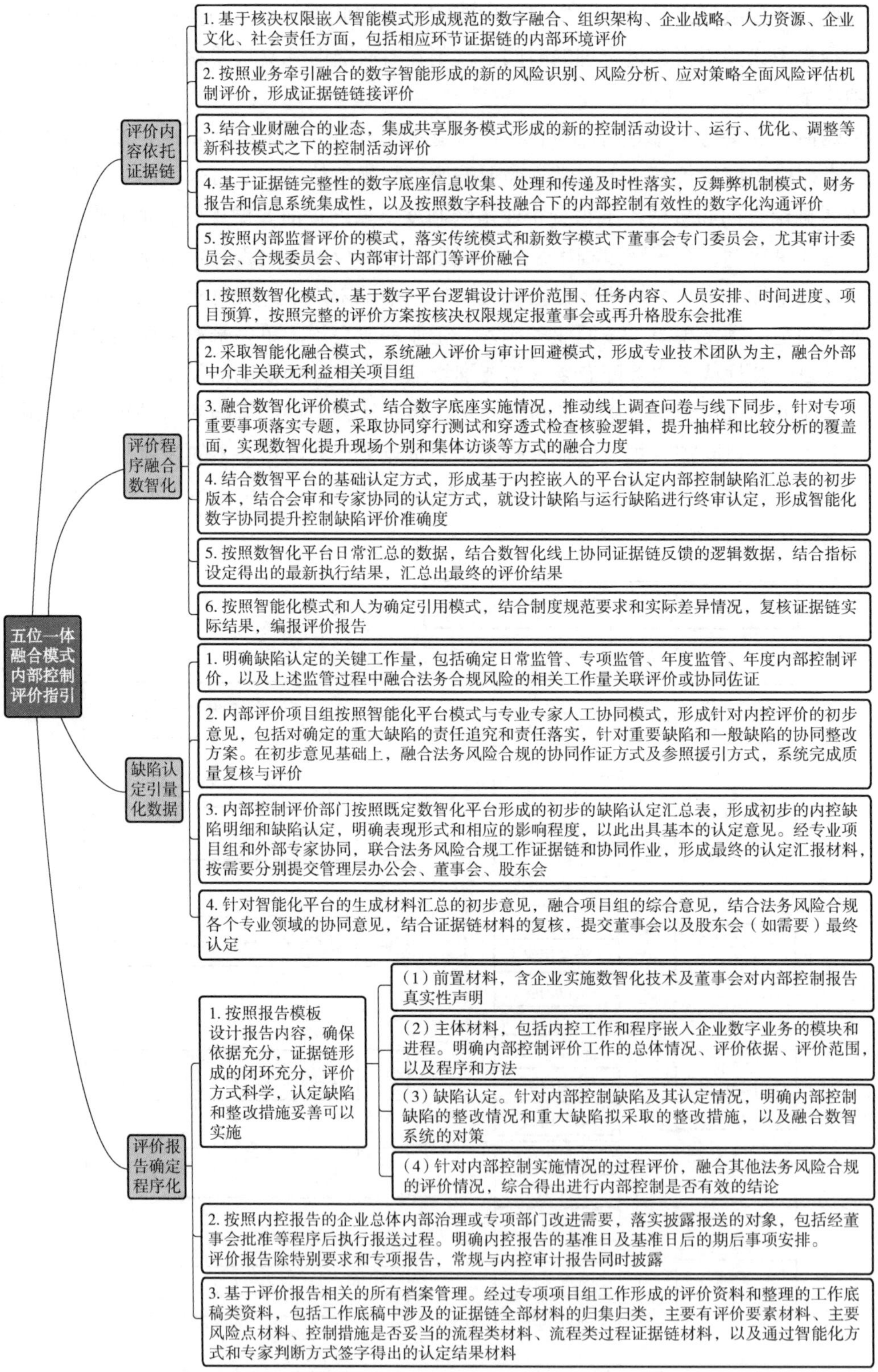

五位一体融合模式内部控制评价指引

评价内容依托证据链
1. 基于核决权限嵌入智能模式形成规范的数字融合、组织架构、企业战略、人力资源、企业文化、社会责任方面,包括相应环节证据链的内部环境评价
2. 按照业务牵引融合的数字智能形成的新的风险识别、风险分析、应对策略全面风险评估机制评价,形成证据链链接评价
3. 结合业财融合的业态,集成共享服务模式形成的新的控制活动设计、运行、优化、调整等新科技模式之下的控制活动评价
4. 基于证据链完整性的数字底座信息收集、处理和传递及时性落实,反舞弊机制模式,财务报告和信息系统集成性,以及按照数字科技融合下的内部控制有效性的数字化沟通评价
5. 按照内部监督评价的模式,落实传统模式和新数字模式下董事会专门委员会,尤其审计委员会、合规委员会、内部审计部门等评价融合

评价程序融合数智化
1. 按照数智化模式,基于数字平台逻辑设计评价范围、任务内容、人员安排、时间进度、项目预算,按照完整的评价方案按核决权限规定报董事会或再升格股东会批准
2. 采取智能化融合模式,系统融入评价与审计回避模式,形成专业技术团队为主,融合外部中介非关联无利益相关项目组
3. 融合数智化评价模式,结合数字底座实施情况,推动线上调查问卷与线下同步,针对专项重要事项落实专题,采取协同穿行测试和穿透式检查核验逻辑,提升抽样和比较分析的覆盖面,实现数智化提升现场个别和集体访谈等方式的融合力度
4. 结合数智平台的基础认定方式,形成基于内控嵌入的平台认定内部控制缺陷汇总表的初步版本,结合会审和专家协同的认定方式,就设计缺陷与运行缺陷进行终审认定,形成智能化数字协同提升控制缺陷评价准确度
5. 按照数智化平台日常汇总的数据,结合数智化线上协同证据链反馈的逻辑数据,结合指标设定得出的最新执行结果,汇总出最终的评价结果
6. 按照智能化模式和人为确定引用模式,结合制度规范要求和实际差异情况,复核证据链实际结果,编报评价报告

缺陷认定引量化数据
1. 明确缺陷认定的关键工作量,包括确定日常监管、专项监管、年度监管、年度内部控制评价,以及上述监管过程中融合法务合规风险的相关工作量关联评价或协同佐证
2. 内部评价项目组按照智能化平台模式与专业专家人工协同模式,形成针对内控评价的初步意见,包括对确定的重大缺陷的责任追究和责任落实,针对重要缺陷和一般缺陷的协同整改方案。在初步意见基础上,融合法务风险合规的协同作证方式及参照援引方式,系统完成质量复核与评价
3. 内部控制评价部门按照既定数智化平台形成的初步的缺陷认定汇总表,形成初步的内控缺陷明细和缺陷认定,明确表现形式和相应的影响程度,以此出具基本的认定意见。经专业项目组和外部专家协同,联合法务风险合规工作证据链和协同作业,形成最终的认定汇报材料,按需要分别提交管理层办公会、董事会、股东会
4. 针对智能化平台的生成材料汇总的初步意见,融合项目组的综合意见,结合法务风险合规各个专业领域的协同意见,结合证据链材料的复核,提交董事会以及股东会(如需要)最终认定

评价报告确定程序化
1. 按照报告模板设计报告内容,确保依据充分,证据链形成的闭环充分,评价方式科学,认定缺陷和整改措施妥善可以实施
   - (1)前置材料,含企业实施数智化技术及董事会对内部控制报告真实性声明
   - (2)主体材料,包括内控工作和程序嵌入企业数字业务的模块和进程。明确内部控制评价工作的总体情况、评价依据、评价范围、以及程序和方法
   - (3)缺陷认定。针对内部控制缺陷及其认定情况,明确内部控制缺陷的整改情况和重大缺陷拟采取的整改措施,以及融合数智系统的对策
   - (4)针对内部控制实施情况的过程评价,融合其他法务风险合规的评价情况,综合得出进行内部控制是否有效的结论
2. 按照内控报告的企业总体内部治理或专项部门改进需要,落实披露报送的对象,包括经董事会批准等程序后执行报送过程。明确内控报告的基准日及基准日后的期后事项安排。评价报告除特别要求和专项报告,常规与内控审计报告同时披露
3. 基于评价报告相关的所有档案管理。经过专项项目组工作形成的评价资料和整理的工作底稿类资料,包括工作底稿中涉及的证据链全部材料的归集归类,主要有评价要素、主要风险点材料、控制措施是否妥当的流程类材料、流程类过程证据链材料,以及通过智能化方式和专家判断方式签字得出的认定结果材料

图 2-57 五位一体融合模式内部控制评价指引

第五节　内部审计

内部审计是企业治理机制中的最后一道防线。在风控合规层面，内部审计的建立健全有助于企业公司治理的完善。企业按照市场要求实施的商业模式推动的供产销业务场景，实现对企业全生命周期的系统管控。因此，按照合规的系统要求、内部审计的确认与评价、咨询与服务功能，可以助力企业从内部充分了解、掌握市场拓展和供产销全过程的效率与效果，针对风控实施和应对的有效性，系统做出有效的评价，并以此推动企业改进和完善，最大限度降低经营风险。

从确认与咨询角度，内部审计不仅能够锁定风险，跟踪缺陷整改，还能够按照科学方式推动企业实现价值创造，最终提高企业经济效益，提升企业自身的综合竞争力。同时，随着数字技术的不断普及和深化应用，内部审计的确认与咨询功能不断实现信息化和数字化的智能融合，系统满足企业战略业务发展与管理提升的要求。

一、概念界定与业务内涵

（一）内部审计概念与职能

1. 内部审计概念

按照《中华人民共和国审计法实施条例》对审计的定义，审计是审计机关依法独立检查被审计单位的会计凭证、会计账簿、会计报表，以及其他与财政收支、财务收支有关的资料和资产，监督财政收支、财务收支真实、合法和效益的行为。审的功能体现在审查、检查、监督、确认的行为，计的功能体现在记录、计算、记账、计量的结果。

按照审计主体的不同，审计可以分为国家审计，中介审计、内部审计三种。其中，内部审计是受聘于组织，为组织内部提供审计服务的人士组成。本书从企业的大合规系统角度，更多集中于企业的内部审计，适度涉及评价与确认的中介审计范畴。

内部审计通过系统化和规范化的方法，评价和改进风险管理、控制和治理程序的效果，帮助组织实现其目标。

从风控合规角度，内部审计通过相对独立的确认与咨询功能，实现对内部控制、风险管理与公司协同治理的评价，跟踪风险整改，确保组织正常运营，并按照公司战略目标推动实施。

内部审计的发展轨迹如图 2-58 所示。

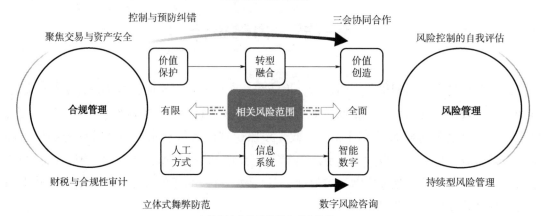

图 2-58　内部审计的发展轨迹

2. 内部审计职责职能

为达成确认与咨询功能，内部审计需要针对企业内部财务收支、经济活动、内部控制和风险管理实施独立、客观的监督并做出评价和建议，促进企业完善治理、实现目标。

审计管理包括四项二级职能：监督整改服务、咨询鉴证服务、确认评价服务、中介管理服务。其中，审计管理的监督整改服务审计审计管控企业的全系统，还包括企业实际控制人控制的所有生态类企业，主要包括年度内部审计计划、审计报告、审计问题整改和内部审计工作报告四项业务事项；咨询鉴证服务包括针对企业内部业务做好相关解决方案的咨询，推动鉴证审计及专业检查服务，具体包括所属企业委托专项社会鉴证业务管理及审计结果备案和所属企业委托专项社会鉴证审计相关工作的检查两项业务事项；确认评价服务包括企业委托针对业务或职能部门项目做好确认与评价，以及数据资产与交易确权确认和其他事项确认评价等相关内容；中介管理服务包括建立完善审计中介机构库和对中介机构进行管理和调整等事项。具体见表 2-16。

表 2-16　内部审计管理职能

职能	业务事项	关键环节
监督整改服务	年度审计计划	年度内部审计计划制订
	审计报告	内部审计报告编制
	审计问题整改	审计问题整改
	内部审计工作报告	内部审计工作报告
咨询鉴证服务	企业委托专项社会鉴证业务管理及结果备案	委托专项社会鉴证业务管理及审计结果备案
	所属企业委托专项社会鉴证审计相关工作的检查	委托专项社会鉴证审计相关工作的检查

(续)

职能	业务事项	关键环节
确认评价服务	企业委托针对业务或职能部门项目做确认与评价	确认的专项报告
	数据资产与交易确权确认及其他事项确认评价	数字化资产确认报告等
中介管理服务	建立完善审计中介机构库	建立审计中介机构库
	监督评价审计中介机构	监督评价中介机构

注：根据《老板必知的十大风控合规工具》相关资料优化修订重编。

（二）内部审计基本流程

按照内部审计的定义，内部审计审计的项目包括三项：业务活动、内部控制、风险管理。

在围绕企业中心工作履行经济监督职责，统筹谋划推进审计全覆盖，突出重点提升监督精准度，大力推进审计问题整改落实，加强各类监督贯通协同，促进企业健全治理、完善内控，为企业高质量发展提供有力有效的审计监督保障的指导思想之下，内部审计一般采取如下基本原则推动实施：

1）坚持董事会对审计工作的集中统一领导，进一步健全完善相关制度机制，深入推进内部审计管理体制改革，使审计工作的领导不断细化实化制度化，落实到审计工作的全过程、各方面。

2）坚持依法依规，实事求是。全面履行法律法规和赋予审计的工作职责，依法依规开展内部审计监督。

3）坚持揭示问题、防范风险。运用系统方法，强化底线思维，按照"经责审计常态轮动、管理审计精准聚焦、工程审计专题跟踪、鉴证审计日常督导"的策略，统筹谋划内部审计工作，大力推进研究型审计，提升审计质量。

关于风险方面，企业应该格外注意基于业务活动、内部控制和风险管理组成的风险诱因，如外部经济科技变化、多元多维业务增长、业务生态复杂程度、业务集成更新迭代、内审结果整改遗留等，具体如图2-59所示。

1. 审计功能定位

企业谋划高质量发展战略推动企业审计补短板实现转型包括如下三大方面：

1）履行经济监督职责面临新任务。审计工作在构建审计监督体系、更好发挥审计监督作用上聚焦发力，在履行经济监督职责上主动作为，促进企业监督体系权威、高效运行。

2）高质量发展对审计提出新要求。审计工作必须适应企业快速发展需要，保证审计覆盖面，提高监督精准度，围绕预警重大问题、化解重大矛盾、防范重大风险下功夫，狠抓审计问题整改落实，不断推动企业健全治理、完善内控，有效发挥"经济体检"功能，为企业高质量发展提供强有力的监督保障。

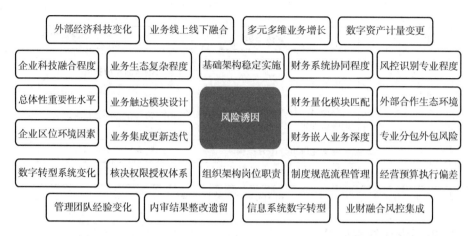

图 2-59 基于业务活动、内部控制和风险管理组成的风险诱因

3）审计工作需要弥补短板弱项。内部审计工作的广度、深度与高质量发展的要求需要推动与环境变化之下的适应性。审计服务工作的职能作用发挥需要系统释放，审计部门的体制机制、能力素质等与新阶段的工作要求需要同步匹配协同，专项审计的及时性及多种审计协同的方式方法需要提升，信息科技、大数据技术等在审计工作中的探索，要求超越基本要求向提升其影响力的技能转变。

内部审计的咨询服务分为三个层面。①加强并监督环境及合规。内部审计职能关注并评估其章程中规定的领域的控制设计及执行有效性，还关注针对关键规章制度的合规性。②业务洞察。除了基本要求，还需要提出高质量的、与业务相关的洞察观点作为内审程序的主要部分。业务洞察不是副产品，而是直接成果。③战略及价值咨询。内部审计职能作为专业领域的专家在战略措施、挑战及组织变革领域为业务部门提供支持，这些咨询服务的落实需要内部审计机构配置具有相应知识和经验的人员，并按照协同模式提供服务。

从合规确认到与战略咨询功能融合的内部审计职能如图 2-60 所示。

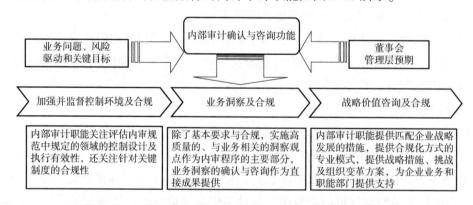

图 2-60 从合规确认到与战略咨询功能融合的内部审计职能

2. 审计业务流程

按照审计项目的内容，内部审计需要完善审计的业务流程，从准备阶段到测试阶段，

再到报告阶段,最后到内部审计的整改阶段。这四个内部审计阶段构成了内部审计的全部业务流程。企业需要借助内部审计系统的审计工作,确认企业面临的公司治理层面的各项风险及形成风险的结果。通过内部审计的工作实施,确认风险类型和量级。通过内部审计的交流和督办整改,形成针对风险整改应该采取的有效应对措施。内部审计的基本工作流程如图 2-61 所示。

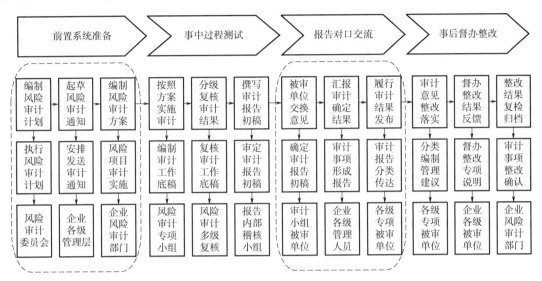

图 2-61　内部审计的基本工作流程

二、工作规划与保障措施

在企业风控合规系统中,内部审计体现确认与评价、咨询与服务功能。内部审计的审计端口前移逻辑和形成日常专项审计与年度审计协同模式之下,需要系统重塑审计管理体制,包括企业审计中心的组织架构建设,落实审计工作全面集中管理,实现企业内外部审计协同和审计覆盖面。协同实现审计与监督贯通协同机制,并系统跟踪审计问题整改落实,系统推动企业内部经济责任审计等专项审计同步修订完善企业制度,落实企业审计发现的问题线索,推动企业历史问题不断在新的动态过程中持续解决,为企业的持续健康发展系统落实出口。

内部审计的基本分类上,在确认与咨询两大功能之外,细分出来的还包括审计与稽查功能。基于确认与咨询两大功能的实施落实,具体包括如下几类:

1)传统内部审计功能类。主要包括内部经济责任审计、企业专项审计、企业建设项目跟踪审计、结决算审计等类型。

2)确认评价功能类。包括数据确权和生态评价两种类型,针对企业的各项业务拓展和实施模式、职能部门效率效能和执行情况、科技融合与新的生产力落实模式,实施相对独立的结果确认、绩效确认、效果确认等工作。

3)咨询服务功能类。包括企业的鉴证服务、咨询专项、其他服务专项等。针对企业风险合规的管控实施上,通过内部审计做系统的咨询与服务,提升企业战略规划、合规规划等相关内容。企业鉴证审计及其他监督工作则主要包括为了并购、重组、清算等目的而委托中介机构开展的鉴证审计项目,以及审计部门与其他监督部门协同开展的巡视巡查、纪委调查、专题检查等监督工作。

内部审计的合规场景业务分类如图2-62所示。

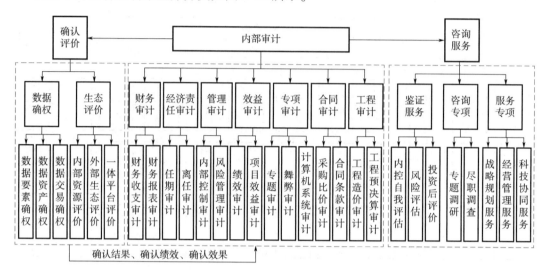

图2-62 内部审计的合规场景业务分类

(一) 业务类型实施方案

1. 经济责任审计

以确认绩效、确认履职效率与效果层面,针对管理层做好管理监督,促进相关人员履职尽责、担当作为,系统开展企业负责人经济责任审计工作。从合规角度,企业内部审计的规范经济责任审计需要突出重点,包括全面立体精准检视管理层等部门领导的经济责任履行情况,充分发挥审计的经济监督职能,系统揭示企业资金、财务、经营管理等方面的重大问题和风险隐患和滥用职权谋取私利等问题。

具体包括五个方面:①落实重大决策部署的贯彻落实情况,包括深化改革、防范化解重大风险等情况。②落实谋划推动高质量发展情况,包括制定和实施重大发展规划、推进规划落地实施等情况,以此评价履职尽责的担当和能力。③落实重大经济决策及企业管理情况,包括重大决策及实施、法人治理结构的建立健全和运行、内部控制制度的制定和执行、对所属企业的管控等情况。以此评价履职用权的合规意识和决策管理能力。④明确企业资金资产管理和经济风险防控情况,包括企业财务的真实合法效益及风险管控、资产投资运营和管理等情况。以此评价统筹发展和安全的驾驭能力。⑤落实廉政建设责任和遵守廉洁从业规定情况,以及以往审计发现问题的整改等。以此评价守底线的规矩意识。

建立企业负责人离任经济事项交接制度。把离任经济事项交接制度作为企业负责人监督管理的重要一环，明确交接的对象、内容、程序和工作要求，进一步发挥内审机构职能作用，增强经济责任意识和自律意识。

2. 管理专项审计

围绕企业可持续发展及确认与评价类工作开展，企业安排管理专项审计上，需要结合企业实际情况确定目标、任务、范围，除了监督职责的精准，更重要的是体现专项审计的确认和评价功能。

同时，专项审计的评价工作形成重点领域的落实。企业通过聚焦营销拓展、创新建设、供应实施、公司治理、绩效评价、投资效益等情况的确认，推动专项审计实施评价工作，形成企业治理关键风险合规点的确认。针对招标采购环节，企业可以就招标采购的重点节点针对性开展合规专项审计。针对企业资金资产管理环节，企业可以就资金资产管理的重点节点进行定期和不定期的专项审计。针对落实战略情况、法人治理健全情况、内部控制建设及运营情况等各方面重点领域，企业还可以就专项审计实施多维度、多角度的系列专项审计。因此，企业可以借助专项审计的协同性，助力企业提升公司治理能力。

开展建设项目及合同的专项审计案例

辽宁大连市P区的企业J是投资型工业制造和建设施工一体化的国有企业，历经接近15年的发展，资产规模达到10亿元，资产负债率60%，营收超过35亿元，形成了以总部投资建设和产品制造，辐射4个省会城市，并通过研发、销售类子公司的格局。针对投资建设项目较多的情况，企业J针对审计确认和评价定位，对企业实施建设项目及合同管理的专项审计。

企业J坚持重大建设项目审计监督全覆盖，对投资额5000万元以上建设项目全部开展过程跟踪审计，严格执行中介机构的选聘、评价制度，强化审计全过程的监督管理。督促中介机构围绕建设项目的立项决策、项目审批、预算执行、招标采购、合同付款、洽商变更、工程结算等重点环节履职尽责。细化跟踪审计频率、重点、方式、底稿及问题报告等工作标准，全过程动态跟踪掌握项目建设进展。审计部门安排专人，及时预警、解决可能出现的风险事项。为明确建设项目的审计效果，适度拓展工程跟踪审计监督范围，并就建设项目类和相关类的合同同步开展专项审计，为确保项目建设合规开展、企业J通过审计过程、实现预期投资目标提供监督保障。

企业J对其他工程项目、检修技改项目加强审计监督，对项目结算、决算情况每年度安排一定比例的结算、决算审计或抽查检查，对审计发现的问题深究细查，维护企业权益，严格落实责任，针对项目主体加强工程合规及效益管理，系统提高了工程管理水平。

企业J以专项审计为契机，深入研究、识别企业建设项目中存在的潜在风险，督促相关企业、相关部门依法依规开展建设项目，对潜在风险做到早预警、早发现、早应对，还实现了合同管理的提示预警，以及企业合同管理的专项提升和规范运作。

3. 咨询与服务协同

第一，内部审计的大合规系统内，通过企业强化审计发现问题的整改，做好审计的跟踪服务与改进工作。

1）在治理层面，通过企业审计结束后的跟踪服务工作，可以系统提高企业的制度化、规范化、信息化水平，提升企业改善工作和改进工作质量的效率。

2）在制度层面，推动审计成果转化的落实机制。推进被审计对象履行整改主体责任，督促被审计对象全面整改审计查出的问题，落实审计提出的意见建议。推进主管部门履行监督管理责任，督促主管部门指导本领域整改工作，完善制度机制。强化审计部门督促检查责任，对审计整改情况持续开展跟踪督促检查，推动系统性整改，结合咨询的服务功能，实现企业针对性改善薄弱环节，从人员和制度层面，落实改进长效机制，提升审计的落地软环境。

3）在跟踪检查层面，针对审计的咨询与服务能力的落实同时，还需要提升审计的严肃性。聚焦整改重点事项，严格落实对账销号制度，不断完善审计发现问题提示提醒机制，促进未病先防、未审先改。科学合理提出整改要求，结合咨询服务意见，系统提出明确、具体、可操作、标准统一的整改要求。对管理类问题，提出堵塞管理漏洞、完善制度的意见建议，督促相关部门加强研究，针对企业本身战略管理和制度规范类漏洞问题，提出内控制度规范优化的意见建议，从而系统完善整改跟踪检查机制。

4）在报告层面，企业对审计查出的问题采取改进优化的提示建议，针对重大典型问题，在坚决查处并形成震慑的同时，提供专项咨询和落地的相关标准实施方案。

第二，企业综合运用审计确认的审计信息和审计结论类成果，推动企业基于审计成果的咨询服务、改进服务的协同贯通。

企业内部审计除了将审计结果中的经济责任审计报告提交相应董事会、管理层和纪检监察部门，还可以就相关的审计结果进行分类分级。将审计发现的违规违纪线索及时移交纪委，进一步开展相关核查工作。及时将审计发现的典型问题，督促相关部门深入研究健全相关领域的管理对策和模式，化解系统性风险。通过加强审计监督与纪检监察监督的贯通协同，通过加强审计结论在企业改进风险合规落地和商业模式优化的贯通协同，实现内部审计的权威性确认与服务性咨询的协同。实现内部审计的合规融合功能，一手强化审计发现问题的通报、曝光的警示教育作用，一手改进企业业务模式与运营机制的价值赋能作用。

（二）业务人才保障方案

内部审计是企业治理机制的最后一道防线。健全的内部审计体制中，人的因素是关键一环。企业顺应市场要求，培育审计专业人才，确保内部审计锁定风险，有效提供确认与咨询服务，实现价值创造，最终提高企业经济效益，提升企业自身的综合竞争力。具体人才保障建设如下：

1. 人才思想意识建设层面

加强审计队伍建设层面,常规的推动措施如下:

1) 加强政治思想学习。加强党的理论学习,引导审计人员牢固树立对党忠诚的政治立场,践行扎实苦干的敬业精神,坚持客观公正的审计专业操守。

2) 加强专业能力建设。改进工作作风,以审计精神立身,以创新规范立业,以自身建设立信。推动建立完善审计人员交流、轮岗、晋升、成才的制度机制,广泛吸引年纪轻、素质高的新生力量加入审计队伍,优化人员结构,重点吸引具备法律、工程、财务、信息技术等跨领域综合能力的人员。加强教育培训,鼓励审计人员在实践中锻炼成长,增强能查能说能写的专业能力。

3) 强化审计纪律。严格执行审计工作纪律,加强制度教育和督导,严格执行审计公示、纪律反馈等工作制度,教育审计人员严格自律,强化监督检查,努力建设一支高素质专业化审计队伍。作为一个高素质的审计人员需要在职业特质上做到独立、客观、诚信、激情、好奇、坚定、主动、敏感、审慎;具有智力技能,操作技能的职业技能;具有职业判断能力、分析能力、逻辑推理能力、应变能力、压力管理能力、战略思考能力、系统思考能力、问题识别及解决能力、组织领导能力等智力技能;同时沟通能力、团队合作能力、组织协调能力、时间管理能力、冲突管理能力、持续职业发展能力等操作技能也是不可或缺的。

2. 人才应用知识建设层面

应用知识主要包括舞弊识别与分析、财务审计、内部控制自我评价、风险管理审计、经济责任审计、管理审计、信息系统安全审计、内部审计项目管理、内部审计人际关系与冲突。环境知识主要包括中国内部审计准则、内部审计质量评估标准、国际内部审计实务标准、审计法实施条例、相关经济政策、所属行业的特殊业务知识、内部审计相关法律法规的最新变化等。

内部审计作为咨询与评价的价值赋能功能,在转型推动上,内部审计人员不仅需要培养领导力、真诚可信的品质,还需要善于接受变化,具有决心和终身学习的能力。作为企业成果确认和风险确定者,审计人员需要具备批判性思维,善于创新,拥有规划和基于项目的风险确认和任务完成的管理能力。同时,需要具有基于企业可持续发展的商业敏锐度下的风控措施的咨询服务能力。

内部审计定位的变化如图 2-63 所示。

大数据的金字塔模型是大数据最基础的模型,以此来模拟人类思维。此模型可以延伸出数据技术、数据抽取、数据清理、数据加工、数据可视化等一系列模型用于决策,还可延伸出数据治理模型用于数据加工。"规则 + 管理 + 技术 + 工具 + 商业 + 数字 + 战略"的综合型人才需求。

综合型人才应能够帮助组织执行正确的业务决策,创造可持续价值;帮助组织建立并实施流程,保护可持续价值;帮助组织以有意义、透明、综合的方式,对外报告价值。"规则 + 管理 + 技术 + 工具 + 商业 + 数字 + 战略"的综合性人才需求如图 2-64 所示。

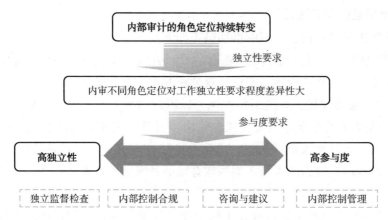

图 2-63　内部审计定位的变化

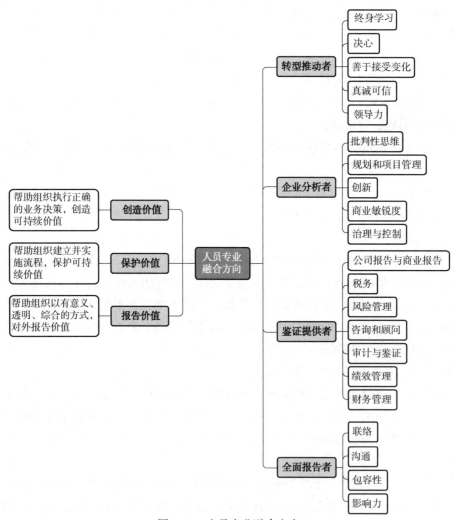

图 2-64　人员专业融合方向

第六节　本章小结

本章介绍了公司治理涉及的大合规体系中，风险管理、法务管理、内部控制、合规管理、内部审计的专业化的相关内容。一方面，厘定了概念和边界；另一方面，就上述大合规体系的风险合规职能做了专业化功能和发展专业化进阶的解读。由于企业的风控合规功能是企业需要打造的核心软实力的管理能力，也是当今企业在这场竞争中重中之重的关注点。

企业形成针对风险、合规、内控、法务及内审的专业化建设，形成风控合规条线的专业化输出，在不同的治理领域为发展提供专业化落地支持。通过风险、合规、内控、法务及内审的边界厘定、专业功能实现，系统明确了上述 4+1 的风控合规管理专业化的重要性，明确给出了在日益复杂多变的内外部发展环境下，做好风控合规的专业化治理，形成针对风险有效识别与防范体系的建议，落实日常预警机制生态的建立与协同落地关系具有急迫性、重要性。

企业同步强化合规管理是稳健行远的必然要求。风险、合规、内控、法务的专业化要适应风控合规管理的发展趋势，坚持高质量发展理念，避免混淆边界，导致资源的重复和浪费。同时，在风险、合规、内控、法务工作开展上，需要针对企业实际情况不断优化组织机构、管理制度、管理流程，不断在专业化层面发展与进阶，形成良好的风控合规文化，全面强化合规风险防控。

企业内部审计功能同样非常重要，内部审计实施能够锁定风险、提供确认与咨询服务、实现价值创造，最终提高企业经济效益、提升自身的综合竞争力。通过内部审计与董事会、经理层、监事会、专业委员会的工作关系，以及在治理结构中发挥作用，实现综合性融合管控。

第三章

公司治理的风控合规生态重塑

企业风控合规体系建设进程可以划分为外规、内规、价值观三个阶段,本章重点解读合规的企业内规转化阶段内容,重点突出合规系统在专业化基础上按照科技赋能下的生态重塑与进阶对策,为企业系统解决合规、风控、内控、法务、内审监察违规追责等职能的融合问题夯实转型与融合基础。

不断变化的外部环境、越加严格的监管要求、日异发展的科学技术,对企业数字化转型和管理转型提出了系统要求。风险的不确定性也使得企业基于风控合规五项职能的科技赋能下的生态重塑体系构建成为当务之急,落实好风控合规系统的五项职能建设、做好企业风险防范已成为企业稳定发展的核心。为此,企业在推动系统的五项职能建设上,应从顶层规划设计层面落实风险管理闭环路径,厘清五项职能的边界和概念界定,落实完善企业法务管理、合规管理、内部控制、风险管理、内部审计的融合体系,从规划设计角度,做好先从上至下再从下至上的信息通路。

第一节 风险管理

企业层面做好防控风险工作,一方面,需要满足企业商业行为形成的企业生态的风控;另一方面,需要满足企业内部管理行为的内部职能实现的风控。无论如何实现协同,企业都需要以可持续性发展为目标,解决市场拓展、生产管控的供产销一体化的效率与风控融合的建设问题。

本章从企业五项职能协同的模式,基于系统落地的视角,对风控管理、合规管理工具落地进行深入思考和实践,为企业系统展开风控合规五项职能工作的融合协同夯实基础。

一、数智化风控系统平台的功能阐述

(一) 风险控制信息化与系统

所谓风控信息化,就是基本法规、经营数据在信息类平台处理过程中,能够将已经设

定好的程序归集信息类数据，按照既定的规则呈现数据结果，助力企业决策者和管理者按照经验进行判断与决策，达成风险管控的目标。

风控系统的信息化包括建立存储器和云盘，重点在于存入和固化。信息化系统对外可以获悉国家的法律法规库，内存企业制度、章程和协议、合同等文件，作为运营、查询、分析、统计、稽核和完善机制的基础，以确保国法企规在企业运营的各个环节中得到充分和便捷的运用。

风控信息化犹如将管理流程"生产线"化，重点在于嵌入和执行。将风险管控类制度和措施的流程嵌入信息化平台，企业经营按设定的审核、批准、执行流程规范运作，克服主观随意性，并根据定期产生的风控预警和风控过程报告分析不足、弥补短缺，不断完善企业的风控管理体系。

风险管理信息化的重点在于预警和化解。在信息系统中，对重要业务和事项设定风险预警值，对违背相关规章制度和违反合同约定等事项，如干部提拔没有经过纪委审核会签、分期付款额度超出合同约定等，系统的流程自动亮"红灯"预警暂停，并启动"会诊"。同时，系统收集下属企业的风险信息，对重大风险事件统一管控，并根据风险等级启动应对预案，及时排除和化解，降低企业风险。企业迭代转型下的风险管理框架如图3-1所示。

法务信息化有如"健身"和"治疗"，重点在于强化和处理。企业法务的首要职责在于促进企业强化依法治企意识，建立合规、内控、风控相关制度和规范，并统筹运作。同时，对企业的运转和经营中出现的问题，企业法务应外比国家法律法规，内参公司制度、合同协议，利用专业知识，运用法律手段，借助有效资源和手段，解决问题，维护权益，保障企业发展。风控管理平台应用总图如图3-2所示。

全面风险智能管理系统实施功能分为业务执行和业务管控两个模块。业务执行包含法律事务管理，包括但不限于合同管理、纠纷案件管理、知识产权管理、机构人员管理、律师律所管理等内容。业务管控包含合规管理、内控管理、风控管理。其中，合规管理包括制度章程协议模板、待解决问题和待修订事项；内控管理包括报告事项、待解决问题和待修订事项；风控管理包括报告事项、待解决问题和待修订事项。

基于点、线、面的系统模式，实现企业业务执行的线为业务执行全流程管理，并以业务管控关键节点作为业务风险点全流程监测。业务执行线上出现的合规、内控、风控相关关键节点风险类问题，则可以通过相关点的监管执行人员直接监管，形成业务条线前端由系统设定的问题的具体类型，自动推送到业务管控的合规管理、内控管理、风控管理进行处置，条线上设置完成实践要求。

在全面风险管理信息系统建设上，针对企业管理标准化建设，需要提前确定"统一规划、分步实施、逐步深化"的实施策略。

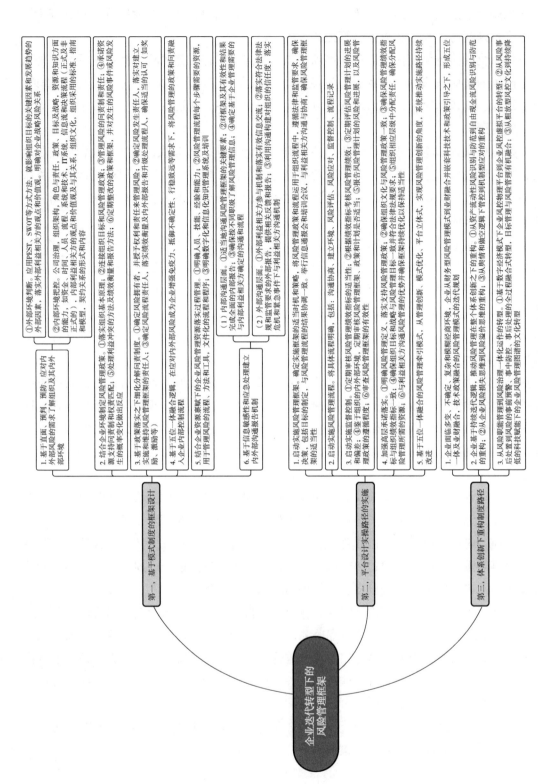

图 3-1 企业迭代转型下的风险管理框架

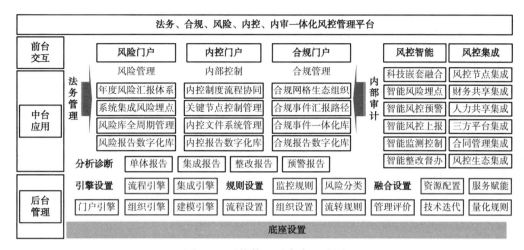

图 3-2 风控管理平台应用总图

合同管理标准化实施策略案例

直辖市 T 市 W 区的地方国有控股、民营参股的混改企业 U，为实现企业管理标准化，就企业人力资源、创新研发、仓储物流、财务管理、合同管理、核决管控等模块，系统推动信息化建设。其中，针对合同管理信息化模块，企业 U 组织项目组深入重点试点部门和下级公司，组织业务部门、法务部门、信息部门座谈，梳理各单位合同管理制度、供应商管理流程、合同分类、合同履行管理、合规归档等，确定合同全生命周期管理方案，结合合同管理痛点，梳理管理制度和审核要素，将法务和业务深度融合，将调研成果固化到系统中。

企业 U 将合同管理建设内容进行细化，包括合同相对方管理、合同范本管理、合同立项管理、合同审核管理、合同履行管理、合同归档管理、合同统计分析管理和合同评价管理等，构成"事前风险防范、事中风险控制、事后补救完善"全过程的闭环管理；通过与其他业务系统（招采、OA、ERP、费控系统、档案系统）的集成，达到"数据同源、信息共享、业务流畅"的管理效果。

全面风险管理数智化系统管理思路如图 3-3 所示。

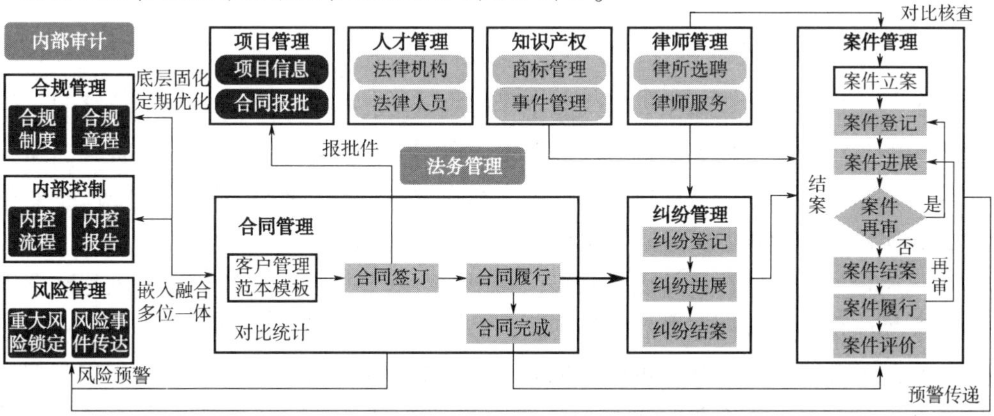

图 3-3 全面风险管理数智化系统管理思路图

(二)企业风险评估系统化方案

企业风险评估信息化的实施是业务改进的关键。要使业务取得成功,需要识别和评分可能影响项目或整个业务的所有风险。企业风险评估信息化软件的设计,实现信息化识别、分析和管理组织内的危险和风险,以确定可接受的风险水平并改进缓解措施。

要全面识别企业风险,需要做到如下四步:①了解公司的系统性风险;②集成工作流引擎跟踪风险缓解操作;③为可配置的仪表板和报告提供最佳的可见性;④注意科技综合风险管理战略的关键组成部分。

企业风险评估软件识别、评估和管理组织中的所有潜在风险,以便能够分配责任、做出反应和减轻后果。企业风险评估软件是业务改进的关键。

合同管理信息化实施策略案例

广东 Z 市的民营企业 X,是从事创新研发外包服务的组织。在企业业务条线实施标准化两年后,企业 X 为提升信息化集成效率和效果,开始系统规划信息系统的建设。企业 X 经过管理层办公会的集中研讨,并到各个业务流程节点进行现场调研,结合研发外包服务的特性和相对固化的流程,设置了三个阶段的推动方案。

企业 X 的负责部门是信息部,信息部规划的信息系统建设第一阶段为平台建设的试点阶段,实现数据平台的各个节点打通。之后,信息部协同法务部、行政部,推动风控系统的内部控制核决事项的落实工作,电子签章设置放在第二阶段实施,大数据集成的逐步实现与智能审核放在第三阶段实施。企业 X 通过以上操作,推动了风控系统集成方面的转型,其中法务信息化、智能化建设实现了质的提升,具体见全面风险管理数智化系统运行示意图(图3-4)。

二、风险管理的数字化模式与功能

(一)风控数字化模式

风控数字化模式为企业提供集成式数字化解决方案,搭建联通业务层、核算层、管理层和决策层的集成式信息系统,打通内部财务、协同办公、资产管理、研发管理、知识管理等多个场景,打造精细运营、风险管控、生态建设、数据治理等新优势,激活企业竞争力要素,为实现可持续发展奠定坚实基础。

数字化风控作为达成行业共识的趋势,利用大数据分析技术,解决传统风管理管理中的片面性、模糊性、主观性和滞后性等问题,是风险管理突破的重要模式。通过将数据分析技术与风险管理决策相结合,可以实现的价值包括:①充分识别从战略制定贯穿到企业各项活动中的任何可能潜在事件和风险因素;②依托自身经营及外部采集积累的大量数据,使得全面准确地计量风险成为可能,如基于大数据分析技术建立各类欺诈识别模型、

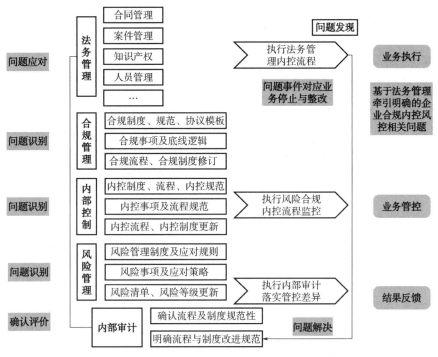

图 3-4　全面风险管理数智化系统运行示意图

精准识别高风险客户等；③加强风险数据整合与共享合作，以打破"信息孤岛"，基于整合数据建立风险分析模型，增强公司风险识别和评估的客观性和科学性，提高风险管理的精细程度。

如图 3-5 所示，企业通过内部资源的整合与协同，建立风控合规系统在专业化基础模块，实现科技赋能下的专业化与科技融合，实现生态重塑与进阶。类似企业的中台系统，通过模块化风控管理系统，实现快速响应前端业务的风险识别和风险反馈的关键信息，并通过信息的初步识别，为决策者提供用于应对风险的决策信息。

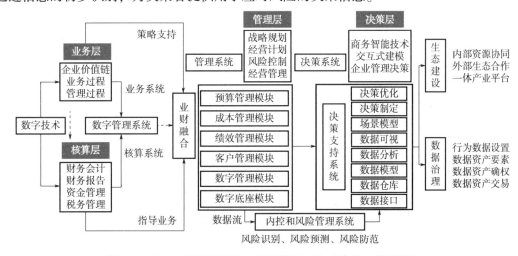

图 3-5　企业打造精细运营、风险管控、生态建设、数据治理

风控合规平台数字化实施策略案例

S 市 M 区的民营企业集团 Q，从传统的加工制造企业起家，经历十余年发展，目前是装备制造的供产销一体化的高新技术企业型集团，下辖十余家制造企业，分布在长三角的四个工业园内。在业务条线实施标准化并完成信息化建设之后，企业集团 Q 结合装备制造业的特点，将企业工厂转型升级为数字化工厂模式，并推动了风控合规平台化的数字化建设。

企业集团 Q 在风控合规的数字化融合赋能上，按照核心模块的设计和设置采取了几个核心模块的专业数字化设计方案。企业集团 Q 风控的数字化核心模块主要由如下四个方面构成：

1）风控合规数据池。企业集团 Q 建立企业层面公共的数据标准，搭建业务与风控等各部门间共同使用的数据共享平台（风控数据池），在安全合规的基础上，通过数据开发、机器学习、AI 建模等方式建立客户、员工等不同对象的风控特征、画像体系，解决了企业集团 Q 顶层风控合规设计问题。

2）风控模型实验室。企业集团 Q 之后建立了支持模型开发和模型闭环管理的模型实验室，并在此统一的开发环境中开发智能风控模型，实现承保规则与欺诈识别的关系互联、快速理赔与策略的精准匹配等，以支持不同场景下的分析与决策，实验室确保了企业风控合规的应对智能化措施的落地。

3）风控数据管控平台。企业集团 Q 通过数据资产管理的方式，实现对智能风控集中后的数据治理，以保障风险相关的数据标准与质量。

4）风控数据服务和应用。企业集团 Q 基于智能风控模型搭建数据服务平台的建设，实现智能风控应用微服务化，以及对不同业务场景下风险点的实时监测、捕获和控制。

企业集团 Q 采取和落实的全面识别可能的风险因素，并基于重要性原则评估的主要合规风险图如图 3-6 所示。

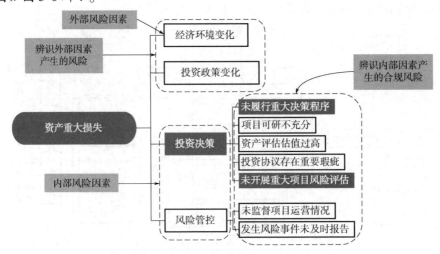

图 3-6　企业集团 Q 风险因素一览

(二) 风控数字化功能

风险管理模式在数字化赋能之下可以实现整个系统的专业化转型，风险管理的模式也实现了系统的突破。由于科技驱动的风险管理是新模式下的大趋势，风控合规的数字化、自动化和智能化模式主要体现为如下方式：

1）风险识别和评估数字化。通过对交易对手的舆情数据实时收集，并利用大数据分析预测来触发风险预警；针对互联网用户评价等非结构化数据，转化为结构化数据后进行客户满意度分析，以便开展客户投诉与声誉风险的识别和评估；利用生物识别技术，收集和分析微表情数据，进行客户业务欺诈风险和员工内部舞弊风险的识别和提示。

2）风控流程自动化。风控流程自动化能够理顺流程节点，优化流程效率，利用系统替代人工操作环节，使得业务流程及其内嵌的风控规则自动化执行，是提升风控效率和效果的有效手段。风控流程自动化包括两种具体模式：①业务流程再造。企业应以客户为中心变革与转型，打破原有部门条线隔阂，贯穿割裂的流程，实现流程无缝衔接，在改善客户体验的同时，提升公司运营效率，避免流程节点的手工操作和人为干预带来的操作风险。②运营集中与共享服务。企业应成立运营中心，包括类似的共享运营子公司，将同质化程度高和频率高的流程集中操作，减少运营环节的人为干预，提升操作专业性和效率，降低差错和舞弊的概率。

3）风控规则智能化。机器学习和神经网络等智能算法被应用于风控领域，把风险管理专家的经验提炼为系统性的规则，并借助持续的数据积累和案例训练，不断提高模型的精准效果。

风控合规平台数字化实施策略案例

S市P区的金融机构P，通过推进风控规则智能化，实现了智能的人员伤情定损的数字化平台建设。通过智能化获取和损失智能化判定，实现伤情报价智能化、人伤成本精细化管控，解决了传统人伤案件理赔中审批复杂、流程长、时效低等问题。

金融机构P智能的人员伤情定损的数字化平台实现了机构与医院信息直连、机构与中介服务链接的模式，解决了基于后台十几个类别、年超过100万条标准数据的处理。通过智能模型匹配，提供合理的赔偿方案。金融机构P利用人工智能技术的模型，协助客户从几百万条数据的多个维度中"学习"人员伤情定损特征，捕捉人员伤情问题共性，提升人员伤情识别的智能化水平，实现降本增效的同时解决了应对处理的合规性问题。

第二节 法务管理

企业法务管理的智能化实现层面面临两个阶段的演进：信息化阶段（从局部到全面）、数字化阶段（数字化到数智化）。

1）信息化阶段。体系架构主要为业务管理系统，内容主要以数据和信息为实现目标和媒介，呈现两个特征：①业务流程自动化，以推动生产力的提高，企业信息化从局部到全面，但信息化的全面性缺乏底层贯通基础；②业务和运营在线化基本完成，但业务数据仅实现局部共享，缺乏全局的数据整合和数据分析能力。

2）数字化阶段的数字赋能阶段。企业体系架构业务管理系统和管理信息系统结合，内容主要以企业实现数据、信息、知识、局部的融合和协同决策为实现目标。企业数字化的转型呈现三个特征：①管理提升，包括成本、质量和用户满意度；②法务内部职能问题业务化，实现企业主动性业务分析；③推动协同的创新，实现基于线上线下融合的互联互通，实现数字技术的覆盖和企业场景渗透。

数字化阶段的数智化阶段，全面推动数字化转型并形成底层链接，形成智慧法务体系。体系架构主要是业务管理系统、管理信息系统、运营管理系统的结合，基于网络架构的线上融合。这个阶段，企业数智化内容主要以数据、信息、知识、决策、执行为实现协同的大集成大融合模式。这个阶段呈现四大特征：①技术应用和业务模式变革双轮驱动贯通企业管理；②资源整合、流程再造、机制创新和法制保障得以协同；③法务驱动与合规协同，合规嵌入和前置实现针对业务的引领，合规协同业务共同创造企业价值；④企业形成以"智慧决策""智慧服务""智慧管理""智慧组织结构"为主要特征的智慧法务服务新格局。

企业法务部门开启数字化的路径如图 3-7 所示。

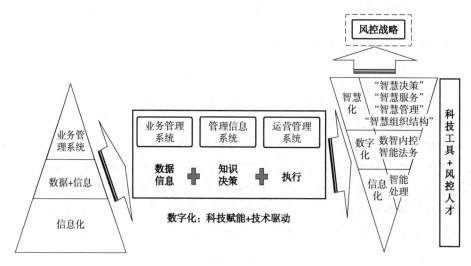

图 3-7　企业法务部门开启数字化的路径

一、法务数字化转型的进程与生态

在推动数字法制、智慧法治前景下，科技持续发展，大数据、5G、人工智能、区块链在企业法务领域的实际应用场景不断被发掘，衍生创造大量新的法务应用和工作模式，进而推动法务数字化转型的脚步。通过构建"数智化风控系统平台的智慧法务"一体化的生态链,可以实现企业内部业务、财务、税务、法务数据标准的统一,真正做到企业"业财税法"一体化管理及数据实时流转,为企业整体数字化转型赋能增值。

(一)法务数字化转型进程

从企业常见的法务数字化场景来看,科技在企业法务数字化转型中的应用不断深化。法务部门工作呈现智能化、标准化的落地趋势。

首先,智能化层面,法务流程、信息和数据的自动化和数字化,人工智能和机器学习融合,并实现法务工作的数据分析和可视化;其次,标准化层面,法务工作需要更容易将重复性和低价值工作进行标准化,落实好重划外包与内部执行之间的界线。企业法务部战略定位走向前台,法务职能发生了转变,如图3-8所示。

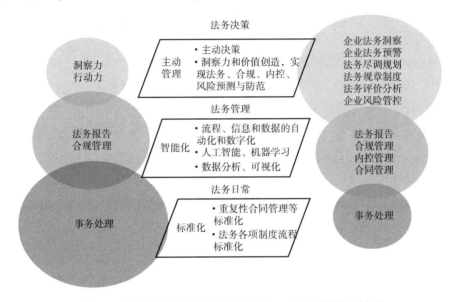

图3-8 企业法务部战略定位走向前台,法务职能发生转变

企业法务部门及管理层提供从企业管理视角出发,多维度、端到端的数字化转型整体解决方案。从企业法务部门开启数字化的路径来看,多维度端到端数字化转型整体解决方案维度是需要系统设计与规划的。企业推动法务部门数字化,可以借鉴企业现有审批系统,叠加部分法务管理功能,嵌入购买市场上标准化的合同管理、知识产权管理模块等法律科技产品,同时基于企业资源的整合,自研或委托外部第三方搭建法务数字化综合管理平台。具体解决方案涉及如图3-9所示的多个维度。

(二)智慧法务一体化生态链

企业完成法务数字化转型,实现智慧法务的设计落地层面,重点关注法务数字化规划的可行性和成熟度,保障法务部门数字化解决方案切实满足企业实际需求。法务数字化转

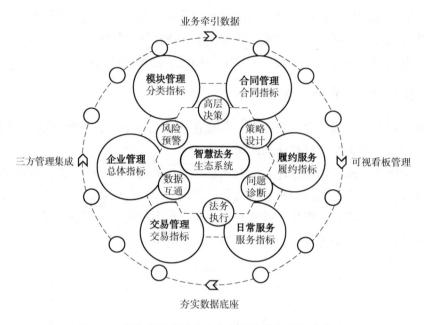

图 3-9 多维度端到端数字化转型整体解决方案维度

型方案设计、法务数字化解决方案实施、数字化转型后续保障的协同上,需要落实数字化投入产出的短期和长期效果匹配。此外,数智化风控合规系统需要设计场景和模式,在实现法务模块核心专业化赋能的功能落实之外,解决企业核决权限的提审决设计协同。

法务管理搭建以法律纠纷案件管理、合规管理体系建设、法治建设考核评价、知识产权管理四个功能模块为主的法务管理系统平台,将法务制度建设形成系统化。智慧法务生态体系构建如图 3-10 所示。

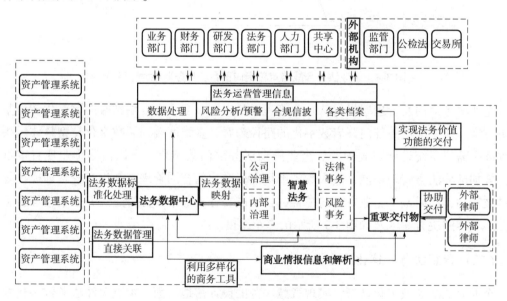

图 3-10 智慧法务生态体系构建

二、企业法务数字化转型的具体应用场景

企业利用智能化技术促使法务工作数字化转型,可在充分提升人力效率的同时,让法务部门拥有更多的时间提供更突出的战略价值产出。通过数字化转型,建立不同部门数据之间的映射关系,有助于打破内部信息孤岛,实现由以往的事后数据分析逐渐变为指标预测、事前策划等更具指导意义的工作。增强风险控制能力,使企业发展更安全、更稳定。合规管理是企业高质量发展的关键内生动力。在这样的大背景下,通过信息化技术手段,构建符合企业实际需求的数字化法务系统,加强法律风险防范,促使企业更加合规地发展。而通过实现法务数字化转型,则可以建立全方位的风险地图,实现对风险的提前预知,并根据风险制定业务策略,从而帮助企业在一个更加安全、稳定的状态下发展。

针对"智慧法务"生态体系的构建,企业法务管理的各个应用场景上,可以逐项推动、系统解决法务在合同、纠纷、证照、律师等方面的全面执行与智慧管控。

(一) 法务数字化合同管理场景

合同管理在经济社会的活动中具有重要作用。合同管理系统按照合同全生命周期的管理,具有其他管理模式所无法比拟的优点。

切入方法大致为以可靠的电子签名技术为基础,以智能合同模板为起点,以合同全生命周期管理为核心,将法律服务与成熟规范的风控流程融入业务过程,通过系统搭建企业与客户、云端法务和顾问律师的协同工作平台,从源头上控制合同风险、降低合同管理成本、提升交易效率,促进企业商务交易过程的数字化、网络化和智能化。法务管理核决权限系统如图 3-11 所示。

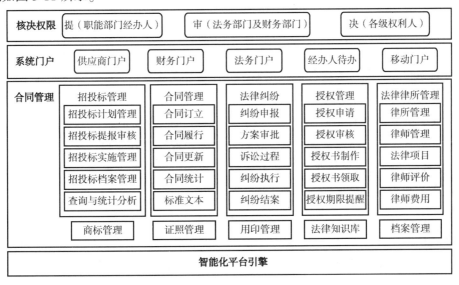

图 3-11 法务管理核决权限系统

法务数字化的合同管理风险上，针对企业合同管理难、风险多的特点，将法务管控贯穿于合同执行的各个阶段，在标准流程作用下增强信息保密性、流程规范性和数据共享性。

智慧法务平台合同引擎设计实施策略案例

J市D区的民营企业集团K，拥有房地产、医疗服务、康养服务等多个相关产业。企业集团K最早从河北B市房地产建设起家，目前具有较大的资产规模体量。企业各级子公司分布在北京、河北、珠三角等区域，并有企业自主运营的三个产业园。企业集团K推动了智能化合同管理的上线工作，并以此为基础推动企业智慧法务的建设，推动智慧法务数字化平台建设。

企业集团K的智能化合同管理包括供应商资质审查、合同范本库建设、证据链留痕防篡改建设、合同履行节点与超期预警、合同后评价五个关键环节和十余个控制节点设计。

1) 供应商资质审查层面，企业集团K搭建了供应商信息库，录入供应商信息，如主营产品、联系方式、经营执照等，定期审核，排除资质造假等风险。通过历史评分可以了解合作成本、服务质量等情况，为合作提供参考，如哪家信誉好、能否继续合作。

2) 合同范本库建设层面，企业集团K根据客户业务细化合同目录建立了标准合同模版，按照业务需求随时调用起草合同。范本使用和"填空"类似，支持在线编辑，快速识别信息并实时生成合同文本。

3) 证据链留痕防篡改建设层面，企业集团K将审批中的合同条款修改意见留下痕迹，方便核实。审批后的合同，在系统会自动转换成加盖水印的不可修订的格式，供使用人行使查询权。

4) 合同履行节点与超期预警层面，企业集团K的智能合同管理系统，根据合同内容自动生成合同履行计划。针对重要的付首款节点、验货节点、付进度款节点、付尾款节点、合同到期预警、合同未履行核销预警等进行点对点的自动预警。企业集团K对合同管理的具体实施进度加强了针对性管理，对于合同哪些地方容易出现纠纷、供应商服务怎么样都有记录。企业集团K通过多系统集成回传或者人工定期汇报随时掌握信息，根据进度、耗时、质量、异常情况及时反应，进行精益化的智能过程管控，减少了坏账的产生。

5) 合同后评价层面，企业集团K对完成的合同，通过风险评估、供应商绩效考核等功能，搭建企业合同后评价体系。

企业需要了解合同全生命周期管理方式，随时掌控合同变化，实现记录风险、预防风险、规避风险的管理。合同全生命周期的流程路径与一体化管理如图3-12所示，合同全生命周期的流程路径支持系统如图3-13所示。

图 3-12 合同全生命周期的流程路径与一体化管理

资料来源:《老板必知的十大风控合规工具》

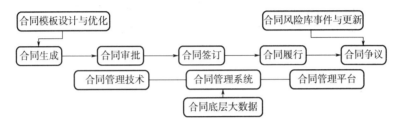

图 3-13 合同全生命周期的流程路径支持系统

资料来源:《老板必知的十大风控合规工具》

(二) 法务数字化证照管理场景

营业执照、各类资质证明文件等是企业身份的重要法律依据,这些方面有不少管理内控关键节点,这些节点是企业内部控制和风险管理的基础薄弱环节,如借用跨部门、签字填单、使用不当、监督不力、借用遗失、超期等问题。企业内部相关使用人员无法准确获悉企业的基础证照,进行法务数字化有助于帮助企业打造证照电子化管理模式,从登记证照信息、借用到更新、查询,进行及时监督、高效管理。

对于企业证照管理,电子记录、借用查询方面进行法务数字化有助于促进企业重要法律证件有序登记,及时更新版本、追踪使用状态、查询、借用,统一版本,防丢失。

智慧法务平台证照引擎设计实施策略案例

J 市 M 区的民营企业 A,从事科技创新的技术服务。企业 A 推动了投入成本较低但集约化效果较好的证照智能化上线工作,并以此为基础尝试推动企业智慧法务的建设。

企业 A 的智能化证照引擎管理包括证照看板、证照登记、证照借用、证照查询四个重点环节和完整的控制引擎设计。

1) 证照看板层面,企业 A 建设的证照看板实现了企业证照监视器功能。证照名称、是否到期、办理进度如何、有没有被借出,信息智能化自动呈现。

2) 证照登记层面,企业 A 的证照引擎实现了证照资料上传生成电子档案,出现信息变更可以在系统直接修改,同时系统会自动推送证照信息变更通知,信息传达快。

3) 证照借用层面,企业 A 的借用证照要走统一的申请流程,在借阅用账中可以查看近期的借用人、借用时间,外地借用系统还能根据物流信息跟踪物流情况。

4）证照查询层面，企业 A 的相关有权限人员可根据提前设置的证照关键词查询证照，系统自动筛选、锁定、查询快。

企业 A 的智能化证照引擎管理提升了企业在法务、行政等相关业务模式的效率和效果。

（三）法务数字化纠纷管理场景

企业法务数字化在企业纠纷案件层面，智慧法务系统协同匹配全程记录，高效上报、调配资源。发生各类法律纠纷后，员工及时通过信息化系统上报事件，企业快速反应、调配资源处理案件、监督处理进度。

企业通过信息化和数字化对策，实现企业纠纷全周期管理，信息全程记录、结果汇总，形成风险事件库、律师评分库的动态管理。

智慧法律纠纷引擎设计实施策略案例

J 市 X 区的某地方国有企业 S，从事农产品类采购、加工、配送等轻加工和物流类服务。由于与各种客户的交易频繁，纠纷较多，企业 S 推动了法律纠纷引擎智能化上线工作。法律纠纷引擎设计包括纠纷统一上报模块、跟踪纠纷案件进度模块、案件结案管理模块、案件查询权限设置模块。

1）纠纷统一上报模块。企业 S 法律纠纷引擎将所有纠纷信息第一时间通过办公自动化系统上报，法务审批给出处理意见，纳入纠纷信息库还是转成案件、安排律师受理等。

2）跟踪纠纷案件进度模块。企业 S 法律纠纷引擎将案件受理情况、回款情况进展通过专人定期通过系统表单汇报，展现案件每个进展环节。

3）案件结案管理模块。企业 S 法律纠纷引擎将案件结束后，按照节点自动提示相关职责部门和责任人员做好结案汇报工作，案件处理结果实现流程的自动预警和提示汇报。结案后，企业 S 法律纠纷引擎系统还会自动触发律师评价程序，对律师的专业能力、服务质量点评、打分，信息会同步到律师信息库备份。

4）案件查询权限设置模块。企业 S 法律纠纷引擎会结合具体案件的涉案金额、原被告等信息，明确传达具有相应权限的相关人员查看。在查询中，系统能帮助用户标记并做好针对重要案件的查询留痕工作。

（四）法务数字化外聘律师管理

企业在发生纠纷案件时，可以通过系统存储的律师信息，及时完成信息详细登记、评审、查阅，以最快速度匹配最合适的律师，提高纠纷处理效率。从律师的登记、查询、调用到评价，实现全程电子化管理。企业通过法务数字化管理模块，从登记流程、信息报表、外聘成本等多个维度聘好律师、让案件得到高效处理。

智慧法律律师管理引擎实施案例

S市B区某地方民营企业V，从事芯片研发与制造类业务。由于与各种芯片供销两端企业的交易涉及专利使用、产品纠纷、境外合作纠纷等事项频繁，需要经常借助外部律师的专业化服务解决企业纠纷问题，企业V通过智慧法律律师管理引擎上线推动企业高效的律师管理。

企业V通过智慧法律律师管理引擎设计包括律所及律师库模块、律师信息报表模块、外聘律师成本核算模块。

1) 律所及律师库模块。企业V的律师管理引擎系统完成每个律师的个人信息（姓名、联系方式、律所、专业方向、合作状态等）的一一记录，从登记到备案形成律师库，随时方便调用。

2) 律师信息报表模块。企业V的律师管理引擎系统将律师信息报表进行集成，形成律师履历表的建设。通过汇总律师处理过的历史案件信息、费用、评价得分等情况，形成对律师的资历、能力、成本的匹配度设计。

3) 外聘律师成本核算模块。企业V的律师管理引擎系统针对具体案件类型对律师成本进行核算，通过报表即可按时间查询近期的律师费用支出情况、案件回款情况，了解案件成本。

（五）法务数字化评价管理

法务管理的数字化评价层面，系统解决法务评价的快速、及时、准确性问题。由于智慧法务的表单、建模、集成是企业智慧法务管理的几个核心功能，企业通过表单集数据、建模扩应用、集成通信息。一方面，迅速提升企业法务管理效率。法务管理系统以互相关联的功能模块提升法务管理效率，实现法务针对企业各类数据的互联互通，实现业务数据高效存储、查阅、共享。另一方面，实现企业内控制度规范高效执行。通过流程推动，实现企业法务相关内控制度的有效执行，法务管理系统推动各项程序、制度以电子化流程规范执行。通过法务管理的核决权限的节点管控，实现企业特色印章管理、文档管理的线上化与电子化。

实现企业印章和重要文档的电子化管理后，针对法务合同管理形成系统的证据链留痕，解决高效用章、审批，以及合同文档有序、集中管理问题的同时，系统通过数据存储和沉淀，实现法务工作结合企业的规模、业务特点，做好业务指标的评价，尤其是营销合规性的自动化，针对企业运营结果和法务工作效果的结果指标，实现企业法务合规事件的复盘与后评价。法务合规创新：相对指标、业务指标、结果指标如图3-14所示。

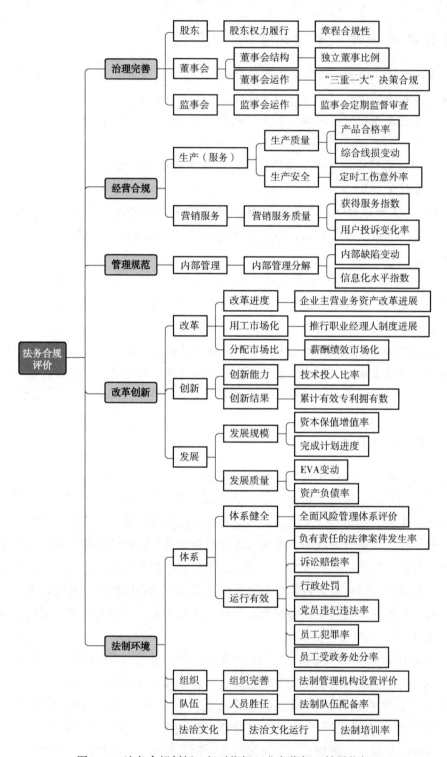

图 3-14 法务合规创新：相对指标、业务指标、结果指标

第三节 合规管理

合规管理的底线思维的数字化赋能逻辑上,针对合规管理需要明确系统的合规管理目标至合规管理结果的整体流程梳理,涉及目标、主体、活动、客体、环境层面的流程和系统协同。以形成系统的协同模式为前提,推动企业的数字化转型。

基于风险管理存在的问题,与智能化科技赋能协同,健全合规机构和合规队伍,建立全面的风险监控系统,建立完备的合规绩效考核、合规问责、诚信举报制度、开展合规文化教育等。

一、数字化合规框架规划与顶层设计

风控合规工作数字化转型和合规管理数字化建设需要运用大数据、人工智能等现代科技手段,将合规要求嵌入经营管理流程,并通过数据分析、智能控制等方式实现即时预警、快速处置,切实提高管理效能,从实现的主要功能、推进与其他信息系统互联互通、加强重点领域和关键节点实时动态监测等方面形成智能合规的落地。

(一) 合规数字化框架与顶层设计

1. 合规管理的数字化框架

从内控、合规、风险三个方面提出合规风控体系建设要求:①建立健全财务内部控制体系,细化关键环节管控措施;②严把合规关口,深度参与企业重要规章制度的制定;③完善债务风险、资金风险、投资风险、税务风险、汇率风险等各类风险管控体系。数智化风控系统聚焦战略,基于"强内控、防风险、促合规"的管控目标,构建以法规制度为基础依据、以风险管理为导向、以内控流程为纽带、以合规规则为落脚点的一体化融合体系,并建立健全持续优化机制,满足集团企业多层级、多业态的管理模式要求。建立健全风险内控合规一体化管理框架如图 3-15 所示。

2. 合规管理的数字化顶层设计

企业运用数字化融合的手段,将合规要求嵌入业务流程,利用大数据等技术对重点领域、关键节点开展实时动态监测,实现合规风险即时预警、快速处置。为此,需要做好前置的数字化顶层设计。

数字化合规系统顶层设计实施案例

W 市 L 区某地方国有企业 J,从事芯片研发与制造类业务。企业 J 在企业合规工作专

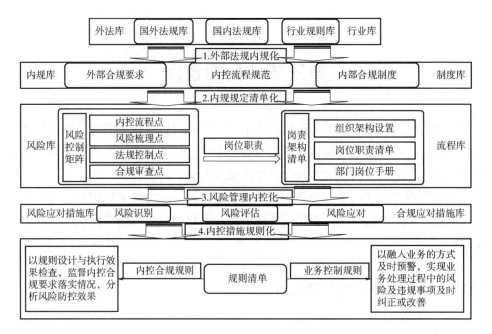

图 3-15 建立健全风险内控合规一体化管理框架

业化方面成绩显著，规避了大量企业合规类风险，呈现良好发展态势。为持续扩大市场，企业 J 推动合规数字化管理引擎上线，系统解决合规前置并为企业保驾护航的融合问题。企业 J 采取了如下做法：

1）以组织建设为保障，针对合规体系建设协同数字化赋能统筹推进。企业 J 董事长把推进合规管理体系建设作为亲自抓的一把手工程，在建立健全合规管理体系的基础上，亲自指导合规部门编制《合规管理试点工作方案》，把握合规管理体系建设整体进度，提出合规管理体系建设工作目标。董事长落实董事会下设法律与合规管理委员会，作为督导集团法律与合规工作的专门机构，明确针对合规管理体系建设工作和合规管理体系建设和内控体系优化进行专业指导，提出改进意见。

2）以顶层设计为抓手，针对合规体系的数字化融合建设做好精细化谋划。企业 J 在开展合规管理体系的数字化建设初期，便紧紧抓住顶层设计这条主线，自上而下不断推动合规管理体系的数字化建设的进度，循序渐进逐步上线。数字化合规模式上，以《合规管理试点工作方案》为纲领，以建设合规组织体系、制度体系、运行机制、合规文化四大支柱体系为主要任务的关键数字化节点，同步匹配和明确重点领域、重点环节和数字化管控节点的重点管理人员，将合规风险防控的融合嵌入企业现有制度和业务流程。针对线下的合规联席会议机制，合规风险识别、评估机制，合规审查和强制咨询机制等在内的合规管理运行机制，逐项对照时间表上线。将合规体系的数字化进程建设的各个阶段，分为稳步开展、全面推进、优化提升三个阶段，旨在三年内实现全系统合规体系数字化建设和运行工作的落地实施，为整体合规体系建设把准方向、定准基调，确保合规管理体系建设落到实处。

3）以内部控制制度建设为依托，为合规体系建设夯实管理基础。企业J采取层层跟盯的措施，持续巩固和完善法律合规管理制度的数字化系统融合工作，建立了企业个性化特色的法律合规制度的线上业务场景＋合规场景融合的可视化体系。企业通过线上实时制定并发布各类管理标准，为全面建立健全合规管理体系、积极推动"法治"建设、防范和化解重大风险夯实制度基础。数字化线上模式采取四个工作方案推动合规与数字化模块的融合：①针对内部控制制度的优化迭代，均通过数字化合规平台方式同步，并将合规、内控与风险管理纳入企业法治建设管理范畴和数字化融合的范畴，不断探索法律、合规、内控与风险管理"四位一体"的数字化融合发展方式；②不断完善合规重点领域建设，所有相关合规制度，尤其重点领域合规专项制度均在线发布；③不断完善违规经营投资责任追究工作程序的线上留痕以及证据链上线工作，结合工作程序不断优化线上发布配套制度；④借助线上模式，快速优化《岗位合规风险识别管理办法》等相关制度，通过数字化合规平台，同步开展线上＋线下的合规联席会，系统部署合规的相关重点工作，对关键岗位（含领导班子成员）的合规风险识别采取线上方式实施，形成关键岗位合规风险识别评估表格类材料线上存储，推动合规管理线上明确，线下进岗位、进流程。

4）以全面覆盖为目标，合规管理体系建设按照数字化合规推动的进度，按期、逐级稳步推动实施落地。企业J按照董事会的布置和董事长B的推动意见，严格落实合规管理体系建设工作目标，发挥管控特色，分阶段稳步推进合规管理体系建设，实现了合规管理体系全覆盖的目标。

全面创新的数字合规顶层设计全闭环模式如图3-16所示。

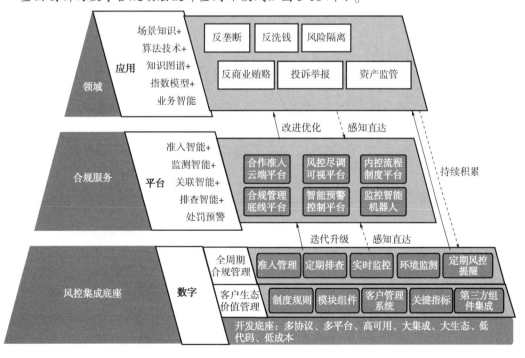

图3-16 全面创新的数字合规顶层设计全闭环模式

3. 合规管理的数字化数据模型

企业建设以"数据""模型"为核心的智能化风控手段，需要针对所有数据和模型做好系统设计。

针对企业不同的发展阶段，按照业务和生产经营活动做好合规风险的节点设计，需要提前系统排查企业重大合规风险源，并就合规设计系统的合规数据信息库，为后续的合规风险预判、智能化提高合规管理效率提供数据基础。企业通过梳理业务流程，评估合规风险点，辨识和记录关键环节、重点事项的数据特征，根据合规审查、过程管控的要求，针对关键节点的数据进行分类分级，并借助合规应用能力，如编制、运行合规管理操作脚本，实现绝大部分重复性合规管理工作的信息化处理、智能化识别，提取有价值的信息，对关键节点的数据进行智能标签标注，应用大数据及搜索技术记录和归档合规管理体系运行产生的文件化信息，如合规管理制度文件、合规审查意见、合规检查原始文件等相关信息和文件记录。同时，通过数据角色权限管理、主从备份等技术进行数据安全防护，防止数据遗失、泄密、不当使用或完整性受损。

按照上述的阶段性进度，企业定期开展有效性评价，借助上述方式建立风险量化评估模型和动态监测预警机制，实现风险"早发现、早预警、早处置"。

数智化风控系统运用大数据、知识图谱等技术手段，打通各数据链路实现内外部数据互联，构建各类监控、预警、分析模型，深入挖掘风险数据深层管理信息及其互联互通关系，实现智能化的数字风控。

以"数据""模型"为核心的智能化风控手段如图3-17所示。

图3-17 以"数据""模型"为核心的智能化风控手段

（二）合规数字化规划与落地

深化合规管理方式上，基于风控合规底座模式，明确合规管理相关主体职责。按照法人治理结构，落实企业董事会、经理层、首席合规官等主体的合规管理职责，确定业务及职能部门、合规管理部门和监督部门的合规管理职责。

基于数字化融合设计安排，企业需要结合建立的合规管理制度体系嵌入系统。企业将合规管理基本制度、具体制度或专项指南，构建分级分类的合规管理制度体系嵌入企业公司治理过程，实现对制度执行情况的数字化自动复检。基于合规管理的规范性要求，数字化合规平台按照全面规范合规管理流程实施。

对合规风险识别评估预警、合规审查、风险应对、问题整改、责任追究嵌入智能化业务系统，实现合规风险闭环的数字化管理。业务前端延伸的数字风控平台全闭环模式，系统形成合规文化。从多方式、全方位提升全员合规意识，营造合规文化氛围。

合规管理信息平台如图3-18所示。

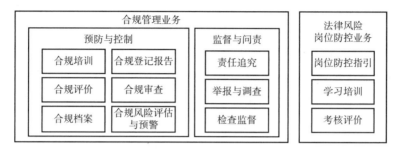

图3-18 合规管理信息平台

1. 企业建立合规管理系统管理层面

企业合规管理组织体系打造上，推动平台及企业合规管理组织体系建设，配备与经营规模、业务范围、风险水平相适应的专兼职合规管理人员，确保组织到位、人员到位，加强合规管理队伍建设。合规管理系统CMS界面如图3-19所示。

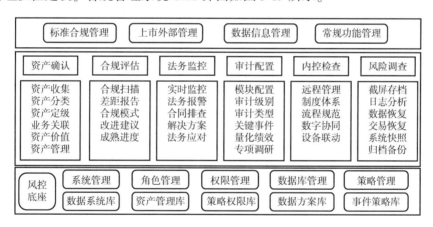

图3-19 合规管理系统CMS界面

智慧合规管理系统实施案例

J市H区的某地方国有企业K，从事电子信息产品研发、生产等相关业务。由于业务体量规模不断提升，企业K不断实现全国重要市场的全面覆盖。结合企业发展目标，根据J市国资委的系统布置与安排，企业K推动了智能化合规模式，实现合规管理体系建设计划，以落实合规"三张清单"的智能化工作，确保风险防范到位，具体措施如下：

1）以现有的内部控制体系和全面风险管理体系为基础，与合规评价、合规风险评估相互融合，按照季度定期梳理合规义务，开展合规评价与合规风险评估工作。企业K将制定的合规风险清单融入数字化合规管理模块，划定合规管理风险领域，制定有针对性的合规风险应对措施。

2）从岗位履责风险、业务流程风险、制度机制风险三个维度，将有关关键岗位的内控节点固化进入合规管理模块系统，企业K结合此开展合规风险识别和风险评估，并按照数字化节点，形成线上与线下匹配的关键岗位清单，合规模块线上智能识别，明确关键岗位的合规风险及合规职责，线下实现合规管理进岗位、进流程的工作布置。

3）将不断完善合规风险管控措施融合进智能化合规模块，在制定流程管控清单的同时，将清单同步设置进入合规模块。企业K加强重点领域和关键业务的合规审查及合规风险管控，特别是发挥合规审查在企业规章制度、经济合同、重大决策流程中的风险防控作用。与此同时，企业K把合规要求和防控措施持续嵌入企业不断完善的数字化系统，融合相关制度和流程，达到线上同步预警提示＋线下及时优化落实的双向"硬约束"效果。

合规管理信息系统功能如图3-20所示。

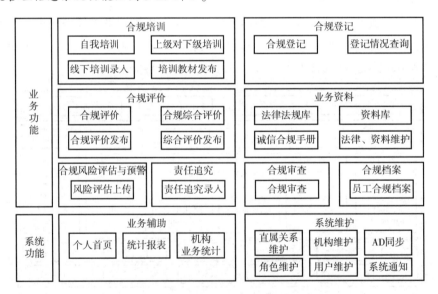

图3-20　合规管理信息系统功能

2. 企业建立合规管理合规审查层面

加强合规审查是规范经营行为、防范违规风险的第一道关口，合规审查做到位能从源头上防住大部分合规风险。

1）明晰各部门合规审查职责和界限。业务及职能部门负责本部门经营管理行为的合规审查，合规管理部门负责规章制度、经济合同、重大决策等重要事项的合规审查，进一步明确各自分工，便于职责落地。

2）进一步提升合规审查的刚性。企业应当将合规审查作为必经程序嵌入流程，重大决策事项的合规审查意见应当由首席合规官签字，对决策事项的合规性提出明确意见，进一步突出合规审查的刚性约束,确保"应审必审"。

3)完善合规审查闭环管理。参考部分企业的经验做法,业务及职能部门、合规管理部门依据职责权限,不断完善审查标准、流程、重点等,定期对审查情况开展后评估和合规评价,通过闭环管理不断提升审查质量,更好地支撑和保障中心工作。

合规管理信息系统角色如图 3-21 所示。

角色	用户范围	功能范围			
普通用户	集团公司除关键岗位员工外的所有员工	培训、登记法律&资料库			
关键岗位员工	集团公司关键岗位、涉及法律风险的员工	培训、登记法律&资料库	合规评价		
部门领导	各级部门领导,同时也是关键岗位员工角色	培训、登记法律&资料库	合规评价		
综合评价被评人	各级单位领导班子,同时也是部门领导角色	培训、登记法律&资料库	合规评价	综合评价(被评人)	
合规管理人员	负责具体合规业务的员工	培训、登记法律&资料库	合规评价	综合评价(评价)	风险评估、档案、责任追究、统计报表等
合规部门主管	负责合规业务的主管领导、总法律部顾问	培训、登记法律&资料库	合规评价	综合评价(审核)	风险评估、档案、责任追究、统计报表等

图 3-21 合规管理信息系统角色

建立合规文化培训案例

S 市 M 区的国有企业 U,按照 ISO 37301:2021《合规管理体系要求及使用指南》的要求,评价合规体系有效性,不断优化合规管理体系,助推合规体系落地目标实现。企业 U 通过建立合规考核评价机制,把合规管理体系建设、合规运行管理情况等纳入绩效考核评价体系,完善激励约束机制,有效推动各项合规管理措施运行,将评价结果作为干部任用、评先评优等工作的重要依据。

企业 U 加大合规培训力度,培育合规文化。开展多层次的合规培训(图 3-22),对企业合规管理体系建设工作提供分类指导,督促下属分子公司,按照实际情况建设合规管理体系,加快建设进度。推动合规文化宣贯活动,通过开展分层级、分领域、分部门的合规培训,以及开通合规专栏等多种形式进行合规宣贯,内部营造"人人合规"的良好氛围,帮助企业 U 的全体员工提高合规意识,让合规成为全体员工的自觉行为。

通过合规平台参加合规培训或上传各类合规培训情况,培训记录自动归入员工合规档案。总部发布全员合规培训,地区公司可发布本单位的合规培训。

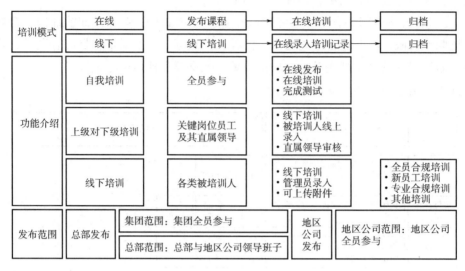

图 3-22 合规培训

建立数字化合规培训案例

J市X区的国有企业Q,非常重视法治文化阵地建设和法治文化传播,将"知法于心,守法于行"的法治文化贯穿于依法治企、合规经营的全过程。企业Q坚持以加强案件管理为核心的工作目标,深入剖析企业经营管理中蕴藏的法律风险,精选系统典型案例,以案释法、以案为鉴,深刻总结经验教训,树立法律意识红线,堵塞经营管理漏洞。

企业Q在强化权益保护与履行社会责任方面同样需要做到产品定价审查、信息宣导服务提升、提升层级完善机制、保障机制建设等,具体如下:

1)产品定价审查。企业Q开展金融产品的合规审查,梳理产品开发流程缺陷,紧盯定价不合理、存在霸王条款的协议制定,追踪违反监管要求、损害消费者权益的产品,并及时开展产品的问题整改与调整工作。

2)信息宣导服务提升。企业Q关注社会舆情、法律诉讼信息、消费者投诉信息,开展内部专项培训,有效进行宣导,提升信息传播度,加强消费者教育,减少误导消费者行为,规范销售行为,整治不合理费用设计,改进服务水平。

3)提升层级完善机制。企业Q将保护金融消费者合法权益纳入公司治理、企业文化建设和经营发展战略中进行统筹规划,落实人员配备和经费预算,完善金融消费者权益保护工作机制,建立健全客户投诉处理机制。

4)保障机制建设。企业Q建立重大突发事件协作机制、金融知识普及长效机制、金融消费纠纷多元化解决机制等,及时有效解决金融消费争议,推动金融消费者合法权益,创造良好的金融发展环境。

企业Q高度重视内控合规文化建设,制订合规培训长期规划,开展多样化的合规教育活动,加强员工行为的日常管理,创新构建"线下网格化""线上智能化"的员工异常行为管理模式，打造风清气正的行业生态。

合规文化建设案例

J市D区国有企业C，在合规文化建设中做到如下四个方面：强化排查、纳入考核，风险化解、有效防范，丰富手段、践行文化，实现文化建设全覆盖。

1）在强化排查、纳入考核层面，企业C对重点领域、重点岗位、重点人员的监督管理，主动将清廉文化纳入员工行为排查体系、绩效评价考核和日常监督管理体系，夯实合规经营管理各项工作。

2）在风险化解、有效防范层面，为有效防范和化解风险，企业C严格落实每年两次员工家访、一次员工征信排查、一次员工行内银行账户资金往来情况排查工作。按照实际情况填写员工不良行为排查手册，严格防范从业人员廉洁风险。

3）在丰富手段、践行文化方面，企业C丰富文化落地手段，主动把清廉金融合规文化融入经营管理全过程，强化法规制度执行，切实提升金融风险和案件防控水平，为银行业保险业高质量发展保驾护航。

4）在实现文化建设全覆盖方面，企业C开展多样化的合规教育活动，覆盖业务、岗位、职责、人员等各个方面。新构建"线下网格化""线上智能化"的员工异常行为管理模式，抓早抓小、防微杜渐，避免单纯追求效益，盲目追求规模的短期行为。

二、数字化合规管理路径与重点环节

企业推动数字化合规的管理上，路径设计和重点环节落实的目的是解决合规管理的问题，系统落实合规管理工作成效。

数字化合规管理的问题上，由于数字化合规管理经验需要逐步积累，搭建合规管理体系需要循序渐进，合规管理体系的整体效能落地需要积累。因此，数字化合规管理的融合，实现在制度、流程、岗位、责任等方面与数字化的嵌入，提升合规的预警和识别效果，系统解决"强内控、防风险、促合规"的管控目标需要持续迭代和优化。

数字化合规管理成效问题上，企业需要结合管理路径和重点环节，推动法律、合规、内控与风险管理的"四位一体"融合发展。建立健全企业法治建设、完善制度建设和工作流程、推动企业风险防范。鉴于数字化合规管理结合数字化赋能方式，推动企业合规管理全面、系统融合与落地。

（一）数字化合规管理方式与路径

企业数字化合规需要强化数据安全合规管理制度建设。大数据中心应对企业在生产过程中可能涉及的不同数据提前进行分类分级，并针对不同类型、不同重要级别的数据分别制定相对应的数据使用审批流程，对于容易泄露的敏感数据和涉及企业核心技术的重要数据采取更严格的合规管理措施，如限制接触人员范围、强化接触人员安全管理，防范由于内部人员管理不到位引发数据安全风险。明确职责和安全要求，滚动修订安全责任清单，严格贯彻"谁接触，谁负责"，以确保数据安全。企业合规管理平台建设全景如图3-23所示。

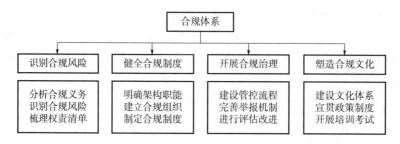

图 3-23　企业合规管理平台建设全景

资料来源：《老板必知的十大风控合规工具》

1. 合规管理平台合规登记

企业需要通过合规平台进行合规登记（图3-24），由相应的合规管理部门处理，登记信息计入员工合规档案。登记事项包括：兼职登记、推荐交易对象登记、拟与公司交易登记、其他登记。登记人员包括：关键岗位员工、各部门领导。在员工登记后，登记信息会自动归档，并发送给相关合规管理人员处理。

图 3-24　合规登记

2. 合规管理平台合规审查

企业在合规管理履职模式上，可以借助数字化平台，合规管理负责人统筹合规管理体系建设，结合线上模式的预警反馈，推动线下相关人员做好两大类工作。首先，促进相关业务人员按照数字化节点做好细节工作、认真履职、守正创新。包括创新建立系统合规的会商工作机制。其次，促进相关合规人员真抓实干、务实高效，合规管理综合部门推进合规管理体系落地。定期组织开展合规风险评估上，由风险管理牵头部门组织编写重大风险解决方案并督促落实；落实合规审查嵌入重大决策、规章制度、合同的审查流程，发挥法律合规审核在重大风险防控中的重要作用；参与对外投资、并购重组、资本运作等重要经营活动，提供法律合规支持；及时受理职责范围内的合规举报，组织开展合规调查，处理合规举报事项。

数字化合规审查引擎实施案例

D市X区的某地方国有企业C，从事海洋服务类相关业务。企业C建设了数字化合规平台，在重点打造的合规审查引擎层面做了大量工作。企业C通过建设的合规审查引擎模块，实时记录合规审查相关机构。合规审查包括：制度审查、反垄断反不正当竞争审查、外部交易对象审查。合规审查线下进行，线上录入审查结果。

同时，企业C还落实了相关合规审查的重要规定，各部室及所属企业各部室的负责人是本部室合规官，也是本部室合规管理第一责任人，承担本部室合规管理职责，并落实合规审查相关职责。企业C各部门及所属企业均设立1名兼职合规联络员，与合规管理综合部门对接合规管理工作，承担本部室日常合规管理工作。

企业C合规管理审查流程包括制度审查模块、反垄断反不正当竞争审查模块、交易对象审查模块。

1) 制度审查模块。企业C就数字化制度审查方面，合规管理人员首先要在线下对规章制度内容是否符合合规管理要求进行审查，然后在线上进行规章制度审查记录。

2) 反垄断反不正当竞争审查模块。企业C就数字化反垄断反不正当竞争审查方面，合规管理人员首先要在线下对符合反垄断、反不正当竞争法律法规进行审查，然后在线上进行反垄断反不正当竞争审查记录。

3) 交易对象审查模块。企业C就数字化交易对象审查方面，合规管理人员首先要在线下对外部交易相对方审查，然后在线上进行交易对象审查记录。

通过合规平台记录合规审查结果。如图3-25所示，合规审查包括：制度审查、反垄断反不正当竞争审查、交易对象审查。合规审查在线下进行，线上录入审查结果。

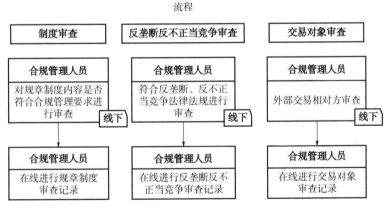

图3-25 合规审查

3. 合规评价标准与数字化

企业合规评价问题上，需要完成合规相关流程的确认，包括企业需要针对细分流程发现合规的具体风险点。在这个过程中，企业可以就岗位做好合规责任的分解。针对任何一个岗位，系统分解相关的岗位职责，将合规的管控职责从总到分，解决企业核决权限中涉及合规层面的提、审、决的三级决策。

在这个过程中，企业需要将生产、销售、研发、人事、采购、财务、资产、信息等不同的职责全系统做好覆盖，将企业合规风险点的发现放在责权利匹配的权利落地上，解决企业职责权利使用不当导致合规风险的隐患。通过对应职责权限，梳理对应合规风险点，确保企业的合规层面风险可控。

为此，企业需要针对合规风险发生来源做好系统分析，针对合规结果做好影响程度的分类分析，并对风险爆发概率进行分析。为此，就合规风险的层级应做好合规风险评价、合规风险排序、合规风险分级三个方面的量化，并以此确定企业重点关注的合规风险点，具体见表3-1、图3-26。

表3-1 评估合规风险的层次渐进表

	影响程度				
比率	20%	40%	60%	90%	100%
分值	1	2	3	4	5
法律责任	未有法律责任规定	1. 停业十天内 2. 业务资质许可暂停十天内 3. 被警告及责令整改	1. 停业三个月内 2. 业务资质许可暂停三个月内 3. 人员行政拘留	1. 责令停业三个月至一年 2. 业务资质许可暂停三个月至一年 3. 被列为失信执行人	1. 责令停业一年以上 2. 业务资质许可被暂停一年以上 3. 吊销营业执照 4. 责令关闭 5. 刑事责任
财务损失	基本无损失	轻微损失	中度损失	重大损失	极大损失
企业计划	不受影响	轻度影响	中度影响	严重影响	重大影响
企业声誉	企业声誉没有受损	企业声誉轻微损失	区域层面企业声誉中等损害	全国层面企业声誉重大损害	全球层面企业声誉无法挽回的损害
人身安全	短暂影响	严重影响	严重影响	导致个别死亡	导致多人死亡

注：资料来源于《老板必知的十大风控合规工具》。

概率	5	有很大概率发生					
	4	有较大概率发生				重大合规风险	
	3	有一定概率发生			重大合规风险		
	2	发生概率很小		一般合规风险			
	1	发生概率非常小					

图3-26 合规风险矩阵图

资料来源：《老板必知的十大风控合规工具》

从企业系统推动合规风险评估角度，企业还可以编制系统的合规风险清单，做好合规风险库，及时优化更新，系统制定合规应对的方案。

如图3-27所示，在合规平台出口的合规评价方面，企业可以通过合规平台进行合规评价，而评价结果自动归入员工合规档案。合规评价按照员工评价、上下级相互评价和综合评价方式进行。

通过合规平台进行合规评价，评价结果自动归入员工合规档案。合规评价按照员工自我评价、上下级相互评价和综合评价方式进行。评价内容通过模板导入，模板类型包括：员工自评、领导自评、评价下级、评价上级、综合评价。

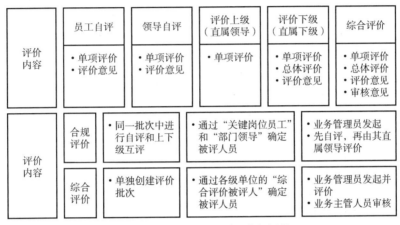

图3-27 合规平台出口的合规评价

（1）合规评价

合规评价分为总部发起、全企业集团范围总部发起、总部范围地区公司发起、地区公司范围四类。在全企业范围内，所有关键岗位用户、各级领导都要参与；在总部范围内，总部的关键岗位员工、各部门领导需要参与，另外地区公司的领导班子也要参与；在地方公司范围内，领导班子、其他各级领导、关键岗位员工都要参与。

合规评价还有如下要点：同一批次中进行自评和上下级互评；通过"关键岗位员工"和"部门领导"确定被评人员；业务管理员发起；先自评，其直属领导再对其评价。另外，合规评价到截止日期时，由系统关闭。

（2）综合评价

综合评价分为总部发起、地方公司发起、二级单位发起三种发起方式。由总部发起的范围内，总部的各部门领导、地区公司的领导班子需要参与；由地区公司发起的范围内，机关单位的领导班子除外的各部门领导需要参与；由二级单位发起的范围内，二级单位机关的领导班子除外的各部门领导和三级单位的领导班子需要参与。关于综合评价还有如下要点：单独创建评价批次；通过各级单位的"综合评价被评人"确定被评人员；业务管理员发起，并评价；业务主管人员审核。另外，综合评价在审核确认后，由业务主管手工关闭。

全系统模式的合规评价如图3-28所示。

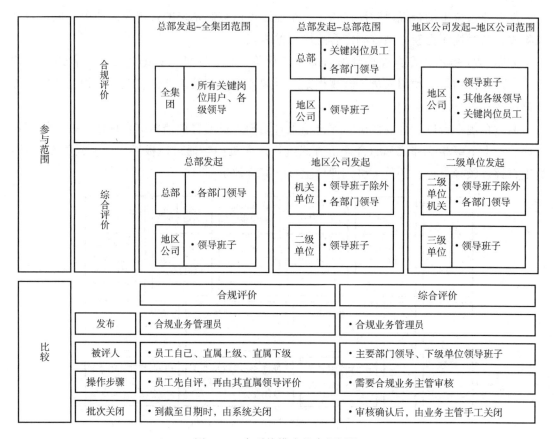

图 3-28 全系统模式的合规评价

（3）评价内容

员工自评、评价上级（直属领导）、评价下级（直属下级）、综合评价的内容各不相同。员工自评需要填写：单项评价、评价意见；评价上级（直属领导）需要填写：单项评价；评价下属（直属下属）需要填写：单项评价、总体评价、评价意见；综合评价需要填写：单项评价、总体评价、评价意见、审核意见。

（4）评价流程

企业合规的评价流程如下：对于合规评价，无论是自我评价、评价上级还是评价下级都采用一种评价方式，即由业务管理员维护评价模板，发布评价批次。关键岗位员工根据评价内容进行在线自我合规评价，同时在线进行上级评价，由部门领导在线进行下级评价。以上评价记录计入员工合规档案。综合评价流程如下：企业合规人员线下收集领导班子情况，征求意见，确定综合评价结果。随后由合规管理人员在线进行综合评价，由合规部门主管进行综合评价确认，最后计入员工合规档案。全流程模式的合规评价如图 3-29 所示。

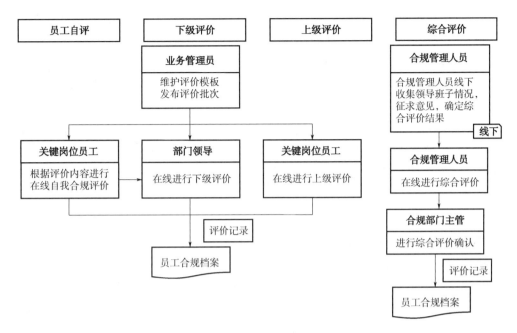

图 3-29 全流程模式的合规评价

（二）数字化合规的重点业务环节

1. 数字化合规的重点业务环节措施

在企业合规风险管控方面，企业应当持续开展重大风险监测工作，全面做好风险隐患排查治理，对年初评估出的重大风险进行全过程监督，将风险防控情况按季度备案。

企业推动数字化合规建设过程中，既有的合规设计规划上，需要针对合规风险做好合规预警和合规风险的应对措施。为系统做好合规风险防范工作，企业在风险预警的各个节点上，按照重点业务环节的相关领域，推动完成剩余风险的排查。

企业剩余风险的排查方式上，通过数字化的数字链接节点排查，协同各个岗位的协同排查方式，实现对各业务领域的内外部风险信息进行筛选、分类、汇总，形成线上+线下验证后的企业合规风险清单。

基于此，企业开展风险评估工作，按照风险等级判定标准，从影响程度和发生概率两个维度，通过对闭环通过线上系统赋分的实时结果反馈的数字化方式，以及针对非线上的部门人员与合规专员协同对风险进行评估打分方式，评估重大风险的投资管理风险、安全生产风险和合同管理风险，并按此进行重点管控和数字化融合的转型推动。

1）投资管理风险层面，企业按照管控层级要求，完善投资管理制度，明确投资管理流程，按规定的流程进行投资决策管理并融合进数字化制度规范体系内。聘请中介机构开展深入充分的尽调工作，对投资项目、投资方向和投资方式等情况进行详细深入的可行性研究分析，并形成线上的固化模型，线上同步，以判断项目承受风险的能力。关注项目合规性问题，完善投资项目后评价机制，提高后评价质量。

2）安全生产风险层面，企业需要全面落实安全生产责任体系，建立健全全员安全生产责任制，落实安全生产管理制度和操作规程，并形成系统的线上作业+线下作业联动方式。通过依法设置安全生产管理机构，持续完善安全风险辨识评估制度，健全安全隐患排查治理机制，加强安全隐患排查，严格落实安全隐患治理措施，实现安全生产的数字化工厂线上作业+线下管控的风控合规体系。

3）合同风险层面，企业需要实现所有合同的同步上线工作。启动全系统重大合同和在手合同调研工作的同时，借助数字化平台识别合同节点和合同特征管控，加强重大合同和在手合同管控，为完善重大合同、在手合同相关管理制度奠定基础。在这个过程中，可以通过法律数字化平台建设，完善合同模块数字化管控，规范和优化合同全生命周期管理。

2. 数字化合规的重点领域应对措施

企业合规的重点领域涉及公司总体顶层设计的公司治理层面的各个方面，针对企业公司治理的数字化模式，推动数字化公司治理的顶层设计和执行需要完成如下程序：

1）在编制公司决策制度实施办法及决策清单的基础上，结合商业模式完善企业法人治理结构，健全治理机制及相关规章制度，并需要同步将上述制度和清单完成数字化平台的上线工作。

2）将数字化平台智能完成的数字报告、专项意见、预警分析等，结合有关材料及时通过平台传达给需要做决策的企业董事和相关管理层，独立、充分发表意见，借助数字化系统，客观、全面、准确、翔实地记录会议。结合数字化的授权模式，决策的企业董事和相关管理层完成会议记录及决议的线上或线下签字确认。相关会议结束，则意味着顶层决策层面闭环完成，之后步入公司治理的执行阶段。

3）按数字化平台记录和管理层执行工作要求，按照《企业董事会授权管理指引》《董事会授权管理办法》及配套的方案和授权清单的要求，将这些企业最高等级制度规范嵌入数字化决策平台。这主要是达成两个层面的功能：一是董事会决策和管理层执行的各个层面有提示预警；二是按照董事会授权方式，将部分投资、融资、担保、资产处置、捐赠、赞助、资产评估报告备案、诉讼与仲裁等决策事项授权管理层行使，并借助数字化平台就授权事项、授权额度、授权期限等融合确定。在授权范围内，数字化系统按照预定结果提示行使权利，从而通过系统模式激发企业经营活力。

4）按照公司治理的分授权要求，针对采购管理、信息安全与数据保护、投资并购、境外业务、合同管理、劳动用工层面，系统推动数字化合规的系统规范与设计工作。

数字化合规重点模块建设实施案例

S市M区的某地方多元化股东结构企业R，是数字化高科技企业，通过系统的数字化产品提供服务。企业R具有数字化建设的先天优势，通过数字化业务过程，针对企业合规模式做融合嵌套，循序渐进，实现了采购管理、信息安全与数据保护、投资并购、合同管理、劳动用工这些重点领域的数字化协同建设。

1）采购管理层面，企业 R 统一搭建招标采购中心，规范工程、设备、原料采购等领域的采购行为。构建了"统一统筹、统一标准、一级集采、分级管理"的采购管理体系，将制定的《采购管理规定》管理标准融合进风控合规规范。将企业规范招标人行为、招标人代表选派及管理、领导干部招标行为禁令、招标人的禁止行为均实现规则上线、节点提示。针对评标委员会招标人代表选派实行"备案制、承诺制、轮换制"，同时编制招标文件范本并系统上线，通过此模型提高了招标文件规范化水平、招标采购效率，针对超过一定金额的采购实现了统一监督之下的招标全覆盖。

2）信息安全与数据保护层面，企业 R 重点加强了网络及数据安全防护措施、事件处置应对、管理制度建立落实等合规重点工作。通过网络工作责任制检查，评估风险，对症施策，全面提升了企业网络及数据安全管理能力。加强全企业网络安全纵深防御体系建设，不断提升网络安全事件预警、防护和处置能力，有效化解了网络安全风险。

3）投资并购层面，企业 R 制定了投资项目管理办法、并购管理办法、投资并购合规审查办法等专项管理制度并全部上线。从意向合作、内部立项、投资决策、协议签署及交割四个方面，从线上和线下两个维度加强合规管理。通过合规嵌入的线上投资节点管控模式，规范了投资并购合规审查的内容与程序，明确了投资并购的禁止行为，规范了投资并购合同合规条款，严格对重大投资决策开展合规审查与问责管理。

4）合同管理层面，企业 R 严格落实要求，借助合同的全部上线，实现合同管理的横向到边、纵向到底的全覆盖。针对合同管理实现了全系统、全级次、全领域覆盖上线工作后，结合线上针对合同的统计分析，系统落实合同底数、理顺管理流程、识别风险类型，梳理引发合同风险诱因。按照企业发展的现有领域和新拓展领域的发展需求，全面启动合同范本库建设工作，初步形成了一套科学规范、体系健全、内容完善、普遍适用、具有新时代特色的"合同范本库"与"法律条款库"。

专项风险管理示例–合同风险管控如图 3-30 所示。

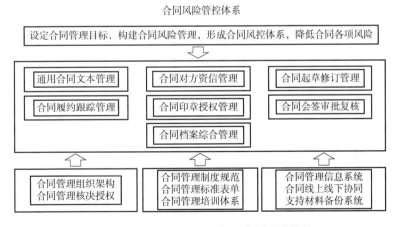

图 3-30　专项风险管理示例–合同风险管控

5）劳动用工层面，企业 R 严格遵守劳动法律法规，完善劳动合同审批管理制度，严格规范劳动合同的签订、履行、变更和解除，这些环节实现了线上与线下的联动，涉及的几个关键节点采取线上二次确认方式和跨级审批确认方式。按照要求推动全员绩效考核，建立职工不能胜任工作的岗位调整机制。对绩效考核不合格、违规违纪的员工，规范执行劳动合同法，依法解除劳动合同。加强人员招聘中的背景调查工作，对应聘者的背景信息、学历经历信息通过数字化平台进行审查并系统留痕，解决了计划做到的人才储备和人才质量问题，系统提升了在新业态的岗位人才补充能力。

第四节　内部控制

内部控制在提高企业的控制管理水平、提高企业经营效率和效果、促进企业实现发展战略等方面发挥了积极的作用。内部控制的逻辑就是系统的制衡思维。内部控制系统应该包括控制环境、风险评估、控制活动、信息与沟通、监督五个要素，并遵循全面性、重要性、制衡性、适应性和成本效益五项原则。企业的控制措施一般包括：不相容职务分离控制、授权审批控制、会计系统控制、财产保护控制、预算控制、运营分析控制和绩效考评控制等。

内部控制是企业发展的稳定器，但传统企业内部控制存在内控执行滞后、信息传递单向线性化、与业务活动和信息技术的相互融合度低等弊端，影响了企业内部管理和战略目标的实现。

企业通过利用智能化信息系统实时监控所有的实物资产，提高资产控制的效率和效果，同时降低相关部门获取信息的难度。通过使用共享模式，加快信息的发布和传递，提高信息传递效率，更好地将战略、财务和业务相融合，实现战略目标。通过使用风险、内控、合规一体化管理平台，减少流程执行中带来的风险，提高企业运营管理效率。

一、内部控制的智能化转型

内部控制的智能化转型中，可以实现从设计到执行到反馈再到评价均嵌套在业务活动中。执行业务流程环节时，各节点设置风险识别与预警机制，且各节点的预警机制可以相互印证与联动，能够对同一风险导致的问题进行更集中的反馈和分析。

传统内部控制的管理控制上，如果内控节点上管控不足，则业务流程缺乏关键风险控制点的审核，业务流程与内控流程之间缺乏衔接，导致人为可操纵的空间过大。

智能化转型的内部控制可以高效解决企业传统模式下的各种问题。业务流程数据通过数据中台及共享中心进行存储与审核，票证及税费的管理将外接税务系统，购销环节可借助底层数据的不可篡改性、可追溯性，实现合同及单据标签化、标准化，从而难以对购销合同及往来款项造假。传统内控与智能财务内控对比见表3-2。

表 3-2 传统内控与智能财务内控对比

项目	传统内控	智能财务内控
内部控制执行过程	滞后性	动态性：保持机动性与灵活性
信息传递方式	线性化	网络化：传递速度、信息可靠性、透明度提高
内控与业务流程的关系	割裂化	集成化：设计、执行、反馈、评价嵌套于业务流程

注：资料来源于《老板必知的十大风控合规工具》。

企业智能化转型的内部控制系统，可以在采购、生产、研发、销售全流程设置关键控制点及关键指标阈值，通过趋势分析、敏感性分析、异常检测、对比分析等多维度监测，实现异常的预警触发机制，全流程通过权限的相互制衡实现透明化操作，让造假无处遁形。

内控系统的智能化转型已经是企业经营管理竞争的关键和必然趋势，技术和信息赋能企业高质、高效地创造价值，对提升企业运营管理效率、智能化地支持管理决策有着革命性的意义。数字化转型还促进了内部控制系统的升级改造，为企业数字技术的应用落地提供安全可靠的环境，从而促进数字化转型的推行。

在数字化技术的辅助下，内部控制时空范围上的限制大幅降低，控制执行有效性极大提高，智能化模式本身具有的数据留痕、可溯源性、集成化、高精准性等特征，很大程度上减少了人工操作带来的失误、造假等隐患。智能财务内控系统与业务流程融合架构如图 3-31 所示。

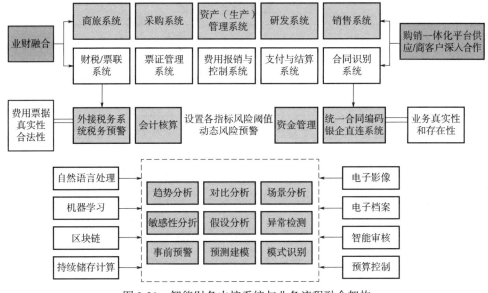

图 3-31 智能财务内控系统与业务流程融合架构

资料来源：《老板必知的十大风控合规工具》

二、内部控制五要素转型的体系完善

建立包括核决权限表、内控手册、内控评价手册和授权管理手册、内控预警体系、重大风险解决方案在内的内控体系。企业坚持以内控评价为抓手，按年度开展内控自评，综合运用抽样法、个别访谈法、穿行测试法等方法，经过逐项检查、证据查找、逐点评分，制定整改措施、落实责任到人，并由企业相关部门做好动态监督整改。

全面梳理企业内控管理现状，识别、分析和评估企业面临的各项风险，提高风险管理水平，构建充分可操作的风险管理为导向的内部控制体系。组织开展年度风险评估和内控评价工作，并根据评价结果进行修订、完善。

全面推进制度变革和流程优化，坚持以防控风险为导向，突破管理模块的边界，实施从需求到分析、从设计到落实、从制度到流程、从上线到应用的制度"体检"，逐级深入研究，逐个短板攻破，组织管理标准修订，搭建边界清晰、职责明确的管理模块、流程图，夯实提升合规管理的制度基础。

科技制造和科技服务类企业，在组织制度和信息系统的支撑下，涉及营销、设计、供应链管理、计划、制造、质量、原料管理等方面经济业务的过程。

（一）智能内控机制框架

这些支撑条件和经济业务的发生均伴随着企业资金的运动，构成了一个封闭的生产循环系统。企业应使内部控制贯穿于工业企业整个智能制造的生产循环系统，从而保护企业资产完整、避免舞弊，同时降低生产成本，提高经济效益。智能内控机制框架见表3-3。

表3-3 智能内控机制框架

内控环节	内控项目
组织制度	人员职责分工是否合理清晰，是否建立风险评估程序
	内部单据是否进行检查稽核，是否开展企业内控自评
	是否进行员工培训与再教育
信息安全	企业电子数据是否持续管控，企业数据存取是否依权限进行管控
	企业电子数据是否定期备份，外部信息资源是否持续管控
	信息资源是否进行评估与测试，信息资源是否进行监控与改善
	企业信息安全政策是否完善，企业软硬件遴选是否合理
	信息资源是否符合终端使用者需求
营销	是否开展客户信息搜集与分析
	对客户售后服务是否完善，是否切实考虑顾客需求
设计	产品设计是否应顾客需求改良，产品所需原材料是否进行规划
存货管理	原材料与存货领取是否记录完善
	存货是否以恰当会计方式表达，存货是否均由授权人员处理
	存货是否有完善的仓储管理，存货移转是否经过授权核准
	存货订购与生产是否经详细规划，是否对存货盘点进行规划
供应链管理	是否对供货商资质进行评估核准，供应链流程是否进行规划

(续)

内控环节	内控项目
计划	物料计划是否通过信息系统进行，企业总体产能是否评估
计划	制造设备是否配置适当，生产流程是否妥善计划
制造	作业现场是否进行监督与控制，是否产出生产进度报告并进行复查
制造	是否遵循生产流程进行制造，是否对生产流程进行检测与管控
制造	企业是否测试工作效能，制造相关设备是否由专人进行管控
质量	产品是否进行质量检测与管控，生产设备是否进行质量管控
质量	生产循环是否进行质量管理

注：资料来源于《老板必知的十大风控合规工具》。

（二）智能化内部控制五要素对策

1. 智能化内部控制的内部环境对策

治理决策体系完善层面的问题，分为重点问题和一般性问题。

重点问题在董事会层面。从这个层面来说，需要企业梳理决策制度体系。首先，根据监管要求持续优化公司治理工作质效，明确规定研究讨论的重大事项。其次，根据相关要求系统修订制度规范，高度重视决策事项清单的整体性、关联性和协同性，明确股东会、董事会、经理层等主体在决策过程各环节的职责，促进各治理主体工作有序衔接，更好地发挥董事会"定战略、做决策、防风险"的功能作用。

一般性问题主要是在内部环境层面，见表3-4。内部环境发现的问题主要有：①治理结构不完善，不能对管理层进行独立有效的监督与控制；②风险控制意识薄弱；③公司组织架构与公司规模、业务不匹配；④没有一套严格、统一的授权体系；⑤财务及信息系统管理分散；⑥没有明晰的企业文化；⑦没有岗位说明书和合理的员工绩效考核办法。

表3-4 内部环境

评价对象	评价目标	评价内容
1. 组织架构	保证治理结构健全规范，组织机构设置科学合理，权责分配清晰适当	治理结构是否具有效力，组织机构设计是否适当，结构层次是否科学，权责分配是否合理、清晰等
2. 内部审计	保证内部控制健全、有效；及时发现经营管理中的违规行为，采取措施进行纠正	内部审计机构是否具有独立性，是否具有必要的人员及条件，是否遵循职业道德；审计项目及审计质量是否符合规定，是否能满足公司管理和发展的需要；内部审计符合经营管理重点，审计成果是否得到有效运用
3. 人力资源政策	保证选拔和聘用的员工具备胜任能力；员工道德素养和业务素质不断提高；员工责权利的有机统一	人力资源是否充足、结构是否合理；人力资源激励约束标准是否合理、优胜劣汰机制是否完善；选拔和聘用的员工是否具备胜任能力，以及员工的道德素养和业务素质是否适合公司发展需要；员工权责是否清晰或是否按规定执行等

(续)

评价对象	评价目标	评价内容
4. 企业文化	保证公司整体价值观的培育；公司经营管理理念的提高；公司员工综合素质的提高	是否具备积极向上的价值观、诚实守信的经营理念、为社会创造财富并积极履行社会责任的企业精神；员工对企业文化的认知和理解是否充分；企业文化创新性是否充足；是否重视并购重组中的文化差异和理念冲突等
5. 社会责任	保证生产经营的安全；加强环境保护和资源节约，履行节能减排责任；促进就业和员工利益保护	安全措施是否到位，责任是否落实；环境保护投入是否充足，是否注重节能减排；促进就业和员工权益保护是否充足等

案例

H省B市V区的国有企业X，部分重大决策事项应由总经理办公会审议批准后开始执行，但实际经党委会决策后即开始执行。公司党委会确定了人员任免、企业对外投资管理制度、年度预算管理办法，针对企业年度结算做了批示，针对企业经济责任审计整改做了决策。此外，公司党委会还就公司投资建设项目做了决策。

党委会和总经理办公会权责边界不清，党委会和董事会职责边界也不清，导致党委会前置研究讨论结果作为业务决策。这使得公司总经理办公会职责被削弱，董事会职责也仅仅履行签字程序，将决策权让渡给党委会，企业治理出现了漏洞。常规企业需要及时整改，杜绝党委会替代总经理办公会尤其是克服党委会替代董事会决策投资类事项、预算类事项的问题。

2. 智能化内部控制的风险评估对策

风险评估发现的常见问题如下：①缺乏企业整体目标，包括战略目标的确定与更新；②下属机构与总部目标不一致，导致风险的识别不一致；③缺乏风险识别与预警机制及对新市场、新产品/服务的风险评估；④缺乏机制进行定期系统的风险评估。具体见表3-5。

表3-5 风险评估

风险评估	评价目标	评价内容
目标设定	保证公司确定明确的发展目标，保证公司发展目标层层分解落实	是否具有明确的发展目标，发展目标是否符合公司客观实际，公司发展目标是否分解落实
风险识别	保证充分识别影响公司发展目标实现的风险因素，保证对风险的识别及时进行补充和完善	是否充分识别风险因素，对风险的识别是否随实际情况的变化及时更新
风险分析	保证风险分析准确适当，保证风险评价结果准确适当	风险分析是否准确，风险评价结果是否准确
风险应对	保证风险应对策略合理适当，保证风险解决措施充分有效	风险应对策略是否合理，风险解决措施是否具有可行性

案例

J市C区的国有二级子企业集团R，为推动企业所在区的一项相关设备设施收购项目，经公司管理层办公会、党委会、董事会审批，由于属于国有一级集团针对二级子集团的授权执行范围，按此启动收购程序。期间，企业集团R通招标程序落实了资产评估公司Z。评估公司Z出具了两份评估报告，评估报告的时间、文号、结论相同，但采用的评估方法不一致，且评估报告没有评估师和评估公司印签。经内审确认后，依然未落实企业集团R有正式文件和评估报告作为收购程序的决策事项。

企业集团R依据非正式文件进行重大事项决策，且之后未履行合适的程序落实相关重要的支持报告和附件。决策依据作为非正式文件，违反企业治理要求。企业集团R需要及时整改，并至少保证正式决策时所依据的资产评估报告等经签字盖章生效。

3. 智能化内部控制的控制活动对策

控制活动包括决策管理、战略管理、投资管理、经营管理、运营管理、采购管理、人力资源管理、绩效管理、财务管理、企业管理、安全管理、研发创新、环保管理、产权管理、资本运作、资产管理、法律事务、内部审计、内部控制、风险管理、合规管理、信息化管理、行政管理。这些控制活动的作用和参照规则具体如下。

（1）决策管理

需要判断企业决策制度体系是否健全，是否符合企业实际管理需求与相关决策要求。企业决策管理过程中不相容职务是否充分分离。需要参照规则：董事会议事规则、总经理办公会议事规则、其他议事规则。

（2）战略管理

需要判断企业战略管理制度体系是否健全，是否依据组织外部环境和内部条件设定企业的战略目标，是否符合企业实际管理需求与监管部门相关要求；企业战略管理机构是否健全，是否符合国家、行业及企业管理相关要求；企业战略管理过程中不相容职务是否充分分离。需要参照规则：战略规划管理办法制度、战略与投资决策委员会工作细则等。

（3）投资管理

需要判断企业投资管理制度体系是否健全，是否符合企业实际管理需求与相关投资管理要求；企业投资管理过程中不相容职务是否充分分离。需要参照规则：企业项目投资管理办法、投资项目后评价管理办法等投资管理制度。

（4）经营管理

需要判断企业经营、业务协同管理制度体系是否健全，是否符合企业实际管理需求与监管部门相关要求，能否达到协同效应；企业经营管理过程中不相容职务是否充分分离。需要参照规则：生产经营计划编制管理办法、统计管理办法、生产经营管理办法等经营管理类制度。

（5）运营管理

需要判断企业运营管理机制是否健全，是否符合企业实际管理需求与监管部门相关要求，是否能跟上行业先进步伐；企业运营管理过程中不相容职务是否充分分离。需要参照规则：运营管理检查办法等制度。

（6）采购管理

需要判断企业采购管理制度体系是否健全，请购、审批、购买、验收、付款等环节的职责和审批权限是否明确，是否建立了科学的供应商评估和准入制度，采购过程是否经有效监督；企业采购管理过程中不相容职务是否充分分离。需要参照规则：采购管理办法、招标管理办法、采购管理规定等采购管理类制度。

（7）人力资源管理

企业需要判断人力资源管理体系建立是否完善，相关岗位职责权限划分是否清晰，人力资源规划、招聘管理、员工退出、薪酬管理、培训管理及绩效考核等相关规定编制是否规范；企业人力资源管理过程中不相容职务是否充分分离。需要参照规则：员工奖惩办法、企业负责人薪酬管理办法等人力资源管理制度。

（8）绩效管理

需要判断企业绩效制度体系是否健全，是否满足企业激励约束管理需求；企业绩效管理过程中不相容职务是否充分分离。需要参照规则：企业考核管理标准、企业管控分类授权管理手册、企业负责人经营管理绩效考核办法、企业董事考核管理标准。

（9）财务管理

需要判断企业财务管理制度体系是否健全，是否符合企业实际管理需求与监管部门相关要求；企业财务管理过程中不相容职务是否充分分离。需要参照规则：财务管理制度。

（10）企业管理

需要判断企业组织机构、授权管理、标准化管理、管理创新管理、经营责任管理等相关制度是否健全，是否能满足企业管理需求；企业管理过程中不相容职务是否充分分离。需要参照规则：管理创新成果评审办法、工作督办管理办法等管理制度。

（11）安全管理

需要判断企业安全管理制度体系是否健全、是否符合实际管理需求与监管部门相关要求，企业安全管理机构是否健全、是否符合国家、行业、企业管理相关要求，安全管理是否存在较大风险隐患，安全生产责任制是否健全，安全生产责任是否清晰，安全生产责任落实是否到位；企业安全管理过程中不相容职务是否充分分离。需要参照规则：安全生产管理流程、安全生产工作规定、安全检查管理规定、安全生产应急管理办法、安全生产工作规定等管理制度。

（12）研发创新

需要判断企业研发创新管理制度体系是否健全，是否符合企业实际需求与监管部门相关要求；企业研发创新管理过程中不相容职务是否充分分离。需要参照规则：研发项目管理制度、科技研发费用管理、科技创新管理等管理制度。

(13) 环保管理

需要判断企业环保管理制度体系是否健全，是否符合企业实际需求与监管部门相关要求；企业环保管理过程中不相容职务是否充分分离。需要参照规则：环境保护管理制度等管理制度。

(14) 产权管理

需要判断企业产权管理相关制度是否健全，是否能满足企业实际相关产权管理的需求；企业产权管理过程中不相容职务是否充分分离。需要参照规则：产权登记管理办法、企业产权转让管理办法、资产评估管理办法等产权管理类制度。

(15) 资本运作

企业需要注意企业筹资制度体系是否健全，是否明确股权融资、债券融资的相关规定，相关信息披露程序、投资者关系处理方式方法是否完善，是否达到有关信息披露的国家要求，以及是否维护好投资者的相关关系；企业资本运作管理过程中不相容职务是否充分分离。需要参照规则：信息披露管理办法等资本运作管理制度。

(16) 资产管理

需要判断企业资产管理制度是否完善健全，是否满足企业实际管理需求；企业资产管理过程中不相容职务是否充分分离。需要参照规则：企业总部固定资产管理办法、产权转让管理办法等资产管理制度。

(17) 法律事务

需要判断企业法律事务管理制度体系是否健全，是否符合公司实际管理需求与监管部门相关要求；企业法律事务管理过程中不相容职务是否充分分离。需要参照规则：合同管理办法、法律纠纷案件管理办法等法律事务管理及合同管理制度。

(18) 内部审计

需要确认企业审计管理制度体系是否健全，是否符合企业实际管理需求与监管部门相关要求；内部审计组织体系是否完善，是否符合相关要求；企业审计管理过程中不相容职务是否充分分离。需要参照规则：内部审计工作管理办法、内部经济责任审计管理办法、审计档案管理办法、内部审计工作管理办法等管理制度。

(19) 内部控制

需要判断企业内部控制管理制度体系是否健全，是否符合企业实际管理需求与监管部门相关要求；企业内部控制管理过程中不相容职务是否充分分离。需要参照规则：内部审计工作管理办法、内部经济责任审计管理办法、审计档案管理办法、内部审计工作管理办法等管理制度。

(20) 风险管理

需要判断企业风险管理制度体系是否健全，是否符合企业实际管理需求与监管部门相关要求；企业风险管理过程中不相容职务是否充分分离。需要参照规则：全面风险管理办法等管理制度。

（21）合规管理

需要判断企业合规管理制度体系是否健全，是否符合企业实际管理需求与监管部门相关要求；企业合规管理过程中不相容职务是否充分分离。需要参照规则：企业合规管理办法等管理制度。

（22）信息化管理

需要判断企业信息系统及网络信息安全制度体系是否健全，是否满足公司信息化管理要求；企业信息化管理过程中不相容职务是否充分分离。需要参照规则：信息系统建设管理办法、系统运维管理办法、网络与信息安全管理规定等制度。

（23）行政管理

需要判断企业行政管理制度体系是否健全，收发文管理、印章与证照管理、车辆管理、档案管理等环节的职责和审批权限是否明确；企业行政管理过程中不相容职务是否充分分离。需要参照规则：公文管理办法、文书档案管理办法等行政类制度。

控制活动通常发现的问题如下：①缺乏全面预算管理和有效项目管理；②缺乏有效的IT控制；③着重预防型控制而忽略检查型控制；④缺乏对控制的文档记录。

案例

山西太原市N区的国有企业S，针对企业资产运营部门和财务管理部门，就已经报废无法使用的资产计划计提减值，上个月经总经理办公会审议之后，第二个月提交公司党委会进行审议。

由于先经总经理办公会审议通过之后再提交党委会审议的行为，实际是决策程序的倒置。从公司治理角度而言，先形成业务决策，再进行党委会研究讨论，是违反企业治理要求的。从公司治理角度，此类事项需要整改规范和杜绝。

案例

江苏N光伏企业与江苏W资产管理有限公司开展合作，对光伏投资进行设计；工程建设单位为江苏W资产管理有限公司，监理单位为江苏X工程管理有限公司，施工单位为南京O工程有限责任公司。预计工程费用5000万元，其中江苏W资产管理有限公司承担3500万元，其他费用由江苏N光伏企业承担。工程于2023年6月开工，当年9月竣工。2023年10月，江苏W资产管理有限公司委托南京O工程有限责任公司对项目进行审核，并出具结算额为9500万元的结算报告。经协商，由苏州P造价工程师事务所有限公司出具了审核报告（审核报告无印鉴），造价结论为7500万元。

江苏N光伏企业业财融合智能化示范项目，经总经理办公会于2023年8月批准项目预算5500万元。2023年9月，企业发布招标公告，招标限价3500万元。项目由无锡W财务数智公司中标，中标金额2750万元，中标金额为预算的50%。

从上述业务决策事项上看，业务实际与决策事项差异大，决策依据严重偏离业务实际，违反企业治理要求。企业需要及时整改，并对问题根源进行深度挖掘。

4. 智能化内部控制的信息与沟通对策

信息与沟通层面，需要确保信息系统、沟通渠道、反舞弊机制的协同。信息与沟通常发现的问题如下：①信息系统无法满足财务、业务需要，无法向管理层及时提供正确相关的信息；②信息系统的设计与公司战略不一致；③公司上传下达不力；④部门或地区之间沟通不力。信息与沟通的评价目标和评价内容见表3-6。

表3-6 信息与沟通的评价目标和评价内容

机制	评价目标	评价内容
1. 信息	保证经营发展所需信息得到及时收集，保证收集的信息得到适当整理加工，保证信息及时准确地传递	经营发展所需信息是否能够及时收集，收集的信息是否能够得到适当整理加工，信息是否能够及时准确地传递
2. 沟通	保证沟通渠道畅通，保证沟通的有效进行	沟通渠道是否顺畅，沟通是否有效进行
3. 反舞弊机制	保证预防舞弊措施落实到位，保证及时发现经营管理中的舞弊行为并按规定进行处理	反舞弊机制是否落实，是否有效开展反舞弊工作，是否及时发现经营管理中存在的舞弊行为，发现的舞弊行为是否及时得到处理

5. 智能化内部控制的内部监督对策

内部监督事项上，企业易出现的问题主要包括：①缺乏对内部控制的定期评估；②内审部门没有独立性，不能有效进行监督工作；③内审工作范围与计划不合理；④内部控制缺陷不能及时得到纠正。内部监督的评价目标和评价内容见表3-7。

表3-7 内部监督的评价目标和评价内容

内部监督	评价目标	评价内容
1. 持续监督	保证及时发现内部控制运行过程中出现的问题，保证对内部控制缺陷及时进行整改，维护内部控制体系的健全有效	是否及时发现内部控制运行过程中存在的问题，是否及时发现内部控制存在缺陷，是否及时对内部控制体系进行补充和完善
2. 自我评价	强化内部控制意识，健全内部控制机制，严格落实各项控制措施，确保内部控制体系有效运行，提高风险管理水平，推动发展战略和经营目标的实现。保证对内部控制缺陷及时进行整改，维护内部控制体系的健全有效。增强业务、财务和管理信息的真实性、完整性和及时性；保证充分识别影响公司发展目标实现的风险因素	内部控制意识是否薄弱，机制是否健全，各项控制措施落实是否到位，内部控制体系是否有效运行；对风险的识别是否随实际情况的变化及时更新，内部控制缺陷是否及时整改，内部控制体系是否存在漏洞；是否充分识别影响公司发展目标实现的风险因素，控制措施是否缺失

第五节　内部审计

随着全球经济的快速发展，新知识、新技术、新思维对传统的理念形成强大的冲击，越来越多传统内部审计模式企业为适应时代发展选择向数字化转型。通过将大数据与审计经验相结合，建立审计全覆盖大数据分析平台，帮助审计人员掌握更多信息，进行实时监督，提高工作效率。通过建立内部审计智能化应用技术框架，将人工智能、智能软件、计算能力等技术与内部审计结合，并将其应用到具体场景中，实现内部审计与智能化科技赋能协同。

实施内部审计数字智能化转型，在减少审计数据采集量和分析时间的同时，还优化了内部审计组织结构和审计流程，有效地识别风险，帮助企业更好地进行企业治理，实现战略价值。

一、内部审计转型模式

与传统内部审计的事后监督与提出疑点路径不同，数字化和智能化内部审计能够在事前及事中利用系统数据识别风险、规避风险与风险管控，最终目标是服务于企业经营治理，实现整体价值增值。

非现场审计和云审计的特点如下：审计人员应用信息技术进行远程访问和审计；利用云计算的理念和技术构建审计服务平台；实现审计数据的云存储和审计资源的协同共享；审计人员更专注于信息的分析和报告；审计所需要的数据和程序都存储在云里；公共云审计中心为整个审计行业服务；云具备处理海量数据的能力；为企业的资产、物证等资源贴上电子标签；审计专用设备连接到云审计平台，通过物联网、利用无线射频识别对被审计单位的实物信息进行实时跟踪，实现审计数据的及时共享。

（一）审计数字化转型发展的趋势

传统内部审计模式是检查组织的重大风险领域，并向管理层和董事会提供有效管理重大风险的见解和建议，以帮助组织实现其目标。而如今内部审计数字化转型模式则是利用内部审计的业务智能门户，使审计全覆盖大数据分析平台（图 3-32），将大数据与审计经验相结合，审计人员通过大数据的全覆盖掌握更多的信息，将工作重点转移到最需要关注的模块并深入了解原因。内部审计人员能够即时编程、建立模型和使用流程智能工具，以便在整个组织内共享和对风险管理进行适当的监督。

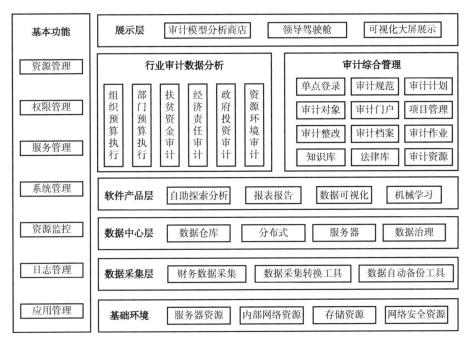

图 3-32　审计全覆盖大数据分析平台架构
资料来源：《老板必知的十大风控合规工具》

（二）持续推进信息技术赋能审计工作

1）构建企业数据归集机制。依托数字化平台的建设，探索构建企业审计数据归集、使用机制，完善相关制度流程，打通审计调阅数据壁垒，探索数据采集、分析、使用管理标准，减少碎片化作业，提高审计质效。

2）加强数据资源分析利用。提升运用科技手段开展审计的意识和能力，加强可用数据资源的综合分析利用，加强与财务、人事、采购、投资等业务部门的联动协同，通过大数据分析辨别潜在风险，聚焦审计重点，提高审计监督精准度。

二、内部审计转型进阶

内部审计智能化应用技术框架如图 3-33 所示。该框架主要包括基础层、技术层、应用层三个层面，并基于战略愿景、组织架构、人才培养等六项治理环境要素加以保障。

其中，基础层包括计算的能力与大数据，二者分别代表内部审计的计算技术硬件和数据资源渠道。技术层包括作为核心部分进行算法模块化封装、迭代与推断的软件，以及 RPA 技术、自动语音识别、网络爬虫、可视化工具等基础智能化科技；应用层包括内部审计智能化的应用产品与应用场景，它们是智能化科技赋能与内部审计协同的最终成果表现。

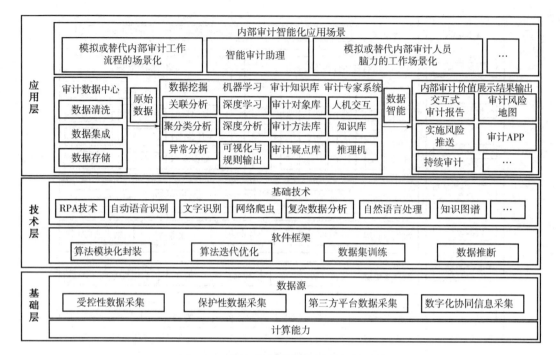

图 3-33 内部审计智能化应用技术框架

资料来源：《老板必知的十大风控合规工具》

（一）内部审计的治理环境

1. 战略与愿景

智能化的内部审计不仅是在技术层面上做出改变，更需要明确转型的战略和愿景。企业内部审计部门需要调整组织结构、引入先进文化，促进组织应用智能化技术的思想，推动内部审计实现其职能战略。

2. 组织架构

数字化与智能化为企业植入新型内部审计带来应用，而战略与愿景的实施需要匹配全新的审计团队和组织人员。企业需要重新定位组织职能和结构布局，从而使内审工作更具敏捷性与效率性。

3. 人力资源配置与审计人才管理

审计团队作为内审的主要实施者，不仅需要拥有审计专业素养，更要紧跟智能化步伐，学会高效地利用网络信息系统、处理信息化数据。

4. 风险防火墙协调一致的保障

内部审计需要利用技术赋能发现风险点，并传出预警进行规避和控制。内部审计与企业风控协调一致，为企业治理提升效率。

5. 内部审计管理

内部审计管理主要包括计划管理、作业中心管理、缺陷修整管理等，通过这些方面管理保障内审工作的正常实施。

基于云平台所构建的内部审计智能化,必须要保证数据存储、转移及处理的安全性。五位一体风控集成逻辑如图3-34所示。

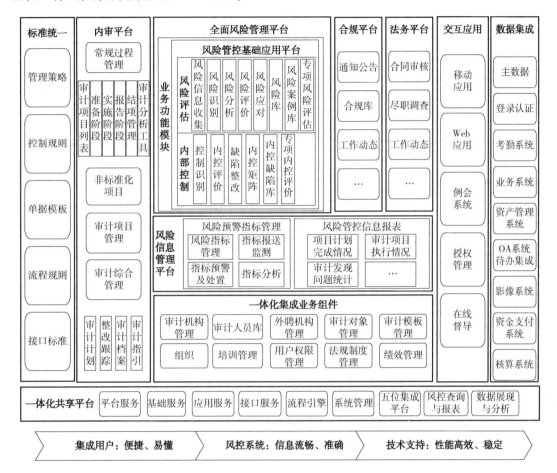

图3-34 五位一体风控集成逻辑:循序渐进、互联互通

(二) 内部审计的数据源与计算能力

按照特性来看,审计所需要的数据分为受控性、保护性、第三方、数字化协同化下的不同来源。通过算法技术实现数据采集与转化,为技术层的处理与分析、应用层的智能化产品提供数据基础。

1. 内部审计的基础技术

内部审计的基础技术主要有自动语音识别技术、网络爬虫技术、知识图谱和复杂数据分析等。自动语音识别技术能够实现语音数据的自动转换分析,提炼有价值的数据信息。利用网络爬虫技术同时配合图像与语音识别,可以实现外部海量数据的高价值筛选与收集,以及对审计疑点和风险点的精准抓取。利用知识图谱,可以实现企业繁杂数据的整合，形成知识网络突破关系型数据库的限制，提高审计效率和精准程度。对复杂数据进行分析可以梳理数据间的关系，发现其中蕴含的规律，捕捉疑点，指引工作。

2. 内部审计的智能化产品

内部审计的智能化产品主要有审计数据中心和审计知识库。审计数据中心的出现是由于各个渠道采集的数据不够准确、不够完整、较为杂乱等问题，需要恰当运用数据管理，利用数据清洗和集成进而提升审计数据的质量，方便内审人员调用。审计知识库是知识动态积累的仓库，结合了审计业务实践，为智能化提供场景模式、提供规则与标准，涵盖相关法律法规的同时也记录并且规范着智能运用中的算法与数据来源，提高了审计结果的精确性与效率。

3. 智能化审计的应用场景

应用场景是智能化审计的最终落脚点，其核心之处在于：通过数智化算法与模型替代或模拟审计人员的工作流程需要甚至是其智力思维活动，从而将内部审计工作落到实处。

审计人员应用信息技术进行远程访问和审计的作用如下：①利用云计算的理念和技术构建审计服务平台；②实现审计数据的云存储和审计资源的协同共享；③审计人员更专注于信息的分析和报告：审计所需要的数据和程序都存储在云里；④公共云审计中心为整个审计行业服务；⑤云具备处理海量数据的能力：为企业的资产、物证等资源贴上电子标签；⑥审计专用设备连接到云审计平台，通过物联网、无线射频识别技术对被审计单位的实物信息进行实时跟踪，实现审计数据的及时共享。内部审计的价值提升见表3-8。

表3-8 内部审计的价值提升

特征	底层基础工作	中层运营程序	高层价值赋能
能力呈现	财务能力	财务与运营	财务、运营和战略能力
公司治理	没有参与	有限参与	咨询师身份深度参与
章程角色	财务控制制度遵循	财务控制和运营有效性	业务控制和风险咨询
风险关注	财务和合规	财务和运营	五位一体全面风险覆盖
实施方法	内部控制合规检查	流程和控制为核心内审程序	多维职能风险管理框架
报告内容	基本财税合规问题	流程和运营提升建议	风险和趋势分析及动态报告
扮演角色	企业警察与报告者	企业管家婆与咨询专员	被信赖的咨询师与生态设计
推动视角	历史性与应对性	同步性与实时性	主动性与预见性
量化计算	定性多量化少	工作底稿信息化和自动化	数据分析持续审计和监控

审计信息化是审计思维、方法、工具等的综合信息化，IT审计是对信息系统的审计，计算机辅助审计是用计算机手段辅助开展审计工作，计算机辅助审计包括辅助作业审计和辅助审计管理，辅助作业审计是开展现场审计和非现场审计业务，辅助审计管理则是审计项目管理、程序管理、数据管理和档案管理。审计信息化的范围如图3-35所示。

第三章
公司治理的风控合规生态重塑

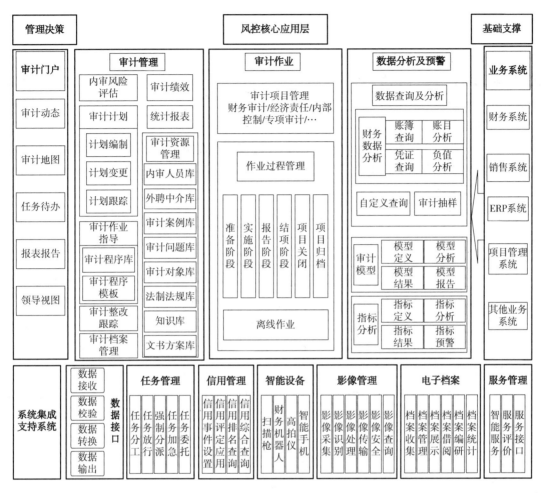

图 3-35 审计信息化的范围

审计专项提升上,可以采取过程测试法,也可以借鉴审计的方法测试流程缺陷,并分析缺陷可能导致的合规风险。穿行测试是常用的审计测试方法,从流程出发,通过抽取全过程的样本文件,了解整个流程执行情况,查找流程缺陷,评价风险控制的有效性。合同流程内控测试如图 3-36 所示。

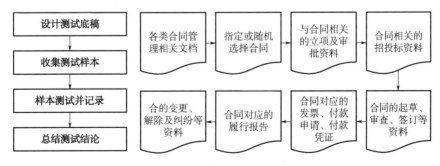

图 3-36 合同流程内控测试

案例

S 省 T 市 Q 区的民营集团型企业 G，在一次内部审计检查中发现上年度二季度至三季度的三批原材料招标过程中，招标代理机构同时为中标单位。招标的几家单位的招标文件编制存在大部分雷同，且不规范，部分文件投标资格条款缺乏条理性，其中合同签订日期滞后于中标通书要求时限、合同价款与中标通知书价款不一致。经过针对合同、发票、资金、采购材料的支持材料的检查发现，企业 G 的采购发票和合同金额要求规定不匹配，且部分采取了现金支付方式，并未采取公对公付款方式，这导致上述招标业务的四流一致匹配程度达不成一致。

企业需要严格按照招投标管理办法，严格实施招投标。

案例

A 市 W 区的 V 企业是投资型实体企业，由 8 位自然人投资设立，2010 年投资注册资本金 5000 万元，并由其中 2 位股东借款 3000 万元用于投资运营。

V 企业自 2010 年成立以来至今，已形成了承担实业运营、产业投资、园区开发的业务新格局。截至 2022 年 6 月，企业员工总人数达 1500 人。作为 J 市投资建设的"主力军"，投资运营接近 20 个具体项目。

V 企业为推动企业的高效运营，紧跟政府信息化建设脚步，2012 年正式成立业务运营共享中心，各分支机构的运行同属总部进行集中管理。V 企业的 2 位联合创始人对企业的风控合规要求比较严格，在业务运营常态化之下，计划推动企业的风控系统，并从内部审计角度出发拓展风险管理。为此，V 企业设立专项管理小组，针对企业各个业务条线，协同合规化运作需要，结合企业内部稽核管控要求，建设成企业一体化的业务与财务融合下的审计智能化系统。

V 企业从股东层面结合董事会层面的推动，决定就企业内部审计做系统转型，提升内部审计效率，改善内部审计对企业的价值发现和服务智能，对企业内部审计的整体运作模式和框架进行优化与改进。为此，V 企业首先优化内部审计组织结构，明确内部审计部门直接向董事会汇报，并在企业日常经营管理环节向管理层汇报。此外，为提升内部审计的效果，引进内部审计实战经验丰富的审计经理一人，并引进相关新型智能化审计人才一批。具体推动方案如下：

1）内部审计架构上，V 企业在内部审计部门设立内部审计平台经理一职，将职能做好审计分析、日常审计、审计管理、智能审计四个条线，形成内部智能审计体系，其组织结构如图 3-37 所示。

2）为协同将企业传统的三大内部审计岗位盘活，企业打造内部智能审计体系的同时，引

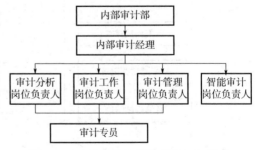

图 3-37 内部智能审计体系的组织结构

入智能审计人才,以精通 RPA、网络爬虫、区块链等新型技术,实现审计数据的文本识别、自动核对等目的的相关人员为主。通过 RPA 与大数据的结合降低人工错误,并配置专业的系统技术人员对系统进行定期维护。

3)企业做好风控系统的顶层建设,将内部审计模块接口实现与业务共享、财务共享中心两个中心的接口打通,打造内部审计共享服务平台,融合法务管理、内控管理、分线管理于一体的四项智能的融合,构建智能化内部审计协同的风控平台。

4)企业将内部审计模块全面系统地引入企业业务和财务共享的所有信息化体系,内部审计部门的团队将包含风险监控在内的审计模型嵌入共享体系下的审计中心,并凭借智能技术的深度学习进行优化。智能化科技赋能下的内部审计平台主要包括数据获取、数据处理、数据储存、数据分析、场景应用五部分。

5)在智能化内审平台基础上,重新修订并确定新的智能化内部审计流程。具体在如下节点做好系统设计:①流程确保内部审计工作能够通过各类技术连接业务数据库,经过智能化算法的整合匹配与分析处理,自动找寻审计疑点、输出关键控制点;②内部审计组织将线索归集至"审计作业平台"后,系统将会自动识别风险、抓取审计重点、驱动审计流程任务;③内部审计相关人员要对任务完成的合理性加以判断,重要情形下实施核实,完成最后的审计工作。内部智能审计体系的审计流程如图 3-38 所示。

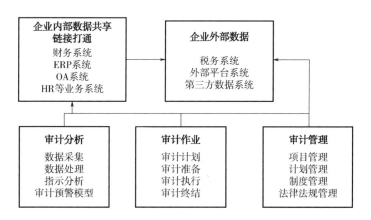

图 3-38 内部智能审计体系的审计流程

通过建立 V 企业财务共享下内审智能化体系,企业的内审工作效率提升 300%、审计发现问题线索提升 150%、审计跟踪效率提升 200%、人员执行专业化效果提升 100%,企业治理进一步优化,整体价值增值得以实现。

三、机器学习的智能审计应用

使用机器学习技术,实现识别公司是否舞弊的目的,展现大数据时代机器学习在财务领域的应用。具体流程如下:第一步,从相关数据库下载公司的相关财务指标数据、经营数据和违规数据；第二步，由于舞弊的企业数据远少于没有舞弊的企业的数据，从上述数据中根据资产总额的大小对舞弊企业和非舞弊企业进行1∶1匹配，配对后抽取样本数据；第三步，先对样本数据进行相关性分析，选取最重要的预测指标，再使用这些指标进行机器学习，并建立预测模型；第四步，将预测模型应用于目标数据，得到模型预测结果。

（一）数据介绍

从数据库下载数据，并将信息进一步处理为二元数据（设定的规则视作确定模式，取值1，未达的规则取值0）。举例见表3-9。

表3-9 财务公式设置数据处理

财务指标	偿债能力	X1	速动比率
		X2	现金比率
		X3	资产负债率
	现金流量指标	X4	净利润现金净含量 TTM
	盈利能力	X5	总资产净利润率（ROA）A
		X6	营业毛利率
	营运能力	X7	利润总额增长率 A
		X8	总资产增长率 C
		X9	应收账款周转率 A
		X10	存货周转率 A
		X11	流动资产周转率 A
		X12	固定资产周转率 A
		X13	资产报酬率 A
		X14	资产总计
	风险水平	X15	财务杠杆
		X16	经营杠杆
非财务指标	股权结构	X17	监管层持股数量
		X18	前十大股东持股比例（%）

在获取数据后，经过缺失值处理、无比数据和非无比数据匹配等数据处理步骤，得到用于机器学习的样本数据。

（二）Mann-Whitney U 检验

在样本数据的指标中，并非所有指标都适合参与机器学习。为提升机器学习的效率和准确率，在进行机器学习前，需进行 Mann-Whitney U 检验。

Mann-Whitney U 检验是一种非参数统计检验方法，用于比较两个独立样本的数据是否存在显著差异。在本项目中，对于任一财务或非财务指标，都能基于设定检验规则将数据分为符合规则组和不符合规则组两组。因此，使用 Mann-Whitney U 检验能帮助了解哪些指标能够在两组数据中存在显著差异（拒绝原假设），进而更好地用于机器学习。

通过调用 Python 中 scipy. stats 模块的 mannwhitneyu，实现依次对指标进行 Mann-Whitney U 检验。

根据上述结果，拒绝 Mann-Whitney U 检验原假设（可以参与机器学习）的指标有：财务杠杆、总资产增长率、应收账款周转率、固定资产周转率、资产报酬率、总资产净利润率。因此，在后续的机器学习中使用这六个指标参与模型训练。

（三）机器学习

在机器学习前，将数据随机划分为训练集和测试集，训练集用于训练模型，测试集用于测试模型的准确度。在划分数据后，企业可以使用逻辑回归、支持向量机和 LightGBM 三种分类模型对数据进行训练。同样，企业可以使用 Python，通过调用相关的机器学习算法包实现机器学习。

企业需要对训练集数据进行模型训练。在训练好模型后，使用测试集对模型的训练效果进行评估。在具体使用过程中，可以通过对模型调参等提高模型训练的准确率。

（四）模型应用

得到训练好的模型后，就能实现传入企业在某年的指标数据（财务杠杆、总资产增长率、应收账款周转率、固定资产周转率、资产报酬率、总资产净利润率），由模型完成确定。

第六节 本章小结

本章重点解读合规的企业内规转化阶段内容，主要结合风控合规系统各个专业化条线的科技赋能实现的专业化生态重塑与进阶对策，为企业系统解决合规、风控、内控、法务、内审监察违规追责等职能的融合问题夯实转型与融合基础。为此，本章阐述了合规、风控、内控、法务智能化方式，融合模式，以及各个专业化条线在科技加持之下发挥的作用。之后，针对智能化内部审计，落实内部审计在风险管理的确认与咨询功能，并就此解读内部审计如何通过确认与风险评价，实现对风险管控、内部控制、合规管理工作的衔接和价值创造，重点体现在风控合规专业化的执行与评价两个方面。

一方面，风控合规的专业化技术执行模式，是推动企业治理层、管理层和全员共同实施并得以实现控制目标的重要方案。企业持续经营的根本保障是风控合规。企业应充分发挥内控体系强基固本作用，牢牢扭住内部控制各项目标，理清责任链条，拧紧责任落实，提高履责效能，打通关节、疏通堵点、激活全盘，进一步提升防范化解重大风险能力。针对可能造成较大经济损失的事项，企业需要采取妥善的风控合规方法，系统推动，切实防范风险，包括科学的风险预警、内控制衡、合规底线的协同体系并有效运行。

另一方面，风控合规的专业化评价机制模式，是推动企业通过风控合规的协同落地，形成"以查促改""以改促建"的良性循环的关键，可以促进企业不断完善合规体系建设。

第四章

风控合规五位一体系统融合治理

企业风控合规体系建设进程划分为外规、内规、价值观的三个阶段,本章重点解读企业合规价值观的融合转型阶段的融合治理,重点突出合规系统合规、风控、内控、法务、内审监察的违规追责等职能的融合问题。

将风险防控、合规管理、内控管理、审计管理、法务管理五项职能进行一体化风控融合是大势所趋,可以系统实现企业防范化解风险。防范化解风险作为企业重大经营管理问题,可以从防范和化解两个方面充分调动企业资源。通过整合企业风险管理、内部控制、审计监督、合规和法务等专业部门,实现风控合规的专业化工具的打造,实现企业风控合规管理在边界化、一体化、价值化上的转型融合。企业在五项职能的实现和融合上,需要做到内部控制的不相容职务分离,形成风险管理的利益冲突调查制度,加强法务管理的工作推动系统风险化解,形成合规管理的企业内部底线思维,强化内部审计的确认与咨询功能系统。通过全面提升企业风险防控能力,为企业建设持续、有效的风控体系奠定坚实基础。

第一节　五位一体化管理提升设计策略

企业建立法律、合规、风险、内控的有效协同模式,构建全面、全员、全过程、全体系的风险防控机制,需要做好专业化的系统协同,形成一体化协同作业的高效公司治理体系。为此,五位一体指风险防控、合规管理、内控管理、审计管理、法务管理融合风控体系的边界扩展,形成五项职能的有效衔接,并通过职责的边界融合,实现五项职能的功能落地。

基于一体化融合角度,企业合规管理体系建设关键要素包括:

1) 一个导向。以企业价值观为基本导向,确定合规目标原则。
2) 三大体系。以三大工作体系(组织体系、工作体系、保障体系)为支柱,搭建合规管理架构。
3) "三道防线"。以三防为基本抓手,实现多部门协同联动机制,全方位、全员防控。
4) 四个融合。以合规、风控、内控、法务四大工作体系融合为抓手,实行多体系协同运行。
5) 一条主线,以制度建设为主线,明确合规要求。

6）三项重点。以三重（重点领域、重点环节、重点人员）为重点全面梳理合规风险。

7）五项基础。以五项工作为基础（合规制度、合规清单、合规审查、合规培训、合规信息化）夯实合规工作基础。

8）十项机制。以十项工作机制为目标，保障合规体系的有效运行。

9）一个确认。以企业"两大"审计功能，实现确认与咨询，以及纪检监察的功能"从治到防"。

将全面风险管理、内控体系建设、法律事务与合规管理等职能纳入平台化管控的一体化管理职责，构建以风控文化为基石、以五项职能融合为主线、以内控制度为抓手、以合规审核为重点、以法制建设为协同，借助数字化赋能形成企业可持续利益最大化的目标管控的五项职能管理体系，对于企业战略目标的实现具有重大意义。通过五项职能一体化融合，形成制度化、模块化、平台化、流程化的设计，并按此形成风控合规一体化的应用，建立一套符合外部法律法规要求的内控制度。以构建五项职能融合的治理体系为主线，融合十大管理工具，提升企业系统的风控合规治理效能。

一、构建风控合规五位一体平台集成框架

五位一体的融合模式上，企业常规需要以五项职能的专业化为基础，以全面风险管理为导向，落实重大风险的防控要求；以内部控制为手段，支撑流程控制的有效运行；以合规管理为底线，保障经营行为依法合规。以企业权利维护和实现为目标，保障企业经营安全和风险救济。

五位一体的融合模式上，需要解决系统的整合问题，涉及四个方面：①实现组织整合，包括整合法务、审计、合规、业务等部门；②实现运行整合，包括整合风险识别、评估、应对、监督、评价等职能；③实现报告整合，包括对内统一报告、对外分项报告；④实现制度整合，包括风险管理办法、内部控制制度、合规管理制度等。

（一）五位一体融合的原则与职能设计

五位一体的融合与整合上，借助内部控制的制度化建设和流程化建设。系统按照企业内控的流程控制目标，对流程上的合规风险、财务相关风险、资产安全风险、经营有效性风险等，统一落实相关管理责任、控制措施等，实现各类风险的整合控制。

首先，通过五项职能融合推动企业风控系统的体系建设，以平台化和流程化模式，实现一体化融合，克服五项职能未能融合造成的部门墙，系统改善企业职能融合管理机制。

五项职能设计需考虑的问题包括事件突发性、全面性与重要性、制衡性、适应性、成本与效益等。其中，要实现五项原则的系统落地，具体包括：

1）全面性原则。五项职能贯穿决策、执行和监督全过程，覆盖企业及其所属单位的各种业务和事项。

2）重要性原则。五项职能在全面控制的基础上，关注重要业务事项和高风险领域。

3)制衡性原则。五项职能在治理结构、机构设置及权责分配、业务流程等方面相互制约、相互监督,同时兼顾运营效率。

4)适应性原则。五项职能与企业经营规模、业务范围、竞争状况和风险水平等相适应,并随着情况的变化及时加以调整。

5)成本效益原则。五项职能权衡实施成本与预期效益,以适当的成本实现有效控制。

其次,以"融合嵌入"的理念推动风控管理体系建设,规避单独建设各个独立职能管理体系的交叉导致运行管理低效和无法落地问题。

最后,企业以五项职能融合的管理平台化和流程化建设,解决过往五项职能独立导致的制度庞杂、无法兼容、管理低效、信息不畅通等协同问题。

五项职能的系统管理,可以共同构成企业"五翼齐飞"的风险管理机制。风险管理的主要目的是防范控制风险、降低损失管理好机会风险、创造价值。加强企业内控体系建设,提高风险自控能力,加强业务部门职能职责建设,提高风险把控能力,强化"审计"体系职能作用,提升风险管理监控能力。

内部控制牵引的五位一体融合模式如图4-1所示。

(二)构建五位一体的一体化融合模式

企业结合企业职能定位,全面梳理各项重点业务工作,识别经营决策、实施、后评估等全流程风险事项。对风险发生的概率、影响程度、潜在后果等进行系统分析和评估,明确相关风险管理策略。以风险识别评估结果为依据,完善企业治理、合同管理等内控制度体系。运用大数据等工具,通过信息化手段优化合规管理流程,实现全面风险监控、信息集成与共享及业务全流程管控,强化对经营管理行为依法合规情况的实时在线监测和风险分析,提高合规管理的时效性和可执行性,降低企业经济损失风险的概率,实现管理制度的不断优化和管理流程的持续升级。

企业推动五位一体的一体化融合模式上,企业系统推动方案需要做到如下六个方面的融合:

1)体系规划的一体化融合。统筹规划风控、合规、内控,从一体化的角度提出业务定位、战略目标、规章制度、阶段性目标及全年工作任务。

2)组织架构的一体化融合。统筹考虑岗位及权限设置,为全面融合创造前提条件,进一步加强各职能之间的沟通和管理成果的共享。

3)数据知识的一体化融合。强化对管控数据知识的不断积累和提炼,搭建风险库、内控库、法规库制度、案件库、律师律所库、指标库、事件库、合同范本库等各类管理知识库,不断挖掘分析数据知识库之间的关联关系并揭示风险,指导业务。

4)工作流程的一体化融合。将原来并行存在的流程进行合并和串接,建立数据关联,相互协同,形成贯穿年度风控常态化工作的管理流程和管理表单,明确流程节点上的责任部门和输入输出。

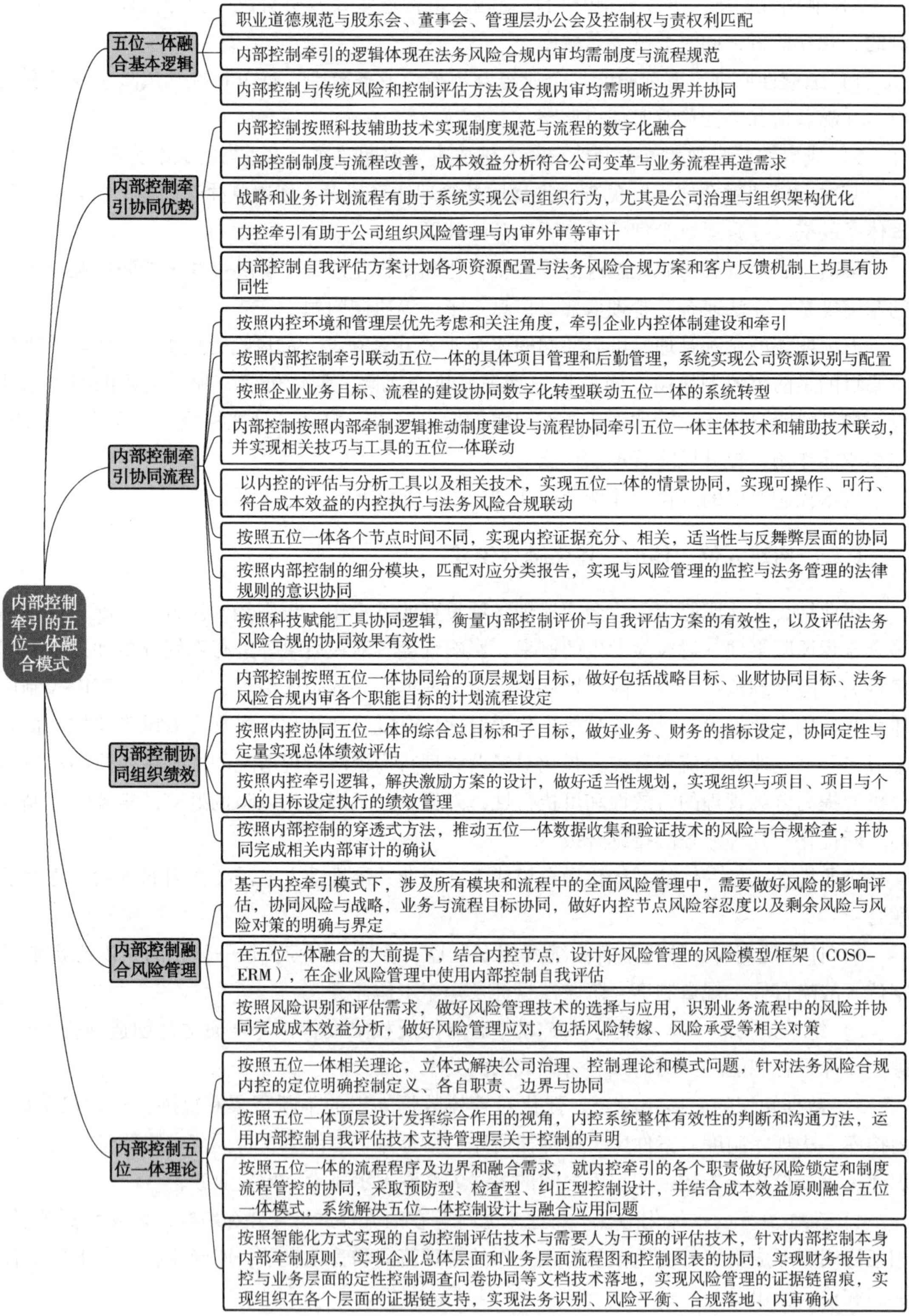

内部控制牵引的五位一体融合模式

- **五位一体融合基本逻辑**
  - 职业道德规范与股东会、董事会、管理层办公会及控制权与责权利匹配
  - 内部控制牵引的逻辑体现在法务风险合规内审均需制度与流程规范
  - 内部控制与传统风险和控制评估方法及合规内审均需明晰边界并协同

- **内部控制牵引协同优势**
  - 内部控制按照科技辅助技术实现制度规范与流程的数字化融合
  - 内部控制制度与流程改善,成本效益分析符合公司变革与业务流程再造需求
  - 战略和业务计划流程有助于系统实现公司组织行为,尤其是公司治理与组织架构优化
  - 内控牵引有助于公司组织风险管理与内审外审等审计
  - 内部控制自我评估方案计划各项资源配置与法务风险合规方案和客户反馈机制上均具有协同性

- **内部控制牵引协同流程**
  - 按照内控环境和管理层优先考虑和关注角度,牵引企业内控体制建设和牵引
  - 按照内部控制牵引联动五位一体的具体项目管理和后勤管理,系统实现公司资源识别与配置
  - 按照企业业务目标、流程的建设协同数字化转型联动五位一体的系统转型
  - 内部控制按照内部牵制逻辑推动制度建设与流程协同牵引五位一体主体技术和辅助技术联动,并实现相关技巧与工具的五位一体联动
  - 以内控的评估与分析工具以及相关技术,实现五位一体的情景协同,实现可操作、可行、符合成本效益的内控执行与法务风险合规联动
  - 按照五位一体各个节点时间不同,实现内控证据充分、相关,适当性与反舞弊层面的协同
  - 按照内部控制的细分模块,匹配对应分类报告,实现与风险管理的监控与法务管理的法律规则的意识协同
  - 按照科技赋能工具协同逻辑,衡量内部控制评价与自我评估方案的有效性,以及评估法务风险合规的协同效果有效性

- **内部控制协同组织绩效**
  - 内部控制按照五位一体协同给的顶层规划目标,做好包括战略目标、业财协同目标、法务风险合规内审各个职能目标的计划流程设定
  - 按照内控协同五位一体的综合总目标和子目标,做好业务、财务的指标设定,协同定性与定量实现总体绩效评估
  - 按照内控牵引逻辑,解决激励方案的设计,做好适当性规划,实现组织与项目、项目与个人的目标设定执行的绩效管理
  - 按照内部控制的穿透式方法,推动五位一体数据收集和验证技术的风险与合规检查,并协同完成相关内部审计的确认

- **内部控制融合风险管理**
  - 基于内控牵引模式下,涉及所有模块和流程中的全面风险管理中,需要做好风险的影响评估,协同风险与战略,业务与流程目标协同,做好内控节点风险容忍度以及剩余风险与风险对策的明确与界定
  - 在五位一体融合的大前提下,结合内控节点,设计好风险管理的风险模型/框架(COSO-ERM),在企业风险管理中使用内部控制自我评估
  - 按照风险识别和评估需求,做好风险管理技术的选择与应用,识别业务流程中的风险并协同完成成本效益分析,做好风险管理应对,包括风险转嫁、风险承受等相关对策

- **内部控制五位一体理论**
  - 按照五位一体相关理论,立体式解决公司治理、控制理论和模式问题,针对法务风险合规内控的定位明确控制定义、各自职责、边界与协同
  - 按照五位一体顶层设计发挥综合作用的视角,内控系统整体有效性的判断和沟通方法,运用内部控制自我评估技术支持管理层关于控制的声明
  - 按照五位一体的流程程序及边界和融合需求,就内控牵引的各个职责做好风险锁定和制度流程管控的协同,采取预防型、检查型、纠正型控制设计,并结合成本效益原则融合五位一体模式,系统解决五位一体控制设计与融合应用问题
  - 按照智能化方式实现的自动控制评估技术与需要人为干预的评估技术,针对内部控制本身内部牵制原则,实现企业总体层面和业务层面流程图和控制图表的协同,实现财务报告内控与业务层面的定性控制调查问卷协同等文档技术落地,实现风险管理的证据链留痕,实现组织在各个层面的证据链支持,实现法务识别、风险平衡、合规落地、内审确认

图 4-1 内部控制牵引的五位一体融合模式

5）工具方法的一体化融合。搭建统一的风险监控平台和智能化应用场景，包括智能分析、风险指标、风险模型、规则模型、知识图谱等。

6）成果报告的一体化融合。规范统一的工作成果模板，特别对于上报监管机构的管理报告，在企业内部整合成为一份报告，提升报告编制的效率效果。出具各类统计分析报告，对企业管控现状进行多维度、多视角分析和展现。

其中特别重要的一点是，审计具有相对独立性，融合方式更多以提供专业的确认与咨询服务作为落地对策。系统的融合更多体现在针对其他四项专业化的确认与稽核、咨询与服务的两大功能的落地过程中，提供内部审计本书的专业化的价值赋能服务。

风控合规内控法务内审五位一体平台融合建设如图 4-2 所示。

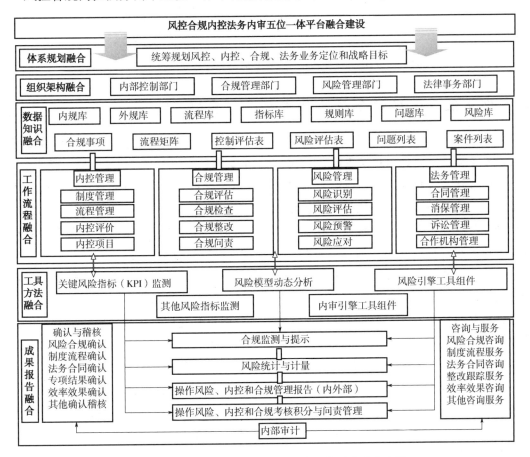

图 4-2 风控合规内控法务内审五位一体平台融合建设

企业推动五位一体的一体化融合模式上，针对内部审计的确认与咨询工作，如果更进一步，将内部审计功能中的纪检监察功能单独设立，则形成审计确认与咨询、纪检监察跟踪追责等功能的协同。如果按此模式设置，则企业形成六位一体也就是 4 + 2 的一体化融合模式，具体如图 4-3 所示。

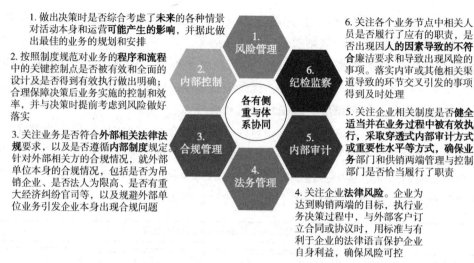

图 4-3　六位一体相辅相成与体系协同构建公司防范风险基石

数字化五位一体风控合规融合平台建设案例

　　D 省 Q 市 I 区企业 E 于创立于 20 世纪 80 年代，是我国领先的生活和数字化转型解决方案的服务商，有超过 100 家下属分/子企业，在多国有设计中心、制造基地、贸易公司。

　　从平台化管控模式上看，企业 E 采取了平台化管控的全生命周期管理模式。从用户运营来看，企业 E 一直十分重视用户价值与用户体验，并坚持以用户作为核心设计、推行优质的产品与服务；企业 E 在服务全程密切关注用户的个性化需求，基于用户生命周期的特征与管理流程，通过权益、沟通、关怀、商机经营、变现管理体系，成功构建企业独有的、一切为用户的全程闭环数字服务体系。根据企业 E 的用户运营模式、实际流程，其推动的用户的分类与服务主要分为公域用户和私域用户。企业 E 根据用户群体的不同特征与需求，采取的策略不同，提供的服务也有所差异。企业 E 通过私域与公域相结合，打造了一个集服务、交易、触达、个性服务于一体的运营模式。

　　企业 E 基于现有的 CRM 系统、企业第一方数据管理平台、标签工厂等技术，通过研究与实践，新增 AI 管理平台，并以此建立专属的用户运营体系，依托数据的推动，实现跨领域、全流程的系统化与数字化管理。在个性化定制中，智能调度（跨城协同、跨应用调度）避免了传统化解存量风险时所大量消耗的人力，减少了不必要的开支，化解了企业内部存量问题。

　　企业 E 采取系统的措施，按照一体化融合模式，建立工作组织、确定工作原则、细化工作目标、落实工作内容、压实相关责任，全面深入推进，督促指导推进工作，并对工作情况进行通报。

　　企业 E 持续推进风控一体化信息系统建设，提升风险文化融合能力，将风险意识融入企业各项业务和管理活动。发挥风险管理作用，提升企业和相关人员风险管理能力，包括提升风险分析预判能力；提升风险事件管控能力和风险信息管理能力，灵活机动并及时有效地处理各种风险事件。数字化风险合规五位一体集成融合平台如图 4-4 所示。

| 应用服务 | 工作台 | 风险驾驶舱 | BI数据报表 | 风险舆情监控 | 全面风险报告 | 消息中心 |

平台服务

合规管理中心	内控管理中心	风险管理中心	法务管理中心	内部审计中心	数据服务
法规制度库	内控矩阵	标准风险库	合同管理 / 合作机构管理	确认与稽核	内部数据采集
合规事项	内控流程	风险识别	诉讼管理 / 案防管理	风险合规确认	
合规项目	内控项目	风险评估	绩效管理 / 专利商标管理	制度流程确认	外部数据集成
合规检查	内控测试	风险事件库	损失数据 / 授权管理	法务合同确认	
问题整改	缺陷整改	风险应对		专项结果确认	数据标准管理
问责流程					

| 风险指标中心 | 风险指标 | 风险规则 | 风险预警 | 风险场景 | 风险数据源 |

| 合规文化中心 | 咨询问答 | 合规培训 | 合规知识库 | 合规期刊 |

| 基础服务 | 用户服务 | 角色权限 | 工作流管理 | 菜单管理 | 数据字典 |
| | 日志服务 | 页面配置 | 组织服务 | 任务管理 | 平台监控 |

| 技术支撑 | 展示引擎 | 流程引擎 | 报告引擎 | 分析引擎 | 消息引擎 |

图 4-4 数字化风险合规五位一体集成融合平台

二、构建风控合规五位一体平台协同维度

在大合规体系下，企业风险管理的一体融合层面，需要解决业务牵引下企业模式设计、流程改进、日常管理、外包服务、接口管理、风险预警等的协同问题，实现多维度的风控措施落地，如图 4-5 所示。

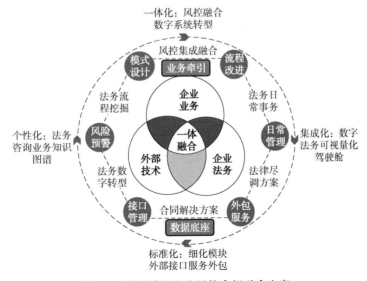

图 4-5 端到端的企业风控合规融合方案

其中，企业的内部控制是组织意志的体现，法务管理要求注重企业的权利和义务，风险管理需要系统就企业的风险点做系统排查，合规管理需要在诚信合规方面注意履行诚信合规义务。此外，还需要借助内部审计做咨询和评价确认等相关工作。

（一）五位一体协同融合的一体化场景

五位一体的一体化模式，通过穿透管理，提升实现价值化。对于风险内控合规法务内审这几个专业化的领域的功能而言，五项专业职能具备一体化的条件。①这几个风控领域都是企业依法治企建设的重要内容和组成方面，各有侧重，相互补充，相辅相成，共同推进；②这几个风控领域都属于企业的职能管理部门，为企业业务部门与业务活动提供支持，并进行监督，都要求将管理要求和节点融入业务流程；③风险管理是这些领域共同的内容，法律风险管理、合规风险管理是全面风险管理的组成部分；④这几个管理体系的流程和环节存在趋同性。以风险处置的时点阶段为导向的融合模式如图 4-6 所示。

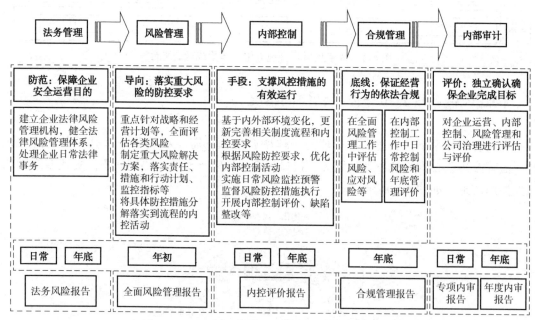

图 4-6 以风险处置的时点阶段为导向的融合模式

五位一体融合的核心价值观体现在，企业系统追求"客户导向、负责的、可靠的、创新的、可持续的"企业价值。因此，企业推动五位一体的融合一体化，采取的不是简单的吸收合并，不是集成之后明确各占一个领域系统管控，也不是集权模式，而是将企业的相关部门组成五个专业化分工的分组，更多地体现了融合的协同模式。以风险处置的节点阶段为导向的融合模式如图 4-7 所示。

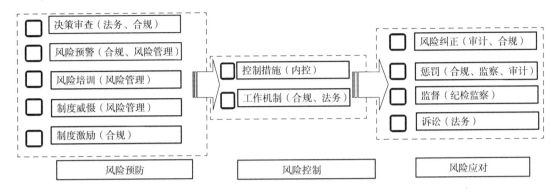

图 4-7 以风险处置的节点阶段为导向的融合模式

五位一体融合的风险管控观体现在，企业的风险无处不在，既是威胁也是机会，既要最大限度地降低风险带来的危害，也不能因畏惧风险而放弃发展创新的动力；风险管理应从"小"着眼，从"实"做起，风险管理全员参与，风险控制全程实施；严格履行风险管理流程的"执行"文化，科学辨识、主动揭示、及时报告的"透明"文化。五位一体融合的管控总目标是：驾驭风险，科学控制，创造价值。五位一体融合的管控使命是：发现风险隐患，降低风险损失，改善风险环境。

五位一体融合的管控具体目标主要体现在六个方面：①确保将风险控制在与公司总体目标相适应并可承受的范围内；②确保公司内部尤其是公司与股东之间实现真实、可靠的信息沟通，包括编制和提供真实、可靠的财务报告；③确保遵守有关法律法规；④确保公司有关规章制度和为实现经营目标而采取重大措施的贯彻执行，保障经营管理的有效性，提高经营活动的效率和效果，降低实现经营目标的不确定性；⑤确保公司建立针对各项重大风险发生后的应对策略，保护企业不因灾害性风险或人为失误而遭受重大损失；⑥促进实现公司的发展战略。

风险管理牵引的五位一体融合流程如图 4-8 所示。

（二）五位一体各项职能之间的协同关系

企业应当结合风险评估结果，通过手工控制与自动控制、预防性控制与发现性控制相结合的方法，运用相应的控制措施，将风险控制在可承受范围之内。控制措施一般包括：不相容职务分离控制、授权审批控制、会计系统控制、财产保护控制、预算控制、运营分析控制和绩效考评控制等。为此，需要协调法务、风险、内控、合规、内审关系与定位，具体如下：

1) 合规管理是"打基础"，核心是"确保公司各项生产经营活动遵循内外部的法律、制度、条例、规范、指引等"。

2) 内控是合规的"最高等级"，核心是不但要求合规，还要考察"规"的状态（是否完善、是否有配套指引、执行过程是否完善）。

风险管理牵引的五位一体融合流程

1. 业务牵引全流程沟通协商

（1）贯穿业务牵引全流程过程中明确风险和风险原因影响及可能采取的措施，通过系统的业务牵引+购销一体化模式的路径以有效识别风险源，并可以借助不同专业领域的专家和顾问协助落实实际风险

（2）基于企业所在地环境融合并确保理解和考虑利益相关方的利益，同时针对内外部实际情况，结合外部科技情况和内部数字融合情况，制订适当的外部和内部沟通协商计划

（3）基于业务牵引路径，确保风险标准定义和评估风险实现全覆盖。充分考虑不同观点的影响，并针对风险管理计划获得认同和支持，系统推动数字化进程中风险管理流程中适当的变革管理得到落实

2. 建立风险标准化流程环境

（1）基于风险管理的外部环境和内部环境需求，按照风险管理目标和相关流程中的责任，确定风险管理活动的范围、深度和广度，为流程环境明确做好风险评估方法论的定义工作

（2）风险管理的流程环境中，按照标准化的数字模式重新确定风险管理需要识别的活动、流程、功能、项目、产品、服务或资产模式。针对传统线下和新型数字线上项目的落地层面，做好特定项目、流程或活动与组织内其他项目、流程或活动的关系的确定。系统确定风险管理的绩效衡量，成效确定。明确为达成目标需要做到的五位一体的边界、范围、协同目标和做出准确判断结果所需的全部资源

（3）建设反映组织的价值观、目标和资源匹配的风险标准。可能的原因和后果的性质、类型和衡量方法。定义风险发生的可能性，实际发生可能性及如果发生后果的时间段。明确风险发生的等级。针对风险利益相关方的态度，针对风险在科技融合之下可容忍范围，以及相关风险的系统组合以降低企业风险可能性

3. 基于风险框架的风险评估

（1）基于数字前中后台融合下的风险识别。落实风险框架，包括风险源头溯源、风险影响区域和线上线下可能性、风险事件的进程变化演进原因和潜在影响度

（2）结合传统线下模式和数字线上模式实施风险分析。尤其结合五位一体化方式分析风险，针对性确定风险可能性和影响度

（3）针对五位一体的协同逻辑，以风险管理牵引做好风险标准确定，明确企业资源禀赋之下风险态度确定。完成风险评价

4. 基于总体设计的风险应对

（1）在风险应对的总体设计层面，按照法务风险合规内控法务的五位一体融合逻辑，提前规划好利弊取舍，选择应对方案，做好计划批准和实施设计，明确风险应对的具体行动。落实资源需求和应急办法，协同明确和量化绩效以及相关限制因素，同步安排好定性模式、定量方案、时间进程

（2）在风险应对的实施层面，做好风险回避、风险分担、风险管理和风险承受选择。在风险管理层面，通过消除风险源头、改变风险受力点、改变风险结果层面推动；在风险承受层面，做好企业在可容忍范围内的承受，并做好新的市场机遇的推动

5. 防微杜渐预警的监督控制

（1）结合数字底座设计的数字化模式，确保风险管理融合进内部控制制度设计和线上数字的风险融合设计，确保风险管理的控制设计和运行的有效性协同。使得企业兼顾传统模式和线上模式获得更多信息来改进风险评估

（2）结合五位一体的预警方式，系统多维度多角度就风险情况做好分析，明确风险的变化和演进趋势，结合风险应对的成功或失败方面，系统吸取和从中学习宝贵经验

（3）结合企业的发展阶段和实现数字融合进程，系统探测企业内外部环境的变化之下可能导致修订风险应对和优先顺序的风险和风险标准的变化，以及在新的线上线下融合一体化、供产销一体化、产业生态快速融合之下新出现的风险，并明确应对措施

6. 证据链复用设计流程记录

（1）做好流程记录持续学习和信息更新，为风险管理相关人员和管理者需要再次利用风险管理和评价类信息的复用做好设计

（2）明确流程记录类素材证据链支持要求，做好支出成本费用的量化工作，按照法律法规和监管要求，系统建立和维护记录

（3）做好制度规范和流程管理中证据链的有效保存，做好索引和相关存储，便于检索和分析，明确此类风险管理证据链的保存期，并采取分级分类管理，确保敏感信息得到安全存储

图 4-8　风险管理牵引的五位一体融合流程

3)风险管理是风险管控的"最高形式",核心是必须把风险管理的职能提升到高级管理层,站在管理层的高度对风险进行检视。

4)内部审计是通过确认和咨询的方式,对企业运营、内部控制、风险管理和公司治理进行评估与评价,以保证实现企业目标。

企业基于上述系统的落地逻辑,在企业内部系统打通职能分工屏障,打造贯通关联的五位一体运行机制(图4-9),通过一体化,针对流程步骤进行风控要素识别与对接,实现对公司流程的风险要素覆盖。风控要求接入流程,管理体系形成系统的落地。

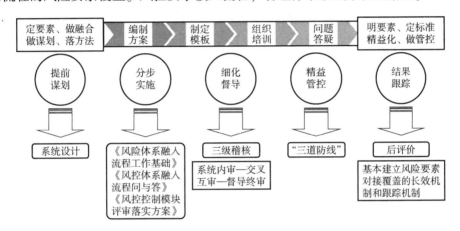

图 4-9 贯通关联的五位一体运行机制

如图4-10所示,企业按照五位一体的风险合规管理体系建设,融合合规、内控、风险、法务的管理职能的一体化综合管理体系,具体的交集如下。

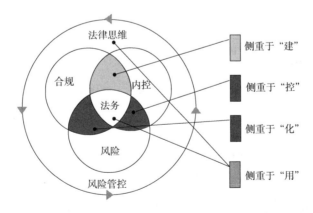

图 4-10 四项管理职能的一体化综合管理体系

1)合规和内控的交集在于"建"。企业应将公司管理制度汇编成册,建立涵盖董事会事务、战略管控、投资管理、财务管控、人力资源管理、法律事务管理、采购管理、信息化管理、安全管理、综合事务管理和党建工作等方面近200部制度的企业内部规章制度体系,为全面加强企业内部建设、培育"具有全球竞争力的世界一流企业"奠定良好的合规管理基础。

2）内控和风险管理着重于"控"。企业应将重要业务领域关键控制点（风险易发点）制定于业务流程中。在谈判、签约、运营、退出等各个环节明确责任部门和责任人，并对重点环节和重要流程进行监督，确保内控工作落到实处。加强内部控制体系建设，整合内部监督资源，加强信息共享和成果共用，形成防控合力。

3）风险管理要基于合规着力于"化"。企业应坚持以防范和化解重大风险作为业务开展的基础，规范执行"三重一大"决策制度，强化相应决策程序的执行和监督，确保重大决策事先做到调研、论证、讨论"三充分"；对业务开展可能产生的风险进行评估，并针对风险评估中提示的风险制定相应的预案，以有效防范重大风险。积极应对行业调控，确保守住底线。

4）依法治企着力于"用"。企业的法务部门日常专责于案件纠纷管理、合同管理及律师、律所管理等具体事务，而积极运用法治思维和法律手段，强化企业全员依法办事的法治理念和行为习惯，更应是其主要职责。同时法务部门还应具有全面风险管控意识，如果公司运营出现风险，应根据实际情况，按合规管理、内控管理、风控管理分门别类，调剂法治资源统筹解决，使五位一体全面风险管理体系有效运转。

以内容为核心打造围绕合同合规管理中台，一整套涵盖业务、财务、法务、人力资源、审计等部门的内控解决方案，形成事前、事中、事后的全流程风控系统，以提高企业核心竞争力，做到风险可控，实现效果可见。

三、构建风控合规五位一体五项职能关系节点

根据流程控制目标，对流程上的合规风险、财务相关风险、资产安全风险、经营有效性风险等，统一落实相关管理责任、控制措施等，实现各类风险的整合控制。系统化体系衔接、协同，遵循要求包括：一体化设计主线、管理活动协同、工作成果共享、流程与方法协同借鉴。

从一体化设计主线来说，企业需要将以制度建设与执行为主线的合规体系建设贯穿企业的价值维、业务维和管理维，包含风险防范机制、问责处理机制、规范管理机制、监督检查机制、评价改进机制、流程改进机制。

合规制度不仅包括合规专门制度，还包括业务制度及合规审查与调整制度。其中，合规专门制度包括：

1）合规行为准则手册。规定公司的基本原则和核心价值观，制定公司经营管理重点领域的基本的合规要求，并将其作为全体员工共同遵守的基本行为准则。

2）合规管理办法。作为公司合规管理的基本制度，确立合规管理体系框架，明确合规管理组织体系、合规风险管理、合规审查、合规举报、调查、问责、合规考核评价、合规报告、合规培训等公司合规管理的运行、保障机制，并将其纳入公司的义务流程。

3）专项合规指引。针对具体的业务领域制定分业务、分领域的合规指引，及时将法律法规等规范性文件中的合规义务转化为公司内部的合规要求，为公司经营活动提供合规指引。

(一) 内控与合规之间的关系

合规即实质性价值判断,内控即程序遵循性判断。

内控与合规的相同点:合规和内控都关注流程控制,即经营管理行为是否按照内部规章制度要求的流程实施。

内控与合规的不同点:①国内监管指引不同。②工作目标不同。合规以企业的经营行为不违规违法为目的,内控多以满足企业内在经营需要而开展。③参考标准不同。合规标准为企业适用的法律法规、行业经营标准规范、合作方的规定及自身的运营规范等,内控标准多由企业内部发起并制定,遵照企业内部关于内控的要求而开展工作。④工作覆盖面不同。合规多为企业与外部发生联系的行为,内控更关注企业内部的运营及各部门与运营开展相关的内部内容。⑤工作内容不同。合规重点关注员工行为的合规性,关注其日常的经营行为中是否存在违反规定的行为。并在组织内进行道德建设,引导并校准员工商业行为中的偏差,从意识层面把控风险。内控不涉及道德方面的把控,重点关注企业日常经营活动,尤其是财务相关工作。

总之,合规与内控相辅相成、共成体系,共同构成公司防范风险的基石。

(二) 内控与风险之间的关系

内部控制与风险管理作为企业管理的两大工具,各自经历了理论体系的创新和实务操作的发展。内部控制由传统的内部牵制制度逐步发展为以风险为导向的内部控制整合框架,风险管理也由分散的财务、经营和战略风险管理逐步发展为整合风险管理。

风险管理相对于内部控制,在保证公司目标的实现方面,具有动态性、灵活性,通过对外部经济、技术等方面的风险分析,及时调整应对策略,可以更好地应对企业所面临的不确定性。而将内部控制内嵌于企业流程,能够更好地帮助企业防范已知风险。两者在业务实践中均不可或缺。

内部控制有效实施是风险管理落地的有力支撑,而风险管理的技术方法也拓展了内部控制的外延和内涵,促进了企业管理水平的提升和目标的实现。有效的内部控制应该是既能保证董事会行使控制权,又能保证董事会代表并切实维护所有者的利益,对股东履行诚信报告,控制监督企业经理按照公司目标从事经营活动。

从内部控制评价报告范围来说,1992 年,COSO 委员会推行实施了内控整合框架。近年来,宏观环境日趋复杂,企业商业模式创新层出不穷,2013 年 COSO 委员会在上述框架的基础上进行了修订,更加注重企业治理和风险防范,更加强调创新和 IT 信息化。同时,由于财务报告本身已经难以满足社会公众、政府监管部门的需求,新版框架将外部报告、财务和非财务报告在内的内部报告都纳入考虑范围。五位一体融合下的 COSO-ERM 企业风险管理,结合企业数字化融合转型层面,将整合框架进一步优化,如图 4-11 所示。

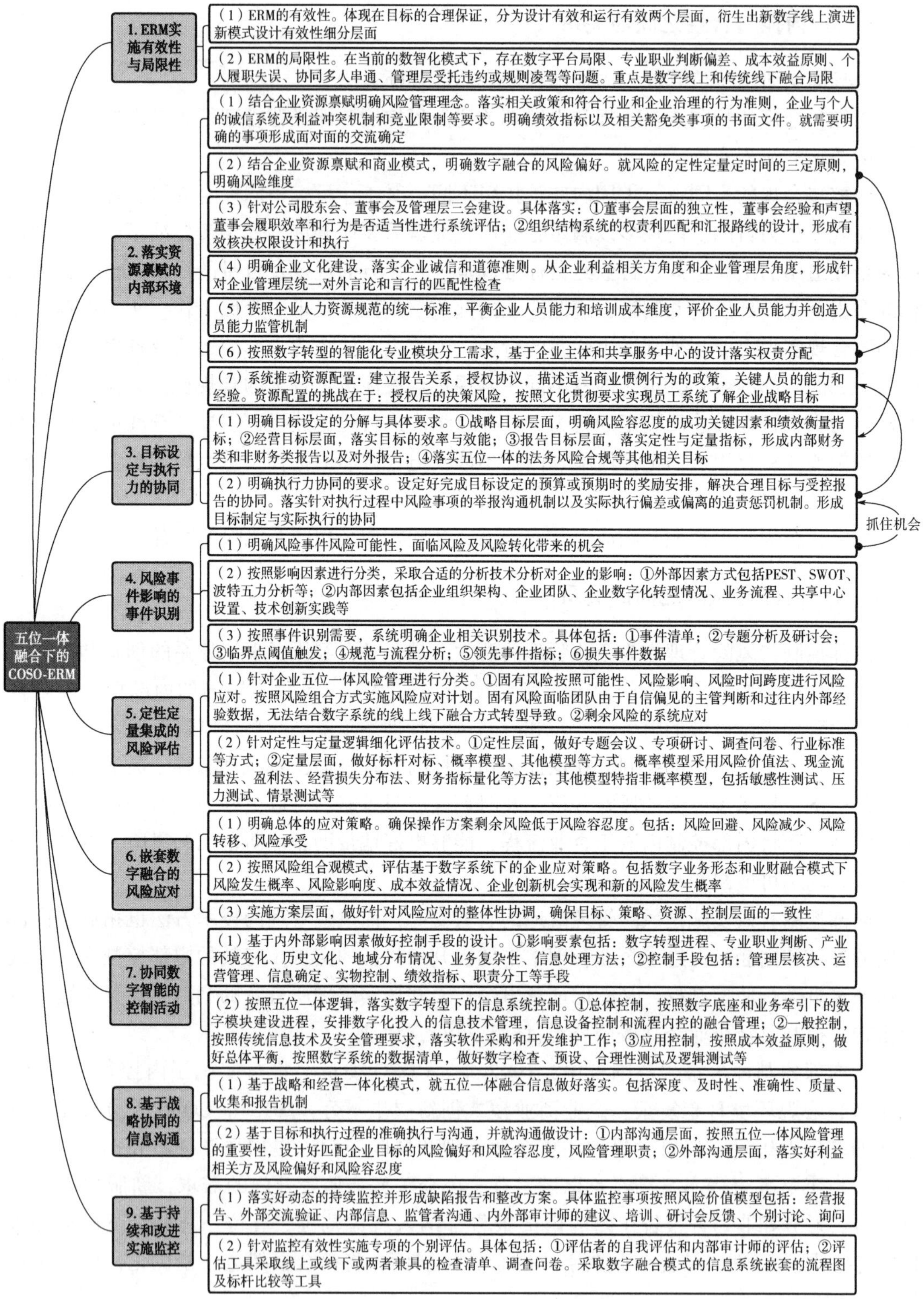

五位一体融合下的 COSO-ERM

1. ERM 实施有效性与局限性
（1）ERM的有效性。体现在目标的合理保证，分为设计有效和运行有效两个层面，衍生出新数字线上演进新模式设计有效性细分层面

（2）ERM的局限性。在当前的数智化模式下，存在数字平台局限、专业职业判断偏差、成本效益原则、个人履职失误、协同多人串通、管理层受托造假或规则凌驾等问题。重点是数字线上和传统线下融合局限

2. 落实资源禀赋的内部环境
（1）结合企业资源禀赋明确风险管理理念。落实相关政策和符合行业和企业治理的行为准则，企业与个人的诚信系统及利益冲突机制和竞业限制等要求。明确绩效指标以及相关豁免事项的书面文件。就需要明确的事项形成面对面的交流确定

（2）结合企业资源禀赋和商业模式，明确数字融合的风险偏好。就风险的定性定量定时间的三定原则，明确风险维度

（3）针对公司股东会、董事会及管理层三会建设。具体落实：①董事会层面的独立性，董事会经验和声望董事会履职效率和行为是否适当性进行系统评估；②组织结构系统的权责匹配和汇报路线的设计，形成有效核决权限设计和执行

（4）明确企业文化建设，落实企业诚信和道德准则。从企业利益相关方角度和企业管理层角度，形成针对企业管理层统一对外言论和言行的匹配性检查

（5）按照企业人力资源规范的统一标准，平衡企业人员能力和培训成本维度，评价企业人员能力并创造人员能力监管机制

（6）按照数字转型的智能化专业模块分工需求，基于企业主体和共享服务中心的设计落实权责分配

（7）系统推动资源配置：建立报告关系，授权协议，描述适当商业惯例行为的政策，关键人员的能力和经验。资源配置的挑战在于：授权后的决策风险，按照文化贯彻要求实现员工系统了解企业战略目标

3. 目标设定与执行力的协同
（1）明确目标设定的分解与具体要求。①战略目标层面，明确风险容忍度的成功关键因素和绩效衡量指标；②经营目标层面，落实目标的效率与效能；③报告目标层面，落实定性与定量指标，形成内部财务类和非财务类报告以及对外报告；④落实五位一体的法务风险合规等其他相关目标

（2）明确执行力协同的要求。设定好完成目标设定的预算或预期的奖励安排，解决合理目标与受控报告的协同。落实针对执行过程中风险事项的举报沟通机制以及实际执行偏差或离的追责惩罚机制。形成目标制定与实际执行的协同   抓住机会

4. 风险事件影响的事件识别
（1）明确风险事件风险可能性，面临风险及风险转化带来的机会

（2）按照影响因素进行分类，采取合适的分析技术分析对企业的影响：①外部因素方式包括PEST、SWOT、波特五力分析等；②内部因素包括企业组织架构、企业团队、企业数字化转型情况、业务流程、共享中心设置、技术创新实践等

（3）按照事件识别需要，系统明确企业相关识别技术。具体包括：①事件清单；②专题分析及研讨会；③临界点阈值触发；④规范与流程分析；⑤领先事件指标；⑥损失事件数据

5. 定性定量集成的风险评估
（1）针对企业五位一体风险管理进行分类。①固有风险按照可能性、风险影响、风险时间跨度进行风险应对。按照风险组合方式实现风险应对计划。固有风险面临因自信管理层的主管判断和过往内外部经验数据，无法结合数字系统的线上线下融合方式转型导致。②剩余风险的系统应对

（2）针对定性与定量逻辑细化评估技术。①定性层面，做好专题会议、专项研讨、调查问卷、行业标准等方式；②定量层面，做好标杆对标、概率模型、其他模型等方式。概率模型采用风险价值法、现金流量法、盈利法、经营损失分布法、财务指标量化等方法；其他模型特指非概率模型，包括敏感性测试、压力测试、情景测试等

6. 嵌套数字融合的风险应对
（1）明确总体的应对策略。确保操作方案剩余风险低于风险容忍度。包括：风险回避、风险减少、风险转移、风险承受

（2）按照风险组合观模式，评估基于数字系统下的企业应对策略。包括数字业务形态和业财融合模式下风险发生概率、风险影响度、成本效益情况、企业创新机会实现和新的风险发生概率

（3）实施方案层面，做好针对风险应对的整体性协调，确保目标、策略、资源、控制层面的一致性

7. 协同数字智能的控制活动
（1）基于内外部影响因素做好控制手段的设计。①影响要素包括：数字转型进程、专业职业判断、产业环境变化、历史文化、地域分布情况、业务复杂性、信息确定、实物控制、绩效指标、职责分工等手段；②控制手段包括：管理层核决、运营管理、信息确定、实物控制、绩效指标、职责分工等手段

（2）按照五位一体逻辑，落实数字转型下的信息系统控制。①总体控制，按照数字底座和业务牵引下的数字模块建设进程，安排数字化投入的信息技术管理，信息设备控制和流程内控的融合管理；②一般控制，按照传统信息技术和安全管理要求，落实软件采购和开发维护工作；③应用控制，按照成本效益原则，做好总体平衡，按照数字系统的数据清单，做好数字检查、预设、合理性测试及逻辑测试等

8. 基于战略协同的信息沟通
（1）基于战略和经营一体化模式，就五位一体融合信息做好落实。包括深度、及时性、准确性、质量、收集和报告机制

（2）基于目标和执行过程的准确执行与沟通，并就沟通做好设计：①内部沟通层面，按照五位一体风险管理的重要性，设计好匹配企业目标的风险偏好和风险容忍度，风险管理职责；②外部沟通层面，落实好利益相关方及风险偏好和风险容忍度

9. 基于持续和改进实施监控
（1）落实好动态的持续监控并形成缺陷报告和整改方案。具体监控事项按照风险价值模型包括：经营报告、外部交流验证、内部信息、监督者沟通、内外部审计师的建议、培训、研讨会反馈、个别讨论、询问

（2）针对监控有效性实施专项的个别评估。具体包括：①评估者的自我评估和内审计师的评估；②评估工具采取线上或线下或两者兼具的检查清单、调查问卷。采取数字融合模式的信息系统嵌套的流程图及标杆比较等工具

图 4-11 五位一体融合下的 COSO-ERM 企业风险管理整合框架

(三) 风控合规五位一体的文化协同

企业风控合规融合转型下，企业针对系统合规落地，需要有针对性地实施风控合规文化打造，从而形成具有企业特色的管控意识形态协同。受制于企业面临的外部风险的不确定性大大增加，企业一体化融合化转型已经成为创新驱动发展的必要手段。企业需要进一步建立健全相应的合规风险识别与控制机制，制定合规行为规范，建立合规风险预警机制与应对策略，形成企业风险合规文化，打造企业特色的管控意识形态协同，为保障企业实现一体化融合转型的持续稳定发展提供保障。

形成科学的管理理论和管理方法，前提是要有良好的风控文化。风控文化的目标体现在：①保证培育积极向上的企业整体价值观；②保证企业诚实守信的经营管理理念的提炼；③保证树立现代管理理念，强化风险意识，倡导爱岗敬业、开拓创新和团队协作精神；④加强廉洁风险防控管理，规范企业决策和经营行为，把廉洁风险防控与健全企业治理结构、完善企业内部控制体系、加强企业全面风险管理、培育企业文化有机结合起来，切实防范管理标准缺失、制衡失效、内控失调、操守失范带来的廉洁风险。

第二节　五位一体的平台融合对策

建立合规前置性审查机制，对企业规章制度制定、重大事项决策、重要合同签订、项目运营等经营管理行为进行全覆盖的合规审查，确保董事会、管理层办公相关事项的前置审核程序。

合规风险识别及评估层面，企业可以建立企业合规风险识别预警机制；加强企业合规风险应对，对于重大合规风险事件，统筹领导，协同配合，最大限度化解风险。合规审查与监督层面，对企业经营行为的合规性及员工对法律、规则和准则的遵循情况进行追踪。

合规管理的本质是风险管理，合规风险的高效管控离不开技术手段的支撑。基于企业的业务、流程，形成合规风险技术协同的管控模式，提高"技防技控"能力，加快推动企业提升依法合规经营管理水平，主要体现在如下两个方面：

1）流程穿行测试，建立合规风险管理框架。合规管理的对象即企业的业务及其员工的经营管理行为，如采购管理、销售管理、运营管理、财务管理、人力资源管理、投资管理等。合规平台搭建的前提是摸清企业的主要业务领域、业务流程、风险岗位，梳理企业业务流程的目的在于了解潜在的合规风险，建立合规风险管理框架。

2）合规管控拆解，建立风险持续监控模型。基于合规数据集市，选取重点关注的合规监控对象及内容，利用各类统计、建模、数据挖掘工具，将已识别的可量化的风险因子、风险影响、风险责任人、风险流程及相应的惩罚措施进行拆解组合，搭建合规风险分析模型，建立模型对企业合规风险进行诊断性分析及预测性分析，根据模型试点成效进行多领域广泛开发运用。

一、五位一体合规设计

通过五位一体合规设计，推动企业经营安全有效增强，聚焦风险防控。五位一体设计模式上，系统采取4+1模式，形成法务、合规、风险、内控的系统融合协同，协同推动审计的咨询评价职能。

通过协同融合方式，形成风控融合与审计全面覆盖的联动。通过风控合规职能与审计协同联动，实现法务、内控、合规、风险的全过程管理与内审结果确认的协同管理。

1）针对风控合规的管控，通过完善合同管控措施，实施全级次、全周期管理，从而把控法律风险，维护企业合法权益。通过加强合规体系建设，持续开展企业合规有效性评价，推动合规管理向企业各领域延伸。在这个过程中，针对有条件的企业或国资强制性规定必须设置首席合规官的企业设立首席合规官，强化合规的协同融合和价值创造作用。

2）企业通过开展各项审计，实现审计的确认与咨询功能，解决审计结果的转化运用问题。

3）从风控合规管控和企业内部审计落地而言，借助平台化模式，实现功能分解和细化。

风控合规五位一体平台融合对策如图4-12所示。

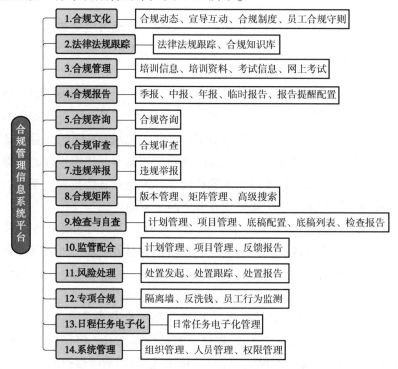

图4-12　风控合规五位一体平台融合对策

(一) 企业合规管理体系建设设计

1. 企业需要构建统一领导、分工负责的组织体系

借助合规管理顶层设计。以开展合规管理工作为契机,进一步完善三会治理层合规管理职责,由股东会把握合规管理的原则和方向。董事会是合规管理工作的决策机构,总经理办公会组织实施各业务领域的合规管理工作。董事会下设法律与合规管理委员会,对企业合规管理体系建设和优化进行专业指导,提出改进意见。合规管理体系建设作为一把手工程,从企业董事长或总经理层面推进合规管理体系建设。健全企业合规管理体系,完善合规管理运行机制,确保合规管理部门各司其职、分工负责,全体员工践行合规管理工作要求。

2. 企业需要构建合规制度体系

在制度体系建设上,企业根据监管和企业自身发展要求,结合企业实际,建立系统的合规管理制度体系。制度体系包括基本制度和专项工作制度,以及重点领域的重点专项制度。

3. 企业系统推动合规管理体系全覆盖,系统优化企业合规管理职能

企业需要稳步推进所属企业合规管理体系建设,按以下三个阶段进行:第一阶段:试点先行,逐步推广;第二阶段:以点带面,稳步推进;第三阶段:持续延伸,全面铺开。为加强对内部制度的规范管理,企业需要采取妥善方式,增强制度刚性约束。

(二) 合规负责人和合规管理部门履职

企业合规管理负责人推进合规管理工作创新发展,几个重点领域如下:①将合规管理纳入法治建设轨道。组织修编《加强法治建设管理办法》,作为法治建设的纲领性文件,持续探索法律、合规、内控与风险管理"四位一体"高效协同发展。②规划合规管理工作发展方向。及时总结年度重点工作,谋划合规体系建设整体思路,组织编制《合规管理工作报告》,作为《董事会工作报告》附件向企业董事会汇报,前瞻性思考合规管理数字化建设、做实所属企业合规管理体系、培育企业特色合规文化等多项管理创新工作。③对标先进企业学习合规管理经验。

合规管理综合部门推动合规管理工作有效落实,具体包括:①指导所属企业持续优化合规管理体系。盯紧合规管理体系建设的薄弱环节和难点问题,从设计基础指标、专项指标、提升指标,从组织架构、制度建设、管理内容、运行机制等方面开展评价工作。②推动创建合规审查工作机制。立足企业实际,对重大决策、规章制度、经济合同的合规审查实行嵌入式管理,与法律审核同步开展。完善法律审核表单,增加合规审查要求,将合规管理负责人审查职责嵌入表单,承担对重要业务的审查工作,持续推进合规审查制度化、规范化、流程化,确保实现规章制度、经济合同、重大决策合规审查目标。③提升合规风险管理水平。组织开展合规风险评估,与全面风险评估相结合,深度挖掘国内外经济环境变化,聚焦年度重点工作,构建企业合规风险清单,识别各级风险。在风险评估的基础

上，将合规目标偏离程度作为风险影响程度评价标准，采用定性与定量相结合的方法进行重新定义。

（三）企业推动重点领域合规管理工作

第一，集中管控重大、共性合规风险，聚焦重点领域、关键环节和重要人员，落实合规管理工作职责。

第二，加强企业贯彻落实企业合规重点领域工作要求，结合行业特色和业务实际，完善专项领域合规管理。企业需要加强重点领域合规管控，防范重大合规风险，系统编制合规专项指引，实现合规指引指导实践。

案例

J市T区的国有企业D，为系统解决安全生产风险，推动合规风险应对措施的实施落地，基于安全生产风险及应对措施需要，从合规风险识别角度出发进行梳理，发现企业上一年度存在的风险合规问题主要体现在三个方面：一是对一线员工安全培训不到位。企业的一线员工文化水平普遍偏低，且采取的安全培训针对性不强，流于形式，易出现员工安全意识不到位、操作过程不规范、存在误操作行为等问题，进而导致安全生产事故的发生。二是对一线员工持证上岗培训不到位。员工上岗资格培训流于形式，存在员工未持证上岗的情况。三是安全监督工作不到位。安全监督人员专业性不强，安全监督检查走过场，导致安全隐患未能被及时发现与纠正。

针对上述合规风险，企业D当即制定并采取整改方案，具体如下：一是加强对一线员工的安全培训，根据一线员工的文化水平和能力素质制定针对性的培训内容和培训方法，科学评估一线员工安全培训效果，持续提升一线员工的安全意识，提高员工规范操作能力；二是加强一线员工持证上岗管理，对于需持证上岗的岗位人员，严格进行上岗培训和持续教育，规范上岗资格证的发放，对于上岗证发放过程中的弄虚作假行为进行严厉查处和责任追究；三是加强对安全监督人员的专业培训，提高其专业化水平，必要时引进外部安全专业机构，定期组织安全管理评估，及时发现安全管理中存在的风险隐患和漏洞，并严格组织整改；四是全面落实安全生产责任体系，具体包括监督所属企业建立健全全员安全生产责任制、进一步落实主体责任和全员安全生产责任、建立全员安全生产责任清单等四项措施。

案例

J市S区国有企业F，在投资决策管理中，存在投资决策论证不充分和投资管理责任落实不到位的情况，也因此导致投资风险加大。固定资产类投资项目受宏观经济、调控政策、市场波动等因素影响较大，境外投资项目受投资项目所在国家或地区的经济、政治、社会文化及政策、法律法规、制度、环境等变化影响较大，导致境内境外投资固有风险偏高。在过往的投资并购中，企业下出现了较大的损失，部分被投资公司甚至陷入停产停业的困境。为消化损失、吸取教训，企业 F 推动了投资管理风险梳理并采取了具体的应对措施。

从合规风险识别来看，企业 F 存在的问题主要体现在如下三个方面：一是投资项目论证不充分。项目建议书和可行性研究报告中对项目未来前景设置的条件、参数过于理想化，导致实际结果与项目前景预测有重大偏差。二是项目决策意见传达不充分。项目决策过程中，管理层、董事对项目实施的前提条件、管理建议没有很好地传达至项目实施人员，导致项目实施过程中没有按照规定的前提条件落实，相关管理建议也没有得到有效执行。三是投资管理责任体系需要进一步完善。大量投资决策由分/子公司承担、由项目企业具体组织实施，没有通过责任体系层层贯彻落实，从而未能保障投资决策的科学性、投资实施的有效性，需要进一步研究探索。

针对上述合规风险，企业 F 制定应对措施如下：一是加强项目投资论证。各级投资管理部门及相关专业部门对于外部专业机构提交的可行性研究报告中设定的前提条件、选择参数的合理性进行充分的论证，加强敏感性分析，对特定条件下的项目前景进行充分预估，从而为决策提供合理的支撑。对于编制可行性研究报告及尽职调查报告的外部专业机构，提出项目论证与调查的深度要求，并在合同中明确约定。在投资风险评估过程中，对于项目的前提条件和参数选择给予充分的调研与论证；对于项目论证深度不足导致企业决策出现重大偏差的，应按合同约定进行追责。二是加强项目决策意见传达。对于投资决策过程中管理层、董事对项目实施的前提条件、管理建议，董事会办公室等机构应当通过会议纪要或其他方式向项目实施部门进行有效传达，投资管理部门、投资单位应严格按会议要求组织落实。三是推进责任体系网格化，确保责任具体化。进一步优化投资管理流程，明确各级责任主体在投资项目决策、实施、投后管理及处置等各环节的主体管理责任，确保出现风险事件时责任可追究到相关岗位。

案例

J 市 H 区的国有企业 P，积极推动合规管理落实，通过合规管理获得很大成效，具体体现在：

针对合规管理推进阶段性问题，展开持续性优化改善措施。首先，针对部分合规管理成果缺少有效落地途径，在合规管理体系搭建过程中形成了合规管理专项指引、合规管理清单、合规义务梳理等多项成果进行改善；其次，在上述合规管理成果运用过程中发现，部分成果主要是针对法律法规和企业内部管理规定的汇总，缺少对现实风险场景的梳理和描述，合规成果难以真正落地实施。针对合规管理体系成果与企业现有的管理体系成果如何区分、合规管理如何更好服务企业经营业务的困扰，企业 J 加强了合规审查机制细化完善。在这一点上，把合规审查纳入日常工作并嵌入规章制度、经济合同、重大决策的审核流程，制定合规审查专项制度，明确具体审查职责和审查要点，推动合规审查系统化、规范化运行。

合规管理评价工作创新的具体措施是：第一，合规评价范围创新。评价范围覆盖面广,涵盖开展的全部工作,包括合规组织架构、合规制度建设、合规管理内容、合规运行机制、合规保障机制、推动所属企业开展合规管理体系建设情况等方面。第二,合规评价指标创新。指标体系的编制主要依据合规管理制度要求,同时参考《中央企业合规管理办法》和国家标准相关规定,设计基础指标、专项指标、提升指标超过100项。其中,基础指标占比70%,专项指标占比30%。第三,合规评价方式创新。以合规审查为抓手,持续完善合规审查机制有效衔接,针对合规审查指标开展实质性检查,抽取所属企业重大决策、经济合同样本,使用穿行测试法进行复盘,重点检查所属企业是否充分发挥合规作用、是否明确合规审查工作要求等。第四,组织方式创新。评价工作采取现场检查方式,由合规部牵头组织。为加强企业学习交流,实现以查促学、以查促提升的工作目的,检查组成员形成了企业各级部门人员组成的合规管理人员专项工作小组系统推动。

二、合规一体化的协同融合逻辑

(一) 合规管理及解决方案的综合设计

1. 综合设计的问题应对

从合规管理需求的综合性落地角度而言,合规管理的需求是一个综合性的问题,需要关注治理架构、大股东行为管理、授权管理、管理交易、智能应用等多方面,具体如下:

1)在治理架构方面,要求强化治理主体履职尽职。企业需要的内控合规、公司治理不健全,重效益轻合规,公司治理提出了新的要求,部门内控合规职责边界不清晰,责任难以落实。

2)在大股东行为管理方面,要求从严管控大股东行为,从严划定红线。

3)在授权管理方面,应建立精细化的授权体系。建立从机构到岗位的精细化授权体系和差异化的动态授权管理,需要对职责权限进行非常细致的梳理和分类,且对动态管理提出明确要求。

4)在关联交易方面,要注意加强监管,做好新规落地与数据报送的工作。近年来,监管机构提出了数据报送的新要求,关联交易的职责、识别都需加强,但关联交易的结构复杂、界定标准繁多、监管理解难度大、专业要求高。

5)在智能应用方面,强化数字化智能化预警监测。数字化、智能化转型普遍存在方向明确难、目的目标多、落地场景少等问题,难以进行有效的选择并明确合适的应用落地方法,造成重复建设和资源浪费。

2. 综合设计的综合优势

这种五位一体融合治理架构设计很好地规避了传统架构容易造成的专业化单体应用模式,即当有合规问题出现,应对合规的需求变化和新增需求时,单项职责的专业化往往无法系统解决综合问题,会影响单项专业化智能的应对解决。五位一体融合方式具有系统的优势，具体如下：

1）能够利用专业化系统模式，并借助数字化融合匹配企业高内聚低耦合的设计，风控应对可以敏捷响应和拥抱变化。当合规要求调整变化时，专业化模块的其中一个模块的优化调整不会影响其他专业化模块的快速响应与快速锁定业务风险目的。

2）能够解决新的业务领域风险快速识别和积极采取应对方案的协同效果。企业基于风控合规的专业化分工与一体化融合模式，可满足未来新业务风险识别需求，形成系统融合集成方式无缝融入，新的风险识别与合规需求实现既可以调用已有的相同功能。

3）可以系统实现风控合规的集约化数据价值输出。数据是企业最重要的资产之一，风控合规数据尤其珍贵，企业的风控合规协同实现统一的数据管理、统一的数据标准、统一的数据模型、统一的数据服务的方式，可以实现企业风控平台积累系统的数据，一体集成，各个风控专业条线随时调用。

4）风控一体化融合模式，这种融合的高集成、高复用、高可用的方案并结合企业数字化风控实施方案，随着企业业务的快速发展，企业资源沉淀后的风险识别、合规对策、制度流程等嵌入方式，则有协同性的优势。

企业五位一体融合的风控合规协同性的优势体现在：所有风险智能识别，智能化风险识别监控，根据配置的规则，对专项风险进行主动预警；所有系统全面打通，风险、内控、合规统一管理，与异构系统全面集成，融合业务，风险、内控、合规一体化管理，实现事件收集、预警、处置整改、监控闭环管理，按权责自动流转；所有风控数据统一沉淀、统一汇总，形成多维度可视化图表即所有数据可视化分析。

因此，企业按照以"上报、预警、处置、监控"为核心的风控全过程闭环管理的平台模式的特点如下：所有风控业务集中于一个平台管理，依据组织当前风控合规管理体系快速构建风控数字化应用，满足组织业务个性化需求，一个平台管理风控全场景。

（二）合规管理及解决方案的五位一体协同落地对策

1. 内控架构合规基础设计

企业需要做到如下方面以健全内控合规治理架构：

1）股东行为合规设计前置。按照市场化、法治化的原则，清理现有股权关系，研究制定股东行为监管指引等内部制度规范，持续开展股权管理和关联交易治理工作，加强股东重大违法违规行为监测，持续提升大股东行为规范性。

2）内控合规的功能协同。重视功能协同上，切实提升相关职能独立性、协同性和有效性。对相关流程管控的管理部门、管控职责、管控目标、管理方式、使用的工具进行有效设置，并在管理制度中进行有效明确，开展内控文化建设，进行职责落地宣导。内控合规治理架构上，企业制定内控合规治理架构优化设计方案，组织对于方案落地的高层决策会议，建立分工严密、职责清晰的内部控制管理体系，突出顶层合规，强化公司治理主体履职尽职，压实内控合规管理监督责任。

3）加强内控合规团队建设。企业按照监管要求配备充足的、负责的、技术水平优秀的内控合规管理人员，制定内控合规管理人员管理制度，明确内控合规人员的准入条件、水平要求、职责权限和其他具体要求，在各层级设立内控合规职能部门或岗位，培养、引入内控合规人才。

2. 内控制度流程合规设计

企业需要在制度流程方面、刚性控制方面、系统建设方面、机制建设方面、内控建设方面完善内控合规的制度流程系统。

1）在制度流程方面，企业应当构建制度生命周期管理机制，明确制度编制要求、审核审查要点、制度发布要求、制度后评价机制，把合规性审核作为制定或修订内部重要制度和合同范本的必经程序，有效开展监管外规对标工作，进行外规内化。

2）在刚性控制方面，企业需要利用现有内部控制管理工具，梳理现有内部控制流程节点与风险控制内容，分析人工控制与系统控制情况，梳理可进行控制自动化的流程步骤与要点，实现内部控制自动化，利用系统刚性控制降低操作风险，有效提升内部控制自动化水平。建议建立从机构授权到岗位授权的精细化授权体系，建立授权管理信息系统，确保差异化、动态授权有效落地。

3）在系统建设方面，企业应当以内控合规监测视角梳理数据资产，并按照业务类型、控制监测需求进行分层分级分类，并与科技部门沟通数据可用性，特别是重视企业总体风控协同，有效梳理现有监测数据与预警成果，建立内控合规管理智能管理体系，并在系统中进行落地。

4）在机制建设方面，企业需要建立由统一部门管理的垂直化、一体化的企业并表管理体系，建立并表管理相关制度体系，并在企业内进行层级铺设。及时开展企业内的股权梳理、业务梳理、牌照梳理，建立企业授权、决策管理体系，制定权限指标，上收决策层级缩短决策链条。

5）在内控建设方面，应该由企业统一牵头，开展公司治理和内控合规体系的建设，建立统一的内控合规管理体系、管理工具、管理手段、报告体系，建立统一的管理系统，关注境外合规长效机制建设和境内外反洗钱合规工作。

3. 重点风险领域合规设计

在重点风险领域，企业同样需要注重内控合规建设。

1）在股东股权管理方面，企业需要对投资人背景、资质和关联关系进行穿透性审查，防止大股东操纵掏空机构和违规利益输送。

2）在授信业务管理方面，企业应当梳理收集授信文件，审阅授信内容、时间、要求有效性，完善授信体系设计与文件设置，确保授信的及时调整和动态管理。

3）在资管业务管理方面，企业需要清理各类金融产品，建立产品业务台账，梳理各个金融牌照项下已开展的金融业务，审慎开展复杂结构、多层嵌套等变种金融产品。

4）在创新业务管理方面，企业应当开展新产品、新业务风险管理体系完善性检查，确保新产品新业务在开展前进行有效的风险评估及制度建设，规范开展互联网业务。

4. 关键岗位人员管理设计

在关键岗位人员管理设计上，企业也需要做到合规管理。

1）保证关键岗位合规。根据《企业内部控制基本规范》《内部控制指引》等外规全面识别梳理重要岗位，按照权力型重要岗位、操作型重要岗位、督查型重要岗位分类管理重要岗位。

2）做到岗位分离合规。根据权责分离机制方法论明确组织展业过程中的各个关键角色及其相关责任。确认业务流程中的责任者、审核者、审批者、知会者的角色定位，确保不相容岗位分离。

3）做到轮岗休假合规。对关键岗位实施岗位轮换及强制休假，明确重要岗位轮换及强制休假的期限方式及任职回避相关要求，不得以强制休假代替岗位轮换。定期督促检查各级机构重要岗位轮换情况，将执行情况纳入各责任部门内控考核评价。

4）做到常态监管合规。针对关键岗位建立更为严格的异常行为排查机制。通过各类手段监测员工异常行为的潜在风险。配合纪检监察派驻机构改革，构建内控与风险、审计、财会、巡视、纪检监察等联合监督机制，严查金融风险背后的腐败问题，严防利益输送和道德风险，对从业人员腐败行为零容忍。

5. 内控问责合规体系设计

企业在设计内控问责合规体系上，需要规范问责体系、梳理标准建设、规范问责实施、规范问责认定。

1）在问责体系规范上，企业需要依据法律、法规及银行业监管规定，参照行业自律规则，建立健全本机构从业人员内部问责管理体系，规范问责标准、程序和要求，确保制度完备、执行有效、惩教并举，并加强与内外部纪检监察部门的协调联动。

2）在标准建设梳理上，企业需要根据监管要求、金融业态及过往历史数据重构内控评价体系，丰富定量标准。重点关注内控评价系统设计层面问题与执行性缺陷。对历年内控报告进行审阅，梳理问题，重新设计报告流程，建立动态更新系统，使其符合内部控制流程，并确保内部控制评价系统可以有效运用。重视问责实施规范，准确认定违法违规行为责任人员，合理确认内部问责的方式和力度。严格按照问责标准重新检查有关责任人的责任认定和追究工作，严格执行绩效薪酬延期支付和追锁扣回规定，细化对公司高级管理人员责任的认定。根据其职位专门建立责任标准，减少"问下不问上"情况发生，与监管要求相匹配，对违法违规行为给予合理处分。

3）在问责认定规范上，企业需要区分违法违规行为的具体情形，准确认定责任人员：①违法违规行为的直接经办人；②违法违规行为的主要审批人；③违法违规行为的直接管理人；④违法违规行为的主要领导者；⑤命令、指使、强迫经办人员从事违法违规行为的有关人员；⑥违法违规行为的主要内部监督者；⑦其他应当予以惩戒的责任人员。

6. 历史问题合规治理设计

关于历史问题，企业同样也需要做到合规治理设计。

1）应整理存在问题。收集历史问题与现存问题，设计问题收集模版，确认问题发生时间、问题描述、业务范围、相关责任人与部门、涉及金额等重要问题；对遗留事项做好对策，针对收集的问题采用定性、定量等分析方法，分析问题的特征点。根据问题特征点及问题的颗粒度等重要因素，建立综合、完善、全覆盖的问题分类标准。通过问题标准对机构的历史问题及现存问题进行分类梳理。

2）做好合规知识图谱。通过问题分类，建立明确的问题词条，根据其性质、情节、影响和损失情况等重要信息建立与之相应的问题严重程度评分。根据问题词条中损失、严重程度、发生频率等关键点建立风险地图与问题台账，明确问题落点。

3）进行合规问题整改。根据搭建完成的风险地图对其中发生频率高、损失严重的问题开展重点纠察整改。梳理管理线条，有效界定整改责任部门的整改措施和完成时限。

7. 内控评价合规体系设计

企业需要做实内部控制评价监督的动态体系。

1）在评价标准设计方面，企业需要进行内控体系流程梳理，明确内控评价的边界、范围与频率，结合侧重点规划并建立企业一体化、业务全覆盖的内控评价制度体系，进一步完善内控评价管理的设计与执行，提高内控评价工作水平。

2）在监督机制设计方面，企业需要建立健全内控评价监督结果的信息反馈和报告机制。通过分析制度、访谈调研等手段发现薄弱环节，明确报告反馈流程，完善报告反馈制度，建立全面、完善的报告反馈制度体系。

8. 合规强化设计

在合规强化设计方面，企业需要重视外规融合设计和对内控评价结果的运用。内控评价结果应考虑企业内部各层级公司的接受程度与业态，与被评对象的绩效考评和授权等挂钩，使内控评价监督成为内部控制、风险管理工作的有力抓手。

9. 社会责任内控合规设计

在社会责任内控合规设计方面，企业需要系统推动相关设计。

1）需要做到定价审查合规。开展产品的合规审查，梳理产品开发流程缺陷，紧盯定价不合理、存在霸王条款的协议制定，追踪违反监管要求、损害消费者权益的产品并及时开展产品的问题整改与调整工作。

2）需要完善合规机制。关注社会舆情、法律诉讼信息、消费者投诉信息，开展内部专项培训，有效进行宣导，提升信息传播度，加强消费者教育，减少误导消费者行为发生，规范销售行为，整治不合理费用设计，改进服务水平。

3）需要保障服务合规。将保护消费者合法权益纳入公司治理、企业文化建设和经营发展战略中进行统筹规划，落实人员配备和经费预算，完善消费者权益保护工作机制，建立健全客户投诉处理机制。

4）需要做到责任分解合规。建立重大突发事件协作机制、知识普及长效机制、纠纷多元化解决机制等，及时有效解决争议，推动消费者权益保护环境评估工作，为保护消费者合法权益创造良好的金融发展环境。

10. 合规文化融合建设设计

在合规文化融合建设设计方面，企业需要系统推动相关设计。

1）应当高度重视内控合规文化建设，制定合规培训长期规划，开展多样化的合规教育活动，加强员工行为的日常管理，创新构建"线下网格化""线上智能化"的员工异常行为管理模式，打造风清气正的行业生态。

2）应当深入文化系统建设、丰富文化落地手段，主动把合规文化融入经营管理全过程，强化法规制度执行，切实提升风险和案件防控水平，为高质量发展保驾护航。

3）应当加强风险防范设计，为有效防范和化解风险，建议严格落实每年两次员工家访、一次员工征信排查、一次员工行内银行账户资金往来情况排查工作。按照实际情况填写员工不良行为排查手册，严格防范从业人员廉洁风险。

4）应当进行合规覆盖建设，开展多样化的合规教育活动，覆盖业务、岗位、职责、人员等各个方面。新构建"线下网格化""线上智能化"的员工异常行为管理模式，抓早抓小、防微杜渐，避免单纯追求效益、盲目追求规模的短期行为；促进科技融合合规，对重点领域、重点岗位、重点人员进行监督管理，主动将清廉金融文化纳入员工行为排查体系、绩效评价考核体系和日常监督管理体系，夯实合规经营管理各项工作。

内控合规管理建设如图 4-13 所示。

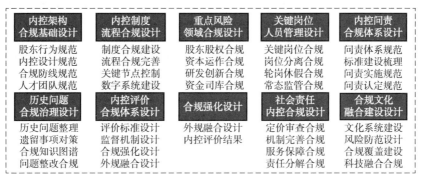

图 4-13　内控合规管理建设

第三节　五位一体体系融合协同程序

一、业财税与风控合规融合程序与方法

（一）提质增效的精益化财务管理合规协同

以三个"更"、十二字标准构建世界一流财务管理体系合规融合。其中，三个"更"指更好统筹安全和发展、更好注重质量和效率、更加突出五个作用；十二字标准即规范、精益、集约、稳健、高效、智慧。

数字技术与财务管理深度融合层面，企业以数字技术与财务管理深度融合为抓手，固根基、强职能、优保障，加快构建世界一流财务管理体系，有力支撑服务国家战略，有力支撑建设世界一流企业，有力支撑增强国有经济竞争力、创新力、控制力、影响力、抗风险能力。

首先要提高认识，转变角色。财务共享中心是服务企业的重要内容，要高起点、高标准、高质量完成建设。

其次要细化方案，完善统筹。与信息化底座、中台及其他业务系统充分对接，协同推进。

再次要建立定期汇报机制，明确责任人，严格考核，保证按期完成上线任务。

最后要提升管理，培养人才。筹建过程中要打造专业化团队，根据工作表现优胜劣汰，实现人员价值提升。

"1455"框架的底层风控设计模式如图4-14所示。

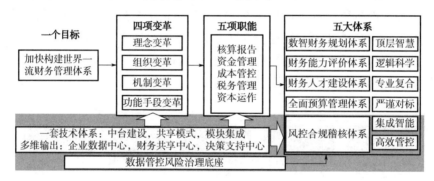

图4-14　"1455"框架的底层风控设计模式

（二）推动税务风控合规融合体系

1. 合规前置的业财税一体化建设演进

在推进业财税一体化融合模式上，建设标准化推进和分步循序渐进的方式。针对金税升级之后，系统性、针对性推动专项基础税种缴纳、税种前置性设计与融合、业务规划的企业税务管理、企业业财税融合风险指标体系的建设。

企业税务管理工作一直以来都面临着企业税务风险管理的难题。传统企业的税务管理，受制于无法打通业务和财务的链接，导致企业商业模式实现的业务收入环节税费无法提前系统设计与规划，业务数据与税务数据、税务数据与合规监管数据等不同数据无法互联互通，数据管理信息化趋势、各个税种管理要求高。企业采取的传统税务健康检查方面，企业面临检查手段和方式对专业度依赖较高、抽样的局部性无法实现全面扫描风险，企业税务的单点无法就业务各个节点涉及的税费做系统评估，无法发现系统流程是否合规，税费预算是否科学，税务的刚性要求的准确性、及时性是否满足合规性要求，导致企业风控流程的稽核无法实现智能化。而国家税务监管的智能化模式及采取的"以数治税"模式的演进，企业针对税务风险提示做出快速响应和应对难度越来越大。

第四章
风控合规五位一体系统融合治理

从根本上说,企业的税务管理需要实现基于企业商业模式下业务牵引的业务逻辑的税务设计来实现。也就是基于业务行为引发是税收征缴层面的风险与合规风险,需要结合业务模式的本身,按照业务引发的"征缴源"进行规划。为确保这个层面的合法合规性,企业还可以定期结合企业管控需要推动基于业务层面的内部税务健康检查。为确保检查方式的效果及检查的可持续性,企业可以采取针对性税务管理的大数据监控和基于业务设计及交易层面数据分析的新型数字化手段,推动基于企业层面的业务节点税务管理的合规性检查,并嵌入至企业数字化程序中同步校验。

为系统实现节税降费目标,在数字化模式下,企业按照数字牵引模式建设智慧数字税务的同时,还可以融合税务数字合规治理模块,实现企业在业务、财务、税务的智慧风控合规体系建设,具体情况如下:①业务发生的频率引发企业纳税义务确认;②企业纳税义务税收征缴过程合规稽核;③企业业务行为与税收匹配的完税成果实现。

1)业务发生的频率引发企业纳税义务确认层面,也就是频率层面。企业需要自动归集并分析业务层面数据,针对业务引发的纳税义务的税种、税率、税目等,实时按照业务形态和时间节点实现合规性提示。企业自身做好监控纳税的税务要求,从源头端做好防控,规避税务机关针对基础纳税税种和相关税种的质疑可能性。

2)企业纳税义务税收征缴过程合规稽核层面,也就是过程方面。企业需要做到自主设置业财税一体化融合的智能化风控,监管业务各个涉税节点和潜在各类税种征缴风险;针对所得税做好四流一致匹配的数据存储,同步做好提取和分析设计。

3)企业业务行为与税收匹配的完税成果实现层面,也就是成果方面。企业应根据需求自动生成风险预警和阶段性风险评估报告,并可通过调整智慧风控系统适应各种业务和其他影响因素的变动。企业以业务模式同步嵌入税收项目等相关性内容,并结合税种纳税完成进度的合规性提示及风控提示的融合,实现税务智慧风控的前置,系统改善企业税务管理的被动性和滞后性,实现企业税务管理的长线思维,全面实现税务管理的降本增效。

税务智慧风控如图4-15所示。

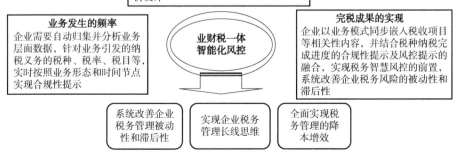

图4-15 税务智慧风控

案例

H省W市的企业W是装备制造类配件企业，以工程机械、汽车零部件和其他科技产品的制造为主业。企业W的税务管理难点体现在：①总体规模较大，但管理主体较多。企业W由不少中小型企业合并而来，企业纳税主体多、管理难，经常出现不能完整、及时纳税问题。②税务合规风险很大。由于企业W由多板块、多形式、跨域运营组成，很多板块分布在三线、四线偏远区域，发票取得难。③不合规发票普遍。假票、套票情况严重；财务逐笔查验，耗时耗力。④缺乏对税务风险的顶层设计，税务风险管理主要侧重于事后协调，其特点是协调难度大、持续时间长，容易使企业承担不可逆转的税收罚款风险。

自2015年开始，通过接近十年的设计与实施，企业W建设业务牵引的业财税一体化税务与合规共享平台也历经多次迭代。企业W计划最终所有员工的税收管理标准化，并构建税收管理系统、优化税收管理流程、优化资源配置、建立预警系统；计划最终企业的税收管理智能化能够从税务管理标准化到涉及相关税种的计算自动化。企业W通过税收信息的交流、税收风险的控制，提高税收分析的准确性，加强资源配置。

为此，企业W分出三个阶段目标进行税务信息化建设：第一阶段是第一年完成自动化与合规性阶段实施，第二阶段是第二至第四年完成企业总体集团化税务运营管控实施，第三阶段是第五年至第七年实现企业税务规划决策与分析及模型设计。

第一阶段是企业W税务信息化建设阶段，重点在自动化与合规性方面，以满足基层遵从需求为阶段目标。重点实现了税负计算和申报的自动化和规范化，同时考虑功能的可扩展性；制定了税务数据标准，逐步建立全局税务管控和规划的数据基础；系统提升了税务信息质量，发挥信息系统在税额计算、纳税申报等环节的自动化处理能力，释放税务人员工作压力，并确保税务信息的完整、实时、准确，进而为纳税申报、税务决策提供更高质量的信息。

第二阶段是企业W实施集团税务运营管控阶段，在满足遵从需求的基础上，以提升集团整体税务完税和全面税收筹划合规为目标。重点实现税务监控指标库，建立风控模型，实现税务数据集中采集和展现；逐步实现监控指标的预警、分析及过程控制。在这个过程中，企业W设计的解决方案是提升企业综合管控能力。企业W通过流程拉通、内控优化、行业指标等几个方面设定指标与阈值，对全税种的各类风险进行实时动态监控，利用大量数据分析防控风险。

第三阶段是企业W实现税务规划决策与分析阶段，重点是建立基于全局的税务规划模型及测算。推动了税收规划政策及数据的获取，提升了基于大数据分析架构的税务分析能力，同时基于税务规划和分析需要对系统和数据进行了优化。解决方案是提升税务管理价值，从业务、资金、组织等维度进行全盘规划，充分利用优惠政策降低税负，并系统解决企业W的税务合规问题。

业财税融合的税务合规平台建设如图4-16所示。

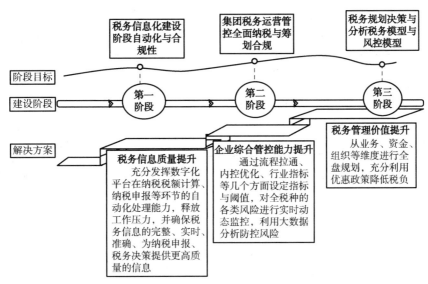

图 4-16 业财税融合的税务合规平台建设

2. 税务风险指标体系设计

基于企业模式设计业务模式，结合业务模式的涉税节点和环节做好税务管理，在税收纳税环节做到应缴尽缴，在税收优惠环节做到应享尽享。因此，企业的税务管理端需要不断前置到业务端口，实现企业业务环节的规划设计与税收体量的同步规划。

在业财税合规节点上，针对业务本身风险合规、业务引发的税收纳税环节的风控合规、业务需要落实的财务管理账务系统合规、业财一体匹配的四流一致证据链匹配合规等，企业可以按照税务智慧风控整体解决方案系统融合。

企业从业务前端系统中提取各类相关业务数据、涉税税种数据、涉税节点数据进行系统关联，落实企业四流一致的电子文档关联数据，以此形成企业按照企业客观条件进行优化的数字化管控模式。结合企业数字化管控方案，在满足相关业务涉税节点合规之下，还可以同步获取外部行业对标数据做对标。

税务风险指标体系设计如图 4-17 所示。

针对税务合规的企业管理的大趋势，企业需要结合税收管控分析、传统税务健康检查和特殊税务风险检查的要素，设计具有行业特点的税务风险场景，以嵌入智慧风控系统，并在使用过程中不断优化指标取数口径、运算逻辑和阈值。因此，企业针对涉及税务风险指标，按照单一税种风险指标、多税种间风险指标、税务财务间风险指标、税务业务间风险指标、行业对标风险指标进行智慧风控系统的嵌入设计。

针对企业关键的涉税环节，企业按照商业模式设计的业务模式进行优化设计。企业按照业务模式的实际经营过程中各个税种、税目等存在的相关税务风险进行细化明确风险节点、内控节点、流程节点。

在针对企业所得税风险层面，包括不区分合同约定确认销售货物或提供服务收入、不征收未单独核算的收入、收益确认不规范的风险；未取得合规扣除凭证、未实际发生的准

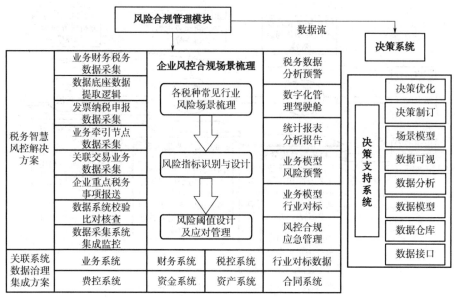

图 4-17 税务风险指标体系设计

备金支出、未留存证明资产损失确属已实际发生的合法证据成本、费用、其他支出列支不合规的风险。此外，针对企业并购的企业下属子企业并购与非关联并购等事项涉及的纳税风险，也包括企业并购中适用特殊性税务重组专项管理、企业对下级企业的费用分摊机制管理、企业所得税缴纳中完税凭证与业务协同度的四流一致管理（业务流、资金流、合同流、支持证据链）等，以及由于证据链不足或缺失导致的财税风险。

业财税一体化智慧合规框架如图 4-18 所示。

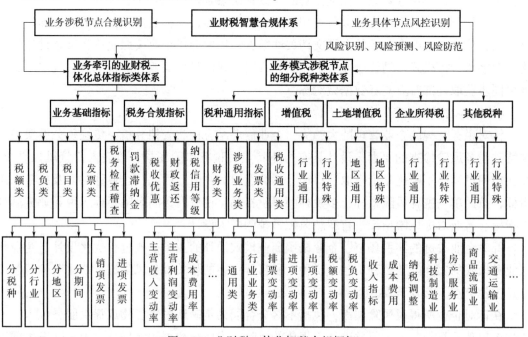

图 4-18 业财税一体化智慧合规框架

第四章
风控合规五位一体系统融合治理

案例

J市M区的企业H是民营控股的投资型集团企业。鉴于采取的产业投资、私募基金投资、风险投资等过往频繁的并购重组业务需求，也因为投资并购领域过往的经验教训，企业H推动了并购业务端的业财税一体化智能合规系统的建设工作，针对并购业务系统推动了并购端的业财税智慧合规平台的模块建设工作。

企业H在并购投资的风险指标体系设计方面，针对并购的各个环节节点，设计了并购业务模块的关键节点规划，作为顶层设计纳入模块管理。①在投资并购指标管理方面，设计了支持并购项目各项指标增删操作、维护指标适用范围、维护指标取数来源功能；②在投资并购的财税模型管理层面，完成了针对财务投资模型的设计，支持财务模型指标增删改操作、维护财务模型的计算；③在投资并购涉及的税费管理层面，按照业务并购类型，匹配了相关并购业务全环节中的适用税种、公式算法等嵌入，包括税种的更新，税务指标生效与失效状态维护、记录指标版本变更、记录指标数据关系；④在投资并购的风控合规管理层面，针对并购业务本身合规、并购财务管控合规、税务风险类合规均做好指标阈值设置，按照风控合规的各个指标阈值增删改工作、维护临界值、风险登记设置、预警方式设置。

这其中，针对业财税智慧合规平台的模块建设，企业H在两大方面做了系统设计，具体如下：

第一，税费计算与预警层面，企业H落实了具体的参考指标并落实数据参考源。数据源包括：企业H所在行业的全行业筛选高风险企业的风险评估指标（税负率指标、通用类和行业类财务指标），企业H总部所在区税局行业风险指标（所在区地方的税局监管税务指标、国家监管机关的监管税务指标、金税系统本身的监管指标、通过人工智能识别的全国范围同行业相关税务争议案例），企业H本身定制化设计企业特定风险指标（企业所属行业企业相关指标、投资类企业相关指标）。

第二，企业H在企业并购业务中的所有涉税税种的系统上线工作，确保企业H本身的税务合规。

1）并购业务中的企业所得税税务处理。企业H对并购重组做企业层面的内部概念进行了定义。并购重组的定义范围一般包括在日常经营活动以外发生的法律结构或经济结构重大改变的交易，具体包括企业H并购重组中企业法律形式改变、债务重组、股权收购、资产收购、合并、分立等具体模式。

在企业H并购重组环节，针对企业企业重组的税务处理区分不同条件，数字化税务合规模块，嵌入一般性税务处理规定和特殊性税务处理两种规范内容。企业股权收购、资产收购重组交易等相关层面，企业需要判断是否符合特殊性税务处理的要求：①在一般性税务处理层面，相关交易按照税务相关计算公式和条件进行计算；②在特殊性税务处理层面，适用特殊性税务处理规定。企业税务管理的业务融合模块，需要确保针对特殊性税务处理的条件与国家监管的税局同步，并结合要求做系统的前期和持续性规划。

2）并购业务中的个人所得税税务处理。企业H在并购业务中针对个人所得税的税务处理，实施数字化税收层面针对个人从被投资企业取得股权转让收入、违约金、补偿金、赔偿金及以其他款项等，均完成了个人所得税应税收入的采集。企业 H 按照项目适用的规定计算缴纳个人所得税。个人针对性管控过程中，针对性做好相关个人征缴抵税层面的成本数据的匹配工作，并就针对主管税务机关核定股权转让收入的股权转让收入明显偏低且不能视为正当理由的情形做设计层面的预警。

3）并购业务中的土地增值税税务处理。企业 H 针对是否缴纳土地增值税的税务处理上，识别并购是属于土地增值税的征收范围股权转让或收购行为（暂不征行为：两个或两个以上企业合并为一个企业，且原企业投资主体存续的，对原企业将房地产转移、变更到合并后的企业），还是属于增收范围的资产收购行为（需要增收行为：资产收购，转让企业转让资产中涉及的不动产转让，属于有偿转让不动产的行为）。如果识别需要纳税，企业管理层可以系统推动线上的模拟方案，明确股权转让模式与资产收购的企业战略规划和优劣，以匹配合适的推动方案。一旦确定采取资产收购方案，企业在相关合同或业务执行触发节点，自动预警并按照土地增值税按照纳税人转让房地产所取得的增值额和规定的税率计算征收，按需与税企直联的系统对接和校验。

4）并购业务中的印花税税务处理。企业 H 对可能涉及征收印花税的凭证做系统的明确并植入企业税务数据库：①购销、加工承揽、建设工程承包、财产租赁、货物运输、仓储保管、借款、财产保险、技术合同或者具有合同性质的凭证；②产权转移书据；③营业账簿；④权利、许可证照；⑤经财政部确定征税的其他凭证。同时，企业将免于缴纳印花税的情形一并嵌入数据库内。针对印花税的税务处理。企业 H 的合规按照应纳税额按照计税依据乘以适用税率，在相关合同或业务执行触发节点，自动预警并按照公式计算与相关提示，按需对接和校验与税企直联的系统。

风险指标体系设计如图 4-19 所示。

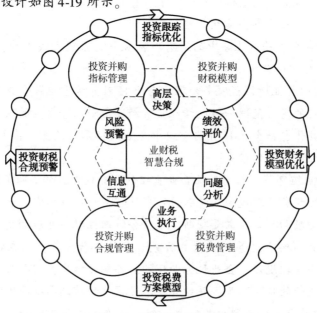

图 4-19 风险指标体系设计

二、合规内控融合程序与方法

（一）内部控制自我评价目标和原则

1. 内部控制自我评价目标

内部控制自我评价的目标是企业董事会或类似权力机构通过对内部控制有效性进行全面评价、形成评价结论、出具评价报告等过程来实现的。其目的是促使企业切实加强内部控制体系建设并认真执行，保证内控体系得到持续、有效的改进。具体评价目标如下：

1）强化内部控制意识，健全内部控制机制，严格落实各项控制措施，确保内部控制体系有效运行。

2）提高风险管理水平，推动发展战略和经营目标的实现。

3）增强业务、财务和管理信息的真实性、完整性和及时性。

4）促进各部门严格遵守国家法律法规和公司制定的各项内部管理标准。

2. 内部控制自我评价原则

内部控制自我评价应遵循如下原则：

1）全面性原则。评价工作应当包括内部控制的设计与运行，涵盖企业及其权属单位的各种业务和事项。

2）一致性原则。评价的准则、范围、程序和方法等应保持一致，以确保评价结果的客观性、可比性。

3）公正性原则。评价应以事实为基础，以法律法规、监管要求为准则，客观公正，实事求是。

4）重要性原则。评价工作应当在全面评价的基础上，关注重要业务部门、重大业务事项和高风险领域。

5）及时性原则。评价应按照规定的时间间隔持续进行，当经营管理环境发生重大变化时，应及时进行重新评价。

（二）内部控制自我评价的内容、程序与方法

1. 内部控制自我评价的内容

公司内部控制自我评价以正式颁布实施的《内部控制手册》所列全部控制措施为评价内容，对全部控制措施进行分项，分别为内部环境、风险评估、控制活动（决策管理、战略管理、投资管理、经营管理、运营管理、采购管理、人力资源管理、绩效管理、财务管理、企业管理、安全管理、科技环保管理、产权管理、资本运作管理、资产管理、法律事务管理、审计管理、内控风险管理、信息化管理、行政管理）、信息与沟通和内部监督，并对每一分项中控制措施执行的有效性进行检查、测试和评价。

内部控制自我评价采取评分制，每个控制点对应的控制措施均设定基本分值，经测试或检查后根据结果判定实际得分，所有评价内容的得分总和即为当前公司内部控制体系总评价得分。

2. 内部控制自我评价的程序

内部控制自我评价的程序包括评价准备、评价实施、评价反馈、编制评价报告、报告审定及披露五步。

（1）评价准备

评价准备包括组建评价工作组、制订评价实施方案、评价资料准备等步骤。各部门按照企业内控评价工作要求，开展内控工作的自我检查和评价，并按照规定格式编制评价报告。

1）组建评价工作组。组建评价工作组应考虑组成人员的专业背景和能力，必要时可聘请业务或管理方面的专家。

2）制订评价实施方案。在分析研读各部门提交的自我评价报告的基础上制订评价实施方案，实施方案应明确本次评价的目的、范围、准则、时间安排和相应的资源配置。

3）准备评价资料。主要包括抽样计划、被评价部门的内部控制体系文件及相关记录等。评价工作组实施评价前应与被评价部门建立初步联系，以便确认有关评价事项和安排。

（2）评价实施

评价实施包括解内部控制体系、现场测试与分析等步骤。在这个过程中，企业需要了解内部控制体系，评价工作组需要获取并审阅被评价部门主要业务流程和流程控制描述，以及内控制度、程序文件等相关资料，初步评价其内部控制情况。

评价工作组综合运用个别访谈、调查问卷、专题讨论、实地查验、抽样和比较分析等方法，充分收集被评价部门内部控制设计和运行是否有效的证据，并按照评价的具体内容如实填写评价工作底稿，研究分析内部控制缺陷。

评价工作组根据评价实施方案的要求和对内部控制体系的了解，调整、确定拟测试的控制点。评价工作组根据确定的控制点进行相关测试，并根据测试结果对内控要素进行评价。内部控制自我评价采取评分制，每个控制点对应相应的控制要素均分配有基本分值，经测试所有控制要素得分与结果评价得分的总和即被评价部门总得分。

（3）评价反馈

评价工作组需要在对被评价部门内部控制体系进行综合评价后，编制评价汇总表、评价工作底稿，并与被评价部门负责人沟通，核对数据，确认事实。

（4）编制评价报告

评价工作组需要根据评价实施和反馈情况，填写内部控制自我评价表，并按照事先确定的缺陷评价标准，对缺陷进行归类分析，撰写评价报告。同时提出整改建议，编制整改任务单。评价报告重点分析如下方面：被评价部门内部控制体系现状，被评价部门内部控制存在的问题，评价中发现的与被评价部门内部控制年度评价报告、内部控制自我评价表不一致的方面,被评价部门内部控制的趋势分析等。

(5) 报告审定及披露

内控评价机构需要结合日常监督和专项监督,对内部控制缺陷及其成因、表现形式和影响程度进行综合分析和全面复核,对内部控制管理自我评价报告提出认定意见,并以适当的形式履行企业审批程序。按照要求披露经过审定的内部控制管理自我评价报告。

3. 内部控制自我评价的方法

完善企业管理制度体系是内部控制职能之一,需要企业全面梳理业务工作,完善相关领域内控制度文件,制定企业治理各个领域的方案。在管理过程中,需要针对内控制度体系与企业日常管理相互融合的落地方式进行管控。数字化转型为企业内部控制的体系构建和实施带来变革。数字化转型产生了新的技术和系统,需要建立与之相适应的新的内控制度。基于数字化系统的内控改善,由于系统权限的严格设置和流程的自动化执行,保障职责分离,规避相关职责落地风险。

数字化转型要达成提升内部控制制度执行效率的目标,除了对业务流程和经营管理进行风险监控,数字化的内部控制系统还要对信息系统和数据中台进行风险监控。为了打通信息系统的沟通壁垒,还需要建立数据中台。为此,企业需要同步按照数据中台的存储安全、数据标准、运行合规等要求,建立内部控制制度管控防范风险。

在内部控制方面,数字化背景下的风险控制、不相容岗位分离控制、授权审批、会计系统控制、财产保护控制、预算控制、营运分析控制、绩效考评控制等措施,以及数字化系统的建设和流程的改进,成为企业内部控制体系适应数字化转型的基础。从技术层面来说,企业要加强对信息系统的开发与维护、访问与变更、数据输入与输出、信息存储与保管、网络安全等控制,保证信息系统在授权、运维、存储等方面的合规性和安全性。

按照内部控制的作用范围,可以分为会计控制和管理控制两方面。财务控制主要指与财务报表及财务组织、流程相关的内部控制。财务数字化系统的建立,运用数字化技术重构财务流程,提升财务数据的质量和财务运营的效率,降低财务报表信息质量的相关风险,从而使财务更好地赋能管理、辅助经营和支撑决策。管理控制涉及企业生产、技术、经营、管理的各部门及环节,需要加强各领域流程的数字化内部控制建设,以提升内控的运营效率。例如,在采购与付款业务循环流程中,数字化系统能够通过大数据、人工智能等先进手段,提升对上游供应商信息的整合与分析能力,促进供应链管理的智慧化升级,改善资源利用效率、生产效率,以及企业的经营效益。在销售与收款业务循环流程中,系统可通过预设好的程序对客户资质进行审核、批准并生成订单,将订单发送至仓储、物流系统和财务系统,实现各环节的及时响应。全流程中需要人工参与的环节大大减少,极大地提升了相关内控的效率。

在数字化赋能模式之下的企业内部控制评价与过程管理中,评价人员除了协同数字化系统作业,还应严格执行内部控制自我评价工作的规定,规范技术操作,采用合理科学的评价方法,以确保评价过程和结论独立、客观、公正。常见的内部控制自我评价方法包括询问法、观察法、检查法、穿行测试法等,具体如下:

1）询问法。询问法指评价人员以访谈的形式向被评价部门相关人员了解内部控制标准建立、执行和监督等实际情况。询问是收集信息的重要手段，应当在条件许可时以适合于被访谈人的方式进行。

2）观察法。观察法指评价人员以现场观察的方式，了解相关业务的开展过程，以确定规定的内控程序和控制措施是否得到严格执行。该方法适用于测试那些不留书面轨迹的内部控制，以及控制执行的到位程度。

3）检查法。检查法指评价人员查阅被评价部门的政策和标准，审查执行内部控制标准生成的文件，如账目、报表、凭证、记录、合同、报告等，检查其是否存在控制轨迹，以判断内部控制措施是否得到合理设计和有效执行。

4）穿行测试法。穿行测试法指评价人员在每一类交易循环中选择一笔或若干笔业务，从头到尾检查其实际处理过程，以验证内部控制的设计和执行情况。

案例

S市M区的企业K是民营控股的集团企业。企业K推动了自我评价评分标准和等级评定的设计工作。为确保评价结果的可比性，企业K对内部控制的过程及结果评价的项目均分别设置一定的标准分值，根据评价的实际得分确定被评价部门的评价等级。企业K根据内部控制自我评价总分对被评价部门的内部控制体系进行等级评定，等级评定应按评分标准对被评价部门内部控制项目逐项计算得分，确定评价等级。其中，评价结果的计算公式为

内部控制自我评价综合评分 =（各评价分项实际得分之和/各评价分项标准分值之和）×100

企业K确定的内部控制自我评价的等级标准为：

一级（有效）：综合评分85分以上。指被评价部门有健全的内部控制体系，在各个环节均能有效执行内部控制措施，能对风险进行有效识别和控制，基本无风险控制盲点，控制措施适宜，经营效果显著。

二级（基本有效）：综合评分70~84分。指被评价部门内部控制体系比较健全，在各个环节能够较好执行内部控制措施，能对主要风险进行识别和控制，控制措施基本适宜，经营效果较好。

三级（有缺陷）：综合评分60~69分。指被评价部门内部控制体系一般，内部控制体系不健全或重要的内部控制措施没有贯彻执行或无效。虽建立了大部分内部控制，但缺乏系统性和连续性，在内部控制措施执行方面缺乏一贯的合理性，存在少量重大风险，经营效果一般，业务经营安全性差。

四级（有重大缺陷）：综合评分60分以下。指被评价部门内部控制体系很差，内部控制体系存在严重缺失或内部控制措施明显无效，存在明显的管理漏洞，经营业务失控，存在重大风险隐患。

案例

Z 省 H 市 M 区的企业 L 是国有控股的混改企业。企业 L 推动的内部控制管理实施采取了如下措施：

1）内部控制自我评价由内控评价归口管理部门统一领导。各部门应于每年年末开展全面自我评价，并填写《内部控制自我评价表》和撰写《内部控制管理自我评价报告》。《内部控制自我评价表》和《内部控制管理自我评价报告》格式由内控评价归口管理部门统一制定、下发。要求各个部门的《内部控制自我评价表》和《内部控制管理自我评价报告》真实、完整，不得瞒报和虚报。

2）在被评价部门自我评价的基础上，依据企业发展战略、风险大小和业务重要性等原则，内控评价归口管理部门每年 10—12 月组建评价工作组，选择重点部门对其内部控制情况实施独立评价，对其他部门实施抽查。评价工作组在汇总各部门《内部控制自我评价表》《内部控制管理自我评价报告》，以及重点部门独立内控评价及抽查情况的基础上，编写企业 L《内部控制管理自我评价报告》，并提出相应改进和完善建议。

3）对内部控制体系存在缺失的被评价部门提出管理缺陷改进计划，由内控评价归口管理部门负责对其内部控制体系的改进情况进行后续督办，必要时可抽查改进计划的落实情况。

4）由内控评价归口管理部门对各部门内部控制进行评价，每三年为一个评价周期，每年至少覆盖三分之一的部门。当各部门发生重大违法违规行为、经营状况出现严重问题、管理层出现重大变动、重大的营运方式发生改变、业务财务信息处理方式发生改变、管理层等认为必要时，可以对其内部控制实施专项评价。

5）内控评价归口管理部门对某一部门内部控制自我评价进行初次评价时，须覆盖内部控制的所有方面；再次评价时，可根据监管重点、评价期内内部控制的实际情况确定评价的范围。企业 L 在每三年再次评价周期内应覆盖内部控制的所有方面。

6）内部控制自我评价各阶段涉及的有关记录、表格、《内部控制管理自我评价报告》、公司和被评价部门的监管措施及跟踪监管情况，均要求作为内控管理档案妥善保管。

第四节　五位一体的一体化审计设计

一、企业内部审计的合规融合规范

（一）内部审计确认与咨询的一体化模式

内部控制评价与内部审计融合发展，内部控制评价与内部审计在工作目标、工作性质、监督内容及范围、评价标准等方面既具有一致性，也存在客观差异性，需要做好求同存异，实现融会贯通。

针对五位一体的融合层面，审计的监督与确认咨询模式上，以审计价值创造，审计监督落地和评价咨询协同。一是夯实监督职责科技强审。针对企业防火墙建设薄弱、独立性不足、未建立垂直的审计管理体系，以及非现场检测手段利用不足、审计工具使用不充分、难以开展有效的内控审计监督领域，推动科技融合方式。二是企业定期开展管理有效性审计，联合各层级审计部门共同进行自查与交叉检查，重点管理跨境、跨业、跨机构业务。

企业风控合规的两个价值实现的发展角度，需要就企业风控合规的内部审计功能进行优化。内部审计的优化体现在如下两个方面：

首先，内部审计职能定位趋向精准化。内部审计的职能定位日趋变化，开始从"企业价值的守护者"身份转变为"企业价值的提升者"。收集信息时，企业也不再拘泥于传统的财务和业务数据，而是逐渐把范围扩大到图像、文字、音频视频等更加复杂的领域。在数字化经济环境下，内部审计部门对数据的重要性认知逐步增强，基于对大量数据的搜集、整理，充分挖掘数据深层次的信息，借以监督和评价企业各项工作。综上可以看到，大数据和智能化技术的出现可以帮助审计人员通过数据库技术等技术手段进行数据分析，并通过数据可视化的方式更加清晰和精准地定位审计疑点和审计发现，促使企业内部审计职能定位日趋清晰精准。传统内部审计与"数智化"内部审计的比较如图4-20所示。

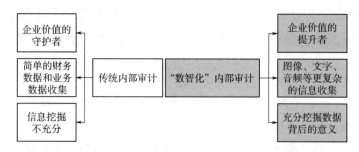

图4-20　传统内部审计与"数智化"内部审计的比较

资料来源：《老板必知的十大风控合规工具》

其次，内部审计被审计对象发生变化。企业内部审计部门在搜集被审计对象的相关数据时，也呈现出复杂、量大、全面、及时和更为精准的特点，由于这些数据的特性，很难靠纸质或者其他一些传统形式去记录，这就促使无纸化的电子数据存储形式逐渐成熟。在这种数字经济环境背景下，企业内部审计数据类型见表4-1。

表4-1　数字经济下的企业内部审计数据类型

数据来源	数据种类	具体内容
企业或集团内部	基础数据	基本的产品信息、客户和供应商信息、部门信息、人员权限与分工信息等
	业务数据	订单合同、采购单、报销单、销售单、差旅票等业务数据
	财务数据	原始凭证、记账凭证、账簿和报表数据等，通过ERP系统或共享中心的前台和后台数据导出生成

(续)

数据来源	数据种类	具体内容
企业或集团内部	管理数据	由数字化共享中心（包括审计信息系统、人力资源管理系统等）产生的会议纪要、文件文档、审计底稿与记录资料等
	影像和音频资料等	盘存盘点或审计时形成的票据、凭证、上下机构往来填报的单据附件等材料扫描后形成的影像，访谈过程中的录音和视频等文档资料
外部	第三方数据	来源于银企互联操作系统的对账数据、来源于供应商和客户的信息数据

注：资料来源于《老板必知的十大风控合规工具》。

（二）内部审计的合规与内控强化思路

内部审计强化监督职能，统筹审计项目安排，加大对影响发展的重大风险事项、违规违纪问题的审计力度，严格落实"审计问题责任到人"的工作要求，提升审计质量和效率，强化审计成果运用，着力审计成果效益转换，服务企业创造价值。

1. 重点强化风险防范和内部控制

重点包括如下三个方面：

1）坚持以战略为引领，以风险问题为导向，把推动战略实施、完善企业治理、促进企业合法依规经营作为内部审计工作目标，从事后审计向事前防范和事中管控延伸，进一步强化向战略落实、内部控制等非财务审计延伸。

2）重点关注国家政策、战略执行情况，重点领域审计基础上审计，确保审计范围全覆盖。

3）通过组织、指导、监督企业开展内控自评，将内部审计与内控检查有机结合，充分发挥协同作用，防范经营风险。

持续加强过程管控，提升审计质量。具体操作上，推进各类审计项目开展，创新模式、突出重点、深化服务，做好审计项目组织协调，从严审计。

2. 精准制定审计方案，实现审计流程标准化、精细化

运用恰当审计方法，针对重点问题、重点环节开展审计，深究细查问题背后体制机制原因，从源头剖析问题，阻断风险。强化审计结果再核实、再总结。对所属企业反馈意见进行深入核查，从外部监管视角着眼，参考企业内部实际情况，准确审计定性。不断总结经验不足，形成管理闭环。增加深入审计现场管理频次，掌握中介机构工作思路、工作动态，深入了解项目公司认可度、配合度及存在难点，主动协调争议事项，推动各项审计工作顺利进展。

3. 夯实审计整改，加强审计成果转化运用

强化审计整改，规范管理，形成抵御和防范风险的有效机制。坚持审计整改检查全覆盖。通过整改检查推动认定标准的宣贯与执行，提高审计整改工作效率和质量。大力推动审计整改和审计成果运用，以审计问题整改为抓手，推动企业相关经营管理活动不断提升规范水平，有效化解潜在风险，助力高质量发展。

4. 推进整体风险监控体系建设

充分发挥内部审计熟悉企业情况、长期开展内部审计监督的管理优势，以大数据分析、审计全覆盖、重点专项审计、内控评价等管理要素为基础，有效统筹各类监督在风险防控中的作用，探索建立全面分析、跟踪、管理整体风险的监控体系。

二、内部审计工作管理办法

（一）内部审计工作的确认与评价的合规功能

1）开展专项审计基本合规要求。坚持审计全覆盖，聚焦重大风险专项审计。清理未审盲区，着力推进全覆盖。全面梳理，着力推进内部审计实现全覆盖，应审尽审，不留死角。聚焦重大风险开展专项审计。贯彻工作要求，组织具备行业审计资质和经验的中介机构开展专项审计。重点审计企业，重点揭示内部控制、资产盘活、法律风险等方面存在的问题。开展招投标专项审计，招投标情况开展审计工作，着力揭示建设单位、招标代理机构存在的管理问题。

2）内部审计评价与结果应用的合规。审计评价的总体要求是，内部审计机构应当根据不同职务的职责要求，在审计查证或者认定事实的基础上，综合运用多种方法，坚持定性评价与定量评价相结合，依照有关党内法规、法律法规、政策规定、责任制考核目标等，在审计范围内，对被审计企业负责人履行经济责任情况，包括国有资产的管理、分配和使用中个人遵守廉洁从业规定等情况，做出客观公正、实事求是的评价。

审计评价应当有充分的审计证据支持，对企业负责人履行经济责任过程中存在的问题，内部审计机构应当按照权责一致原则，根据企业负责人职责分工，综合考虑相关问题的历史背景、决策过程、性质、后果和企业负责人实际所起的作用等情况，界定其应当承担的直接责任或者领导责任。

五位一体融合转型审计指引如图 4-21 所示。

（二）内部审计工作的咨询与服务的价值功能

1. 审计结果的总体运用

企业应高度重视审计发现问题整改，明确企业主要负责人为整改第一责任人。对审计发现的问题和提出的建议，被审计企业应当及时整改，并将整改结果书面告知内部审计机构。

对内部审计发现的典型性、普遍性、倾向性问题，相关企业应当及时分析研究，制定和完善相关管理制度，建立健全内部控制措施。

内部审计机构应按照要求加强与纪检监察、巡视巡察、组织人事等部门的协作配合，建立信息共享、结果共用、重要事项共同实施、问题整改问责共同落实等工作机制。内部

第四章 风控合规五位一体系统融合治理

五位一体融合转型审计指引

第一，嵌入风险识别的审计工作

1. 按照融合模式和数字化嵌入审计模式组建项目组

2. 按照五位一体融合模式明确风险及法务影响因素。其中，基于风险管理角度确定企业涉及的相关风险；基于法律事务把握相关法律法规和行业特点。落实企业组织结构、经营特点和资本结构等重要事项的法务与风险融合把关节点

3. 按照五位一体融合模式明确内控影响因素。基于企业管理模式和业务形态确定内部控制落地方案。就与企业沟通确认的内部控制缺陷做好改进设计。针对重要性、风险等与确定内部控制重大缺陷相关的因素，对内部控制有效性和改进形成初步意见，结合可获取的、与内部控制有效性证据链完成标准规范，明确类型和范围

4. 结合融合模式，针对审计需要的客观性、胜任能力、风控需求，系统针对性利用自我评价工作

第二，结合标准程序的审计工作

1. 采取自上而下法。首先，企业层面控制上，检查企业内控设计有效性和运行偏差情况。审计实施之前明确五位一体的融合与侧重。①内部控制层面，与内部环境相关的控制有效性，识别针对董事会、经理层驾驭的控制是否能借助数字化系统和数字底座模式改善。对内部信息传递和财务报告流程的控制。②风险管理层面，企业的风险评估过程中风险承受和可控性。③融合层面，对控制有效性进行内部监督和自我评价。其次，业务层面控制上，结合业务模块和节点确认分解落地情况

2. 针对企业数字化系统，明确基于融合兼容的数字底座与数字架构，并实现应用端的信息系统层面的设计逻辑和实现路径的匹配度和契合度。融合审计数字化的日常监管和审计阶段确定情况落实

3. 基于五位一体的系统审计和数字化融合的规范与实践协同情况，明确日常风险与实际存在舞弊风险领域，明确风险承受和可能存在问题领域的确认

4. 基于持续性审计的角度考虑五位一体顶层设计下的审计程序。①沟通与交流不同层级人员，了解并现场观察业务行为，查阅财务支持证据链，针对业务与财务融合情况推动线上与线下的穿行测试；结合企业生态推动穿透式测试。②按效果情况重复或部分执行，提升覆盖面执行。③结合基准日要求进行系统测试，测试的覆盖时间和时长结合企业管控推动实施

第三，融合数智化评价控制缺陷

1. 对于明确完成的企业相关缺陷，从五位一体角度研判设计阶段和运行阶段的具体缺陷成因

2. 按照缺陷的影响程度进行分类分级对应处理。结合风险管理和内部控制管控需求，融合审计定案结论。对分解的重大缺陷、重要缺陷、一般缺陷按照不同要求对应。重点的重大缺陷要结合数智化融合方式设计好补偿性控制和数智化整改机制

3. 基于风险管理的风险控制角度，结合审计确定的控制缺陷的性质，落实规避从小演进到大的风险的对策。针对包括但不限于如下类型的重大缺陷迹象：①董监高舞弊问题；②对外公布财务报表重大错误；③内部控制缺陷导致未发现重大错误的遗漏；④审计委员会和内部审计机构与纪检监察机构对内部控制的监督缺失或监督无效类问题等做好体制和智能化应对对策

第四，按照全覆盖完成审计工作

1. 为规避审计风险，对接企业提供企业声明书，是否提供作为审计范围是否受限的关键。明确：①董事会内控责任和数智化改进方案；②自我评价标准及结论；③利用外部审计师审计程序及结果作为自我评价的基础；④落实识别出的所有内部控制缺陷进行分类并单独披露重大缺陷和重要缺陷；⑤前期重大缺陷和重要缺陷的整改情况；⑥期后事项的具体进展

2. 针对重大缺陷和重要缺陷的前期跟踪和当期独立披露，其他缺陷的分解落实之外，系统推动各类缺陷沟通工作

3. 结合全覆盖审计发现，针对缺陷从各个角度明确，形成体系、多维的沟通和解决方案，融合数字系统建设，辅助通过智能化平台锁定与验证，并融合五位一体思维形成专家+智能化协同的有效性意见

第五，嵌套前瞻性出具审计报告

1. 明确报告要素。综合明确五位一体模式下，内部控制的有效性，风险管理的可控性，业务牵引下的法务合规契合性

2. 明确报告的不同意见类型。在特殊情况下解除业务约定书。具体类型包括：①无保留意见。企业在重大方面内控有效且审计范围等未受限制。②强调事项段。明确提醒注意和不影响意见类型。③否定意见。虽审计范围未受限制，但重大缺陷确定且影响度较大。④无法表示意见。与董事会进行系统沟通，针对审计范围受限和重大缺陷做表说明

3. 针对非财务报告的五位一体中法务风险内控合规类相关缺陷。按照风险管理和内部控制的一致性规范明确重大缺陷，重要缺陷，一般缺陷。重大缺陷需要描述并明确性质和影响，重大缺陷与重要缺陷采取书面与董事会和管理层沟通方式落实。重要缺陷工作底稿和内部材料列示方式不编号进报告。一般缺陷做好沟通提醒避免扩大

4. 关注审计后的期后事项。针对不确定性落实管理层声明，针对重大负面影响和无法确定影响事项，系统做好设计和分析

第六，证据链模式记录审计工作

1. 针对企业业务模式和发展情况修订审计计划，并就重大修改情况进行设计优化

2. 针对五位一体模式，做好法务风险合规内控层面的确定和可能的援引信息工作。①风险管理层面，做好风险承受等相关明确；②针对内部控制层面，评估和选择拟测试的内部控制的主要过程及结果，内控缺陷过大的有必要时解除业务约定书。此外，对识别的控制缺陷进行评价

3. 针对审计工作形成规范性工作底稿，形成的审计结论和意见形成支持材料链接。其他重要事项按照证据链支持和管理模式做好记录和归档

图 4-21 五位一体融合转型审计指引

审计结果及整改情况应当作为考核、任免、奖惩干部和相关决策的重要依据。

企业应当建立审计发现问题清单台账，完善审计问题整改及跟踪机制，通过健全制度、堵塞漏洞、提升管理，促进审计成果转化。同时将相关审计结果在企业内部进行定期通报。

对内部审计发现的重大违纪违法问题线索，应当依法依规及时移送纪检监察机关、司法机关。

2. 审计结果的细节运用

企业应当建立健全经济责任审计情况通报、责任追究、整改落实、结果公告等结果运用制度，将经济责任审计结果以及整改情况作为考核、任免、奖惩被审计企业负责人的重要参考。

经济责任审计结果报告及审计整改报告应当归入被审计企业负责人本人档案。

内部审计机构应当按照规定以适当方式通报或者公告经济责任审计结果，对审计发现问题的整改情况进行监督检查。

相关部门应当在各自职责范围内运用审计结果：

1）根据干部管理权限，将审计结果及整改情况作为考核、任免、奖惩被审计企业负责人的重要参考。

2）对审计移送事项依规依纪依法做出处理处罚。

3）督促有关企业落实审计决定和整改要求，在对相关企业管理和监督中有效运用审计结果。

4）对审计发现的典型性、普遍性、倾向性问题和提出的审计建议及时进行研究，并将其作为采取有关措施、完善有关制度规定的重要参考。

相关部门应当以适当的方式及时将审计结果运用情况反馈给内部审计机构。

企业应当在各自职责范围内运用审计结果：

1）根据干部管理权限，将审计结果以及整改情况作为考核、任免、奖惩被审计企业负责人的重要参考。

2）对审计移送事项依规依纪依法做出处理处罚，对审计发现的问题做出进一步处理。

3）加强审计发现问题整改落实情况的监督检查。

4）对审计发现的典型性、普遍性、倾向性问题和提出的审计建议及时进行研究，将其作为采取有关措施、完善有关制度规定的重要参考。

企业应当以适当方式及时将审计结果运用情况反馈内部审计机构。

被审计企业负责人是审计整改第一责任人，其所在企业应根据审计结果，采取如下整改措施：

1）对审计发现的问题，在规定期限内进行整改，将整改结果书面报告内部审计机构或主管部门。

2）对审计决定，在规定期限内执行完毕，将执行情况书面报告内部审计机构或主管部门。

3）根据审计发现的问题，落实有关责任人员的责任，采取相应的处理措施。

4）根据审计建议，采取措施，健全制度，加强管理。

5）将审计结果以及整改情况纳入所在企业领导班子党风廉政建设责任制检查考核的内容，作为领导班子民主生活会及领导班子成员述责述廉的重要内容。

内部审计机构应设置审计整改台账，对审计整改工作进行动态管理，并区分问题性质分别提交相关部门，会同有关业务归口部门共同监督、督促被审计企业执行审计处理意见和决定；对未能按要求落实整改工作的，审计部门应约谈被审计企业主要负责人。

（三）内部审计的协同应用

内部审计机构应向董事会汇报工作。内部审计采取集中管理、统一实施的工作机制；细化完善机构设置和人员配备要求，进一步明确内部审计机构按照"管审分离"原则分设，业务管理和业务实施。内审机构应加强与组织人事等部门的协作配合，建立联动机制。审计整改工作具体要求被审计单位主要负责人为整改第一责任人。强化审计结果运用，建立问题清单台账，完善审计整改工作，通过健全制度、堵塞漏洞、提升管理，促进审计成果转化。内部审计结果及整改情况作为考核、任免、奖惩干部和相关决策的重要依据。

内部审计管理过程中，需要针对企业的经营业绩，按照管理考核口径和内部专项服务口径做好确认工作，并就企业的经营过程需要，完成相关文件、企业标识、员工培训和宣传资料、相关活动资料、规范、企业文化评估报告、定期报告及临时报告、廉洁责任书、决策过程记录或会议纪要、廉洁风险登记表、信访举报记录及处理结果、贪腐舞弊行为的处理意见、风险管理体系、内部控制体系、廉洁风险防控体系、监察机制的咨询和服务工作，形成企业的一体化运作的收口。

第五节　本章小结

本章主要介绍了风控合规五位一体的融合治理。其中，五位指风险防控、合规管理、内控管理、审计管理、法务管理五项职能，一体指一体化分控融合。做到五位，进行一体化风控融合非常必要，可以系统实现企业防范化解风险。立足实际、着眼长远，以企业可持续发展模式，促进企业可持续发展之下的依法合规经营，建立符合市场经济发展需求的五项职能融合风控管理体系。

本章阐述了五位一体化管理提升的设计策略，企业应构建风控合规内控法务平台建设路径，合规一体化协同融合，构建风控合规内控法务"四合一"平台进阶方案。说明了如何进行五位一体的合规设计，企业应构建统一领导、分工负责的组织体系，以及系统的合规制度体系。合规管理负责人、综合部门应当推进合规管理工作的创新发展和有效落实。在重点领域，集中管控重大、共性合规风险；聚焦重点领域、关键环节和重要人员，落实合规管理工作职责，所属企业应当贯彻落实企业合规重点领域工作要求，结合行业特色和业务实际，完善专项领域合规管理。关于合规管理机制的运行情况，工作应当集中在召开合规联席会、落实合规审查、探索创建合规风险识别和评估、细化合规考核评价四个方面。企业还需要重视安全生产风险和投资管理风险，并做出相应的应对措施。最后通过案例说明合规管理的成效、不足和下一步措施。

针对五位一体五大工作体系融合协同与制度支撑，企业应推动业财税一体化，推动税务风控合规融合体系。企业五位一体的审计确认与评价层面，企业五位一体融合的风控合规措施上，还需要打造完善的内部审计工作管理办法，令各类内部审计工作开展满足基本合规要求。

第五章
风控合规五位一体场景集成治理

企业风控合规体系建设进程划分为外规、内规、价值观三个阶段，本章重点突出合规体系运行的系统化和一体化。

企业合规管理是对企业经营管理活动进行合法性、合规性的"主动管理"，是保护投资人利益、维持企业正常经营、保障企业行稳致远的重要手段。合规管理以最小的成本从源头上预防、拦截违规和违法行为的发生，有利于企业的可持续发展，有利于约束企业承担社会责任，有利于提高法律法规的监管效率，有利于保护社会公共利益。目前，我国企业经营面临内外部市场剧烈变化，企业管理层级日益复杂化，企业投资销售等业务的区域分布范围更广，企业所属行业涉及的供应链、产业链更加庞杂，企业需要应对的合规风险呈现指数级扩大，其中民营企业的合规风险敞口更大。

第一节　场景集成的合规机制

风控合规的系统融合模式下，更进一步的基础是基于精益化合规管控模式的模块化治理。模块化治理的对策方案上，需要结合所有的风控合规节点进行精益化管控，确保相关合规节点总体风险可控。针对合规模块化治理的节点管控，需要采取合规管理工作细化措施，包括采取深化企业法治建设、强化法律合规管理的方案，以针对企业重点模块的重点领域合规为牵引，系统推动合规管理向模块的各个领域、各个分/子企业延伸，并实现场景化合规建设方案。

一、合规场景建设运行机制

（一）场景集成的合规系统性运行机制

从各个场景合规的分解与一体化集成角度，企业需要重点推动场景集成的合规机制建设，具体包括：

1) 重点落实场景化业务节点的合规管控。针对商业合作伙伴、数据治理等重点领域的重点应用场景，制定专项合规场景的制度规范，以此推动所有员工依规办事，防范企业场景化合规风险。

2）针对场景层面，系统、持续开展合规管理体系的合规评价工作。通过以评促建、以评促改、以评促管的方式，针对场景的应用实现场景化问题反馈、经验总结，实现在场景应用端的管理堵漏工作。针对场景合规评价的层层汇总，实现企业针对场景的评价全覆盖。

3）针对场景的合规嵌入的模块和各个节点，系统从底层模式和场景化方式，突破场景的部门边界，系统建立项目化的合规审查机制。通过场景嵌入方式，充分发挥合规"三道防线"作用。结合企业场景合规方案，企业合规管控实现聚焦关键业务、重点领域、重点环节。在场景化应用过程中，依托合规的"三张清单"，系统实现针对重大决策事项、经济合同、规章制度的合规审查机制，以流程管控嵌入场景化、合规稽核嵌入流程与场景化的协同模式，确保企业合规场景管控到位、交易安全。

4）针对企业商业模式落地的业务端口，实现业务引流和落地的场景运营、场景设计的系统培训，推动针对场景合规的系统合规培训。以场景的实际需求和合规把关为目标，以解决问题为导向，实现商业模式的优化转型的同时，同步实现企业领导干部、专职人员、企业员工的合规知识同步，实现工作有效性、合规同步性。将合规管理的基本概念、原理、内容、方法与场景化实现结合起来，实现实践、提升、培训、转型的合规培训场景化。在刚性需求必须设置合规领导层的国资企业或确有必要的民营企业，还可以任命企业首席合规官，充分发挥首席合规官在场景合规体系建设过程中的关键核心作用，确保首席合规官和各级专兼职类合规人员具备合规管理知识技能、从业能力、场景应用能力、场景设计能力。

5）针对场景化合规模式，健全企业在大合规规范要求之下合规创新与标准化管理融合的工作机制。持续完善企业场景"固化标准""创新建设""转型调优""融合迭代"的闭环管理和企业统筹性开放管理的协同。结合场景合规的快速迭代，同步提升企业内规的迭代，实现场景迭代的共性部分内容完整协调、格式规范统一、个性化部分的创新与接口协同。以场景化融合的灵捷式管控模式，实现对企业风控合规的实时监控、场景预警。系统增强企业风控合规的制度刚性约束，推动制度有效落实。

（二）场景集成的合规执行性运行机制

有效融合机制有效落地：纳入岗位，纳入流程，纳入体系，形成企业的场景化合规管理系统场景化平台模式。

1）合规场景化风险识别层面。实施方案如下：①收集梳理场景化基础信息，包括：收集内外部环境信息，梳理分析业务流程信息，梳理分析法律法规、行业监管、内部章等合规信息，梳理分析相关历史案例信息；②识别合规风险，包括：内外规梳理、问卷调查法、访谈调研法、案例分析法、专家研讨法、风险检查表法、流程分析法等；③整理识别成果形成场景化合规风险库，包括：统一合规风险定义和行为描述，合规风险的归集分类，按标准结构构建合规风险信息库。

企业可以借助内部审计的确认与咨询功能，采取内部审计前置方式，针对性推进企业场景化应用，落实合规审查表法、流程测试法、穿行测试法、因素分析法。

2）合规场景化风险评估步骤层面。实践方案上，针对场景化业务形态，一般采取定性、定量、定时间的"三定原则"实施评估。在采用定性分析方式时，初步概括企业合规风险等级，同时揭示企业场景层面的主要合规风险。在采用定量分析方式时，一般需要在适当的时机推动定量合规风险分析。一般合规风险的分析从时间、发生概率、损失量等多个维度，综合采用场景化建模等方式确定。步骤如下：①设定风险评估模型和评估标准，包括设定风险测评维度和子维度、风险评估标准、风险评估模型；②结合场景化实施合规风险测评，采用多种方式方法实施测评；③针对该业务场景，系统确定风险等级和重大风险，包括确定风险排序、风险等级、重大风险等。

3）合规场景化风险管理层面。实施方案如下：①针对场景的合规风险评估模型，就场景的风险发生概率、风险损失度、风险水平进行确认后，设置相应的模型进行风险度量；②针对场景的合规风险评估指标，基于风险发生的概率、损失度、发生时间三个层面，从定量、定性、定时间的角度评估合规风险；③针对场景的合规风险应对，做好系统的应对策略和应对措施。

将风险管理应对措施按照场景业务的管控需要，进一步细化为具体的落地方案。合规风险应对措施包括：资源配置、制度流程、标准规范、技术手段、风险预警、专项活动、风险培训。

4）合规场景化持续改进层面。在合规决策、合规报告与应对、调查问责、举报与调查、合规管理信息化建设、合规文化场景化实现机制建设的基础上，推动落实合规场景的持续改进机制。合规场景化持续改进包括风险反馈、考核评价，具体如下：开展合规管理评估，定期对合规管理体系的有效性进行分析，对重大或反复出现的合规风险和违规问题深入查找根源，完善相关制度，堵塞管理漏洞，强化过程管控，持续改进提升；将合规考核评价融进指标四大板块体系结构，即：合规体系建设、合规实际执行、合规工作效果、重大合规事件。

二、企业场景化合规审查机制

合规审查机制也称合规审查与强制咨询机制，合规审查需要确保合规审查的独立性，体现在对本业务领域的业务活动和员工行为进行合规审查。涉及规章制度制定、重大事项决策、重要合同签订、重大项目运营等经营行为的，由合规管理牵头部门进行合规审查复核，实现针对法律法规、规章制度、合规准则、管理办法、专项指引、合规风险清单的合规复核。

（一）企业场景化风险合规应对措施

不同的体系有不同的运行机制，这些运行机制往往是交叉重叠的。企业风险管理主要包括五项机制：风险研判预警、风险决策评估、风险防控协同、风险考核问责、风险信息报告；内部审计主要包括四项机制：内部审计制度、审计作业、审计整改督导、审计汇报；内部控制包括两项机制：内控建设机制、内控评价；违规追责机制包括追责工作和追责实时报告。风险识别与风险防控措施见表 5-1。

表 5-1 风险识别与风险防控措施

工作阶段	责任部门	合规识别	风险合规防控措施	
			客户端合规节点	企业场景端合规节点
市场拓展期	市场营销部门	合规风险：针对产品合规、企业合规、人员转分包合规；合作协议、招投标文件、关系对接各项内容不明确	市场拓展过程中严格按照签订的合作协议执行	市场拓展前完成合作协议签订，合作协议条款内容覆盖全面协议内容；由市场拓展相关部门牵头组织完成产品确认和仓储及相关服务工作
		合同风险：合同内容不明确造成管理范围和管理内容等相关要求模糊	协助推进合同签订，针对合同中的产品要求进行分解，针对服务是否允许转包和分包提前明确	合同中明确产品数量、规格、服务范围和服务内容，重点关注贴牌 OEM 及服务转分包条款
	财务管理部门	财务风险：履约保证金缴纳金的金额和缴纳方式不明确造成未及时缴纳	按照合作协议要求按时付款，及时验收货物，完成服务评价	按客户需求的合同约定时间完成协议审核，提供授信额度确定服务
		资金风险：财务软件费用未提前约定造成承担方不明确	在合作协议中明确此类费用承担方式	及时支付投标保证金，因资金不足需要银行等机构融资时签订借款协议，按标准支付利息费用，确定分摊标准或收费标准
	各管理部门	合规风险：不符合客户需求产品的质量要求和服务要求，不符合提供服务的所在地用工政策规定，造成违规用工影响	招聘人员符合当地用工政策，按照合同约定及企业用工要求执行	根据项目所在地梳理当地用工政策和用工条件，并对项目做出要求
	营销管理部门	运营风险：未做好营销管理的系统支持，导致后期遗留问题处置问题	按照合同约定协议规范提供产品，针对承接查验标准服务要求进行承接查验，完成双方签字确认	参与跟踪承接查验开展及问题整改安排
营销服务前期	营销管理部门	运营风险：未按照要求办理员工入、离职手续，造成员工投诉	员工合规性手续办理（劳动合同签订/解除、社保缴纳离职手续办理）	根据企业《员工管理规范》对营销和服务进行监管
	各管理部门	运营风险：供应商管理能力不足造成服务不满足要求	调研并对资质及能力进行审核，签订协议，做好过程监管	对服务和外包涉及的相关职责进行监管，监管产品供应和服务是否按照合同约定执行
	财务管理中心	财务风险：核算范围和流程不清晰	按照确认流程及标准执行	确认财务核算范围及流程

(续)

工作阶段	责任部门	合规识别	风险合规防控措施	
			客户端合规节点	企业场景端合规节点
营销服务中期	财务管理中心	财务风险：业主方资金未到位造成员工工资未及时发放	与客户保持良好沟通，按合同约定回款	跟进客户回款进度，核定业务进度
	各管理部门	运营风险：员工个人原因造成工伤或投诉	1. 定期梳理员工风险点，如是否存在员工服务问题、是否缴纳五险一金等 2. 关注营销市场和现场服务质量，以及退出后潜在的劳资纠纷	1. 监管是否存在员工风险并督促合作方及时解决 2. 提前督促项目完成员工内部调查、了解员工思想动态，并出具防范措施
	各管理部门	运营风险：未按照合同约定内容执行造成客户投诉	按照合同约定内容的节点发出货物、验收货物、接收服务，并评价服务效果	按期对产品现场和服务现场进行考核，对合同约定内容执行情况进行监管，定期进行考核
	各管理部门	运营风险：未对项目安全风险进行识别和管控造成安全问题出现	识别产品质量风险、服务涉及的危险源，建立重大风险清单跟踪	按期对产品和服务进行安全检查，并确保企业无系统风险
	市场拓展中心	运营风险：危机事件发生后未按照要求处理造成严重后果	积极协助处理危机预警事件	1. 严格执行《风险预警管理规范》，进行危机预警事件识别，并按照规范要求及时报 2. 针对提报预计预警事件做好汇总及后续回访
营销服务后期	各管理部门	合规风险：产品质量问题或企业服务未做好善后工作，包括结束完成未确认或未签订终止函，造成合同执行不合规	与客户沟通，协助完成产品后续质量跟踪和服务合同的结束善后工作，系统完成合作	产品提供及服务合同到期后持续提供产品和服务的项目，及时续签合同或结束时签订合同终止函，明确服务期限，保证合同执行合规性
	财务管理中心	财务风险：未及时收回保证金，未及时完成产品与服务的结算，未及时完成尾款结算，造成撤场遗留事项垫资风险	清算事项清单解决方案报备，按合同阶段性进度反馈进度	1. 提前介入资金管控，谨慎支付产品销售和服务的代理商及其他合作商费用 2. 检核清算事项清单，根据清算金额预留资金，直至解决

注：资料来源于《老板必知的十大风控合规工具》。

（二）合规审查的"三道防线"场景化应对措施

1. 第一道防线核心业务部门五项原则

企业在风险管理实践中总结出必须坚持的五项基本原则，包括：风险前置、职责分工、风险底线、分层分类、风险嵌套。①坚持风险前置原则，将风险防范重点前移到第一道防线；②坚持职责分工原则，业务部门兼职风险管理人员发挥作用；③坚持风险底线原则，确定风险偏好和风险承受度，合理划定风险管控底线；④坚持分层分类原则，按照集中、分层、分类的原则加强对重大风险、重点单位、重要业务的管理，把管理资源集中在解决企业主要矛盾、抓好关键环节方面；⑤坚持风险嵌套原则，将风险管理嵌入企业重大决策事项全过程。

企业同时按照发展要求，促进企业落实发展战略。基于企业核心价值观，追求企业价值。企业风险管控工作以"驾驭风险，科学控制，创造价值"为根本目标，以"发现风险隐患、降低风险损失、改善风险环境"为工作使命，达成六项具体目标：风险控制目标、确保信息沟通、确保遵守法律法规、保障经营管理的有效性、建立风险应对策略、促进发展战略。

2. 第二道防线支持职能部门五项机制

企业系统健全第二道防线的五项机制，确保企业第二道防线的有效运转。风险管理运行机制是风险管理工作运行的基本方式和主要工作载体。结合监管要求和企业工作实际情况，企业可以确定五项管理机制，包括：风险研判预警、决策评估、防控协同、考核问责、信息报告。企业可以将风险管理、内部控制、内部审计、违规追责等工作机制进行有机结合，形成一体化风险管控机制。通过上述梳理，系统推进工作落实，确保企业的风险管控的基础工作达标、风险识别充分、流程梳理全面、制约风险管控的工作落地。

在这个过程中，第二道防线层面要发挥风险管理作用，提升企业和相关人员的风险管理能力。具体包括：①风险分析预判能力，即对可能发生的风险进行前瞻性推演和压力性测试；②风险事件管控能力，即灵活机动并有效及时地处理各种风险事件；③风险信息管理能力，即继续推进"企业风控一体化信息系统"建设；④风险文化融合能力，即将风险意识融入企业各项业务和管理活动。

此外，为确保体现第二道防线的作用，企业可以借助科技新技术强化对第二道防线的监督和检查，包括第三道防线内部审计的过程和动态检查。

在大数据战略的大背景下，内部审计可以借助线上的云审计模式进行融合，系统提高内部审计效率。为了能够同时保证内部审计工作高效、便捷、低成本而又真实、可靠地顺利开展，企业的内部审计机构应当创新审计方法，合理运用现场审计和非现场审计。两者互相补充，提高内部审计工作质量，使审计成果更加真实、有价值。

3. 第三道防线保证职能机制目标

企业第三道防线的重点是系统搭建风险偏好体系。企业的风险偏好是企业愿意承担哪些风险，风险容忍度是企业能够承受的风险的限度。

企业制定风险偏好和容忍度对企业风险管理工作意义重大。需要搭建全企业的风险偏好体系，制定整体风险管理战略，确定风险偏好，由上而下指导风险经营，制定各业务线条风险指标，由下而上反馈风险偏好执行结果，进行核实调整。同时，从不同层面出发进行风险管理，实现控制风险总量和各业态风险的目标。

在复杂的外部环境、严峻的困难挑战和不确定性、不稳定性的形势下，第一道防线和第二道防线的有效性很大程度上取决于第三道防线的震慑性，因此，协同作业是实现化解重大风险的关键。企业防范化解风险的总目标是"化存量，防增量"，主要是实现"四个目标"，具体如下：①风险责任目标，即风险考核及责任落实全程跟进、评价，杜绝短期行为；②风险策略目标，即加强政策的深度研究，借助外脑和智库力量，最大限度规避政策和环境风险；③风险机制目标，即建立务实、高效的风险防控机制并使之真正"落地"，实现风险管理"关口前移"；④风险意识目标，即强化合规管理和"规则"意识，提升全员整体防范风险的能力和水平。

为此，企业需要系统落实防控重点风险，重视对风险事件的管理，建立有企业特色的风险事件管理流程。企业可以制定《企业重大经营风险事件管理办法》，明确风险事件、风险敞口等基本概念的界定方法和计算口径，规范重大经营风险事件管理流程。还应结合需要，按照风险敞口大小进行分层管理，将规定风险敞口大于一定金额的风险事件或该事件性质定义为重大风险进行统一管理。

对于风险事件，可以建立重大经营风险事件库，规范风险事件的风险敞口计算、入库管理、数据库动态管理、出库管理和档案管理；可以设立内外解决方案，包括立即止损、实施保护、分析责权、协商谈判、申请仲裁、诉讼准备、寻求外援、加强内控、建立组织、舆论监督、财务支持、外部沟通、风险隔离，为规范有效地处置风险事件提供参考。

在这个过程中，企业第三道防线可以强化内部审计问题整改的建设。企业内部审计和内控合规部门可以承担内部控制评价、经济责任审计和离任离岗审计等审计任务。在强化第三道防线的建设过程中，专职的内审机构可以实现对检查发现的各类问题的整改跟踪，实现内控合规完善内控管控机制，达成检验问题整改效果。内审部门可以依托"违规积分系统"全流程反映违规问题的整改、问责、协同，这些都是确保最后一道防线发挥作用的有效措施。

同时，为确保对业务落地有实质性帮助，企业内控合规部门在履行审计相关职责时需遵循三项原则：①独立性原则，工作结果直接向主要负责人汇报；②审慎性原则，客观反映问题，避免主观武断；③有效性原则，综合评判审计对象工作决策是否匹配内部控制要求。

（三）企业场景化合规审查协同应对措施

以"三道防线"为基础的合规审查机制如下：明确"三道防线"在合规审查机制中的审查内容、重点及范围，聚焦在重要制度及重要文件制定、重大决策、重要合同订立等关键环节。

企业需要系统提高"三道防线"全体人员的胜任能力，拓展风控落地的协同性。对于企业团队的队伍建设，企业首先要把好入职第一关，加强人员选择标准。为了最大限度地防范企业潜在风险的发生，应根据企业业务形态和特点，提升系统的风控系统融合模式的要求；应在日常管控和培训系统过程中，系统提升企业内部管控合规落地，为之后各项风控工作的顺利进行提供保障。如图5-1所示。

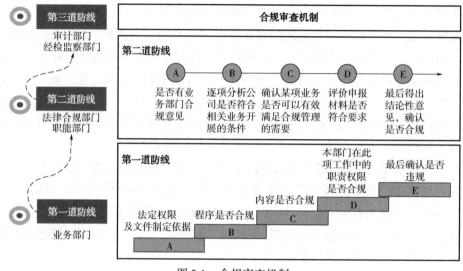

图 5-1 合规审查机制

第二节 构建"三道防线"合规管理体系

"三道防线"的协同作业模式,对于企业降本增效、提质增收意义重大。常规而言,第一道防线的市场部门和各职能部门,第二道防线的后勤各职能部门和风险管理、内部控制、合规管理、法务管理相关部门,第三道防线的对内部控制、合规管理起统领作用的审计部门和监督管理部门应协同立体式落地。

就"三道防线"的整合逻辑而言,通过规范系统的整合逻辑,建设企业"内部规章和外部规章"的协同屏障,实现合规嵌入制度流程,通过风险管理体系将风险管理要求嵌入制度流程,并着重抓好重大经营风险和重大项目风险评估,将风险管理要求融入内控的作用。因此,通过"三道防线"的建设,可以构建监督评价体系,形成联动闭环机制,实现企业动态发展和协同封控融合的管控目标,最终形成企业持续发展之下的"全面、全员、全过程、全体系"的风险防控机制。

企业需要在推动商业模式优化迭代及企业运营发展的前提下,系统化解存量风险、筑牢风险防范体系。在这个逻辑下,需要做好调架构和设计企业风控"护城河"的落地模式,具体如下。

一、"三道防线"的协同路径

(一)打造贯通关联的"三道防线"协同防火墙模式

"三道防线"协同的一体化建设上,企业可以建设减轻承受分线的"护城河",也就

是俗称的风控防控"防火墙"。"护城河"包括健全体制机制、落实防控重点,具体如下:

第一,强化"三道防线"的作用,不断完善风险防控防火墙。

第一道防线是核心业务单元。集中90%的精力把第一道防线建设好,90%的风险都可以在日常业务运作过程中解决。第一道防线是做好风险源头控制,重点解决企业经营管理中风险管理"缺位"问题。第二道防线是战略管理、投资管理和财务管理等。

第二道防线,帮助第一道防线建立与企业风险管控相适宜的业务流程,通过对第一道防线风险控制进行赋能,使业务的主要风险能够在第一道防线得到适宜的控制。

第三道防线是审计委员会审计监督。对风险管控结果进行独立评估,形成冷威慑。第一道防线建设好,第三道防线运行机制需要确保联动且持续存在,确保第一道防线不失控之下第三道防线的协同,避免出现第一道防线失控导致的第三道防线补救模式。

第二,"护城河"建设上,需要打通职能分工屏障,打造贯通关联的一体化运行机制。首先,系统了解一体化运行机制。一体化运行机制要求确立风控要素融合工作对象及方法,通过编制方案、制定模板、组织培训和问题答疑明确要素匹配的工作原则和标准。其次,了解风控要素识别与对接(图5-2)。通过"三道防线"的管理机制进行审核和对督导。最后,按照"三道防线"的协同模式,建立制度化、流程化管控的节点应对。

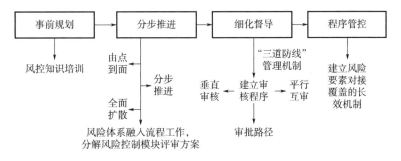

图 5-2　风控要素识别与对接

资料来源:《老板必知的十大风控合规工具》

第三,企业的防火墙建设上,需要同步考虑建立风险应急机制,实施日常风险应急管理。如图5-3所示,风险应急机制是协同一体化的兜底环节。风险应急机制常规需要构建风险底线的底数、匹配责任的责权利归属、针对风险预警的方向目标、解决风险应对的全过程和全环节风险预警处置。在有效落地层面,企业本身确定组织职能、同步建章立制,落实风险预警管理规范、重大风险与突发事件应急管理规范、重大风险与突发事件应急实施方案类规范,明确组织结构、运行机制等,保证日常风险能够及时得到响应解决。

(二)"三道防线"模型的协同逻辑与一体化场景流程

"三道防线"是一个全局性的内控体系,是由三类保证人员实施的内控体系的设计监督、操作执行和防范评价三类保证活动,是一种为实现信息共享、联动互动、适当交叉,全面覆盖企业经营管理各环节、各条线、各职能、各机构的内控保证活动机制。为夯实内部审计基础、有效防范和化解风险，系统建设内部审计"三道防线"的防火墙架构。"三道防线"与风控部门协同逻辑路径如图5-4所示。

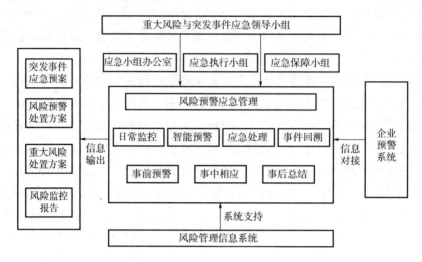

图5-3　风险应急机制

资料来源：《老板必知的十大风控合规工具》

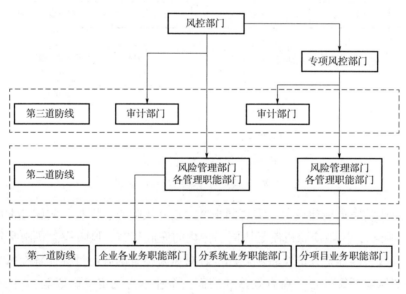

图5-4　"三道防线"与风控部门协同逻辑路径

资料来源：《老板必知的十大风控合规工具》

"三道防线"之间的关系与内外部对接部门见表5-2。在"三道防线"模型中，第一道防线是核心业务部门，负责在业务操作过程中合规、有效地执行；第二道防线是支持职能部门，负责识别内部审计中的风险并制定相关的内控措施，对核心业务部门起监督评价的作用；内部审计部门是第三道防线，其职责是通过经营层、董事会、监管部门、外部审计检查审计工作，同样起到监督评价的作用。

表 5-2 "三道防线"之间的关系与内外部对接部门

"三道防线"模型	对接部门			
	经营层	董事会	监管部门	外部审计
第一道防线 核心业务部门				
第二道防线 支持职能部门				
第三道防线 内部审计部门				

注：资料来源于《老板必知的十大风控合规工具》。

二、"三道防线"场景化穿透式建设

企业风控系统的落地上，需要系统强化"三道防线"的作用。构建风险防线有两个关键：一是按照风险管理"三道防线"原则构建覆盖全企业的风险管理职能分工体系；二是按照风险"分层分类集中"的管理原则对各类风险进行有效管控。"三道防线"失效是导致出现重大风险的主要原因。

第一道防线涉及所有业务及职能部门。各部门一线员工是企业的窗口，也是首先与风险源接触的群体，在日常业务中负有及时识别、上报与初步管理风险的职责，是事前控制风险的关键。

第二道防线涉及风险管理委员会及风险管理部门，这两个机构是事中控制风险的关键。

第三道防线涉及内部审计委员会及内部审计部门。这两个机构也不直接参与企业的任何经营业务，主要负责对第一道防线和第二道防线部门的工作进行事后稽核、审计和监察，是事后控制风险的关键，也是最后一道防线。

第一道防线的主要职责包括：风险的相关工具有效评价并完善本条线业务流程和操作规程的合理性，确保在业务操作和经营管理过程中对风险实施及时控制和监督；实施本条线业务的全辖检查，并落实相关整改工作；对本条线全辖的操作风险负责。根据有关部门规定和要求，报告本条线和部门内部审计存在的问题及缺陷，制订整改计划落实整改。

第二道防线的主要职责包括：负责指导、检查、监督和评估第一道防线的工作，并统筹开展内部控制制度建设工作。具体负责操作风险管理运行构架的建立和维护，以及操作风险相关方法、工具、标准的推行，对第一道防线开展操作风险培训和指导工作；牵头案件防控工作，组织开展案件风险排查，进行自我案防评估，参与处理内外部重大案件；负责对各种内外审查/检查中发现的问题的整改落实情况进行督导，评价考核第一道防线整改工作质量；按照有关规定，组织实施离任审计检查和评价工作等。按要求对一道防线的履职情况进行检查，并监督整改检查出的问题，为内部审计奠定一定的基础。

第三道防线的主要职责包括：运用系统化、规范化的方法，对全行经营活动、风险管理、企业治理和内部审计的适当性和有效性进行检查评价，是内部控制体系的保障手段，从而达到内部控制的最终目标。

第三节 构建合规"三库"体系

企业针对合规的落地上，针对合规本身落地难的问题，还需要利用系统的精益化专业集成方式，将合规节点固化于业务流程，并与日常经营管理融为一体。基于全员参与、全程监控、全领域覆盖的合规"三全"体系，落地上借助合规风险库、专家库和案例库的"三库"建设，提升企业一体化合规管控能力。

一、合规风险识别的"三全"体系建设

"三全"体系特指企业建设全员参与、全程监控、全领域覆盖的合规管理体系。以岗位为单元，嵌入式建立合规管理体系：企业日常的合规动态管理多数是由外规变化引起的，用一个新规诠释企业日常的合规动态管理过程。

"三全"合规管理体系需要系统实现针对合规管理的系统制度规范，合规管理重点管理落实到重点领域、重点环节、重点人员。

（一）合规一体化场景管理实施

企业构建"三全"合规管理体系应在投入充足的合规人员及资源的基础上，保证负责合规管理的人员具有足够的自主权，即可以直接接触企业的高级管理层，同时管理层要向企业内的所有人员明确传达合规要求，确保合规计划得到全体员工的有效执行。在组织层面通过组织架构实现全员参与，组织架构主要包括：治理层合规职责、合规委员会、合规管理负责人、合规管理综合部门、专项部门、参与部门。随着实施全面一体化风控管理的推进，查找经营管理风险点、评估风险影响程度、编制分类风险与缺陷清单、明确实质性管控靶点是风控管理成败的关键。

因此，企业应全面梳理各类各项业务流程，明确关键控制节点和控制要求，实施业务流程再造，建立重大风险预警与应急机制，制订和落实应急预案，促进业务处理规范化和标准化。实施合规管理的近期目标和中长期目标，实施风控管理的全域性管理。其中，近期目标包括：合规组织相对健全、制度相对完备、流程相对规范；中长期目标包括：合规管理与企业业务融合、形成合规文化。

案例

J市T区的国有控股企业Z，为系统推动合规管理体系建设，设计了一整套计划落地的合规管理体系测试评价方法。为推动合规管理体系建设有效落地，设立了"12345"测试评价法则，具体如下。

（1）验证企业文化1个问题

企业文化是否包含合规文化内涵？

（2）验证绩效考核内容2个问题

企业绩效考核内容是否包括合规绩效指标？

员工绩效考核内容是否包括合规绩效指标？

（3）验证公司对商业合作伙伴3个问题

对合作伙伴是否进行合规风险识别分析评价？

合规管控是否对应落实到合作伙伴？

是否对合作伙伴进行合规培训？

（4）验证公司每一业务流程4个问题

是否明确对应适用的公司合规义务？

是否明确面临的合规风险？

是否明确对应的合规风控措施？

是否按每一业务制定合规培训内容？

（5）公司每一岗位的员工回答5个问题

是否知道本岗位需要遵守的合规义务？

是否知道本岗位的合规职责？

是否知道本岗位的合规风险？

是否知道本岗位对应的合规风控措施？

是否定期经过合规培训？

（二）合规一体化场景的确认评价

为了更好地提升数字化智能风控合规一体化集成系统应用效率、巩固风控防火墙效能，企业可以从组织意识管理、制度保障到科创赋能、金融支撑等方面全方位助力合规平台实施。

从这个层面，基于强化合规一体化融合运行分析角度，按照合规落地的客观评价，还需要充分发挥内部审计的统计及后评价管理职能。从内部审计的合规场景集成治理的有效性、及时性协同角度，还可以将评价功能等适度前移至合规嵌入业务场景的过程。内部审计的确认与评价工作上，侧重过程中评价，强化对合规一体化融合的统计分析、经营跟踪，系统解决合规一体化融合相关的风险事项、风险防范、合规成果确认等问题。

二、合规风险识别的"三库"制度建设

企业采取有效措施主动识别和应对合规风险,是合规管理基于场景式分解下重点关注的领域。针对性按照场景合规落地的有效性,建设"三库"制度(风险库、专家库和案例库),是优化合规风险识别、提升风险应对的有效手段。

(一) 总体建设逻辑

已发生的风险事件可以是本企业发生的,也可以是同类型企业或其他有关联企业发生的。从建立健全合规管理体系而言,企业有必要系统整理合规管理建设过程中企业过往面临的合规风险,针对重要的场景和关键节点进行有效管控。

企业合规风险库也称为合规义务库,是企业可能遇到的合规风险的集合。合规风险库所指的合规风险,既包括已发生的风险事件,也包括未发生的风险概率。企业同步安排建立咨询专家库,发挥专家库的作用来提高企业决策能力、决策水平。针对企业的合规案例库,需要做好案例收集和选取。

企业在过往采取妥善方式解决合规问题的归纳整理基础上,借助"三库"建设的沉淀和场景化集成,形成企业不断迭代优化的科学、有效的合规对策。企业从过往经验和"三库"建设协同,借助公司治理的过程迭代,建成企业融合的一套高效的合规管理落地的合规生态系统。

(二) 细化建设方案

1. 风险库

风险库建设包括三个层面。

(1) 风险识别与分析评价层面

针对合规管理,系统建设合规库,解决不合规事实的评定标准,将"具体人员做具体事情过程和结果体现的合规与不合规"细化。

合规风险库建设分为如下三步:

第一步,企业需要识别企业交易循环中可能的违反合规义务的情形并形成记录留痕。类似企业的一体化场景中的交易类业务循环,将企业运行中涉及的采购、销售、生产、研发、投资、财务、人力资源、信息传递等行为形成场景,链接过程,实现系统的闭环场景及对其过程的记录。

第二步,企业针对已识别并记录下来的合规风险及合规风险清单进行分析。合规分析的内容常规包括对风险的来源、风险发生的概率、风险发生的后果等进行分析。企业通过对合规风险进行进一步的筛查、确认和整理,得出更进一步的阶段性结论。

第三步,企业在合规分析的基础上进行评价。合规评价是在分析的基础上,再对合规

风险进行量化排序。借助分析的初步量化结果,融合评价细致的量化结果和呈现方式,实现直观的合规评价结果展示,为合规风险管控措施落地打好基础。

(2) 风险源收集与分类统计层面

企业发生合规风险源指企业组织活动中可能引发合规风险发生的内在引发的和组合叠加的要素。企业风险源的收集可以分为两大类:

第一类,对于已经发生的风险的收集。风险收集主要来源于企业自身、其关联企业、同类型企业等。

第二类,对于尚未发生的风险的收集。企业可以根据数据、法律法规规定归纳得出。企业在经营过程中可以将相关业务所依据的法律法规及内部规章制度进行分类和总结。分析业务合规中的应为事项、不为事项,以及违反相关制度可能受到的处罚,从而完善对尚未发生的风险的收集。

(3) 风险事项更新与完善层面

风险库的完善上,企业可以采取定期收集企业本身、各分/子企业、分支机构及同行业、境内外企业的合规风险事件的方式实施。企业收集风险的过程中,可以优化迭代并进行分类分析,系统完善风险库风险储备。同时,企业可以加强与行业监管机构的沟通,实时了解监管动态和监管趋势,适时调整风险库中的风险预警等级。

2. 专家库

专家库的设立和运营环节较多。企业专家库建设涉及专家推荐、聘用、调整、续聘多个层面;企业专家库运营涉及管理、运行、架构更新、经费保障等多个环节、多项内容、多个步骤。因此,企业需要制订周密、具体、切实可行的工作方案,往往需要做好如下四个方面:

1) 因地制宜,明确目标。合规专家库的建立,应本着高层次、权威性和代表性的原则。既可以借鉴"合格供应商管理库"的有关做法,也可以参照各地仲裁机构选聘仲裁员、建立仲裁员库的做法。

2) 确定方法,持续发展。专家的邀请、推荐应以企业内部各工作部门推荐为基础,广泛邀请相关企事业单位、学术团体及个人推荐合适的人选。具体推荐方式可以分为三种:企业直接发函邀请、企业工作部门推荐、相关单位和个人推荐。在建设过程中,要注重构建平衡的专家群体结构,使专家的专业结构、区域结构、年龄结构趋于合理,避免专家结构单一、各组人数配备不合理等问题。同时,要注重培养和发展新的专家,优化专家结构,扩充专家数量。

3) 制度建设,长效机制。要研究制定专家库工作制度,对受聘专家的工作职责、提名与聘任、专家库的管理与更新、架构和任期等做出规定,配套研究制定专家库日常管理、活动形式、参与程序等细则。在任期方面,专家库的任期应有适度时间的规定,以避免专家的频繁更换给企业带来选聘压力,同时保证专家库及时吸收新鲜血液。

4) 确定方式,经费保障。以企业内部合规管理部门为主体,切实加强与专家的联系，积极会同专家做好有关问题的研究，充分借助专家的专长提升履职水平，专家也可以针对企业的相关事项主动提出意见建议。要构建良好的交流制度和平台，加强专家间的互动交流。

3. 案例库

合规案例是企业合规管理的重要参照标准，可以从如下几个方面进行收集：

1) 通过检索各主管机关的信息公示栏获取相关案例。这里的主管机关主要包括税务机关、环保部门、反垄断局、住房和城乡建设部、最高人民法院、最高人民检察院等。

2) 通过企业内部各部门收集案例。企业内部各部门所收集的案例也很有代表性和实操性，指导作用强，业务开展过程中碰到的概率高。

3) 通过合规专家征集案例。专家库成员在专业领域具有丰富实践经验，企业可以向合规专家征集案例。尤其是对争议事项，可以通过专家的经验和理论研究把握案例的选取，为企业合规管理提供指导。

案例

J市H区的国有控股企业Z，系统推动了三库制度建设并应用实施，具体操作方案上采取了如下措施：

1) 对于风险库，制定《合规风险归集管理办法》和配套的《风险事项分析表》等文件，就风险库的设立、目的、意义、风险收集、职责分工等内容做出明确约定，通过该办法的实施初步形成风险库的总体框架和运行机制。

2) 对于专家库，制定《合规专家选聘管理办法》《合规专家经费支付管理办法》及配套的《风险事项分析表》等文件，就专家库的设立、目的、意义、专家选聘、职责分工等内容做出明确约定，通过该办法的实施初步形成专家库的总体框架和运行机制。

3) 对于案例库，制定《合规案例选取办法》和配套的《合规案例分析表》等文件，就案例库的设立、目的、意义、案例收集等内容做出明确约定，通过该办法的实施初步形成案例库的总体框架和运行机制。

为落实三库建设的有效性，企业Z安排总部职能部门作为承办部门，并梳理了相关职责与分工。关于三库制度的实施部门及相关分工，结合《央企合规指引》，对国有企业内部关于三库制度的职责和分工如下：董事会和经理层根据权限划分负责审定三库相关管理制度，监事会对三库管理制度的实施进行监督；设合规委员会负责三库的建立，并推动相关制度的实施；合规管理委员会下设的办公室负责相关制度的起草与实施的具体工作，负责执行相应的内控管理要求；内部各部门负责本部门领域内与三库制度有关的合规管理和方案实施。

企业Z通过实施三库制度达成了很好的实施效果，主要体现在两个方面：一是系统降低了合规风险。二是提高了决策的科学性和时效性。

企业Z实施三库制度还存在一定的不足，需要改进的主要方面是外部专家占比较低。

外部专家其项目阅历和实践经验相较于企业Z内部专家而言可能更加丰富。提升外部专家占比可以让企业Z更加接近相关行业前沿，及时掌握监管趋势和监管动态，避免内部信息不对称。

第四节　构建合规"三张清单"

合规要求嵌入经营管理各领域，包括企业岗位职责、企业规章制度、企业业务流程。具体来说：①合规要求嵌入岗位职责。②合规要求嵌入规章制度。③合规要求嵌入业务流程。

一、合规"三张清单"概念与逻辑

（一）合规"三张清单"的概念

"三张清单"即风险识别清单、岗位职责清单和流程管控清单。作为合规运行的重要抓手，其编制和落实是合规管理体系建设的重要环节。

"三张清单"的相关内容体现企业五项关键工作是否到位：①是否将首席合规官作为关键人物，全面参与重大决策，确保管理职责到位；②是否把合规审查作为关键环节，加快健全工作机制，确保流程管控到位；③是否聚焦关键领域，扎实做好"三张清单"，确保风险防范到位；④是否将风险排查作为关键举措，坚持查改并举，确保问题整改到位；⑤是否把强化企业本部和分/子企业合规作为关键任务，通过信息化手段加强动态监测，确保管控一体化到位。

（二）工作内容

编制风险识别清单，要求从总体视角对企业面临的合规风险进行全面梳理，包括：对外部法律法规、国家政策、行业标准等相关规定及企业内部的规章制度进行系统梳理，汇总违反合规义务的条款责任，对风险进行全面、系统、结构化识别，按照业务类型等将合规风险进行分类，确定合规风险点，把这些风险点按照风险影响等级、风险发生概率和风险探测水平排列出来。

对于《中央企业合规管理办法》明确的重点领域，如反垄断、反商业贿赂、生态环保、安全生产、劳动用工、税务管理、数据保护等，以及合规风险较高的业务，风险识别清单要制定及时预警机制。企业按照风险评估的结果对重要合规风险进行提炼，并按照风险程度和发生概率分类分层汇总整理为风险识别清单。

二、合规三张清单细化实施内容

（一）合规三张清单实施与梳理

1. 风险识别清单

风险识别清单编制的关键要素如下：一是业务流程要与实际一致，这样才能以流程为基础、机构化地识别风险；二是风险识别不能仅仅梳理法条，还要结合案例分析、调研访谈等多种方式，保证识别出的风险符合企业的实际岗位合规职责清单，是完整、准确梳理每个岗位涉及的业务范围的事项清单。

2. 岗位职责清单

编制岗位职责清单的主要目标是将合规风险纳入岗位管理，使合规风险与具体的人关联起来，从而实现合规风险有人承担、有人负责，从人员角度保证合规管理有效落地。岗位职责清单包含岗位职责义务和岗位风险。

梳理方法有两种：一是从岗位职责入手，梳理履职业务活动清单；二是从部门职责内容入手。根据业务内容清单，检索每一个业务需要遵守的合规义务，合规义务包括公开的法律法规强制性标准制度，也包括政策性法律法规和国际性文件，以及上级主管单位的监管文件，并按照业务归口建立部门职责的合规业务清单。

编制岗位职责清单首先要对原有的岗位说明书进行修改，形成合规体系中符合监管要求的岗位说明书。岗位合规职责清单编制要以企业岗位说明书为基础，编制与企业合规义务相对应的岗位职责，明确职责的内外部依据，不履责的责任和后果（企业中从事某岗位的人员违规后需要承担何种责任）。其次要识别高风险岗位，对高风险岗位加强合规管理。

3. 流程管控清单

流程管控清单的具体内容包括控制节点、责任部门、控制措施、控制文件，同时分列内控和合规的控制措施，实现流程管控清单与企业内部控制管理有机融合，避免管理资源浪费，实现体系间协同一致的管理合力。每一项合规风险均对应相应的流程管控措施，实现风险有效关闭。制作流程管控清单时关注将合规风险控制措施融入现有业务流程和内控流程，为重点领域和关键业务的合规审查提供依据，切实发挥合规管理的风险防范作用。

流程管控清单以风险识别清单与岗位合规职责清单为基础，对业务管理制度和流程进行分析评价，识别其与合规管理要求之间的差距和不足，认真分析重要环节可能出现的合规风险，并根据合规管理要求修改流程管控措施，明确其管控目标、责任部门和岗位人员、控制频率等内容，使合规管理要求融入业务管理制度和流程，实现合规风险在业务活动中的有效落地。

具体操作中，可以基于重点事项或审批条线，在公司内控流程中梳理并确认关键节点，明确各业务条线、各关键节点的合规义务，以完成流程管控清单。流程管控清单主要包含两部分内容：一是将主要的业务条线识别的高风险嵌入内控流程；二是对主要的业务条线涉及的风险进行评估，审视内控所设控制点控制流程是否符合合规管理目标，对不符合的部分增设内控控制点或流程，并制作风险管控矩阵。企业流程管控清单的编制，可以与企业内部控制相结合。

（二）合规三张清单的编制

1. 建立合规清单的步骤

建立合规清单有以下三个步骤：第一步，企业通过中介机构等"外脑"协同方式，为企业推动企业合规"三张清单"建立提供外部支持。第二步，企业通过组织专题培训和知识讲座等方式，系统提高企业合规的全面性和思想认识的统一性。第三步，企业组织访谈调研摸清企业合规家底。企业为实现"三张清单"建立与企业公司治理的有机融合，可以通过组织开展访谈调研的方式推动。

2. 合规清单工作完善

根据风险调研清单，系统完善合规管理清单建设工作方案，查漏补缺，确保合规"三张清单"建设工作，确保合规清单建设落到实处。

根据风险识别清单，通过逐项梳理业务部门工作内容，结合各项必须遵循的法律法规和政策文件，确定工作中的合规风险点，并将合规风险按照高、中、低进行赋值，为风险分级分类管理工作奠定基础。

根据流程管控清单，可以充分依托内控管理流程，明确合规风险点、控制点，通过合规与内控的有机融合，系统实现公司治理的管控机制"赋能"融合。

第五节 合规场景化融合程序与方法

一、形成合规场景的体制协同

体制协同指五项职能在组织领导和责任划分方面建立的协同关系，主要解决五项职能在企业治理和职能管理中的定位问题。

在企业治理架构中，各治理主体在依法治企中履行相应职责。"防风险"是董事会的职责之一，董事会对合规、风险、内控管理的有效性负有最终责任。董事会履行审核程序，并按照股东会要求履行决策程序。企业还可以设立专项领导小组，在董事会下设专业委员会，分别负责相应议事协调和专业审查工作，为董事会决策提供意见和建议。

在体制协同方面，企业可以成立风控合规融合小组开展工作。组建董事会风险（合规）管理委员会，履行风险、合规、内控专业委员会职责，把具体的法律风险、合规风险和内控缺陷纳入风险管理范畴，风险管理报告由企业管理层办公会确定后，提请董事会审定。把风险管理体系和内部控制体系融入企业的法治建设体系框架，由董事会审定后报股东会确定，董事会需要定期听取风险防控情况汇报。

（一）体系协同实现多角度落地协同

体系协同指五项职能在管理理念、机构设置、职责划分、方法工具、人员配置等管理要素方面建立的协同关系。通过对五项职能工作的系统梳理，五项职能工作在计划、实施、检查、整改、信息共享、独立报告、能力培训、考核评价等方面实现协同。

由于企业风控合规的五项职能之间具有较强的关联性，其中法律与合规高度关联、风险与内控高度关联、五项职能按照统一集成化的场景化管控，对于企业而言，有利于建立风控合规的协同关系。

实施打破部门边界的融合性管理方式上，企业可以针对五项职能的管理体系在保持各自独立的前提下，统一在依法治企的逻辑框架之下，借助数字化科技手段，协助实现上述风控合规职能的同计划、同部署、同实施、同检查、同考核落实。

（二）机制协同实现防火墙整体协同

机制协同指五项职能在工作事项、规则、程序、标准、评价等方面建立有机联系和高效运转的工作方式，把属性类同、高度关联的工作事项一次完成，最大限度地避免工作重复、交叉，使五项职能高质量服务保障业务发展。

通过审查决策事项、法律文件、体系文件发现业务领域风险，确定专项评价和风险管控重点领域；通过合规评价、内控评价和风险评估监督检查业务过程风险控制情况，建立台账；通过管控风险台账和内控缺陷台账整改落实情况，完善管理体系和管理机制，实现风险可控在控；通过梳理评价报告、评估报告、审计报告、后评价报告、巡视报告揭示的问题，建立问题库，建立风险预警体系。

机制协同是五项职能协同运作的核心，是以解决问题为导向，以防控风险为目标，聚焦关键业务事项实现管理要素"场景化"和"全周期"的协同。

1. 聚焦关键事项，实现"场景化"运作协同

在运作层面的协同事项通常由第一道防线部门发起并主导，五项职能归口部门作为第二道防线通常发挥审查、咨询、督导的作用，其中专业化审查工作是五项职能发挥系统风险防控的重要抓手。为了更好地理解并实现五项职能"场景化"协同运作，可以从宏观、中观和微观三个层面理解其协同运作的机制。

在宏观层面，五项职能协同运作的组织基础是"三道防线"，围绕风险防控目标，厘清各关键事项在"三道防线"间的相关职责，形成"三道防线"运作协同。在实践中，五项职能参与的关键业务事项主要包括制度文件、投资项目、重大决策、合同协议四大类，通常属于企业"三重一大"事项或者法律文书范畴。

在中观层面，第二道防线对关键业务事项开展一岗式审查，内容包括：

1）制度文件审查。在进行制度、规范性文件审查时，将制度法律合规性审查、内控要求符合性审查融入并固化于审查流程中，确保法律审查全过程覆盖和有据可查，将内部控制要求全面与制度管理进行对接。

2）投资项目审查。建立健全投资项目审查机制，对于未经合法合规性审查或者经审查不合法、不合规的项目，不得提交决策会议讨论。同时，引入投资项目风险评估机制，按照"事权清单"由相关主体开展风险评估，充分揭示项目风险，由五项职能归口部门开展风险审查并出具审查意见。

3）重大决策审查。建立健全重大决策审查机制，对于未经合法性审查或者经审查不合法的重大决策事项，不得提交决策会议讨论。同时，按照重大决策事项类别和属性，将风险、内控要素融入审查过程，由五项职能归口部门出具审查意见。

4）合同审查。建立健全合同法律审查管理制度，完善权责体系和工作程序，实现合同法律审查全覆盖，有效预防可能出现的法律风险。同时，将第三方合规等审查融入合同法律审查环节。

在微观层面，五项职能开展审查工作时，将岗位角色化，实行"一岗式审查"，即每个岗位根据关键业务事项审查侧重点不同，同时履行一项或多项审查职能，实现在流程结点上的协同运作。

2. 聚焦关键事项，实现"全周期"运作协同

推动关键业务事项在事前、事中、事后"全周期"协同，进而带动"三道防线"整体协同，实现风险防控系统化。五项职能在不同阶段相互协同，各有侧重，采用多种管理手段，实现业务与事项闭环管理。事前以法律、合规审查为主线，按具体事项不同带动风险评估、内控审查融入并完成各职能协同的"一岗式审查"；事中以内控为主线，整合内控、合规、风险开展专项综合评价，督促事前各项审查意见、风险防控措施有效落地；事后主要是在审计报告、后评价报告征询意见过程中提出意见建议，与第三道防线建立协同路径，确保事前、事中提出的意见和发现的问题得到落实和处理，法律职能提供法律救济，支持业务谈判和纠纷解决。

（三）岗位协同形成流程集成协同

岗位协同指五项职能在岗位上职责明确、相互配合，实现工作有序开展，面向业务快速、高效响应，达到节约信息传递与沟通成本、提高工作效率和质量的目标。

在实际工作中，五项职能基于流程，根植岗位开展工作。五项职能归口管理部门需要在内部岗位设置、定位与职责方面进行必要调整与优化，以保障协同运作的最终落地。由于五项职能既要体现并发挥其专业性，又要在具体业务中发挥协同作用，在岗位设置上可将部门岗位分为体系和业务两大类。体系类可设置法治建设岗，以整合开展五项职能体系性工作为主，具体包括体系建设与维护、文化宣贯/培训、报告、考核等。业务类可分为法律合规和风险内控两个条线。法律合规条线下设置法务岗和审查岗。其中，法务岗以日常法律事务工作为主,包括法律文书范本起草、商事谈判、法律救济、案件处理、外部律师管理等;审查岗基于关键业务事项开展"一岗式审查",根据审查对象不同配备相应人员将岗位代入不同角色,一岗完成并出具审查意见,同时设置复核岗保障审查质量。风险内控条线下设置风控岗和评价岗。其中,风控岗主要围绕重大风险开展风险研判、专项评估、应对与监控等工作;评价岗统筹开展合规管理、内部控制、风险防控的综合评价及各类专项评价工作。两个条线岗位间相互备岗。

制造型企业合规体系建设"4+1"合规管理集成架构如图5-5所示。

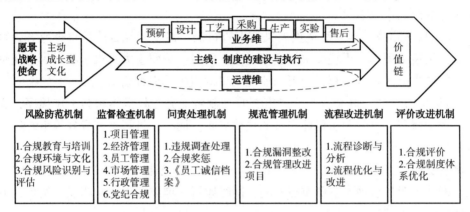

图5-5 制造型企业合规体系建设"4+1"合规管理集成架构

二、合规场景化实施的过程程序

(一) 根据风险分类标准执行场景化风险识别

各个企业的经营管理环境不同,所采取的风险辨识方法也不尽相同。一般而言,风险辨识有两大类工作方法:一是基于流程分析的风险辨识,二是非流程相关的风险辨识。场景化实施层面,企业重点查找场景之下各业务单元、各项重要经营活动及其重要业务流程中是否有风险、有哪些风险。

基于流程分析的风险辨识,可以综合运用流程图分析法和风险自我评估法通过小组讨论的组织方法进行。工作步骤一般包括:①填写流程编号、流程名称、流程范围、流程目标;②填写主要业务流程步骤编号、主要流程步骤描述;③识别针对不同业务步骤的主要风险点,对风险点进行编号和描述;④对识别出的业务流程风险,按照事先制作好的风险分类框架进行归类(不能归入分类框架的计入其他类);⑤针对风险控制现状进行分析,说明主要的风险控制成功经验和不足。同时,针对风险的控制,如果有明确的相关制度和文件进行规范,则在"相关制度"列加以说明,在"优化建议"列提出针对该项风险可能的改善建议。填表完成后,应对辨识的结果进行整理,分别进行排序和整理,对归为其他类的风险分别进行整理,必要时设立新的二级风险类别。

企业推动场景化合规风险识别案例

J市H区的国有集团企业X下发了《关于开展合规管理体系建设管理办法》，对企业合规提出如下要求：企业及企业各分/子公司按照合规管理部建议计划的时间节点制订内部分解计划；年底之前完成十个合规设计步骤，并把"实施十步骤"的操作完成情况纳入绩效考核。

企业X明确了合规管理体系建设十步骤：①文件梳理，形成流程目录阶段成果，列出文件清单；②风险识别，收集公司外部合规相关信息；③开展流程合规与流程风险分析，填写现状分析表，形成初步合规清单；④制定并确定本单位的合规评估标准；⑤开展合规风险评估，填写合规风险归集表；⑥绘制合规坐标图；⑦形成合规清单和合规损失事件库；⑧对重大合规风险进行深度分析，确定承受度指标，形成解决方案；⑨制订并实施合规问题整改计划；⑩修改文件，形成制度。

（二）结合场景化风险评估方式合理分析企业风险

根据风险分析的目的、可获得的信息数据和资源，风险分析可以有不同的详细程度。一般情况下，首先采用定性分析，以初步评定风险等级，揭示主要风险。在可能和适当的时候，要进一步进行更具体和定量的风险分析。其中，风险发生概率指在公司目前的管理水平下，风险发生概率的大小或者在给定时间段内发生的频繁程度。风险发生概率主要基于历史数据分析、风险因素分析和专业性经验判断等方式评估。将风险发生概率分为5个等级，赋予1~5分，表示发生概率依次增大，得分越高代表风险发生的概率越大，1分表示该风险事件发生的概率极小，5分表示该风险事件几乎确定会发生。

在风险分析的基础上，根据各项风险的影响程度、发生概率、管理水平等属性特征值，采取绘制风险图谱等手段进行风险评价，对各项风险进行比较，确定各项风险的重要性特征和管理优先顺序。风险图谱是反映风险评价结果和风险分布状况的空间分布图谱。风险图谱把风险发生概率的大小、风险发生后对目标的影响程度作为两个维度绘制在同一个平面上（绘制成直角坐标系），能够直观地展示不同风险之间根据风险各重要性特征属性变量所确定的序列关系，从而判断各个风险的重要性级别及有待改进管理水平的急迫性等特征。

风险图谱将风险分为三个级别：高等级风险即重大风险（红色区域风险）：公司管理资源分配优先级为高的风险，即当前情况下公司需要重点关注、优先分配管理资源、积极提高风险管理水平、改善风险管理效果的风险；中等级风险（黄色区域风险）：公司管理资源分配优先级为中的风险，即公司需根据风险变化趋势持续关注，并相应调整管理资源、保证风险管理效果的风险；低等级风险（绿色区域风险）：公司管理资源分配优先级为低的风险，即企业维持现有管理水平即可，并可适当调整其风险管理资源至其他风险管理上的风险。

企业推动场景化风险图谱的绘制案例

J 市 H 区的国有 X 集团公司，按照风险图谱的绘制要求，制定了相关的绘制方法。①将影响程度和发生概率的分值分为三个等级：高、中、低；②各等级对应的分值可结合公司的风险偏好进行调整；③按照高、中、低两两组合的原理，形成风险等级矩阵，将相应的坐标空间划分为高、中、低三个等级，分别用红、黄、绿三种颜色加以标示，具体如图 5-6 所示。

			1~1.5	1.5~2	2~2.5	2.5~3	3~3.5	3.5~4	4~4.5	4.5~5
高	很高	4.5~5	中	中	中	高	高	高		
高	较高	4~4.5								
		3.5~4	中	中	中	中	高	高		
中	中	3~3.5	低	中	中	中	中	高		
		2.5~3								
低	较低	2~2.5	低	低	中	中	中			
		1.5~2								
	很低	1~1.5	低	低	低	中	中			
影响程度 / 发生概率			1~1.5	1.5~2	2~2.5	2.5~3	3~3.5	3.5~4	4~4.5	4.5~5
			很低	较低		中		较高		很高
			低			中		高		

图 5-6　风险图谱风险等级矩阵

注：图中深灰色指代红色，灰色指代黄色，浅灰色指代绿色。

（三）结合总体风险分级确定场景化风险等级

通过风险评估，可以对识别出的风险进行初步的分级。在实践中，还可以对风险等级进行进一步的细化分级，以便对各种风险采取不同的风险管理策略，对重大和重要风险进行有效管控。

企业推动场景化风险等级划分案例

J 市 H 区的国有 X 集团公司，按照企业实际情况编制了 9 级风险等级划分方案。为此，X 集团公司制定了 9 级风险等级评价标准，根据经营风险事件发生概率和影响程度两个维度将经营风险事件按以下标准分为 R1～R9 共 9 个等级：将预计风险发生概率分为 5 个等级，分别代表预计经营风险发生概率的大小，包括 5 个定性标准：很小（发生概率为 0～20%）、较小（发生概率为 20%～40%）、中等（发生概率为 40%～60%）、较大（发生概率为60%~80%)、很大（发生概率为80%~100%)。预计损失金额则是预计经营风险事件发生后最大的损失金额，从低于1万元到高于1亿元共分为8个定量等级。

综合评估每个经营风险事件发生的概率和可能造成的最大损失金额后，将经营风险事件分为9个风险等级，见表5-3。一般而言，风险等级在R7及以上则为集团管理的重大经营风险事件，R7以下的经营风险事件由子公司实施管控。

表5-3 风险等级及释义

风险等级	释义	管理层级
R1	预计未来可能发生轻微损失	一般风险（绿区）子公司管理
R2	预计未来可能发生一般损失	
R3	预计未来很可能发生一般损失	
R4	预计未来可能发生大额损失	重要风险（黄区）子公司管理
R5	预计未来很可能发生大额损失	
R6	预计未来可能发生巨额损失	
R7	预计未来很可能发生巨额损失	重大风险（红区）企业本部管理
R8	预计未来几乎可确定将发生巨额损失	
R9	出现危及企业本部或子公司持续经营的重大危机事件	

X集团公司为了针对风险等级做量化和统一，针对下列重大经营风险，特别制定单独的认定原则以确定X集团公司场景的具体风险等级：

1）本企业所在地区存在战争、重大政治冲突等风险，导致无法持续经营，应确定为R8或R9级。

2）政府、行业组织等机构将本单位或产品纳入限制进入名单，预计对经营构成重大不利影响，应确定为R6或以上级别。

3）受境外国家、地区或国际组织出口管制、贸易制裁等，预计对企业国际化战略或国际形象产生重大负面影响，应确定为R6或以上级别；被境内外媒体网络刊载，造成重大负面舆情影响，应确定为R6或以上级别。

4）违规开展融资性贸易、股票、金融衍生品业务，应确定为R7或以上级别。

5）被司法机关或监管机构立案调查，主要资产被查封、扣押、冻结或企业面临行政处罚等，对企业正常生产经营造成重大影响，应确定为R7或以上级别。

6）违反境外地区法律及合规要求，预计对企业造成重大不利影响，应确定为R6或以上级别。

7）违反物资采购、招标投标规定，预计对企业造成重大不良影响，应确定为R6或以上级别。

8）违反财经法纪，存在私设"小金库"、伪造单据、虚列成本费用和收入等问题，预计对企业造成重大不良影响，应确定为R7或以上级别。

(四) 按照分析得出的风险敞口落实场景合规风险底数

在经过详细风险评估后,公司已识别出相应的一般风险、重要风险和重大风险,应针对每种风险建立相应的风险应对策略。对识别出的重大风险事件,应进行专项管理。

首先,需要对重大风险事件的风险敞口进行计算。风险敞口指未加保护的风险,即因交易对手违约行为导致承受风险的余额。对满足如下条件之一的风险事件,应当进行风险敞口认定:①预计损失概率大于50%;②逾期款项账龄达三年及以上;③负面清单项目。风险敞口的一般认定标准为:项目当前资金占用减当前未发生风险部分金额、减有效抵押质押物资产金额。资金占用指项目财务账面,应收账款、预付账款、存货、其他应收款、金融资产、已核销债权等的合计金额,计算时使用资产的原值,不包括项目利息、罚息、违约金等。有效抵押质押物资产金额指项目经认定可以变现的抵押质押物资产金额。在认定风险敞口时,应对同一交易对手或同一项目合并认定。

企业推动场景化风险敞口认定标准案例

J市H区的国有X集团公司,场景化风险敞口认定标准,具体按照风险分类确认的风险敞口认定标准见表5-4。

表5-4 风险分类和风险敞口认定标准

序号	风险分类	风险敞口认定标准
1	法律纠纷风险	作为被告:未判决的,按诉讼标的金额;已判决的,按(判决金额 – 已执行金额)
2	股票投资风险	单个项目浮亏金额
3	项目投资风险(包括拟退出项目、财务投资项目)	投资本金 – 可变现资产价值
4	融资性贸易风险	资金占用 – 有效抵押质押物金额
5	融资租赁风险	项目本金余额 – 租赁物估值
6	外汇管制风险	预计汇兑损失金额
7	PPP项目出库风险	投资本金 – 可变现资产价值
8	项目融资和管理风险	与原融资方案相比,现在的方案需要额外增加的成本
9	应收账款逾期风险(产品销售类)	逾期应收账款金额 – 预收账款
10	应收账款逾期风险(贸易类)	项目或业务资金占用余额减未发生逾期部分金额、减有效抵押物认定金额、减法院冻结对方单位银行存款
11	资产减值风险	预计资产减值的金额

其次,应按照风险敞口大小对重大风险事件实施分层管理。企业可以制定相应金额标准,对于单个风险敞口大于一定标准的风险事件实施"提级管理"或"集中管理",即由企

业本部统一管理，其他风险敞口事件由子公司管理。对于企业级重大风险事件，由子公司向企业本部定期汇报情况，企业本部及时或至少按季度向管理层和决策层汇报风险化解情况。

最后，公司建立重大风险事件库，并建立风险库入库和出库的标准。对于企业级、子公司级风险重大风险事件，应在风险事件暴露时认定初始风险敞口，并根据金额纳入企业、子公司重大风险事件库进行动态跟踪管理，定期评估当前剩余风险敞口。一般而言，风险敞口计算公式为

风险敞口＝资金占用－未发生风险部分金额－有效抵押质押物资产金额或可处置资产的价值

剩余风险敞口＝上期末风险敞口额＋本期风险敞口新增额－本期风险敞口减小额

对于企业级风险事件，当项目风险敞口降低到一定金额以下，且有迹象表明风险事件朝着敞口减小的方向发展时，可以移出企业风险事件库，作为观察事项，由子公司自行管理；当风险敞口降为 0 时，子公司可以向企业总部提出销号申请报告，由总部进行销号审批；子公司应持续跟踪风险事件，直到资金占用变为 0。

实践中，可以作为风险敞口减少的有如下几种情形：①直接收回现金，包括项目利息、违约金、分红等，收回额可全额作为风险敞口减小金额；②申请法院判决冻结、查封合作单位资产，且为首封（无抵押），在获得法院回执情况下［如被查封资产为房产（无抵押）、非国拨土地（无抵押）］，可将估价作为风险敞口减小金额；③对方单位有偿债措施及偿债合同，可按照新合同的 50% 确认风险敞口减小；④债务重组（债转股、债务转移、债务抵消、以非现金资产抵债等）后，全额作为风险敞口减小金额。采用债转股方式，一般将债务重组金额的一部分比例作为"债转股"额，将剩余部分比例作为事实损失，也可根据对未来可收回金额进行判断；⑤公司内部决策，财务账面核销后，将核销金额作为风险敞口减小金额，同时认定事实损失；⑥除以上情况，根据已有信息确认为事实损失的，可以作为风险敞口减少计算。

当项目出现可确认的损失时，应及时进行事实损失的确认，可制定如下事实损失认定标准：①如发现对方单位被列入失信被执行人且无可执行财产，结合法院查封资产情况，考虑受偿变现因素，依照谨慎性原则进行判断，确认事实损失金额；②如对方单位已破产清算，按照受偿比率，扣除受偿金额，全额确认事实损失；③债务重组（债转股、债务转移、债务抵消、以非现金资产抵债等）后，债务重组额的部分比例确认为事实损失，也可根据对未来可收回金额进行判断；④财务核销后，核销部分全额确认事实损失。风险敞口不包含事实损失。

三、场景化合规防范重大风险实施步骤

场景化合规防范化解风险，实现针对风险的防范和化解两个方面，充分调动企业资源，整合企业风险管理、内部控制、审计监督、合规管理和法务管理等专业部门，透过一体化的手段化解存量风险，筑牢风险防范体系。具体采取如下几个实施步骤推动：

(一)顶层设计规划

防范化解重大风险工作涉及面广点多,管理环节众多,要取得成功的首要工作就是在企业内部建立统一思想、统一部署、统一指挥、统一推进的"统一战线"。建立组织机构,统一工作部署非常重要。

企业顶层设计规划层面,需要做好四方面工作:一是建立专门的工作组织机构,负责组织协调,确保工作顺利运转;二是讨论形成工作思路,建立工作原则,并通过会议或培训形成全企业的统一共识,为后续推进各项措施奠定思想基础;三是明确企业内相关部门和业务单元应承担的防范化解责任,做到责权清晰、岗位明确;四是制定完善的风险防范化解工作思路,为推进工作确定具体的路径和重点。

1. 成立防范化解重大风险的组织机构

为提升防范化解重大风险工作的质量和效果,确保全面风险管理工作规范开展,应当在企业集团层面成立防范化解重大风险专项工作领导小组和工作小组。领导小组组长应由公司董事长或执行董事担任。董事会是公司风险管理的最终责任主体,董事长或执行董事也应是公司风险管理的第一责任人。公司董事长担任领导小组组长,既是履行公司法律赋予董事长的一项法定职责,也有利于从董事会层面把控企业整体风险,调配各项资源,督促各个管理主体履行好防控风险责任。领导小组成员应包括公司总经理及所有的副总经理或副总裁,以及履行管理或业务条线的主要负责人。

领导小组的主要工作职责有四项:一是确定公司全面风险管理总体目标和原则,确定风险偏好、风险承受度,批准重大风险管理策略和重大风险应对方案;二是统一全公司风险管理理念,督导风险管理文化的培育;三是负责领导、组织、协调公司防范与化解重大风险专项工作的开展,决定公司相关领导和部门及所属企业重大风险专项工作指标的落实、督办和工作成效的考核与激励;四是听取工作小组防范化解重大风险工作的汇报。

在领导小组之下还要建立专项工作小组。工作小组是根据总体要求,负责具体落实和督促各项工作责任的机构,主要职责有三项:一是落实领导小组的工作要求,制订具体的工作计划,并负责重大风险防范与化解专项工作的推进与实施;二是负责对下属企业履行防范化解重大风险工作及职责效果进行指导、监督、评价和考核;三是收集汇总工作信息,并向领导小组汇报工作进展情况。

工作小组组长一般由公司分管风险管理的副总经理担任,他既是领导小组的重要成员,也是工作小组的直接领导者。这有利于在领导小组和工作小组之间建立紧密联系,有利于工作小组正确、及时地理解和贯彻领导小组工作意图,同时加大对工作小组成员的管理力度,促使工作小组成员充分履职。工作小组成员应包括公司所有管理和业务部门负责人,还可以加入一些重要的业务骨干或专业人士,如有充分经验的法律、财务、审计等专业人员。由于专项工作小组成员众多,还应设置一个专项的办公室或专门的协调机构,这个协调机构一般设置在风险管理部门,负责协调工作小组成员工作、汇总工作成果、组织提交相关报告等。

此外，根据风险管理"三道防线"的分工，还应赋予相关部门一些具体的管理职责，如：公司各职能部门、事业部负责自身职责及业务范围内重大风险的防范与化解工作，负责对相关下属企业及业务的重大风险防范化解工作进行指导、督办；企业风险部门负责制定企业重大风险防范化解工作规划及方案，报领导小组审定后组织实施，履行工作小组办公室职责，负责汇总总部各职能部门、事业部提交的重大风险信息及工作情况信息，并为领导小组提供日常相关工作的支持；公司办公室（包括董事会办公室）负责企业总部部门防范化解重大风险专项工作督办工作；运营管理部门、人力资源部门负责企业下属企业防范化解重大风险专项工作的绩效与考核工作；审计监督或专司违规追责的部门负责企业重大风险损失责任追究工作。

2. 确定防范化解重大风险的工作目标和原则

防范化解重大风险的工作目标应当分为长期目标和短期目标两类。长期目标是要通过持续不断的工作，建立全面覆盖、规范有序、科学有效的风险防范工作流程和机制，构建完善的风险管理防线，确保企业能及时监测发现并有效防范有可能出现的各种重大风险。短期目标是梳理识别影响公司经营发展的主要风险、重要和重大风险，制定科学的措施有效化解风险可能带来的不利后果，确保企业能够健康稳健经营，不受或减小受重大风险的不利影响。

防范化解重大风险的工作原则一般包括：

1）风险管理全覆盖原则。风险管理工作要牢固树立全面、全员、全过程、全体系的理念，实现风险防控机制全覆盖无死角。

2）分工协作原则。风险管理是企业各个层面和环节的工作和任务，企业的全体员工都需要参与其中并尽职履行风险的防范与化解职责。

3）风险底线原则。要结合自身的经营发展状况确定企业的风险偏好和风险承受度，合理划定风险管控底线。

4）风险分层分类管理原则。按照分层、分类的原则对风险进行管理；加强对重大风险、重点单位、重要业务的管理，把管理资源集中在解决企业主要矛盾、抓好关键环节方面。

5）全局思维和抓主要矛盾原则。要增强大局意识和全局意识，准确把握当前和未来一个时期风险防控的重点领域和关键环节，找准切入点，实现对重大风险的全覆盖，确保风险综合防控效果。

6）标本兼治、疏堵结合原则。要循序渐进、科学有序推进，进一步创新工作思路，加强制度机制建设，补齐制度短板，建立风险防控长效机制，铲除滋生各种风险的土壤。

7）加强监督原则。要正风肃纪，加强监管，依法依规做好风险防范化解处置，防范风险处置过程中的法律和道德风险。

3. 明确企业内相关部门和业务单元应承担的防范化解责任

各职能部门、事业部及各下属企业的主要工作职责包括：

1）职能部门和事业部应明确指定专人负责本部门的风险防范化解工作，负责在企业风险防范化解领导小组的统一指挥下，做好本部门的风险防范化解工作。下属企业则应对照上级企业的要求，分别建立本企业的风险防范化解工作组织，相关情况应上报上级企业。

2）各部门制订本部门的风险防范化解工作计划，并将工作动态、计划进展、存在问题和建议等情况定期汇报给主责部门。

3）企业防范化解主责部门（通常是风险管理部门）负责收集、汇总并分析各部门上报的数据和各项信息，监督并督促各部门执行工作计划，并按照要求向主责部门进行定期汇报。

4）主责部门定期听取汇报，并组织专题研究，提出具体意见，领导和协调企业的风险防范化解工作。

（二）识别化解风险

企业需要按照企业与场景合规管控要求充分识别风险、摸清风险底数。

风险管理的首要工作是识别风险。要有效防范和化解重大风险，必须充分辨识存在的风险，摸清底数，方能做到有的放矢。风险识别的结果直接关系到风险防范的效果。在这一阶段，企业需要做好如下四项工作：①建立风险分类框架，并以该框架为指导进行充分的风险识别工作；②针对已识别的风险开展完整的风险评估，合理地分析和评价风险发生的概率和可能造成的影响；③针对风险实施分级评价，确定需要重点管控的重大风险；④建立风险敞口计算标准，并以此分析计算各个重大风险的风险敞口，全面摸清风险底数，为开展后期的风险应对奠定基础。

在完成重大风险和风险事件的识别评估以后，要有针对性地对重要的和重大的风险事件实施风险应对，促进化解风险。

在这一阶段，企业需要开展的主要工作包括：①确定风险指标考核的目标、原则，以及目标考核的范围和方式；②确定考核工作的职责分工；③制定风险考核指标，并设定目标考核的评价和奖惩机制；④设计并组织签订目标考核责任状；⑤落实风险化解措施；⑥实施系统的目标考核。其中，企业设计和确定考核目标、评价机制和奖惩机制是核心点，具体如下。

1. 确定风险指标考核原则

总的来讲，要把握"现金为王"这一核心，将已收回资产尽快变现，对已保全资产尽快掌握处置权，进一步降低整体风险敞口，守住不发生系统性风险的底线。重大风险化解工作考核的基本原则如下：

1）坚持底线原则。风险化解工作应符合企业发展战略目标和年度经营计划要求，确保完成年度经营管理工作。

2）分类考核原则。应针对不同类型风险提出初步化解策略，并匹配不同考核标准，促进子公司合理配置资源，确保化解工作的有效性。

3）突出正向激励原则。应根据化解难度分别制定已核销项目、呆坏账项目、一般项目奖惩措施，难度越大奖励越多，以正向激励为主，充分调动相关人员的工作积极性。

4）鼓励现金为王的现金回款原则。应对资产保全、债转股、签订新还款协议、以资抵债等风险化解策略制定折算为现金的标准，分别赋予不用的权重，导向尽快多收回现金。

2. 确定考核工作的职责分工

企业采取的主要考核方式为：根据重大风险化解指标完成情况予以相关单位经营管理层或责任人年度薪酬奖惩考核。具体程序和时间进程上，一般在第一年年初，由企业负责人与风险化解相关单位或责任人签订《重大风险化解责任书》，确定考核指标；第一年年末结束，第二年年初根据分/子公司实际完成情况兑现考核。

一般可以采用的职责分工为：风险管理部门负责公司重大风险化解和风险库管理，提出重大风险化解考核项目，负责对重大项目风险管理过程的数据进行统计并汇总年度结果，依据汇总结果提出风险化解部分考核指标建议；考核管理部门负责组织重大风险化解专项考核工作，起草并组织签订责任书，实施考核过程管理，组织相关部门开展考核结果评审并提出考核意见；人力资源部门负责考核结果兑现；财务部门负责提供数据支持；审计监督部门负责对考核过程实施监督。

3. 制定风险考核指标

制定风险考核指标是这一阶段的核心工作，也是关系到风险目标管理是否有效的关键工作。具体来说，制定考核指标面临三个难点：一是考核指标的选择。既要可准确计量、方便获得，又要能够真正体现风险化解的情况，促进增强风险化解工作的责任与动力。二是考核方案的确定。既要体现考核力度，确保完成指标有一定难度，又要符合企业实际情况和风险特点。三是考核奖惩机制的确定。执行奖励和惩罚要做到科学合理、公平公正，对同一类风险事件要保持同样的尺度。在实际工作中，制定风险考核指标往往需要进行多轮博弈、多次修改。

实际工作中可以采用的考核指标包括：

1）降低风险敞口指标。这是最为常见和通用的风险化解指标，旨在通过激励风险化解责任主体采取各种化解风险或减少风险敞口的措施，降低风险事件未来可能带来的不利影响，其核心是降低风险事件的不确定性，减少敞口风险。该指标一般针对风险敞口较大、现金回款较为困难、尚未财务核销处置的风险项目。

2）坏账盘活指标。从会计处理角度，企业往往会根据会计准则的要求按照账龄或个别认定的方法，根据预计损失或风险情况对出现风险的事件计提坏账准备或减值准备。有的项目在全额坏账或减值计提以后，根据核销程序进行财务核销。对这类项目，虽然在会计上进行了相应处理，但从风险管理的角度依然可以纳入风险化解工作范畴。通过设置坏账盘活、减值冲回等指标，鼓励风险化解责任主体在减值计提或财务核销以后仍然不放松化解责任，穷尽各种手段最大限度减少或挽回损失。可以根据盘活的难度，设置现金回款或资产回收的条款，一般以采取正向激励为主，对于收回现金还可以追加奖励。

3）现金回款指标。从风险化解效果来说，收到现金是最好的风险化解手段和结果，但也是比较难的一种化解手段。企业应分析风险事件的性质和具体情况，一般对于如下几种情形的风险项目应加大现金回款的考核力度：对方企业尚有现金支付能力，且有可能争取现金回款的项目；对方企业提供资产无法变现或变现风险、损耗较大的项目；境外项目；对方为非制造企业或实物资产较少的企业等。该指标可以与降低风险敞口等指标组合使用，可采取以正向激励为主的措施，同时可以根据回款金额大小设计定额累进的激励策略，进一步加大激励力度，鼓励风险化解责任者多回款、快回款。

4）资产变现指标。在风险化解过程中，往往会出现债务方现金流断裂、经营亏损、无法到期偿还债务等财务危机情形。在这种情况下，要获取债务方的现金回款难度很大，一般会以实物资产、无形资产、股权、债转股等方式作为补偿手段。企业通过各项风险化解和应对措施，收到各种风险偿付资产，这些资产有的具有较高的变现能力，有的则难以变现，对这些资产的处置可能会形成资产贬值的次生风险。在这种情况下，企业要针对以资抵债、债转股等项目制定资产变现指标，鼓励风险化解责任主体持续履行风险化解责任，及时盘活实物资产，避免或减少资产贬值的次生风险。

5）一项一策指标。企业风险事件的表现形态千差万别，风险发生动因千差万别，对其进行风险应对的措施也各不相同。企业应在以上通用指标的基础上，针对具体项目一项一策地制定考核目标。对于某些风险难以化解且可能持续增加的风险事件，可以划定目标底线等。

在确定风险化解指标的过程中，由于风险化解的手段措施不同，产生的风险化解效果也不同，需要对各种化解手段的化解效果进行区别对待，确定对应金额的折算标准，以此来计量各种风险化解手段产生的化解金额。具体标准可以参考风险敞口计算标准。采取通过资产保全手段化解风险、通过债转股方式化解风险、按股权评估价值计算化解金额、通过与债务方签订新还款协议方式、通过以资抵债方式、通过债务抵销或债务重组等方式妥善处理。

设置完成风险化解目标后，还应设定目标考核的评价和奖惩机制，即详细设计如何进行考核。评价奖惩机制应结合企业实际，以正向激励为主，以负向激励为辅，考核方式可以操作，对风险化解能真正起到激励作用。需要注意的是，风险化解方法一般包括现金回款、资产保全、债务重组、债转股、签订新还款协议、财务核销等。

4. 签订目标考核责任状

为了充分调动风险化解责任单位和责任人的工作积极性、提升风险化解目标考核工作的严肃性和纪律性，企业可以根据需要将风险化解目标制作为《目标考核责任状》，组织召开专题会议或签约仪式，签署目标考核责任状。

5. 督导落实化解措施

实施目标考核、签订目标责任状是以企业内部契约方式，以目标为导向，促进实现风险化解任务。但即使设定了好的考核目标、制定了完善的考核措施，如果没有力量推动实施过程，目标完成的效果也会大打折扣。因此，企业在启动目标考核的同时，还要有相应的督导落实措施。企业风险管理、审计、责任追究或执纪部门应根据企业领导人的要求，对风险化解措施落实情况和推进风险化解工作情况进行督导。

6. 实施目标考核

企业针对风险化解目标完成情况，对风险化解相关责任单位和个人兑现目标考核。由企业主管绩效考核、风险管理、人力资源、劳动工资等部门组成联合小组，对各企业风险化解情况进行逐一认定，并提出考核兑现方案，经企业决策部门审批后实施。在确定考核方案之前，一般先由责任单位对风险目标完成情况进行自我评价，提出考核建议并提供相关证明材料，考核小组应对照责任书考核事项，依据指标实际完成情况进行综合判断，提出考核建议：对超额完成目标的单位给予奖励，对基本完成目标的单位不奖不罚，对未完成目标的单位进行处罚。针对已形成事实损失、回款难度大但回款成效明显的单位，还可酌情对单位领导及工作团队予以专项奖励。

（三）全生命周期管控

场景化合规防范重大风险需要针对性从事中和事后两个层面同步，推动企业有效合规场景化的风控应对，具体可以按照如下步骤实施：

1）多措并举形成合规工作组合。风控部门建立工作组织、确定工作原则、细化工作目标、落实工作内容、压实相关责任，全面深入推进。风控部门、运营管理部分别组成两个督导组，组织相关部门对企业风险化解情况实施现场督导，督促指导各企业推进工作，并对企业工作情况进行通报。通过多点聚焦、多角度发力，多次组织专题培训和座谈会议，督促各子企业加强工作。总部各部门积极参与风险化解工作，全力以赴对分/子公司风险化解工作进行督导，进一步夯实风险化解责任。

2）系统建设场景化合规的整合策略。通过内引外联，组建风险化解专项小组，针对每一项重大风险制定风险化解策略。通过探索形成企业个性化风险化解策略。企业还需要针对风险突出的企业场景实施重点监控，挂图督战、挂牌督办、挂点督导、分解督导，确保做到场景化"专项风险合规事项的系统跟踪考核"。

3）落实场景化的源头管控标准和执行标准。从重大风险事件库分析可以看出，业务项目开展需要加强前期论证工作，推动进行则有必要系统开展专项风险评估的场景化管控模式。通过风险预演和模拟，针对合规实现提前做好设计，规避业务场景供产销的客户违约造成损失风险。因此，在这个场景化落地过程中，可以将合规管控关口按照场景化模式"前移"植入，嵌入业务发生单位，实现重大项目由项目牵头部门组织风险评估。同时，按照节点管控的场景化要求，由内部审计相关部门对风险评估报告出具风险评审意见，确保重大项目风险可控、科学决策。

4）推动场景化合规管控的闭环管控和监督方案。企业需要针对企业层面、企业场景应用层面，系统建立包括"流程梳理、内控评估、缺陷认定、缺陷整改"在内的闭环机制，组织开展内控体系建设及内部控制自我评价工作。采用远近结合、夯实基础与做实推进双管齐下的方法组织开展合规监管、内控监督工作。

5）优化企业场景化制度规范并推动数字化融合。企业需要系统编制相关制度规范，并结合企业的数字化转型进程，协同推动企业的数字化融合和节点场景化管控，系统提升风险管控效果。制定下发企业风控管控节点，推动企业针对重大经营风险的场景和事件做好系统管理，建立重大风险事件档案库，并根据风险大小实行分级管控。对于基础层级风险，采取风险管控上线和节点管控的方式，嵌入场景的节点，嵌入业务流程的节点，实现风险管控有效落实，使风险识别、风险化解、风险考核、风险报告数据化。

6）企业推动企业层面和场景化层面的风控合规设置，实施预警。企业设定企业的风险偏好和容忍度后，进一步分解至场景化的风险偏好和容忍度，并结合上述企业层面和企业场景化层面的风险偏好和容忍度，确定企业层面和场景化层面的重大风险的预警标准（风险承受度）。企业可以设立绿色、黄色、红色三个预警区间，制定不同的应对策略，在确定预警频率和监控单位后开展风险预警管理；还可以结合实际需要建设风险指数，用于系统开展风险预警管理，针对每个场景推动场景化管控模式，对重点指标进行实时化监控、自动化预警。

第六节　本章小结

系统推动企业合规五位一体的精益化管控工作，包括针对合规的机制梳理、合规体系"三道防线"的建设，开展合规管理体系有效性评价是识别企业合规体系建设存在问题、促进合规管理优化提升的重要途径。对规章制度、经济合同、重大决策的合规审查，充分发挥合规"三道防线"的作用，通过"三全"合规管理体系和"三库"合规管理模式等方式方法的应用，借助"三张清单"的合规全面覆盖模式，实现合规场景化融合程序和方法的协同，系统以精益化的合规管理手段，保证交易安全。同时，企业合规的实施执行层面，可以加强合规宣贯，培育合规文化，让合规成为全体员工的自觉行动，在企业内部系统营造良好的合规文化。

企业推动合规"三张清单"建设。梳理合规义务和合规风险，划清底线、红线，重点关注刑事责任、重大行政处罚、长臂管辖与经济制裁等可能对企业造成颠覆性冲击的重大合规风险；从岗位履责风险、业务流程风险、制度机制风险三个维度梳理岗位合规职责，嵌入岗位工作标准，确保合规入岗位。完善流程管控措施，充分依托内控管理流程，明确合规风险点、控制点，通过合规与内控的有机融合为企业管控机制"赋能"，实现合规管理要求真正嵌入业务流程管控，为实现合规风险嵌入机制、完善合规审查机制、落实合规风险反馈机制、明确合规强制咨询反馈内容提供清单保障。

第六章
企业风控合规数据信息库建设

本章主要讲述企业合规数据信息库建设。企业合规数据信息库建设的中心目标是：梳理经营活动合规风险，排查企业重大合规风险源，构建全面的企业合规数据信息库，为后续的合规风险预判、智能化提高企业合规管理效率提供数据基础。

合规性管理、认知、手段的融合问题上，不少企业的合规管理意识需持续提升，合规管控的数字化程度还比较低，企业各职能部门通过简单的链接和协同处理风控问题。在当前日益严格的国家合规监管环境下，企业在合规管理上的投入以确保业务的合法性和稳健运营为契合点。在数字化转型已经成为驱动企业创新发展的必要手段的前提下，合规风险渗透更加广泛、更加隐蔽，企业结合数字化赋能的风控合规实施战略是提升企业核心竞争力的重要路径之一。

第一节 数智化通用平台及合规嵌入建设

在数字赋能融合之下，技术创新的根本目标是实现业务价值，企业数字系统需要在新的技术底座上进行统一的应用规划和设计。企业采取针对数据的"应用重构"协同方式，开发针对性强的解决方案。为实现数据的积累、应用和系统应对复杂、大型的组织架构，可以结合新一代数字化应用开发，在打造企业级数字架构和数字技术平台的同时，打通数据基础，推动全面的数字化合规的协同，实现合规的价值赋能助力。

一、总体方案设计

（一）合规风险源排查总体设计

就企业风控合规数据层面而言，需要梳理经营活动合规风险，排查重大合规风险源。构建全面的合规数据信息库，形成一体化管理，这是一个复杂的、系统的、长期的工程。需要针对合规数据信息库运用业务架构思维与合规融合嵌入的方法，从制度建设、流程标准、工具技术、检查监督、成果报告和信息系统六个方面整合内控、合规、案防和操作风险管理体系。通过合规数据信息库建设，为后续的合规风险预判、智能化提高企业合规管理效率提供数据基础，具体如下：

1）梳理经营活动合规风险，梳理规章制度体系，做好外规内化。

2）梳理经营活动合规风险，落实数字底座建设，实现规则嵌入。数字底座在数字化转型中的定位是数字化枢纽，可以将传统IT系统封装为能力模块，供业务端共享、复用。数字化能力中心是服务前台规模化创新和终端用户需求，并匹配到企业后台自身能力，使之与企业本身的需求持续对接的一种企业管理中心。

3）排查企业重大合规风险源，落实企业数字化转型建设目标，形成企业业务数字底座嵌入风控合规的协同建设。

在这个过程中，企业的数字化能力中心包括统一门户、能力开放平台、业务中台、数据中台、数据治理和技术中台、风控中心六大项目。六统一的企业业务能力与合规融合数据体系如图6-1所示。

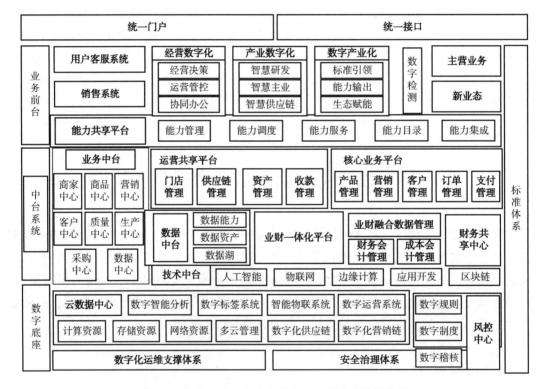

图6-1 六统一的企业业务能力与合规融合数据体系

（二）合规风险源排查的集成设计

在数字生态系统下，企业风控集成系统需要设计，使得企业具备标准化、流程化、可视化、智能化、自动化的"五化"特征，具体来说：

1）标准化。标准化是基于企业的完整性运营角度，涉及企业的营销、研发、制造、运营、维护、采购等各个环节，涉及企业全生命周期的数据，是标准化系统的建设。

2）流程化。流程化是对企业整个产品和服务的营销、生产、质量、安全、采购、成本、业务的全过程，以及线上线下全环节进行数字化实现的流程管控。

3）可视化。可视化的作用不言而喻，通过可视化实现企业各类业务的数据、风险合规数据、证据链完整性和运行参数、收支业务等信息的多维度查询。

4）智能化。智能化是根据企业营销的特殊性和产品及服务模式的本质属性，按照线上与线下融合、产品与服务融合、营销与供应商一体化等模式，实现企业常态化运营中的营销统计、生产运行、业务管理、采购管理的智能化业务管理，并就业务运营模式做好企业的内控风险管理、企业运营的四流一致管理、企业暴雷事件自主预警和交互联动管理，形成企业针对业务和财务协同的优化、预测、预警、预知、联动工作。

5）自动化。自动化是基于企业风险管控的对证据链、分析多维度、管理维度分析自动化控制实现自动化，形成风控合规及监控系统的自动化。

基于风险排查的风控合规设计如图6-2所示。

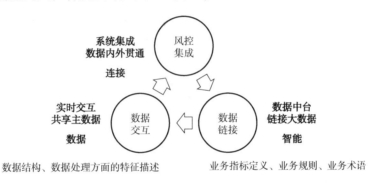

图6-2　基于风险排查的风控合规设计

风控集成系统首先集成了企业法务管理、风险管理、内控流程、内部审计和合规管理事务，基于数据管理系统，实现企业的经营驾驶舱管理、决策驾驶舱管理和组织管理仪表盘展示、企业财务数据模型数据库的构建。

这需要企业坚持两大原则：一是基于数据底座的规划，做好业务牵引设计；二是同步在企业业务运行过程中嵌入模型和算法，在场景下提供解决和行动方案，并以此为基础嵌入风控合规的设计和关键节点。

为系统落实风控合规的关键节点管控，企业同步落实相关业务运营团队与合规的数智运营团队，将针对性合规和应急管理做到需求敏捷响应，形成管理层管控数字的大屏展示、企业日常管控的自助分析、企业运营相关业务场景的专项分析和持续分析。借助数据的沉淀应用深度挖掘数据，借助数字底座和数字场景，让数据驱动管理，协同管理实现企业数字化的持续迭代、改进。

基于风险排查的可视化闭环数据系统如图6-3所示，企业数字能力中心沉淀与风控底座协同体系见表6-1。

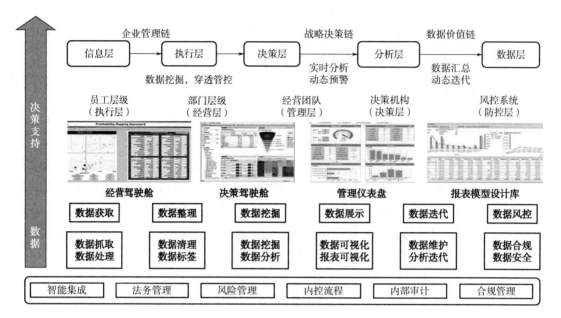

图 6-3 基于风险排查的可视化闭环数据系统

表 6-1 企业数字能力中心沉淀与风控底座协同体系

类别		具体场景与对应工具						
		研发设计	原料采购	生产制造	仓储物流	营销售后	组织与财务管理	战略管理
经营管理场景	软件配置		供应链管理软件配置	工业软件/工业互联网	出入库及库存状态优化及跟踪	定价、营销及市场推广	人才培养与成长体系	建立数字转型提升目标
	流程管理		采购计划、流程监控及管理	设备联网及管理	运输管理及运力调度	客户分析及运营管理	人力资源管理	官网建设管理
	设计协同		供应链协同	生产计划及流程管理	物流路径优化及跟踪	电子商务渠道及交易管理	行政管理	优化及扩充IT部门
			采购数据管理	产品信息跟踪及品控			财税管理	制定发展战略
	设计管理			供应链金融		客户、产品及工单服务	资产管理	制订实施计划
数字化转型一般化工具		二维/三维设计软件	SCM软件	PDM/PLM/CAM/MES/SCADA软件	出入库管理、条码管理、货物追踪、拣货策略、库存预警、库存优化等工具	CRM系统	管理前端应用	域名及网站工具
		模块化产品设计	采购计划指定系统	生产计划决策工具		销售数据管理工具	OA服务工具	

(续)

类别	具体场景与对应工具						
数字化转型一般化工具	协同研发设计系统	采购执行跟踪系统	生产/设备数据采集及分析	运输计划、运力调度、物流派单、物流跟踪、异常报警、配送线路优化等相关工具	用户画像需求预测互动运营	ERP系统	企业管理扩展工具
	协同研发设计系统	供应商量化评价系统	制造机器人		域名及网站工具	HR系统	企业经营管理数据可视化
	研发设计运维中台	采购风险预警	工业视觉AI		智能客服/呼叫中心	财务系统	
	研发设计数据处理系统	工业互联网平台			数字营销	数据资产金融	趋势分析
		数据资产贷款及供应链金融					
进阶工具	物联网：物联开发平台、物联服务平台、物联设备服务、数据采集、AIOT						
	大数据：大数据处理套件、数据开发平台、大数据应用、大数据可视化						
	人工智能：Sora/ChatGPT/OpenAI/图像/人脸（体）/文字/语音识别技术、机器学习、自然语言处理、智能机器人、智能人机交互						
云基础工具	SaaS：数据库服务						
	PaaS：容器、中间件、Severless、云开发、视频服务、云集成						
	IaaS：云计算、云存储、云网络、数据库						
安全底座	网络安全	终端设备安全	数据安全	业务安全	云安全	应用安全	系统安全
风控底座	合规管理	内部控制	风险管理	法务管理	内部审计	公司治理	智能AI

注：资料来源于腾讯并结合本书系统优化。

二、数智化场景合规

在企业数字化能力中心建设过程中，企业管理模式不断实现共享化、平台化、集成化趋势。企业针对能力中心的合规嵌入，并针对性梳理经营活动合规风险，实现合规数据协同，解决内控流程横向贯通与风险合规节点嵌套、内控制度纵向整合贯通问题。企业数字化平台风控集成融合模式如图6-4所示。

（一）数字能力中心的场景合规融合建设

企业数字能力中心建设上，将业务、管理、运营形成融合，通过合规嵌入方式，打造企业针对合规风险识别的高效合规协同模式。

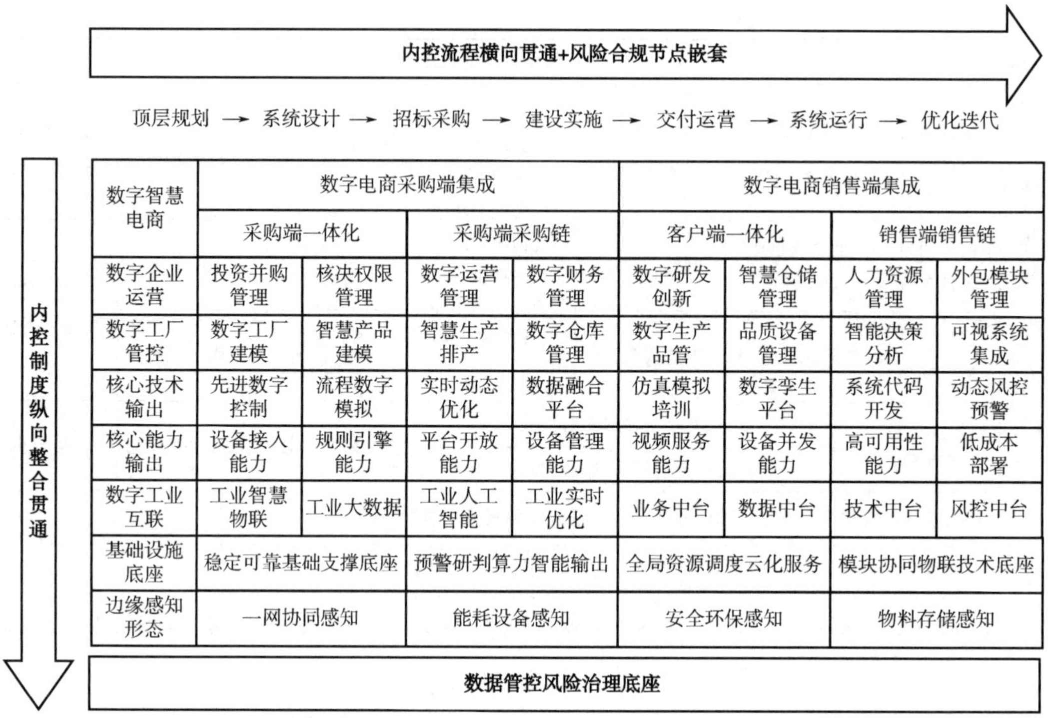

		内控流程横向贯通+风险合规节点嵌套 →						
		顶层规划 → 系统设计 → 招标采购 → 建设实施 → 交付运营 → 系统运行 → 优化迭代						

	数字智慧电商	数字电商采购端集成				数字电商销售端集成		
		采购端一体化		采购端采购链		客户端一体化		销售端销售链
内控制度纵向整合贯通	数字企业运营	投资并购管理	核决权限管理	数字运营管理	数字财务管理	数字研发创新	智慧仓储管理	人力资源管理	外包模块管理
	数字工厂管控	数字工厂建模	智慧产品建模	智慧生产排产	数字仓库管理	数字生产品管	品质设备管理	智能决策分析	可视系统集成
	核心技术输出	先进数字控制	流程数字模拟	实时动态优化	数据融合平台	仿真模拟培训	数字孪生平台	系统代码开发	动态风控预警
	核心能力输出	设备接入能力	规则引擎能力	平台开放能力	设备管理能力	视频服务能力	设备并发能力	高可用性能力	低成本部署
	数字工业互联	工业智慧物联		工业大数据	工业人工智能	工业实时优化	业务中台	数据中台	技术中台	风控中台
	基础设施底座	稳定可靠基础支撑底座		预警研判算力智能输出		全局资源调度云化服务		模块协同物联技术底座	
	边缘感知形态	一网协同感知		能耗设备感知		安全环保感知		物料存储感知	
		数据管控风险治理底座						

图 6-4　企业数字化平台风控集成融合模式

企业在推动数字能力中心建设过程中，针对数智化风控进程的数字沉淀，重点实施企业数字化转型的合规数据沉淀的关键环节，体现在：①业务数字化的合规融合。在技术和数据驱动的业务创新过程中沉淀数据，借助数据驱动企业为客户提供个性化服务，技术实现高效、多渠道交互。②管理数字化的合规融合。通过流程信息化的节点管控和管理的信息化与流程再造，按照合规节点嵌入方式，适应企业数智化能力中心建设的节点合规数据管控。③运营数字化的合规融合。在企业积累数据资产的过程中，通过数据和技术驱动实现客户市场转化和持续服务，匹配协同的合规稽核，形成系统的合规数据，并在达成获客体量和数量目标、降低企业获客成本、增强客户体验与忠诚度、挖掘客户复购和增长潜力的同时，形成针对风险的合规管控。

借助数字能力中心建设同步的合规数据建设，形成 CRM（客户关系管理）的合规升级和合规数据沉淀，解决数字化能力中心对客户的有效服务和风控落地，形成能力中心释放价值，形成以客户需求为导向、以客户的持续运营为承接点、以解决合规为落脚点，形成业务牵引同步合规数据汇集、能力中心延展企业合规底座建设的落地。数字能力中心合规数据演进如图 6-5 所示。

围绕"体系融合、风控赋能、智能系统、监督闭环"思路，以内控数字化建设为引领，以合规经营为底线，形成系统的数字合规建设。企业以数字风控管理工具为主要手段，有效发挥协同效应，提升集约化、共享化和智能化管理水平，保障企业经营管理安全稳健运行。数字工具赋能数据沉淀流程如图 6-6 所示。

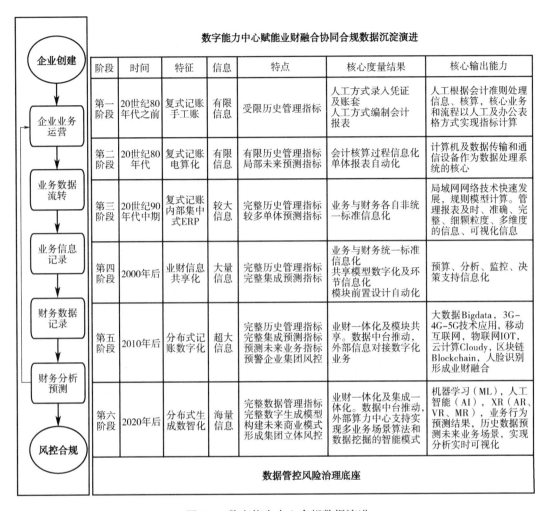

图 6-5 数字能力中心合规数据演进

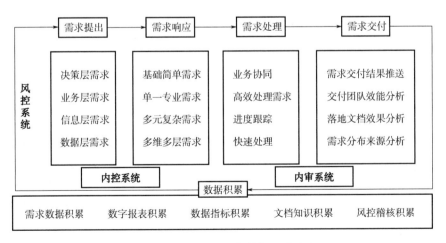

图 6-6 数字工具赋能数据沉淀流程

在企业排查合规风险源层面，通过数字技术，提升营销、生产、仓储、物流、设备、品质等各个要素的透明化、规范化程度，助力于运营效率提升的同时，确保营销流程数据合规。借助数字化能力中心的技术能力输出，实现从原材料到成品生产全程可追溯，保障产品质量，实现透明化、可追溯、标准化生产，实时化数据采集，确保生产过程数据合规；通过数字化能力中心的赋能，搭建基于数据的制造运营管理平台，统一制造运营 KPI 指标与数据合规分析，提供基于角色的数据仪表盘与驾驶舱，实现数据在线和业务赋能，并解决数据合规风险自动排查，如图 6-7 所示。

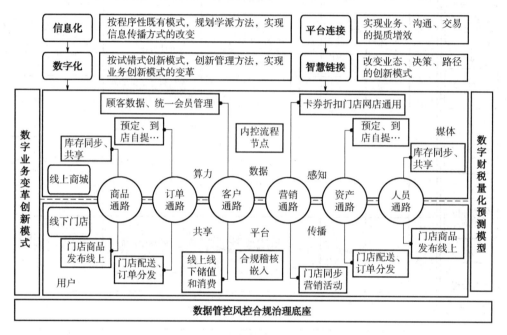

图 6-7 数字化业务创新数据风险源排查

在这个过程中，企业将全数字要素的全场景、数据要素和数据闭环系统，用在不同系统异构数据上映射，连接贯通全流程，连接全场景，确保在一开始就能构建一个支持快速迭代创新的"数字内场"，并系统设计好合规节点。通过全要素思维模式推动业务数字赋能建设，通过各个节点的合规融合，打通后续业财一体化协同的底层数据深度融合问题，系统解决数据可视化过程中业务数据和合规数据集成落地痛点。风控集成模式的一体化模式如图 6-8 所示。

在企业积累数据的过程中，通过业务协同的数字化过程，以及场景联动的数智化进程，协同借助信息化、数字化、数智化的科学方法、流程、算法和系统，按照数据管控的逻辑，综合利用包括统计学、计算机科学和业务知识方式在内的一系列技能，来实现从网络、智能手机、客户、传感器和其他来源收集相关数据。借助动态的数据合规节点融合，企业可以系统挖掘数据本身体现的风险点和风险可能的趋势。

数据合规节点融合的合规数据建设如图 6-9 所示，数据技术的风控合规融合路径如图 6-10 所示。

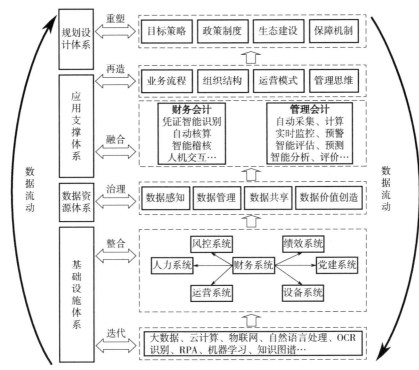

图 6-8 风控集成模式的一体化模式

资料来源:《老板必知的十大风控合规工具》

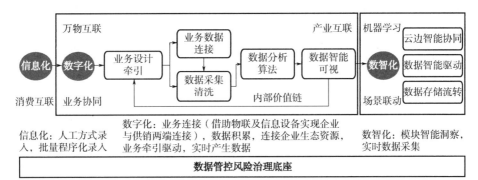

图 6-9 数据合规节点融合的合规数据建设

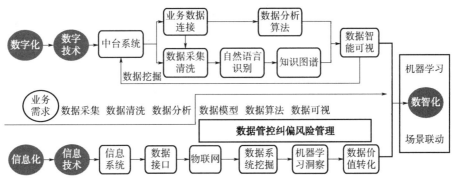

图 6-10 数据技术的风控合规融合路径

（二）数字能力中心的系统合规融合建设

企业数字能力中心建设，采取共建或租用的方法，以建设企业特色并具有企业资源禀赋的私有云数据中心系统的方式实现。推动方案和实施上采取如下措施：企业云数据中心的管理模式和合规风险源锁定的协同上，企业可以采取针对性的"物理分布、逻辑集中、合规嵌套"的管理模式。具体实施上，通过构建虚拟数据中心（VDC），集成数据中心的功能，实现一体多用，解决业务模式和合规风控模式的融合；通过纳管异构、异地、混合云资源，解决合规嵌入的降本提效，实现业务与合规等多个数据中心的融合。以此为基础，企业实现风控合规前置之下的面向业务优化的合规预警、集群规划、简化集成，完成模块化交付。

按照企业排查合规风险源的数据中心设计和落地角度，具体设计与建设逻辑如下：

第一，企业数字能力中心的数据中心设计原则上，采取标准化、模块化、结构化、嵌套式的模式。

1）标准化层面，对数据中心模块设计规范化，相同架构要求的业务区采用同样的基础网络组件，扩展数据中心区域可直接进行模块复制。

2）模块化层面，数据中心以应用群为单位，整合成模块部件，根据数据中心不同业务区域性质设计细化实施的模块要素。细化模块要素可集中部署数据中心访问控制策略，并为合规嵌套节点提供扩展点。

3）结构化层面，需要考虑建设预留有适当的冗余性，进行双节点或多节点冗余性设计，充分考虑过度的冗余不便于运维问题；需要考虑网络的对称性，有助于拓扑直观，有助于协议设计分析；还需要考虑网络业务的适度分隔，确保有利于网络的策略部署，减少对关键业务的影响，缩小故障范围。

4）嵌套式层面，根据数据中心不同业务区域性质，细化实施的模块要素中设计安全模块要素与合规模块要素。其中，安全模块可集中部署数据中心访问控制策略，合规模块可动态部署数据中心访问点的融合策略。

第二，企业数字能力中心的数据中心系统建设上，采取属地化物理机房、网络架构协同合规融合的对策实施。以此为出发点，推动构建全面的企业合规数据信息库落实底层基础。

1）基于风控安全前置的机房物理布置逻辑（图6-11），协同完善风险检测、灾害预防、监控集成、光纤管控、机柜管理、物理布局、供电制冷、可视风控等层面的细化落实，解决业务数据与合规数据的总体布局与安全性问题。

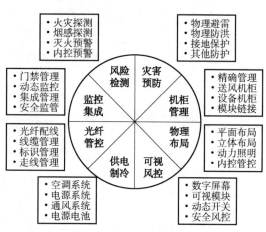

图6-11 基于风控安全前置的机房物理布置逻辑

2）基于合规数据信息库的数据中心网络设计上，基于风控系统集成并融合数据库建设的方式，针对企业做数据中心网络架构的系统设计，并做好动态演进的规划。需要基于业务属性和合规融合要求，部署控制器对接云平台，分别处理生产内网、非生产内网、生产外网、非生产外网业务并实现风控合规的动态监测。

第三，企业数字能力中心的数据云管平台建设上，可以纳管现有和新建基础设施，进行资源池化。企业针对需求，落实相关的云服务及管理入口，形成统一的云管理和服务平台，以此支撑企业物理机、超融合、虚拟机和容器的异构基础环境，落实合规的融合对策，并以此为基础落实提供统一的服务、运营、运维和合规融合的管理入口。

1）数据云管理的业务与合规嵌套层面。细化用户服务门户和服务管理门户。

云系统管理与合规融合上，企业需要设计云平台支持操作系统的管理，并实施包括操作系统的合规检查和补丁自动化部署，支持包括系统特定文件监控、终端流量监控、终端操作系统弱密码检测、共享目录监控，协同系统建设企业合规数据库，从而系统确保终端的运行环境符合企业安全策略标准和企业合规管控要求。

资源容量分析的合规融合上，需要根据业务负载情况及增长趋势曲线定位系统性能瓶颈，为管理者提供容量预警、扩容建议、合规对策。云平台还需要针对各类资源使用的风险，做好提前预知预判，为数字能力中心建设和相关投资提供重要的量化依据。

云平台管理系统的合规融合上，需要提供强大的系统与应用监控管理能力，还需要提供有效与及时的合规预警和处理能力，并需要借助管理系统实现对不同的业务系统、应用和网络服务进行远程监控和管理，从而充分满足企业数字化管理人员对各种关键业务和数据中心的监控管理需求。

云平台本身的专业预警和应急处理合规本身，需要提供自动发现应用、应用监视、主机监视、分类监视、合规管控、应用分组等模块，同时拥有业务报表生成、合规报表生成的各项功能。

云平台对业务的数字化基础设施和技术进行监控、汇报并提供治理的解决方案。统一管理网络、服务器、存储、应用资源，通过内置业务健康评价机制，动态展示业务整体运行情况，基于智能分析量化业务健康水平，通过业务拓扑实现业务故障的快速定位，融合视角同步时间轴技术让管理员提前预知业务风险和瓶颈，综合容量报表让数字化管理者了解业务资源占用走势，提前规划系统容量，为企业针对数字能力中心的投资与运维决策提供清晰的建议。

在计量计费管理与合规融合上，针对企业云到各板块数据中心，以及板块虚拟数据中心到内部终端用户的分级计费统计，针对服务类型和服务时间提供灵活的计费方式，解决计费合理、策略灵活、执行有效、合法合规的落地。实现计费策略与合规协同的自定义，基于存储、数据库、应用的云服务，对资产进行数据采集、计量、预处理，提供账单、结算报表。

2）数据云服务的业务与合规嵌套层面。企业数据云服务业务层面，需要建设兼容主流虚拟化平台。采用开放开源的云计算管理平台架构方式，与底层基础设施的通信通过标准云计算管理平台架构接口，兼容业界主流的虚拟化平台。

在这个过程中，企业针对容器云服务的配置，系统考虑并综合解耦合需求、中心化管理需求、运行时动态更新需求、用户容忍延迟时间长短等问题，通过本地备份、配置中心宕机等方式，系统解决服务运行需求、容器迁移、不同租户隔离需求、密码处理需求、多环境支持问题、灰度发布、发布回滚、历史配置查询等方面的需求。

3）针对企业资产发现与管理及合规数据建设层面。企业推动云平台基础模板库建设和同步的合规库建设。

一方面，企业云平台基础模板库的建设过程中，可以将基础的数字化资源基本要素做好集成，实现与云数据中心中的计算、存储、网络三大信息化物理资源对应。

另一方面，企业云平台合规库建设过程中，基于风控合规底座的设计模式，引用云平台基础模板库的资源，实现嵌套融合。对于上述模板，在合规库建设层面，落实对计算、存储、网络设备的添加和移除的协同，支持预定义的模板对加入的资源进行配置。

数据云服务的业务与合规平台建设如图 6-12 所示。

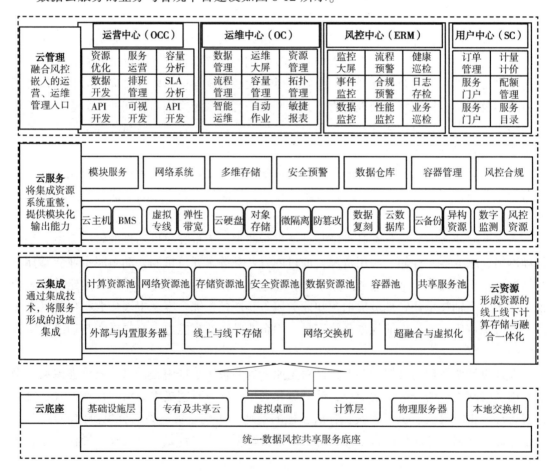

图 6-12 数据云服务的业务与合规平台建设

第二节 数智化合规数据信息库建设

企业推动合规数据信息库建设上,需要综合考虑生产方式的数字经济形态和国家治理方式的数字政府形态对企业的影响。

因此,按照上述实施落地目标,企业实现以权利维护和实现为目标,推动保障企业经营安全和风险救济的数据信息库建设。在这个过程中,企业可以按照风控体系框架表方式,列示不同层级风险和内控编号、名称、要点及责任部门,匹配合适的合规数据信息库的风险防控体系框架,实现一体化融合的协同。具体实施建设方案如下。

一、数据合规信息库建设风险与可行性

(一)数据合规信息库建设风险

1. 政策法律风险

国家"十四五"规划提出,营造良好数字生态,关注数据要素市场规则和政策环境,关注统筹数据开发利用、隐私保护和公共安全,建立健全数据产权交易和行业自律机制,加强涉及国家利益、商业秘密、个人隐私的数据保护,完善适用于大数据环境的数据分类分级保护制度,加强数据安全评估等。为此加强企业数字合规信息库建设,打造企业数据治理体系,形成数字化转型示范,制定数字化转型规划和合规路线图方面,均有很重要的实施意义。

数据作为新型生产要素,对传统生产方式变革具有重大影响。可以充分发挥数据和应用场景协同方案的作用,促进数字技术和实体经济深度融合,做好风控合规统筹协同,系统赋能传统产业转型升级。按照政策引领,构建以数据为关键要素的数字经济模式,打造合规信息数据库,借助信息库建设推动实体经济和数字经济融合发展。

2. 业务场景风险

企业合规信息库建设成功与否的核心之一在于业务场景风险的梳理与整理。它不纯粹是一个技术中心,结合数据底座的融合,企业合规信息库可以直接为企业业务前台提供服务,是企业差异化的能力平台。合规信息库融合数字底座的承载,实现业务的核心能力与合规引领的落地。

在进行合规信息库建设规划时,结合的业务特点和发展需求,梳理清楚需要支撑的前台业务场景及合规信息库的对应标准,提炼各业务线的共性需求和合规需求,系统降低合规信息库建设的风险。

3. 专业技术人才风险

企业合规信息库建设是数字化转型和持续实施最高级别的变革型业务，对于负责团队的能力要求高。

这就需要对于企业合规信息库建设和针对企业商业模式设计下的主营业务有充分理解，具备基于合规节点动态嵌入并对业务模式有全面性和前瞻性理解的专业人才。在进行企业合规信息库建设和相关的数字底座建设规划时，需要风控合规的相关人员及业务部门相关人员协同组成中台项目组，还可以采用外部专业的合规咨询及业务咨询团队。在发展中不断培养更多合规专业及技术管控人才，大大降低企业合规信息库建设的技术人才风险。

4. 技术平台风险

对于企业合规信息库建设来说，其架构和技术平台的选择尤其重要。针对企业的数据底座而言，企业的数据底座需要完整支撑企业中台健康运转。此类中台一定是由不同的功能组件组合而成的，这些组件是否进行了很好的集成、彼此协同是否稳定高效等一系列问题都是在数字底座各平台进行技术选型时需要做好提前规划。

在进行企业合规信息库建设规划时，需要针对风控的治理逻辑设计集成逻辑；在进行数字底座建设规划时，需要慎重地选择技术平台。这是企业合规信息库和数字底座协同并确保企业合规信息库持久发展的根本，可以将企业合规信息库本身的风险降到最低。

（二）数据合规信息库建设可行性

1. 行业发展需要

通过数字化技术提升企业生产侧供给水平和生产效率、企业管理侧运营决策精细化水平。围绕着核心业务的数字化发展，急需统筹建设企业合规信息库，提升企业数字化赋能及数字化合规能力，构建适应业务特点和发展需求的数据中台、业务中台、技术中台等新数字化架构，加快推进管控决策、经营管理、生产运营、客户服务、合规融合等全业务、全流程数字化转型。

随着业务的发展，业务和数据处理量逐年增加，企业数字化转型面临挑战，合规风险不断积聚。围绕重点业务场景，构建集业务、运营与组织于一体的复合能力体系，打通烟囱林立的系统，提炼企业各业务线的共性需求，沉淀相对稳定的可共享的业务服务能力，改善过往无法融合的合规预警水平，系统支持快速多变的前台业务，实现能力复用、流程拉通、数据共享、合规引领，高效赋能企业业务前端应用的多维执行。

2. 合规赋能积累需要

信息系统方面，信息系统之间的业务协同需要数据流转，但各系统相对独立。企业合规信息库建设可以实现企业整体架构层面的合规节点的梳理，提供合规预警能力，确保业务全流程贯通，提升业务运作效率。

数据方面，业务系统积累了大量的数据资源，但这些数据资源的数据标准未统一，同类数据的内容、格式等存在差异，也尚无公共服务开放和共享。这需要实现企业合规信息库的合规数据集中化，通过合规数据集中化建设推动企业数据标准统一、数据拉通融合、数据高效服务的可行性。

数字化转型管理组织方面，企业推动合规信息库专项工作组对数字化转型工作进行统筹管理。推动合规信息库人才队伍建设，有效支撑可持续性合规融合，间接推动数据底座的建设。

业务的发展过程管控方面，需要在大数据、人工智能等前沿技术领域打造一定的发展基础。合规信息库建设可以起到衔接作用，协同数据底座模式，为业务中台通用能力中心建设输出技术、培养技术人才，为合规融合的数字基础实施提供技术保障。

二、数据合规信息库建设原则与方案

（一）数据合规信息库建设原则

数字合规信息库建设和融合数字底座的合规标准融合推动上，企业同步在打造发展的数字引擎过程中做好合规信息库的融合建设。通过把握数字融合方式，通过数字化技术提升生产侧供给水平和生产效率、管理侧运营决策精细化水平的同时，加强合规嵌入设计。

数据合规信息库建设实施上，需要结合数字经济发展外部的机遇和采取数字化转型形成企业创新发展的数据驱动的沉淀，推动数字化转型的合规顶层建设。

为系统建设合规数据信息库，需要在数字化赋能实施之前，针对信息系统较为分散、存在信息孤岛、数据共享困难等情况做好系统应对，具体包括：各信息系统建设标准不统一、各信息系统之间的数据不互联互通、各信息系统之间的业务不融合、没有统一的数据治理且没有形成统一的数据标准。

企业基于合规发展的要求，推动两个方面的系统建设工作，为合规信息库建设夯实基础。一方面，基于不间断的数字演进进程，按照数据信息库建设的顶层设计和行业要求，使得合规数据库建设基于数字形态的风控建设模式做好标准化、系统化工作，确保在运营管理的发展过程中能够针对变化的局面做好信息库信息源的系统整理，按照数字化进程过程中形成的合规节点信息做好收集和系统的规划和迭代；另一方面，基于五位一体协同融合方式，按照法务、风险、合规、内控和内审的4+1的协同设计与落地角度，在针对实现以全面风险管理为导向、落实重大风险的防控要求、形成针对合规信息库的建设框架上，落实数字信息库的各个节点建设，为系统形成合规信息库落实基层设计。风险的整合控制如图6-13所示。

在执行落地层面，企业针对合规信息库执行上，推动企业按照业务驱动、打破壁垒、统建统运方式实施。

1）业务驱动层面。将数据合规信息库做好系统设计，结合数字底座建设的协同，形成满足业务管理、创新和变更及合规管控的目标协同，形成支持业务变革和创新并由业务场景带动数字合规信息库建设和数字底座的建设运营一体的价值创造模式。

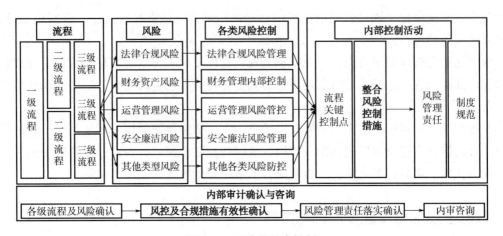

图 6-13　风险的整合控制

2）合规信息壁垒层面。通过系统建设数字底座的设计，打破数据壁垒和管理壁垒，为合规信息库的数据来源落实技术手段，借助业务驱动改善管理壁垒，提升合规数据信息源。

3）运营建设层面。通过针对合规信息数据的统建统运安排，统一建设合规信息数据库和数字底座，按照设定的"六统一"（统一业务、统一数据、统一技术、统一安全、统一运维、统一合规）的原则，实现合规信息数据库的布置，解决对数字化项目进行管控和合规管控的协同。

4）融合一体化体系建设的风险防控体系信息库建设层面。企业以内部控制为手段，支撑流程控制的有效运行；以合规管理为底线，保障经营行为依法合规层面，细化合规信息和案例层面的整理，按照不同层级流程与对应风险信息数据，解决风险控制措施执行及匹配的内部控制活动角度，形成合规数据信息库的日常管控优化与迭代。

风险的整合控制细化模式如图 6-14 所示。

（二）数据合规信息库建设方案

企业可以针对企业合规架构的五位一体融合模型的模式系统推动。

在建设方案实施层面，需要针对性落实智能化标准设计。

1）遵循国家法律法规、行业规范及国际条约等外部标准，这些标准为企业的合规行为设定了基本框架。

2）应根据自身特点和业务需求，制定内部合规政策和行为准则，确保这些政策与外部法规相协调。在制定合规标准时，企业应考虑全面性、动态性、可操作性的落地。全面性层面，企业确保合规标准覆盖企业的所有业务领域和关键环节，不留死角。动态性层面，企业随着法律法规的更新和市场环境的变化，合规标准应保持动态更新，以适应新的要求。可操作性层面，企业应将合规标准具体明确，便于员工理解和执行，避免模糊不清导致执行困难。

风险防控体系框架表（分解范例）

全面风险管理框架体系			法律风险管理框架体系			内部控制框架体系			合规管理框架体系			内审确认体系
风险编号	风险名称	风控要点	风险编号	风险名称	风控要点	风险编号	风险名称	风控要点	风险编号	风险名称	风控要点	归口管理部门
价值与目标维度			价值与目标维度			价值与目标维度			价值与目标维度			
CRV1	公司治理风险		LRV1	公司治理风险		ICV1	公司治理		CMV1	公司治理		
CRV1.1	治理结构风险	完善公司章程，规范公司治理结构及议事规则	LRV1.1	治理结构风险	完善公司章程，规范公司治理结构及议事规则	ICV1.1	组织架构	完善公司章程，规范公司治理结构及议事规则	CMV1.1	组织架构	完善公司章程，规范公司治理结构及议事规则	
CRV1.1.1	公司章程风险		LRV1.1.1	公司章程风险		ICV1.1.1	公司章程		CMV1.1.1	公司章程		战略管理部
CRV1.1.2	治理结构风险		LRV1.1.2	治理结构风险		ICV1.1.2	治理结构		CMV1.1.2	治理结构		战略管理部
CRV1.2	管理结构风险	优化机构、管控模式及职责，围绕法人授权完善规章制度	LRV1.2	管理结构风险	优化机构、管控模式及职责，围绕法人授权完善规章制度	ICV1.2	管理结构风险	优化机构、管控模式及职责，围绕法人授权完善规章制度	CMV1.2	管理结构风险	优化机构、管控模式及职责，围绕法人授权完善规章制度	
CRV1.2.1	规章制度风险		LRV1.2.1	规章制度风险		ICV1.2.1	规章制度		CMV1.2.1	组织架构		战略管理部
CRV1.2.2	授权管理风险		LRV1.2.2	授权管理风险		ICV1.2.2	授权管理		CMV1.2.2	公司章程		经理部
CRV1.2.3	机构设置风险		LRV1.2.3	机构设置风险		ICV1.2.3	机构设置		CMV1.2.3	治理结构		战略管理部
CRV1.2.4	管控模式风险		LRV1.2.4	管控模式风险		ICV1.2.4	管控模式		CMV1.2.4	管控模式		战略管理部
CRV1.3	单位犯罪风险	建立法律事务工作体系，提升依法治企、守法经营能力，防范单位犯罪法律风险	LRV1.3	单位犯罪风险	建立法律事务工作体系，提升依法治企、守法经营能力，防范单位犯罪法律风险	ICV1.3	单位犯罪管理	建立法律事务工作体系，提升依法治企、守法经营能力，防范单位犯罪法律风险	CMV1.3	单位犯罪管理	建立法律事务工作体系，提升依法治企、守法经营能力，防范单位犯罪法律风险	
CRV1.3.1	单位犯罪风险		LRV1.3.1	单位犯罪风险		ICV1.3.1	单位犯罪管理		CMV1.3.1	单位犯罪管理		经理部
CRV2	战略管理风险		LRV2	战略管理风险		ICV2	战略管理		CMV2	战略管理		
CRV2.1	战略制定风险	依据经济社会发展政策环境科学制定战略规划并落实规划实施责任和评价机制	LRV2.1	战略制定风险	依据经济社会发展政策环境科学制定战略规划并落实规划实施责任和评价机制	ICV2.1	发展战略	依据经济社会发展政策环境科学制定战略规划并落实规划实施责任和评价机制	CMV2.1	发展战略	依据经济社会发展政策环境科学制定战略规划并落实规划实施责任和评价机制	
CRV2.1.1	外部环境风险		LRV2.1.1	外部环境风险		ICV2.1.1	发展战略制定		CMV2.1.1	发展战略制定		战略管理部
CRV2.1.2	战略定位风险		LRV2.1.2	战略定位风险		ICV2.1.2	战略规划实施		CMV2.1.2	战略规划实施		战略管理部
CRV2.1.3	战略策划风险		LRV2.1.3	战略策划风险		ICV2.1.3	战略规划评价		CMV2.1.3	战略规划评价		战略管理部
CRV2.2	战略执行风险	有效分解战略目标落实经营责任，完善业绩考核评价与激励薪酬体系	LRV2.2	战略执行风险	有效分解战略目标落实经营责任，完善业绩考核评价与激励薪酬体系	ICV2.2	经营业绩考核评价	有效分解战略目标落实经营责任，完善业绩考核评价与激励薪酬体系	CMV2.2	经营业绩考核评价	有效分解战略目标落实经营责任，完善业绩考核评价与激励薪酬体系	
CRV2.2.1	战略实施风险		LRV2.2.1	战略实施风险		ICV2.2.1	战略实施		CMV2.2.1	战略实施		战略管理部
CRV2.2.2	战略考核风险		LRV2.2.2	战略考核风险		ICV2.2.2	战略考核		CMV2.2.2	战略考核		战略管理部

图 6-14 风险的整合控制细化模式

（三）数据合规信息库建设目标和意义

数据合规信息库建设的重要性，在于企业实现战略发展和数字化转型的需要。

1）企业通过数字底座建设及合规信息库建设与融合，可以支撑各个业务单元发展目标。通过数字化技术提升体验与效率，进而通过主动创新实现新的增长，推动业务变革和合规转型。在这个过程中，合规信息库按照"统一规划、多方实施、分层分类、重点突破、创造价值、注重实效"的工作原则和推进模式，实现数字合规的预警与应对及动态监控技术与实体经济深度融合,加快建立统一数据平台、规范标准,通过数据赋能提高发展质量和企业经济效益。

在合规融合过程中,通过实施市场化、平台化、科技数字化和管理创新战略,系统规划数字化体系工程,落地数字化转型和数字化合规信息库的建设,有助于多维度支撑企业高质量发展。通过打造数字合规信息库和同步的数字底座,向下连接设备和业务系统,向上支撑全域数据全融合、业务协同,全方位形成合规的链接融合,改善企业运营生态。

2)通过数字化合规信息库协同数字底座建设,实现数字化转型的基础工程与方向引领融合推进。

数字化转型需要在统一的建设思路、规范和管控机制的基础上支撑业务的敏捷和创新,同步落实合规协同在数字底座的落地。这也是支撑数字化转型强管控和促发展两大核心诉求的基础工程。

由于合规信息库和数字底座融合的技术支撑方案,企业针对服务业务创新的同时,降低合规监管成本和建设成本,形成了应用开发的共性能力和基础资源的落地性,实现在各个项目建设过程中共享信息,提升建设效率,并节省项目中对共性能力和资源的重复投入成本和合规监管成本。

基于合规的诉求,企业的数字化建设由于基于合规要求的监管规范要求的制约,数字化转型项目的推进与建设面临较大的推进压力。因此,业务数字化项目,尤其是业务层面的"物资管理""财务共享""生产经营"等层面均依赖于合规规范的要求及数字底座的建设要求,企业需要针对性提供基础设施统一管理、弹性资源分配、数字化能力统一、提前明确的风控合规要求来实施,从而提升企业数字化建设效率,避免重复投资和建设。

第三节 数智化合规数据治理与创新建设

构建全面的企业合规数据信息库,为后续的合规风险预判打好基础。因此,企业需要系统推动企业合规数据信息库的数字化合规能力中心的建设,"建底座,治数据,统标准",建设一套完整统一、可扩展的企业合规数据信息库,进行统一的数据治理,形成具有企业特色的数据资产,统一业务、数据、技术、安全和运维体系和标准,强化企业数字化管控能力,支撑企业各类业务数字化转型发展,为后续数字赋能奠定基础。

根据合规审查、过程管控的要求,企业可以系统针对关键节点的数据进行分类分级。此外,还可以结合类似机器流程自动化技术(RPA)等方式,提高合规应用能力,如编制、运行合规管理操作脚本,实现重复性合规管理工作的信息化处理。

第六章 企业风控合规数据信息库建设

一、企业合规数据治理

（一）企业合规数据治理概况

从企业合规数据信息库治理来说，企业需要重视企业合规数据信息库数据及共享，通过数据指导决策、促进各机构间合规数据流通；需要系统保护企业合规数据信息库的数据资源，针对合规数据的真实性、完整性和安全性做好安排；需要有效使用企业合规数据信息库的数据资源，增强数据分析能力，促进数据访问形式多样化等。

在推动企业合规数据信息库落地上，可以参照 2004 年国际数据治理研究所（Data Governance Institute，DGI）的 DGI 数据治理框架，立足组织操作层面，实现为企业合规数据信息库组织数据决策和数据行动做好对标，以这些对标方式协同企业合规数据信息库。按照 DGI 框架要求，针对包括数据治理的概念、内容、流程和方法等，涉及数据战略、数据质量、数据安全、数据架构、数据仓库、商业智能、管理协调相关内容，企业合规数据信息库可以借鉴参照。通过强调数据战略专家、数据治理专员、业务领导和 IT 领导者等相关利益方的影响，关注如何管理数据、实现数据价值。促进数据管理活动更加规范有序、高效权威层面，按照风控合规逻辑与数据底座建设方案，推动企业合规数据信息库的建设。企业合规数据信息库数据治理体系如图 6-15 所示。

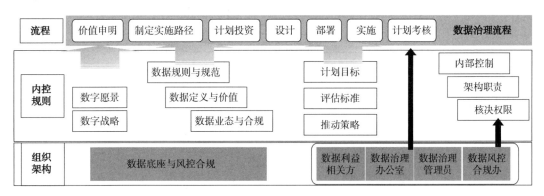

图 6-15　企业合规数据信息库数据治理体系

资料来源：结合国际数据治理研究所（Data Governance Institute，DGI）优化得来

合规数据信息库建设可以采用 5W1H 法则进行设计，分为组织架构、规则、流程三个层面。5W1H 在企业合规数据信息库数据治理体系中的应用具体表现为：Who，数据利益相关方；What，数据治理是什么；When，何时开展数据治理；Where，数据治理位于何处（当前的成熟度级别）；Why，为什么需要数据治理框架；How，如何开展数据治理。同时，企业针对企业合规数据信息库的数据管理要求，系统结合企业合规数据信息库相关知识体系，优化合规数据管理框架。企业合规数据信息库管理框架如图 6-16 所示。

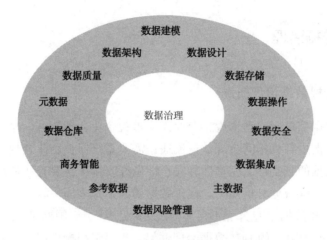

图 6-16 企业合规数据信息库管理框架

资料来源：结合国际数据管理协会（DAMA）优化得来

企业合规数据信息库的建设过程中，通过合规数据管理职能过程模型，系统解决数据治理解决数据管理中元数据管理、数据质量管理等功能和要素之间的问题。企业合规数据信息库设计模型如图 6-17 所示。

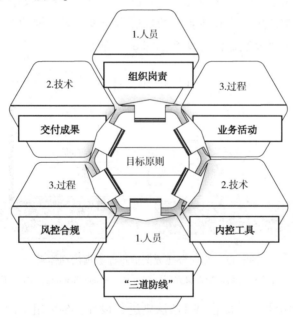

图 6-17 企业合规数据信息库设计模型

资料来源：结合国际数据管理协会（DAMA）优化得来

（二）合规数据治理成熟度模型

为系统推动企业合规数据信息库的建设，充分考虑合规功能与环境要素对合规数据本身的影响，并建立业务与合规的对应关系。合规数据信息库数据管理需要系统包括 12 个功能框架：数据治理、数据架构管理、数据建模与设计、数据存储与设计、数据安全管理、数据风控、参考数据和主数据管理、数据仓库和商务智能管理、数据集成与互操作、文档和内容管理、元数据管理、数据质量管理。

以数据管理领域国家标准的数据管理能力成熟度模型（DCMM）作为参照，可以将组织内部数据能力划分为八个重要组成部分，并对各组成部分做好定义、功能、目标和标准。落实数据管理的规划、设计和评估，落实针对信息系统建设状况的指导、监督和检查依据上，合规数据信息库结合国家标准和数据生命周期管理各个阶段的特征，按照组织、制度、流程、技术对数据管理能力形成分析与总结，提炼针对合规数据信息库的组织数据管理，形成业务相关功能介绍和合规评定协同的制定。企业合规数据管理能力成熟度模型如图 6-18 所示。

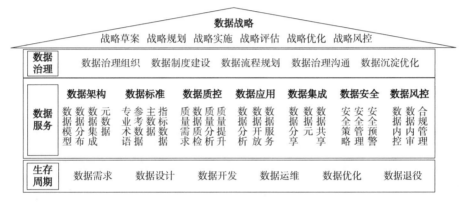

图 6-18　企业合规数据管理能力成熟度模型

资料来源：结合国际数据管理协会（DAMA）优化得来

二、解析关键风控流程与合规创新

解析关键风控流程与合规创新，可以系统针对合规风险做好预判，系统打好合规落地的基础。

（一）解析风控关键流程

嵌入内控合规管理要求。按照企业级业务架构建设的流程框架与规范标准要求，全面理顺流程节点，优化流程效率。企业系统建立业务流程图、流程分析表、风险评估表、控制评估表，将这些风控工具作为共享业务组件，嵌入业务流程和信息系统，使得业务流程及其内嵌的风控规则自动化执行，实现风险识别、评估实时监测、自动预警、及时纠偏，解决传统风险管理中的片面性、模糊性、主观性和滞后性等问题，提升风控效率和效果。

风控合规一体化的合规风险平台如图 6-19 所示，企业在智能合规平台建设方面的架构建设如图 6-20 所示。

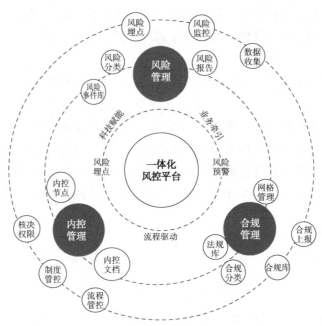

图 6-19 风控合规一体化的合规风险平台

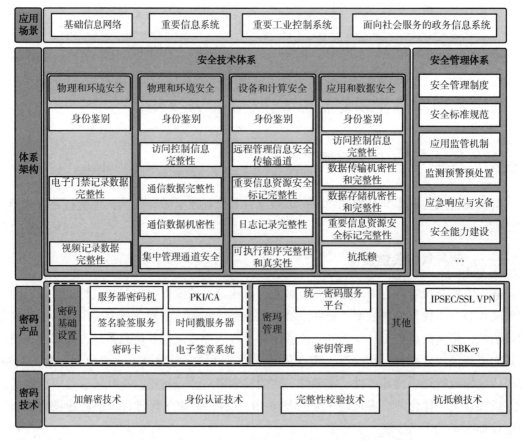

图 6-20 企业在智能合规平台建设方面的架构建设

(二) 合规风险有效预判创新

合规风险有效预判层面，企业借助融合数字底座的合规信息库建设，实现合规数字化转型能力中心化。

企业合规信息库建设上，通过融合数字底座建设，构建合规信息赋能，借助业务场景的沉淀，保障数字化转型能力的可扩展性和复制能力，借助合规的信息预警和价值赋能，系统通过合规信息库反哺相关业务。同时，借助企业合规信息库建设，助力技术中台、数据中台和业务中台形成一个有机体，确保企业运营管理领域全覆盖和合规融合的全环节渗透。

企业合规信息库建设上，结合数字化转型的业务需要，以及业界最新数字化、智能化技术发展趋势，统一建设灵活、智能和敏捷的技术能力。

为衔接有效的合规信息库建设，针对性做好覆盖全领域全场景的业务引擎和合规引擎，从而支撑主业的快速发展，有效应对面临的复杂挑战。可以在传统业务中台的基础上，系统创新地提出业务中台和合规中台衔接的模式，实现通用型业务中台和领域性业务中台融合与合规数据库赋能的合规中台协同。通过协同模式，驱动业务数字化转型和合规信息库的数据沉淀，灵活支持各领域业务的创新发展，实时动态满足企业合规要求。

某智能网联汽车企业合规架构案例如图 6-21 所示，某电商平台合规架构案例如图 6-22 所示。

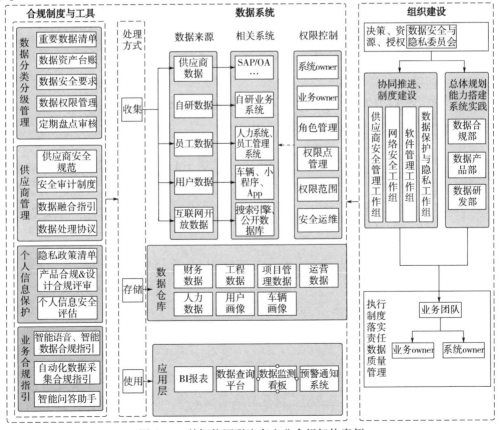

图 6-21 某智能网联汽车企业合规架构案例

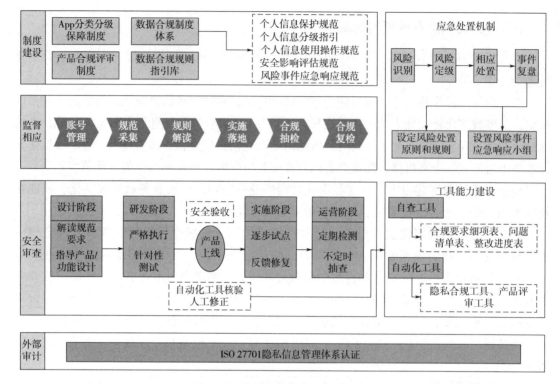

图 6-22 某电商平台合规架构案例

第四节 数智化合规的科技技术建设

构建新型数字基础设施,建设云化和集中的数据中心、安全管控体系和统一运维体系,为业务应用提供弹性、高可用、高安全和易维护的基础设施资源,包括企业云数据中心改造、全域网络升级改造、统一运维体系建设、企业网络安全治理体系建设等各个层面。

一、合规智能化系统建设

(一) 合规智能化建设内容

数字化进程正逐步从消费互联网朝产业互联网的方向演进,为适应市场经济的变化与挑战,越来越多的企业开始思考重塑信息化与数字化架构,实施中台战略,解决传统烟囱式架构下遗留的账号组织体系混乱、数据不贯通、重复造轮子、业务响应慢等问题。在数字经济时期，企业建设以能力复用和数据赋能为核心的中台架构，增强数字运营力和业务响应力，落实合规嵌入要求，为企业业务产品创新注入新活力，落实新的合规融合管控要求。

具体实施分解为如下四个方面：

1）按照合规要求优化办公系统，对各类型端到端的应用界面和应用进行优化升级。提升系统性能、提高稳定性，同时提高对浏览器等操作系统的兼容性；界面优化，美观实用，方便操作；进行业务定制，满足行政事务等办公需要；提供文事会一体化、智能应用等功能，使办公业务更智能方便。

2）根据数字化转型大量系统接入和数据合规治理的要求，企业进行数据中台软件升级替换。按照合规的信息库建设和落实合规风险预判要求，建立合规数据治理体系。制定合规数据标准上，企业推动质量管控方式，构建数据安全管理能力，系统全量接入管理域和生产域数据，建设合规数据模型和企业数据资产。

3）按照合规预判要求实施企业层面的云数据中心改造。数据中心建设上，企业针对数据中心机房建设、国产化改造硬件投入、机房监控和运维层面，推动系统的落地实施。企业针对私有云管理层面，推动企业云数据中心基础设施资源的统一管理和运维、自助门户和运营服务，形成多云管理、应用上云和动态迁移的模式，改善企业的云管理降本增效与合规达标问题。

4）按照合规要求统一运维体系建设。企业针对运维发展与管控需要，全面规划新的运维战略，建设数字化统一运维体系建设、搭建数字化统一运维平台，支撑企业数字化系统和信息化基础设施的统一运维，达成合规标准，形成合规预警和自动纠偏协同。

（二）合规智能化风险预判模式

智能风控数据平台，需要达成合规风险预判的效果。在这个层面，企业需要综合利用人工智能、大数据、自然语言处理、知识图谱技术进行构建，建设基于专业、系统的风控合规的服务平台方式。

智能风控数据平台的融合输出上，在风控、合规、内控、法务、内审的融合综合应用层面，企业可以按照合规风险预判的要求，应用光学字符识别（OCR）、语音识别（ASR）、自然语言处理（NLP）等技术，对合规管理涉及的图片影像材料进行智能化识别，提取有价值的信息。在综合融合实施和落地层面，实现对企业合规赋能输出的核心价值。

针对合规信息库的融合建设，企业风控合规平台设计模式上，可以系统围绕海量异构数据，全面监控多维风险。针对数字的智能多维标签、预警信号推送、风险事件跟踪、风险传导关联、综合异构图谱等，贯穿多场景全流程风险管理功能，提升企业机构风控能力。

合规智能化风险预警的全覆盖系统如图 6-23 所示。

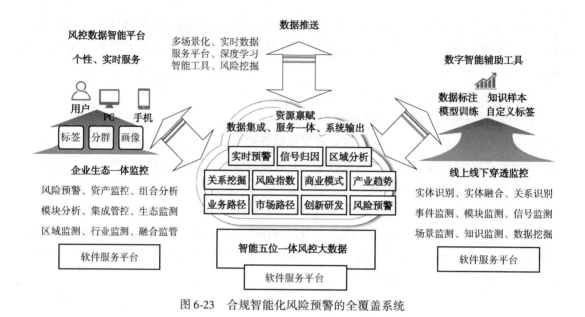

图 6-23 合规智能化风险预警的全覆盖系统

二、智能风控大数据建设与成果

（一）智能风控数据建设落地方案

智能风控大数据建设落地并形成预判融合上，智能风控落地涉及九大环节。

1）组织制度的风控合规环节。内部控制制度应制定明确的内部组织架构，并载明智能制造项目经理的设置、职称、委任与解任及职权范围等事项。

2）信息安全的风控合规环节。智能制造正是通过各种智能化的信息系统进行联结后进行产品制造的生产方式，因此，信息安全环节是智能制造项目内控机制的重中之重。信息安全控制即防止灾害、失误、计算机舞弊和犯罪等危害信息系统安全的控制措施。系统安全控制主要包括系统的接触控制、后备控制和环境安全控制。接触控制是防止未经授权的人擅自运用系统的各种资源，以保证各项资源的正确性。后备控制即做好数据备份，重要数据做到"不同设备存储、不同地点存放"，主要数据文件进行多级备份，防止一损俱损。系统环境保护则是为了尽量减少外界因素所致的计算机故障，以保障机器正常运行。

3）市场营销的风控合规环节。智能制造项目实施中，必须对客户进行营销方面的管控并搜集客户信息，对搜集而来的客户信息进行分析之后，便能够对客户需求开展预测分析，以制造符合市场需求的产品，更重要的是能够维系与客户之间的关系。

4）设计优化的风控合规环节。针对现有产品进行改良时，借助先进数字技术将产品通过仿真方式预先建构出来，有利于工程师评估改良产品的特性与样式，减少设计成本。只有通过建立完整的产品原材料列表，才能形成生产制造的基础。

5）原料管理的风控合规环节。工业企业必须针对材料与成品的存货数量进行管控，若是无法借助信息化手段精确进行仓储预测与管理,将导致无法精确掌控其存货,影响接单后的采购行为。如果囤积存货过多,就有可能面临存货跌价导致企业受损的风险,甚至导致资金周转困难。

6)供应链管理的风控合规环节。工业企业生产制造过程,首先面临原材料供给问题,而企业如何与供应商沟通协调运输方式、原料数量、原料价格等都是供应链管理的处理范围。应完善供应商资质评价,避免因为供货商的能力不足而遭受损失,如因原材料品质不佳、原材料交期不稳定等问题扰乱企业生产计划。

7)计划管理的风控合规环节。在计划制造工作时,需针对制造与流程两方面进行计划。前者为企业整体计划,需通过原材料的需求与企业现有产能进行匹配,开展制造排程,以避免接单过多但企业生产能力不足的情形发生;后者着重于制造流程、设备选择及设备产线如何调配,以利于企业制造产品进行。在具体实施过程中,由于产品制造工艺过程的明显差异,在生产计划环节的流程管控重点控制内容有所不同。

8)生产制造的风控合规环节。在进行生产制造时,制造流程中主要是针对原材料进行加工制造,因此,需要对制造现场进行控制与管理,并对生产设备进行装修、配置、维护,甚至是对设备进行监督与控制,以确保企业生产力不受工作现场突发状况影响。

9)质量管理的风控合规环节。在制造流程中,不论是原料、半成品,还是在制品及制成品,都应建立一套科学的检验测试方式,以利于针对产品进行管理与控制,保障产品质量。除了内部的制造,当客户发现产品质量瑕疵时,也可以进行完善的售后服务,如退换货、线上支持、线下维护等,以利于企业外在形象的塑造。

智能风控数据建设预判融合集成框架如图 6-24 所示。

(二)智能风控数据建设预期成果

通过合规信息库建设和合规数据建设,可以打造数字化转型合规的标杆企业。数字合规和合规信息库是较高标准的数字化转型和合规赋能融合模式,系统建设有助于促进企业合规能力,助力企业合规管理提升。通过数字化转型能力中心的建设,输出技术能力、数据能力、资产能力、应用复用能力,赋能业务部门及用户,帮助业务部门提高管理效率从

图 6-24 智能风控数据建设预判融合集成框架

而产生业绩，支撑企业各项管理能力提升和合规管理。

基于科技赋能风控融合转化成果，还体现在如下四个层面：

1）基于 AI 专家策略及机器学习。专家模型库、人工智能应用组件库、工作流引擎及知识图谱策略库，实现各类型业务风控参照和复用。

2）决策能力与系统代码开发。利用决策树型模型库、应用组件库、工作流引擎、数据可视化、统一门户、决策知识库实现策略和模型动态更新，应对各类突发风险，实现业务联动。

3）模块化灵活协同植入式部署。一是智能推演引擎、智能控制引擎、抓取各类反欺诈与风控数据，支持多方数据的配置化接入与沉淀，实现图形化配置，并快速应用于复杂策略与模型。二是实现多样化部署。形成灵活的集成性和可扩展性，无缝兼容风控系统。按需实现新模块拓展，达成行业合规性要求。

4）数字孪生协同数据聚合和策略调优。数字孪生模型、智能推演引擎协同，实现基于历史数据支撑的策略数字推演，客观展现风控要求下的新老策略效果对比，保障新策略效果与效率同步。

风险管理实时风控引擎功能与核心优势如图 6-25 所示。

云	科技赋能风控融合转化	AI专家策略及机器学习 专家模型库、人工智能应用组件库、工作流引擎及知识图谱策略库，实现各类型业务风控参照和复用。通过丰富的专家策略与机器学习模型，应对各类业务风险，结合离线分析，实现自我演进、优化决策体系	决策能力与系统代码开发 决策树型模型库、应用组件库、工作流引擎、数据可视化、统一门户，以及决策知识库、实现策略和模型动态更新，应对各类突发风险，实现业务联动	端到端风控体系
		模块化灵活协同植入式部署 智能推演引擎、智能控制引擎、抓取各类反欺诈与风控数据，支持多方数据的配置化接入与沉淀，实现图形化配置，并快速应用于复杂策略与模型。实现多样化部署。形成灵活的集成性和可扩展性，无缝兼容风控系统。按需实现新模块拓展，达成行业合规性要求	数字孪生协同数据聚合和策略调优 数字孪生模型、智能推演引擎协同，实现基于历史数据支撑的策略数字推演，客观展现风控要求下的新老策略效果对比，保障新策略效果与效率同步。实现数字联动，解决从离线分析建模到稳健风控升级的新风控闭环体系建设	
	科技赋能底座	可视化策略 不同场景需求，配置风险决策流程，包括规则引擎、决策流、模型管理。精确简洁描述复杂逻辑，维护策略信息，实现数据可视，数据安全、数据分析。系统植入多维可视化引擎	人工智能风险监控 数据集管理、模型库、数据可视化模式，实现风险大盘通过风险地域分布、风险趋势及实时请求等维度数据，展示量化后风险趋势。通过各种维度数据，为风控人员提供量化数据依据	实时数据融合平台 连接、转换各种多源异构数据；实时数据交换与共享。用于策略调优，协同线上线下数据实时联动、历史数据或自定义数据三种数据源实时联动。实时指标计算，实现风控数据聚合、分析、处理，得到可进一步使用的特征	
边	感知	模型对接、数据对接 嵌套设备、流计算、业务反欺诈、信用风控管理	边缘平台 离线分析、自我演进、AI推理	演进
端		实体端口		虚拟端口

图 6-25　风险管理实时风控引擎功能与核心优势

第五节　数智化合规的大模型融合建设

基于建设合规信息库，系统锁定合规风险。提高企业合规管理效率落地上，采取合规数字底座、应用重构、企架转型、云原生等措施，系统推动并完成企业数字基础设施建设。企业通过合规协同逻辑，打通数字基础设施大动脉，整体提升应用基础设施水平，提高传统基础设施数字化、智能化改造和合规遵从度。系统促进数字经济和实体经济深度融合，以数字化驱动生产生活和治理方式变革。在做强做优做大数字经济的同时，培育壮大数字经济核心产业。借助风控合规的平台化建设，形成"点、线、面、体"的立体式合规信息库模式，系统输出合规职能风控系统的架构模式。

利用大模型（LLM）技术及其垂直行业应用的小模型（SLM）技术，实现对关键节点的数据进行智能标签标注，为企业合规预判落实数据合规的模型基础。同时，企业还可以应用大数据及搜索技术记录和归档合规管理体系运行产生的文件化信息，如合规管理制度文件、合规审查意见、合规检查原始文件等的相关信息和文件记录。企业通过模型技术，还可以推动企业数据角色权限管理，协同应用其他技术进行数据安全防护，防止数据遗失、泄密、不当使用或完整性受损，为企业提高合规管理效率落实数据合规的节点基础。

一、合规模型场景模型设计总体方案

通过合规的大模型建设，强化风险实时管控。在操作风险损失数据收集（LDC）、风险与控制自我评估（RCSA）、关键风险指标（KPI）基础上，增加合规领域的大数据模型监测工具，建立管理工具间相互衔接及成果应用机制，完善风险预警体系，有效管控风险。

推进检查协同，健全多位一体大监督体系。立足监督体制机制创新，积极推进监督资源整合，以"全覆盖、深检查、少交叉"为目标，通过计划统筹、信息共享、成果互用、联合整改等方式，促进形成"多位一体"大监督格局，打造全方位监督网络。

推动业务建模驱动实施。强调企业级、精益化的模型建设，也协同注重敏捷，"以敏捷业务建模驱动业技一体化，同步落地工具链，确保各环节对齐和保鲜，达到业务能力、微服务架构和容器化部署的完美统一"。

应用云原生技术，形成科技创新的内核，灵活兼容适配国内外主流信息技术产品的技术新基座。借助科技赋能，实现"数字＋物联网＋区块链＋云＋人工智能"等叠加模式下的发展架构，用以满足高并发、大流量、高安全的业务处理需求。

推动五位一体融合的风控合规治理建设上，按照合规技术赋能模式，实现合规标准与

业务融合，协同与系统建设，实现大语言模型和业务小模型 AI 技术的一体化整合，打造企业合规信息库，形成智能合规平台的建设。大模型融合的智能合规平台建设路径如图 6-26 所示。

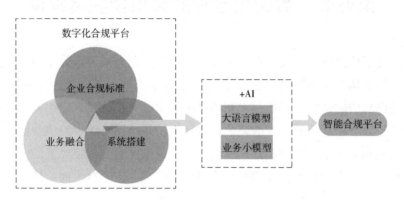

图 6-26　大模型融合的智能合规平台建设路径

二、合规模型场景模型设计动态方案

合规大模型场景模型设计层面，企业需要综合考虑智能场景的智能化。大语言模型作为一个新的 AI 智能体，能在合规层面形成的融合成果包括：①通过大模型生成合规的内容、提供快速查询的工具，提升内容质量和效率；②通过大模型进行内容审核，节省审核成本，提升审核效率；③通过大模型对用户的操作行为进行分析和判断，有效识别风险；④大模型结合实现 RPA 机器人的协同高效应用。

（一）合规模型应用

1. 内容生成方面合规应用

利用大模型快速、可调教的语言生成能力，可以在合规方面实现的应用如下：

1）合规知识库建设。企业可以利用大语言模型构建合规知识库，将相关法规、案例、政策等信息整合在一起，方便员工查询和学习。

2）合规培训系统建设。利用大语言模型开发智能培训系统，为员工提供个性化的合规培训材料，帮助他们更好地理解和遵守相关法规和政策。

3）合规政策生成的合规信息库建设。大语言模型可以根据现有的法规和企业实际情况，辅助生成或更新合规政策，确保政策内容与最新的法规要求保持一致。

4）合规咨询体系建设。企业可以利用大语言模型提供合规咨询服务，通过分析用户输入的问题，给出合规建议和解决方案，如可以建立合规咨询机器人，员工可以向机器人描述合规的场景，由机器人给出相关合规的判断和决策建议。

5）合规性报告自动化建设。大语言模型可以自动生成或辅助生成合规报告，提高报告的准确性和效率，包括定期的合规性审查报告和针对特定事件的报告，确保企业及时向监管机构提交所需的合规文件。

2. 内容审核方面合规应用

大语言模型可以有效分析、识别内容是否遵循合规的规则，同时还能有效判断网络情绪。大模型在内容合规上有如下四方面应用：

1）自动化文档审查功能。可以用于自动化审查合同、协议和其他法律文件，确保其内容符合相关法规要求，减少人为疏漏，还可以检查产品描述、广告文案等是否符合广告法规和行业标准。更深入地来看，可以分析企业内部和外部的通信记录、邮件、报告等文本数据，以识别潜在的合规风险。

2）合规审计功能。在合规审计过程中，可以帮助审计人员快速筛选和分析大量文档，总结文档主要内容，并给出文档中存疑的风险点，提高审计效率和发现问题的准确性。

3）风险评估功能。可以分析历史数据，预测未来可能出现的合规风险，帮助企业提前采取措施进行规避。

4）舆情监控功能。可以有效判断网上回复的情绪情况，通过分析比对有效识别舆情风险，并及时做出相关预警，帮助企业在审核后做好实时监控，把好最后一道关。

3. 用户操作方面合规应用

通过软件系统识别、记录、抓取相关用户的行为数据，汇总给大模型，可以有效利用自身的推理能力分析用户行为的潜在风向，并给出相应的指数评分计算和最终的改进建议，具体如下：

1）客户尽职调查（KYC）体系建设。在金融服务领域，可以帮助企业进行客户尽职调查，通过分析客户的公开信息，基于风险合规规则，识别客户的潜在的合规风险，并给出相应的指数评分。

2）反洗钱（AML）体系建设。可以辅助企业或企业对应的金融机构识别和报告可疑交易，以防止洗钱活动。

3）知识产权保护体系建设。结合搜索引擎和专业的数据库，可以用于监测和分析网络上的侵权行为，帮助企业维护其知识产权。

4）合规监控体系建设。企业通过持续监控企业内部和外部的通信和行为，可以实时发现潜在的合规问题，并及时提醒相关人员采取纠正措施。

4. 流程机器人方面合规应用

企业通过将大模型和 RPA 技术结合，构建一个高效、智能且合规的流程自动化解决方案。在这个层面，企业可以采取如下七个步骤建立一个大模型与 RPA 协同的产品实现方案：

1）流程分析与优化。通过大模型对企业的业务流程进行深入分析，识别可以自动化的环节。能够理解复杂的业务逻辑和流程，帮助企业发现潜在的效率瓶颈和合规风险点。

2）自动化规则定义。基于大模型的分析结果，定义清晰的自动化规则。这些规则将指导 RPA 机器人执行特定的任务，如数据录入、文件处理、报告生成等，同时确保这些规则符合相关法规和企业内部政策。

3）RPA 机器人开发与部署。开发 RPA 机器人执行定义好的自动化任务。RPA 机器人可以模拟人类操作，如登录系统、点击按钮、输入数据等，从而自动化执行重复性高、规则性强的流程。

4）合规性监控与报告。利用大模型的自然语言处理能力，监控 RPA 机器人执行过程中的合规性。同时，自动生成合规报告，为管理层提供决策支持。

5）智能决策支持。可以提供智能决策支持，通过分析大量数据，预测潜在的合规风险，并提出优化建议。

6）持续学习与适应。大模型具有自我学习和适应的能力，可以随着业务环境的变化和法规的更新，不断优化自动化流程。RPA 机器人也可以通过机器学习技术，提高其执行任务的准确性和效率。

7）人机协作。在整个流程中，保持人机协作机制，确保在需要人类判断和决策的环节，RPA 机器人能够及时通知相关人员进行干预。

案例

J 市 C 区的民营人工智能企业 F，目前经过三轮融资，实现营收过亿元并盈利，是从事系统的人工智能某细分领域的领军企业，其采取的人工智能应用和合规融合方式，对企业的业务推进和高科技创新实施起到了重要作用。

企业 F 在实际操作过程中，为了提高 RPA 机器人的准确程度，同步开发 AI 小模型方式，辅助大模型进行相关专业的操作。对于 AI 小模型的建立，企业 F 遵循如下步骤实施推动：

1）数据收集与预处理层面。收集合规流程相关数据，包括流程文档、历史案例、员工反馈等。对数据进行清洗和预处理，以确保其质量和一致性，为后续分析提供准确的输入。

2）模型训练与调整层面。使用大语言模型对预处理后的数据进行训练，针对模型做调整以理解合规流程的特定术语和上下文。企业 F 采取的措施包括微调预训练模型，以适应企业特定需求和企业所在的行业标准。

3）流程分析与瓶颈识别层面。训练好的模型将分析合规流程，识别其中的瓶颈和低效环节。这涉及企业 F 采取自然语言处理（NLP）技术理解流程描述，以及通过机器学习算法识别企业的相关模式和趋势。

4）改进建议生成层面。基于合规分析结果，利用大语言模型提出改进建议。企业 F 提出的改进建议包括流程重组、自动化任务的识别、资源分配优化等。模型还实现了利用企业 F 的历史案例和行业最佳实践生成非常具体的针对性建议。

5）合规性评估层面。在提出改进建议后，需要评估这些建议是否符合相关法律法规和企业政策。企业F集成了合规性检查工具，确保所有建议都在合规范围内。

6）合规性实施与监控层面。企业F将优化后的流程实施到企业系统中，持续监控其效果，并将大语言模型辅助监控流程执行情况，实时调整建议以应对新出现的问题或变化。

7）合规性反馈循环层面。企业F建立了一个反馈循环，收集实施后的数据和员工反馈，用于进一步优化模型和流程，推动模型学习和适应不断变化的合规需求。

企业F按照上述步骤不断快速迭代AI小模型，而不用改变应用的大模型，只让大模型作为底座的基础发挥推理优势做好决策。

5. 合规风控方面合规应用

大模型在企业合规风控方面发挥了重要作用，主要体现在如下三个方面：

1）数据驱动的决策支持。大模型可以处理和分析大量数据，帮助企业更好地了解潜在的风险和合规问题。

2）模型泛化能力。基于大规模人工智能模型，企业可以针对不同业务领域建立合适的风险量化模型。可以利用迁移学习对不同的业务垂直领域进行自适应匹配，提高风险控制识别的准确性，并显著降低样本要求。

3）制定风险应对措施。针对不同的风险隐患，可以利用大模型制定相应的风险应对措施。这些措施应包括技术控制、流程优化、人员配置、应急预案等各个方面。

充分发挥大语言模型的上述作用，企业一方面需要落实语言类交互，另一方面需要将大模型（AI Agent）结合机器人流程自动化（Robotic Process Automation）共同作用，实现一个企业流程风险和数据自动检测迭代的目标。

案例

B市H区民营控股混改的人工智算企业J，在近一年时间内系统建设并落地了大模型应用的融合方案。作为从事系统的数智化某细分领域的核心企业，遵从人工智能应用与合规嵌套融合方式运营，企业发展呈现较好的良性态势。

企业J采取了系统的实施大模型和RPA的推进对策：

1）自动化数据收集与分析上，训练的大模型实现了处理大量数据能力，并可以识别潜在的风险因素。企业J结合RPA技术，自动收集相关数据，将其输入大模型进行分析，实现了实时监控企业的合规状态，及时发现并纠正不合规行为。

2）标准化合规流程上，将RPA技术按照遵循预定义的规则和工作流标准化合规程序，减少了人工操作带来的差异和低效。企业J借助大模型学习标准化流程，进一步提高了在流程层面的准确性和执行效率。

3）实时监控与报告上，通过持续监控和分析多个系统和应用中的数据，RPA使企业

J能够进行实时的合规监控。从大模型应用数据中提取有用信息，快速发现合规偏差或异常，从而采取相应的纠正措施。此外，RPA还可以自动生成针对企业J有用的合规报告，提高企业报告的准确性和时效性。

4）改善审计轨迹和文档记录上，通过RPA自动收集和记录机器人完成的每一步操作，为合规活动提供清晰的记录。这样能简化审计流程，确保监管合规，并提供有力的证据，以应对企业面临的潜在的合规风险。

5）应对监管变化上，系统结合RPA具有的可扩展性和灵活性，快速调整规则集和流程，以适应企业内部按照市场要求变化的合规要求。企业J结合大模型的学习能力，在短时间内掌握了新的监管要求，并将其应用于实际业务。

（二）智能化合规的生产安全与风控引擎

企业推动的数字化赋能模式下，通过数字方式实现的内容生产具有巨大的效率和便利性，但使用不当也具有巨大的危害性，必须将安全生产放在第一高度。数字方式实现的内容生产上，类似AIGC生产安全主要分为模型层安全、系统级安全两个方面。

第一，模型层安全，通过对训练、微调及推理阶段介入提升安全性。

1）模型训练。使用高质量的数据进行训练提高模型安全质量。

2）模型微调。采用监督式人工反馈安全微调，对齐人类价值观。

3）模型推理。包括对prompt的安全性过滤、输出内容的安全性过滤。

第二，系统级安全，通过敏感词过滤、授权管理和自动审计等方面提升系统使用安全。

1）敏感词过滤。区分三级敏感词进行过滤和提醒，确保内容生产安全。国家级敏感词：涉黄赌毒、涉政、暴恐等；平台级敏感词：广告法违规词、涉嫌欺诈、诱导等禁用词；企业级敏感词：企业可自定义。

2）权限管理及安全生产流程。审核流程管理：管理员可设置审核流程，可设置内容生成前置、后置审核；审核人员管理：可设置各内容层级审核员、授权级别；授权级别管理：可设置各级授权认证方式，如短信认证、人脸认证。

3）自动系统审计。完整可追踪的系统生产日志，做到内容生产全程可追踪，确保谁生产、谁授权、谁负责。

实时风控引擎上，实时风控引擎是一款基于设备指纹、流计算等先进技术，实现毫秒级决策的风险防控产品，为互联网等各种场景下的业务反欺诈和信用风控管理提供一站式全流程的自动化决策服务。通过配置可视化的方式让业务人员能够简单高效地配置出不同场景、不同风险下的风险防控策略，同时支持与模型、数据的对接，通过离线分析实现自我演进，更好地适应业务风险的变化。

实时风控实现云上的端到端风控体系，其依托科技赋能发挥核心优势。核心优势体现在：可视化策略和实时数据融合平台。可视化策略方面，在不同场景需求时，配置风险决策流程，包括规则引擎、决策流、模型管理；精确简洁描述复杂逻辑，维护策略信息，实现数据可视、数据安全、数据分析，系统植入多维可视化引擎。实时数据融合平台方面，连接、转换各种多源异构数据，实时数据交换与共享；用于策略调优，协同线上线下数据实时联动、历史数据或自定义数据三种数据源实时联动；实时指标计算，实现风控数据聚合、分析、处理，得到可进一步使用的特征。

第六节 本章小结

本章介绍了通过企业合规数据信息库建设，达成合规数据库与数字底座协同；通过合规数据库的系统建设，系统梳理经营活动合规风险，实现企业合规风险源排查，从而锁定企业重大合规风险源。

通过构建全面的企业合规数据信息库并与企业大模型及小模型融合方式，持续为企业后续的合规风险预判和预警做好系统的落地安排，借助企业在大模型和小模型层面的应用，推动企业数据角色权限管理，协同应用其他技术进行数据安全防护，防止数据遗失、泄密、不当使用或完整性受损，为企业提高合规管理效率落实数据合规的节点基础。借助合规数据的挖掘沉淀，为智能化提高企业合规管理效率提供数据基础。

第七章
企业风控合规模型标准化建设

企业合规模型建设的中心目标是：在以上企业合规数据信息库的基础上，进一步构建合规规则库、合规知识库、风险指标库、风险识别库等，通过不断结合合规制度和合规实践需要，建设企业合规风险智能监测模型，为识别、防范和化解合规风险提供技术支撑。

企业风控合规模型建设的技术方案涉及：第一，云数据中心。硬件扩容，相关软件授权及整体云平台扩容及适应性调整。第二，网络安全治理体系。启动数字化资产测绘与风险管理系统、接入安全管理管理平台和数据备份与数据安全项目建设；完成终端管理和云安全资源池建设项目建设。第三，数据中台升级和数据治理。开展人资、财务、物资管理主题域，以及生产数据域的数据治理实施。第四，通用业务中台。文档中心。第五，技术中台。物联网、边缘计算。借助这些技术方案的输出，实现企业的合规模型落地。

第一节　数智化合规模型合规库建设

企业按照平台融合共享的逻辑模式实现风控中心的融合植入，将风控核心的功能模块植入平台融合的共享模块，提高风控合规五项职能化的平台效率。

数字化转型下的企业管理，充分发挥管理融合职能，将业务的各个风险防控点进行模块化分拆，整体的业务流的形成过程要穿插进风险应对策略，深度挖掘不同业务的切实需求，在管理融合协同中，针对业务流程节点问题进行优化。将管理、财务业务、风险控制有机融合，针对业务流程进行优化，提升内部控制管控效率，改善管理过程中的风控协同效果。企业针对风控运营模块彻底融入企业整体内部打通和协同外部融合过程，系统提升顶层规划设计落地的有效性。

企业智慧风控融合一体化技术支持平台如图 7-1 所示。

第七章 企业风控合规模型标准化建设

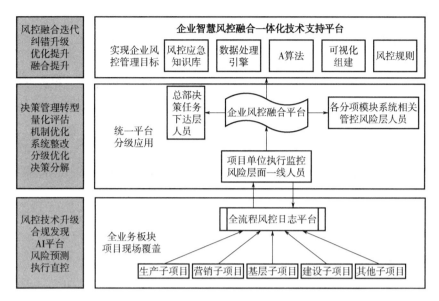

图 7-1 企业智慧风控融合一体化技术支持平台

资料来源：《老板必知的十大风控合规工具》

一、数智化合规模型信息库建设

（一）风控合规模型的智能特征赋能建设

风控合规模型的智能特征赋能建设主要包括如下三方面内容。

（1）智能合规系统的平台化建设

平台化的核心在于创造一个可以共享资源、数据和价值的生态系统，实现共赢。平台化合规模型落地上：①实现平台的开放性。借助 API，基于平台开发新的应用和服务。②实现平台的网络效应。随着用户和参与者的增加，使平台的价值不断增长。③实现平台的生态系统构建。平台作为一个交易场所，还提供了系统的促进创新、合作和社区发展的环境。

（2）智能合规系统的数字化建设

数字化将传统的业务流程、产品或服务转化为数字形式，以便通过数字技术进行管理和优化。使用软件、硬件和网络技术提高效率、降低成本、增强用户体验。流程自动化、数据驱动决策、客户体验优化。以此方式，实现便捷、个性化的服务。

（3）智能合规系统的智能化建设

在数字化的基础上，通过引入人工智能（AI）、机器学习等先进技术，使企业实现更高层次的自动化和智能化决策。通过模拟人类智能，让机器能够自主学习、分析和解决问题。这不仅提高了生产和服务的效率，还为企业带来了新的商业模式和增长点。例如，智能客服系统能够通过自然语言处理（NLP）技术理解用户需求，提供即时服务；智能制造则通过自动化和机器人技术，实现生产过程的优化和智能化。数智化实现合规模型建设融合上，尤其是融合大模型方式，特点包括：

1）内容生成和理解能力。大语言模型具备强大的内容生成能力。根据给定的上下文或主题生成连贯、相关且富有创意的文本，包括撰写文章、生成报告、创作诗歌和故事等。

2）自然语言的交互形式。大语言模型支持自然语言的交互形式。用户可以像与真人对话一样与模型交流，无须学习特定的命令或代码，只要用日常语言提出问题或请求，模型就能理解并做出回应。

3）个性化服务。大语言模型能够通过分析用户的交互历史和偏好，提供个性化的服务。在推荐系统领域，模型可以根据用户的兴趣和行为模式推荐相关内容；在用户服务中，模型可以记住用户的特定需求和偏好，提供更加贴心的帮助。

4）强自动化能力。大语言模型的强自动化能力体现在其能够自动执行多种任务、减少人工干预。在文本生成、内容审核、语言翻译等领域，模型可以快速、准确地完成任务，提高工作效率。

（二）风控合规模型的数字化合规平台建设

企业合规管理的现代化水平和效率提升离不开信息技术的支持，而搭建一个集成的数字化合规平台是实现合规数据集中管理、风险监控和报告的关键。这样的平台不仅能够提高合规工作的透明度和效率，还能够为企业的决策提供数据驱动的洞察。

首先，数字化合规平台的设计应基于企业的具体需求和合规目标。

1）平台应能够整合来自不同部门和业务流程的数据，这些数据的整合是实现全面合规监控的基础。

2）平台的数据整合功能应包括数据清洗、标准化和关联性分析，以确保数据的质量和一致性。通过这些功能，平台能够自动识别数据中的异常模式和潜在的合规风险，从而为合规团队提供及时的预警。

3）数据分析是平台的另一个核心功能。平台应利用先进的数据分析技术，如机器学习和人工智能（AI）处理大量的合规数据。

4）可视化功能是平台的另一个重要组成部分。通过图表、图形和仪表板，平台能够直观地展示合规数据和分析结果，使合规团队和决策者能够快速理解复杂的数据信息。

5）平台还应具备强大的报告功能，能够生成定制化的合规报告，满足内部审计、外部监管和业务决策的需求。这些报告应能够清晰地展示企业的合规状态，包括合规风险的分布、合规控制措施的有效性及合规改进的进展。

其次，为了确保平台的安全性和可靠性，应采取一系列技术措施，如数据加密、访问控制和定期备份。此外，平台还应符合相关的数据保护法律法规。

平台的维护和升级也是企业需要考虑的重要方面。随着法律法规的变化和技术的发展,平台应能够灵活地适应这些变化,确保其始终处于最佳状态。

最后,应建立一个持续的培训和支持机制,确保所有用户都能充分利用平台的功能,包括定期的用户培训、在线帮助文档和技术支持。

(三) 风控合规模型的风险指标规则库建设

企业运用关键风险指标有如下优势:①可视化方式配置,业务人员可操作,减少数字化人员介入,大大提高效率;②能够创建预置风险指标规则库;③能够内置数据标准,与业务数据解耦。

对于关键风险指标,在移动端,企业可以针对模块设计包括合规宣导与培训的智能机器人和管理驾驶舱、工作台组件化配置。在流程管控端,协同推动平台提供流程引擎,实现流程配置可视化、流程节点可灵活调整、审批人可灵活配置、节点事件触发可按需配置、流程过程可追溯等效果。

合规检查的模块设计实现合规事项外规内化。外规和内规收口管理,分解合规事项和检查点,便于溯源跟踪;实现合规检查全生命周期管理。对检查项目分类、分角色进行检查和跟踪,对项目进度进行实时监控,支持问题发现和整改闭环。

具体合规检查上,企业的实施步骤如图 7-2 所示。

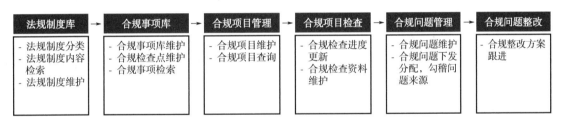

图 7-2 合规检查

企业针对模型功能性实现和风险合规的全周期管控,细化各个风控节点和合规要求的相关内容,分别是投诉渠道管理、投诉事项全流程管理、投诉统计分析与报告、投诉监管报送、风险合规考核评价如图 7-3 所示,在模型建设中,需要系统结合如下五个方面的设计:①事项的渠道管理。②事项全流程管理。③统计分析报告。④事项监管报送。⑤风险考核评价。

具体的损失数据收集模块设计流程上,模型的模块推动步骤如下:

第一步:收集存储数据。可以通过如下方式收集存储数据:①通过模板收集。可按需定义收集模板,对通过模板播报的数据进行预校验,确保数据的逻辑正确。②通过在线表单收集。可推送在线表单到多端,各业务部门各相关人员及时填报,提高收集效率。③通过 API 结构抓取数据。通过 API 自动获取风险事件单,实现自动化收集。

第二步,生成损失报告,通过平台的自定义模板完成报告定义。

第三步,通过平台的页面组件进行可视化展示,通过平台对接 BI 进行分析。

第四步,通过平台的消息中心完成提醒,进行动态监测。

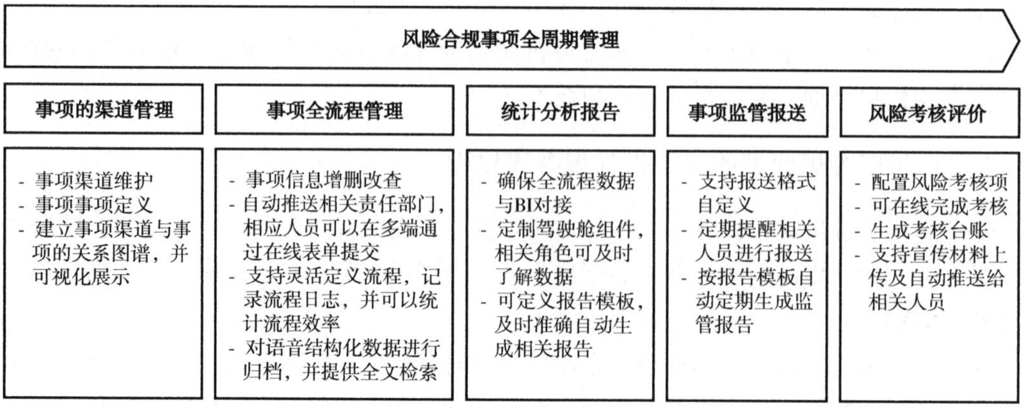

风险合规事项全周期管理				
事项的渠道管理	事项全流程管理	统计分析报告	事项监管报送	风险考核评价
- 事项渠道维护 - 事项事项定义 - 建立事项渠道与事项的关系图谱，并可视化展示	- 事项信息增删改查 - 自动推送相关责任部门，相应人员可以在多端通过在线表单提交 - 支持灵活定义流程，记录流程日志，并可以统计流程效率 - 对语音结构化数据进行归档，并提供全文检索	- 确保全流程数据与BI对接 - 定制驾驶舱组件，相关角色可及时了解数据 - 可定义报告模板，及时准确自动生成相关报告	- 支持报送格式自定义 - 定期提醒相关人员进行报送 - 按报告模板自动定期生成监管报告	- 配置风险考核项 - 可在线完成考核 - 生成考核台账 - 支持宣传材料上传及自动推送给相关人员

图 7-3　风险投诉管理

针对实现的功能的具体模块设计，采取的措施和步骤如下：

第一步，在授权管理方面，企业将基本授权、特殊授权全流程管理，设置不相容岗位权限制约机制，通过平台的流程模型完成流程配置、跟踪、分析、追溯等。

第二步，在权限台账方面，企业通过平台的数据中心制定归档策略，分类归档。

第三步，在授权有效期管理方面，企业通过平台的消息完成提醒，自动提醒授权有效期，在有效期到期时推送业务系统。

第四步，在业务系统调用方面，企业通过平台的 API 结构完成开放接口给业务系统。

第五步，在权限审计方面，企业通过平台的指标规则中心配置完成权限风险模型设置。

风险投诉工作的模块设计上，重点设计思路如下：促进收集举报渠道的多样化、便捷化，支持计算机和移动端实时在线提交；排查计划要做到可追溯、能自动催办，并可以生成排查计划情况报告，重大案件可以实时预警。

企业的案防工作应具有匿名举报，排查计划，案防信息收集、上报，自评估台账，警示发布等关键功能。

1）在匿名举报的功能上，解决方案是平台可支持多端在线表单提交，也支持附件形式上传。

2）在排查计划功能上，解决方案是平台需支持计划修订、调整、审批，审批流程可通过平台的工作流配置完成。

3）在案防信息收集、上报功能上，解决方案是平台可支持多端在线表单提交，也支持附件形式上传。

4）在自评估台账功能上，解决方案是通过平台的可视化组件功能完成，同时满足管理上对不同角色拥有不同查看权限的要求。

5）在警示发布功能上，解决方案是通过平台的消息中心定制消息、预警内容。

二、业务场景和规则指标模型驱动

企业通过业务场景和规则指标模型驱动,以灵活可配置为基础,以输出数据价值为导向,从业务风险场景出发,结合数字化能力建设全生命周期治理体系。一方面,建立健全数据产生、采集、清洗、整合、分析和应用的全生命周期治理体系,完善数据标准、规则、组织、技术、模型,激活数据价值;另一方面,抽象沉淀风险合规模型,结合内外部数据源和人工智能算法,科学及时有效地识别风险,并结合企业的流程和信息化环境,形成风险的预警和闭环管理及应对整改。通过灵活配置风险指标KPI,提高业务的效率和可控性。主要通过以下方法使经验变算法形成"数据-信息-知识-行动-智慧"循环闭环及针对循环闭环的风控合规治理闭环:①通过数据治理,使数据变成资产;②聚集数据分析,使分析变成决策;③提供数据服务,使数据产品化;④重塑数字逻辑。

(一)五位一体的集成方案

首先是关于内置指标规则模板、报告模板引擎。按照风险场景预置多领域指标规则模板,可以节省大量的调研和配置时间;平台支持设置报告模板,系统定时生成内外部所需报告,可确保报告的及时性及准确性。在可配置管理驾驶舱/风险看板/工作台方面,可以按照不同管理需求、不同权限要求、个人工作习惯设置管理驾驶舱、风险看板、个人工作台,还可以通过API输出数据价值,因为风险事件、预警等通过API对外开放,各业务系统可按需调取,能够为事前决策、事中拦截、事后审计提供强有力的支持。

其次是关于三方数据集成。企业具有与提供企业风险数据的外部官网或权威程序的集成能力,同时也具有与提供法律法规信息的三方数据提供商的集成能力。通过开放API完成数据及内部系统集成;平台提供业界标准的开放接口并集成成熟工具,在线数据导入支持全量及增量,线下数据上传支持格式及必要逻辑验证。

(二)全过程风控场景赋能的一体化融合

借助业财一体化的融合,通过合规模型建设,实现战略财务、共享财务、业务财务转型升级的同时,实现与风控融合进阶。在风控合规模型建设上,进行顶层设计,决策支持,提供专业解决方案。针对财务的数字化思维赋能,实现财务数字颗粒度与经营协同,并结合风控合规的融合要求,解决企业管理层针对数据分析可视化的结果呈现。

一方面,通过模型建设,针对不同经营决策场景下的财务管理模型和预期运营数据结果提供数据支持服务;另一方面,通过数据流转(数据存储、计算、转发),基于数据流转规则将设备数据转发至数据存储服务、分布式消息服务,实现财务模型的计算及方案细化,同步实现场景联动(云边智能协同),可视化配置方式定义设备、应用、物联平台之间的联动规则实现自动化的业务逻辑编程,通过系统校验实现可行性的顶层设计阶段的前端验证。

知识能力重塑的业财融合演进与风控融合进阶如图 7-4 所示。

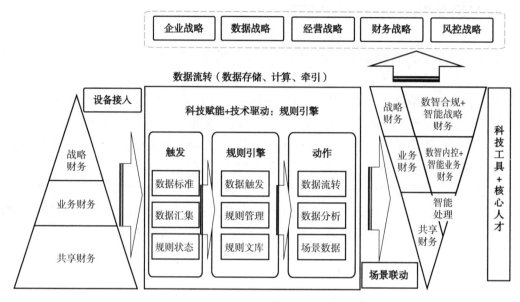

图 7-4　知识能力重塑的业财融合演进与风控融合进阶

第二节　数智化合规模型治理体系建设

通过细化风险报告机制、细分风险类别、量化报送等级，并根据合规风险类型制定和选择合规风险应对设计技术实施方案。

一、企业风控合规模型的安全治理建设

针对企业风控合规模型的建设要求，一般需要建立企业统一的合规安全治理体系，包括：①建立安全态势感知机制，保证数据安全和备份恢复，对数字化资产进行管理。②健全信息安全运营保障手段，系统建设企业统一的信息安全保障体系。针对行业要求，完善安全运营指标体系，推进安全漏洞、事件等流程数字化、规范化。③企业基于数据中台，横向拉通漏洞、事件等安全运营流程，以数字化手段，推动安全事件、漏洞、风险等闭环管理能力提升。④加强数据合规性管理，加强数据安全合规性评估。⑤建立数据质量闭环提升机制，推进分等级、分阶段、分场景的数据合规建设和核心数据备份建设，系统强化风控合规融合的运营基础环境。

基于五位一体风控逻辑的企业网络治理体系建设如图 7-5 所示。

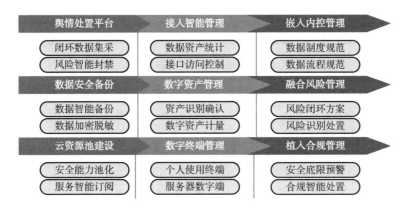

图 7-5　基于五位一体风控逻辑的企业网络治理体系建设

二、企业风险智能识别模型建设

在风险识别阶段，风险知识服务可以通过风险领域知识图谱直观地向用户对象展现风险知识的组织层次、结构及企业的风险关联性，促进风险知识的关联关系与路径的挖掘和共享。

通过对风险知识和风险要素的智能分析，使用知识图谱展示风险事件的演化过程和动态演化规律，把控风险要素的传播和风险危机事件的实时发展态势。

将规则推理与案例推理相结合，构建由规则知识库、案例知识库、推理机、学习机等组成的面向突发事件的知识服务模型。

企业风险信息共享是在风险管理过程中把分散在不同部门和项目中的风险数据形成统一、可重复使用的风险管理知识，能够提高风险数据的高效利用。

收集企业风险管理与内部控制相关的数据，包括内部数据库的数据、风险案例数据及互联网相关数据等。

（一）企业风险评价与预警模型

企业风险动态管理要求对企业日常经营活动的各个环节、不同资源、各种要素、各种流程中可能出现的风险实施动态的评估、控制和管理。根据自身的战略目标和瞬息多变的环境等要素，提出阶段性目标，并通过实时监测掌握真实数据与目标数据之间的偏差，进行风险评估、确定风险级别、甄别风险源，采取相应的风险管理措施进行风险管理，以保证数据指标等在企业的风险弹性范围内，使整个企业系统处于较为稳定的均衡发展状态，从而确保战略目标的实现。

企业风险评价与预警过程如图 7-6 所示。

企业风险预警系统主要包括预警指标选取、预警指标测度、预警模型构建、风险信息预报四部分，风险预警流程如图 7-7 所示。

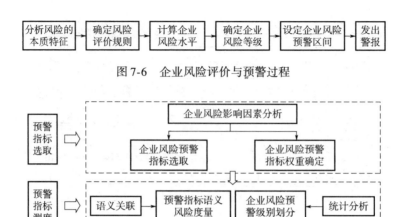

图 7-6　企业风险评价与预警过程

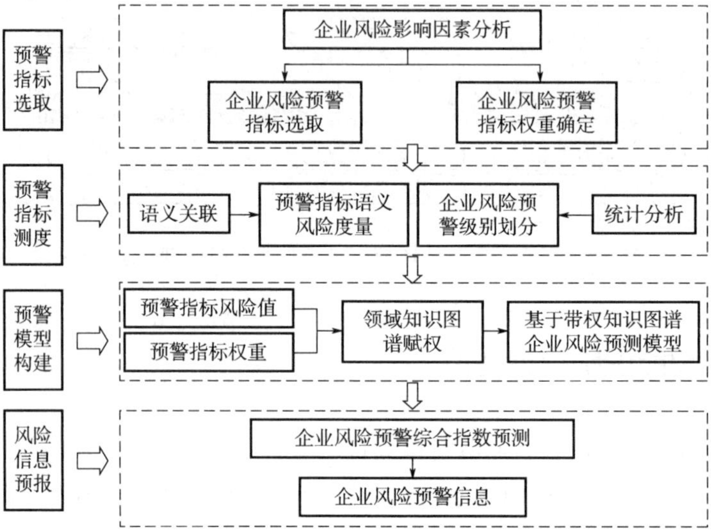

图 7-7　企业风险预警流程图

（二）企业合规风险对策模型

企业风险信息的动态、异构、突发性及复杂性特点，将知识图谱、案例推理与案例研究等综合方法相结合，为风险管理知识服务模型提供支持方法。

通过对当前风险事件的实时发展态势进行风险后果和发生概率的预测和评估，提供可参考的风险动态管理的解决方案，以辅助管理人员进行风险决策。

风险矩阵和风险后果矩阵如图 7-8 所示。

程度	社会影响	经济性	安全性
1.0	极大	≥1000万元	≥10人死亡
0.9	很大	≥500万元	≥5人死亡
0.8	较大	≥100万元	≥3人死亡
0.7	严重	≥50万元	≥2人死亡
0.6	大	≥20万元	≥1人死亡
0.5	中等	=20万元	工伤致残
0.4	较小	≤10万元	轻伤误工
0.3	小	≤5万元	轻伤医疗
0.2	很小	≤1万元	较多隐患
0.1	极小	≤0.1万元	较少隐患

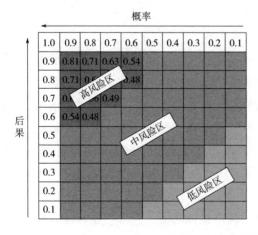

图 7-8　风险矩阵和风险后果矩阵

在风险对策阶段，企业风险知识服务能够通过抽取当前风险事件的风险要素知识，与风险知识库的历史案例匹配，并筛选出相似度最高的风险案例，生成风险预控方案，并提供给决策者。基于案例和推理的风险预控方案如图 7-9 所示。

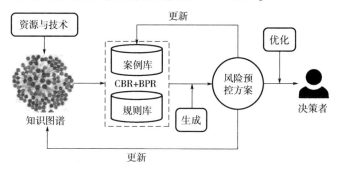

图 7-9　基于案例和推理的风险预控方案

风险处理是否妥当需要对风险处理进行跟踪和评价，并保存到案例数据库存档。企业风险处置流程如图 7-10 所示。

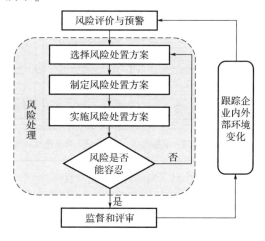

图 7-10　企业风险处置流程

第三节　数智化合规模型应用规则建设

在企业合规管理的动态过程中，定期评估合规风险并据此调整合规策略和措施是确保企业始终符合法律法规要求的关键。这种持续的评估和迭代过程要求企业建立一个系统化的合规风险管理框架，该框架应包括风险识别、评估、监控和响应等多个环节。

首先，应建立一个合规风险识别机制，该机制应能够从内部和外部环境中识别出可能影响企业合规性的各种因素。

其次，基于风险评估的结果，应制定相应的合规策略和措施，以降低风险的影响和发生的概率。这些策略和措施可能包括流程优化、政策制定、技术解决方案和员工培训等。

在风险监控的过程中，应收集和分析相关数据，以验证合规策略和措施的有效性。这些数据可能包括合规培训的参与率、合规报告的提交情况、审计发现的问题数量及合规风险的减少情况。

最后，企业应定期对合规风险管理框架进行审查和更新，包括对合规政策的修订、对风险评估方法的优化及对合规培训和监控工具的升级。企业应根据外部环境的变化和内部经验的积累，不断调整和完善其合规风险管理策略。

一、基于风控合规设计的全域网络建设

首先，为企业提供统一互联网出口，提升数据传输合规要求之下的安全性、可靠性和稳定性，减少企业互联网暴露面。

网络升级改造项目如图7-11所示。

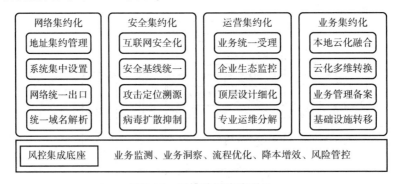

图7-11 网络升级改造项目

1）网络集约化。分支独立出口向全国集中转变。以出口大带宽为基础，收敛所属企业内外网，统一域名解析，增强网络可靠性。

2）安全集约化。分布式安全向总分结合转变。减少互联网暴露面，有利于快速定位攻击源、有效抑制网内病毒、增强网络健壮性。

3）运营集约化。分支运营向集中运营转变。全网业务统一受理，监控由企业本部延伸至企业各级下属分/子企业，将本部专业化运维能力通过统一平台下沉。

4）业务集约化。分布式建设向集中式建设转变。网络及安全资源实现集约化，按需定制，整体可控，实现安全能力、网络资源、计算资源全集约。

其次，统一运维体系建设。建设数字化运维体系，包含技术支持的三级运维架构、客户服务支持、基础架构、系统和应用的监控与运维，为数字化转型应用提供弹性、稳定、可靠的运维支撑。风控合规模型的统一运维体系建设如图7-12所示。

如图7-13所示，借助数字化运维平台提升企业运维效率，包含配置管理平台、采集平台、监控中心、运维数据库、智能分析、自动运维管理、运维服务管理、可视化、企业门户和工作台。

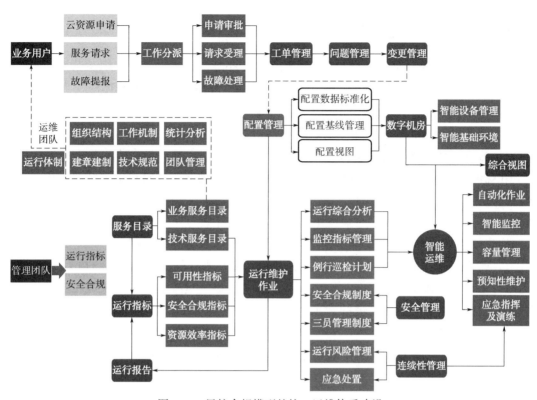

图 7-12 风控合规模型的统一运维体系建设

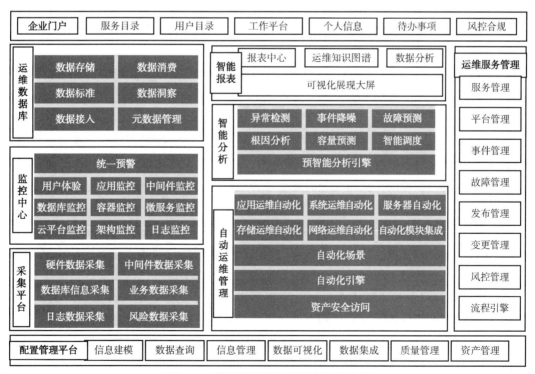

图 7-13 数字化运维平台提升运维效率

(一) 合规模型的运维体系建设

在企业合规模型标准化建设目标下,构建用于指导、计划、监督组织运营活动实施价值化的风控合规运营管理的体系,具体包括模型设计体系、流程管理体系、人员组织体系、管理制度体系、指标度量体系和工具支撑体系。

1) 模型设计体系层面,明确合规模型的建设运维管理的定位及目标。

2) 流程管理体系层面,以风控合规的落地需求为出发点,以合规模型有效建设系统产生合规价值为导向,建立运维相关合规落地业务的价值流,并将价值流细化为可以落地执行的流程,系统规范合规执行。

3) 人员组织体系层面,企业以用户需求和用户价值为导向构建合规价值流和流程体系,构建或定义与之相匹配的人员组织体系。

4) 管理制度体系层面,企业明确具体的执行中需要有很多约定规则和相关约束。

5) 工具支撑体系层面,企业使用数字化的手段提升运维的效率、获取相关的过程数据,辅助管理决策和持续改进的数据,涵盖所有的监控工具及与合规模型融合的各类工具。

6) 指标度量体系层面,企业做好用于评价和检查各项管理指标是否达到运维目标的量化手段。

(二) 合规运维管理模型建设

企业为系统推动数智化合规运维模型,针对运维的功能做系统的设计与规划,需要涵盖的具体内容如下:

1) 资产配置管理库层面。配置管理涵盖所有的 IT 资源,包括各种软件、硬件资产、应用、业务单位、人员等均可被识别为配置项并存储在配置管理数据库,能确保配置项的完整性和精准性。

2) 监控管理中心层面。实现对各类资源和各种业务的监控管理需求,企业云平台管理系统提供了强大的系统与应用监控管理能力,可以对不同的业务系统、应用和网络服务,进行远程监控和管理,从而充分满足企业合规管理人员对各种关键业务和数据中心的监控管理需求。

3) 数智化合规服务工作台层面。建立完整的模型管理的运维管理体系,包括事件管理、问题管理、变更管理、知识库、资产管理、配置管理及合规底座建设,并通过工作台将以上内容关联,通过工作台记录、解决和监控服务运作全过程。

4) 数智化合规服务运维作业层面。实现脚本和系统变量等全局性参数的统一管理,周期性任务及触发性任务通过关联脚本并触发任务策略,实现脚本的自动化执行。

5) 数智化合规服务任务调度层面。针对周期性任务,设置定时触发策略,并支持执行脚本的关联、执行任务的启用与禁用程序、执行结果的确认等。

6) 数智化合规服务智能诊断层面。支持全量数据的统一接入与管理,构建智能运维体系的基础数据仓库。内置分析算法，对相关的指标、告警及数据进行比对，实现故障智能定位。

7）数智化合规服务运维分析层面。多维度报表分析包括可用性报表、性能报表、分析报表、趋势报表、综合报表等多种报表。

智能化合规运维平台模型如图 7-14 所示。

图 7-14　智能化合规运维管理平台模型

运维管理模型建设层面，针对平台收集到的预警信息，需要实现预警信息人工或自动化推送到自动化运维平台。智能化合规风控集成模型如图 7-15 所示。

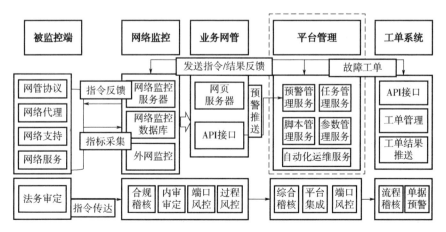

图 7-15　智能化合规风控集成模型

(三) 合规研发管理模型

构建合规的研发管理模型体系，系统整合需求管理系统、应用管理系统、研发平台、测试平台、运维平台、源码管理工具、缺陷管理工具、文档管理等工具平台，对体系中的系统、技术组件、组织结构、信息流动、控制机制等进行系统分析和设计，实现人和信息的持续反馈与协调。合规研发管理建设模型如图7-16所示。

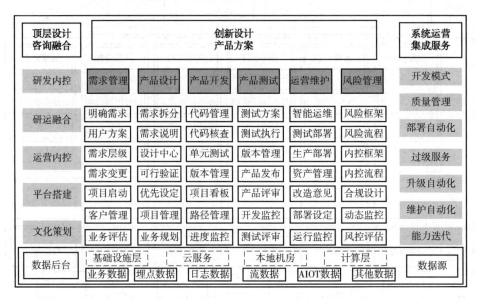

图7-16 合规研发管理建设模型

合规的统一项目管理包括如下四个管理细节：

1）合规的项目管理，围绕合规的落地服务交付等特定目标，组织相应人力资源进行协作。

2）合规的持续运营与功能拓展和升级的持续交付，具体包括如下四个方面需要在模型设计层面做好规划：①应用在主机、容器部署相关配置；②多种方式代码扫描，扫描问题反馈；③主机构建环境为基础构建环境配置；④开发、测试、验收等环境配置。

3）合规的第三方系统对接，集成智能运维管理平台，监控自动配置，资源自动推送、安全审计自动配置等功能。

4）合规的分支管理，查看分支变更历史和分支对应版本等功能是否完善。

二、企业风控合规模型的数据与运营融合建设

共享中心建设要以企业大数据为目标，大共享带来大数据。由科技引领的企业端信息技术革命，也在不断推动企业商业模式改变。业务功能拓展引发后台支持系统架构基本面改变。在以多元创新业务为支持起点的过程中，既需要关注业务的协同与融合，也要关注

基于互联网化重构的协同与融合。具体如下：

1）企业的基础业务层面。企业的基础业务不断实现连锁管理规范化。针对不同管理的模块独立主体进行精细化经营，实现企业的供应链管理、品类管理、销售链管理、财务辅助管理的融合互通，提升传统和基础业务的降本增效、提质增收等。

2）企业的创新业务层面。企业一方面需要结合自身商业模式的创新，打通电商模式，实现线上线下一体化运营模式；另一方面需要通过响应市场全渠道需求，建立线上线下一体化运营体制。在这个过程中，建立以客户为中心的数字化为基础，实现企业的全业务环节线上线下一体化。

风控合规的融合建设模型如图 7-17 所示。

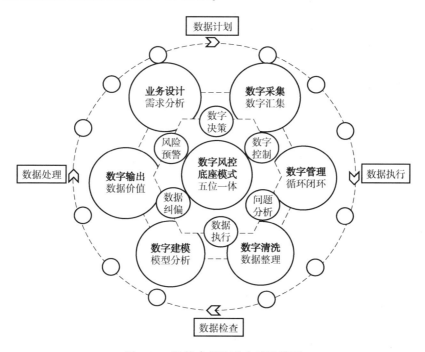

图 7-17 风控合规的融合建设模型

一般而言，企业推动数智化转型实施过程中需要做好有关融合与落地设计。

第一，企业管理层需要解决传统流程嵌入新的科技技术的嫁接模式的可行性，确保企业在数智化转型的过程中业务模式与合规节点嵌入的动态性和可实现性、数智化转型的降本增效，也需要实现企业的合规融合的有效性。

第二，企业管理层和实施人员存在设计的全局性与实施的局部性的推进与协同，实现从点看面、协同推动的目的。

企业数字化转型面临革命性变革的系统推动，推动企业整体商业模式变革，需要推动流程再造。通过流程再造模式可以系统提升软实力、业务洞察力，推动培育懂管理、懂技术、懂科技的数字运营人才和跨界复合型人才。

企业推动全价值链业务流程优化全流程过程中，需要针对客户价值的业务流程梳理和优化，业务流程达到数智化落地的要求。借助数字化的科技赋能，融合业务与管理，打破企业内部管理层级、管理部门、各级流程、业务执行等障碍，形成基于数据底座的底层流程协同贯通。

数智化合规模型的路径设计如图 7-18 所示。

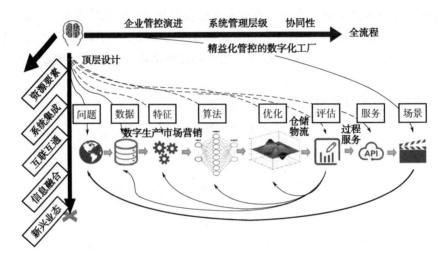

图 7-18　数智化合规模型的路径设计

推动企业数智化赋能，改善企业绩效，企业需要系统推动业务流程重塑工作，包括以推动精益管理工作为前提，之后在此基础上推动数智化工作。

数智化助力精益管理持续升级，有多少智能就有多少人工提前梳理。将功能重点放在过程控制，将标准作业、查错防弊等精益理论融入，强调一次把事情做对。基于云计算更强大的数据分析要求，分类汇总大数据，为云平台管理提供基础数据。

数智化合规模型的流程建设如图 7-19 所示。

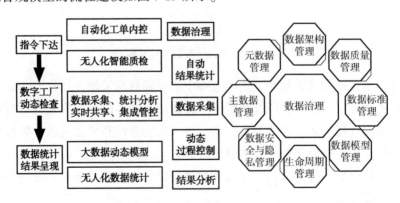

图 7-19　数智化合规模型的流程建设

企业推动风控合规数智化转型的重点在于：前端解决了技术重塑，也就是业务端的数智化问题，通过数字业务化模式获取经过确认的完整而准确的数据，从而系统借助数据决策。

数智化合规模型的实时运维建设如图 7-20 所示，数智化合规模型的数字化技术融合建设如图 7-21 所示。

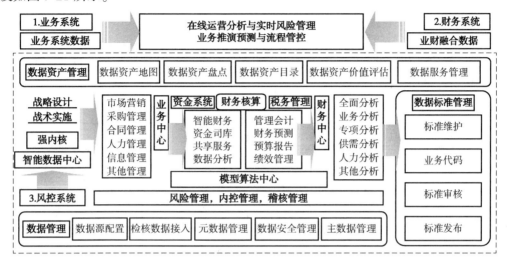

图 7-20　数智化合规模型的实时运维建设

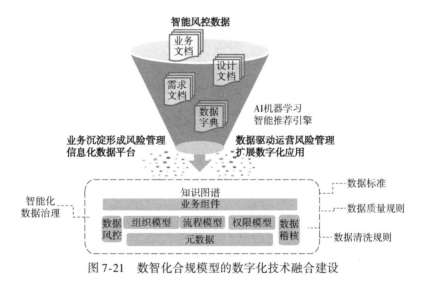

图 7-21　数智化合规模型的数字化技术融合建设

第四节　数智化合规模型量化系统建设

针对合规业务流程涉及的数据属于复杂高维，或具有一定时序关联性的（不易于用规则描述的），可通过将相关数据进行（特征）向量化处理，并利用 AI 深度学习模型，如长短期记忆网络（Long Short-Term Memory，LSTM）模型进行学习训练，实现对合规风险的（分类）识别能力。

一、数据中台升级及数据治理

如图 7-22 所示，数据治理能力的整体建设包含数据中台升级替换、数据治理工作实施和数据应用的建设规划，数据中台的建设构建了企业对于管理域、生产域数据的全生命周期管理能力，数据治理工作实施保障企业的数据从数据资源到数据资产的转化，而数据应用的建设体现了数据的价值实现。

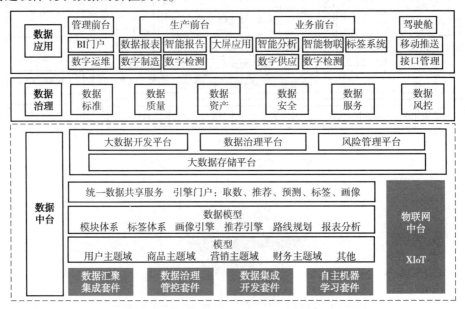

图 7-22 数据中台升级及数据治理

数据中台采用开源大数据框架，与数据填报系统、指标系统、BI 门户共同构建数据管理体系。

开源大数据框架在现有国家数据安全的背景下存在数据安全及持续服务的潜在风险，且整体技术架构无法实现数据统一存储、统一开发、统一治理、统一服务的需求，无法高效支持相关业务数据的价值实现。因此，企业需要对数据中台整体架构进行完善升级，基于已有经验，扩展内外部数据源，增加数据开发、数据资产管理、数据服务建设，丰富业务场景开发，将数据存储和开发纳入规范化、标准化、资产化的轨道，做到统一入口、统一出口、集中管理、高效服务，构建敏捷创新的数据中台。

升级后的数据中台架构如图 7-23、图 7-24 所示。

二、企业风控模型数据合规治理

企业数据治理是一个系统工程，需要统筹考虑、总体规划、逐步推进、分步实施。整体数据治理实施思路包含四个层次的要素：战略、机制、专题、实现。

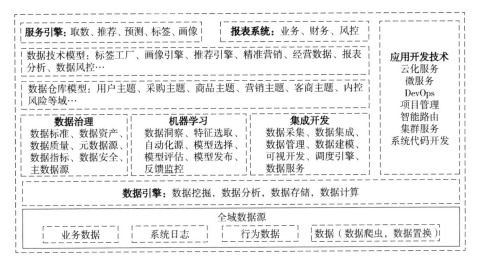

图 7-23　企业数智化合规数据中台模型建设

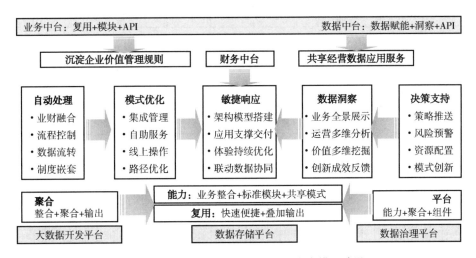

图 7-24　企业数智化合规赋能财务中台模型建设

数智化合规融合数据治理实施建设模型如图 7-25 所示。

企业数据治理体系规划包括现状分析与评估、数据治理体系设计、数据资产管理设计、数据治理路线实施规划、数据治理平台设计与实施、数据治理实施等方面。

1）组织体系层面。企业的数据资产管理组织架构可以分为三个层面，包括数据资产管理委员会、数据资产管理中心、数据业务部门、使用部门、支持部门及相关的企业外部数据单位。

2）健全制度体系层面。比照 DCMM 标准补全企业数据治理体系。企业针对模型建设上，补全制度规范，修订数据治理管理办法，进一步明确责任体系，完善治理框架，增补数据资产、标签模型、开放共享、数据架构管理办法，形成完整的数据治理管理办法体系；数据标准统一企业数据语言，构建企业数据标准体系。风控融合闭环内控制度与流程模型建设如图 7-26 所示。

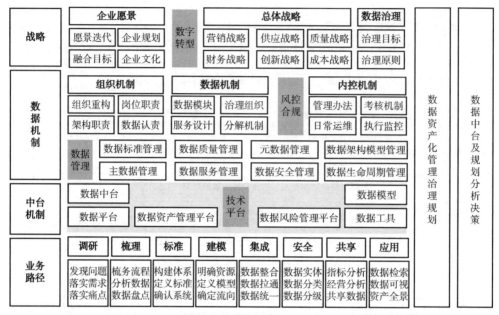

图 7-25 数智化合规融合数据治理实施建设模型

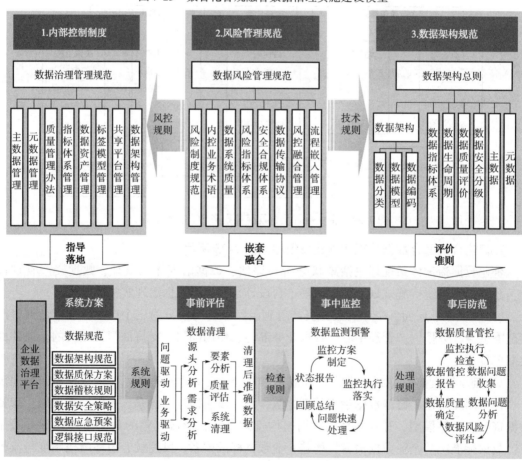

图 7-26 风控融合闭环内控制度与流程模型建设

3）数据运营流程层面。优化治理流程，重点优化和补全数据逻辑入湖、元数据管理、数据开放共享流程，构建数据治理流程体系；数据治理嵌入数据服务和系统建设各环节，确保数据高效、合规使用。

4）绩效管理层面。数据治理考核是保障数据治理制度落实的根本，是一种正式的员工评估制度，通过系统的方法、原理评定和测量企业员工在一段时间内数据治理相关的工作行为和工作效果，进一步激发员工的积极性和创造性，提高员工的数据治理责任心和基本素质。

5）质量体系层面。数据质量指数据的适用性，描述数据对业务和管理的满意度。数据质量主要指数据的准确性、及时性、完整性、唯一性、一致性、有效性六个方面。

6）安全体系层面。数据安全体系框架由3个维度构建而成，包括政策法规、技术层面和安全组织人员。数据安全治理体系框架在符合政策法规及标准规范的同时，需要在技术上实现对数据的实时监管，并配合经过规范培训的安全组织人员，构成数据安全治理整体架构的建设。

7）标准体系层面。数据标准是组织数据中的基准数据，为组织各个信息系统中的数据提供规范化、标准化的依据，是组织数据集成、共享的基础，是组织数据的重要组成部分，是对数据概念及其业务、管理与技术属性统一、规范的定义。

第五节　数智化合规模型数据链接建设

企业需要结合实际面临的不同类型风险，进行系统风险层面的梳理，面对时代变化和严峻的企业内外部形势，做好闭环逻辑的设计，就风控合规妥善构建"五位一体"监督机制，借助合规一体化的落地，实施动态分类授权，实现治理管理与流程优化融合，推进合规建设，实现合规和内控融合，加强内部审计监督，加快推进数字化转型，提升信息化管控水平，加强内控体系建设，完善责任体系。

一、智能合规重点模块

（一）法务管理合规模型建设

1. 合同合规

合同模块无论是在经营角度还是在合规角度都是非常重要的一个环节，也是容易出现风险的一个重灾区。为了规避合同上的风险，企业需要尽可能将合同固定化、通用化、模板化，形成电子合同，提升签约效率，并保证合同不被篡改。法务管理合规合同模型建设如图7-27所示。

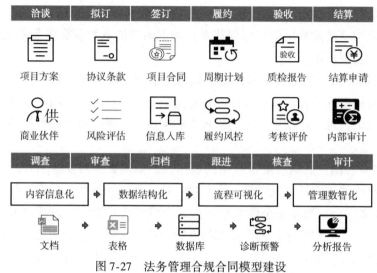

图 7-27 法务管理合规合同模型建设

要实现以上流程从信息结构化到管理数智化,离不开合同版式管理和电子章管理。合同版式管理是系统的基础,涉及合同模板的创建、存储、更新和使用,核心功能如下:

1)模板库建设。系统应提供一个集中的模板库,允许企业根据不同的业务需求和法律要求创建、存储和更新合同模板。

2)模板定制与版本控制。用户应能够根据具体需求定制合同模板,系统应支持模板的版本控制,记录每次修改的历史,确保合同内容的一致性和可追溯性。

3)条款管理。系统应包含一个服务条款库,用户可以轻松引用和管理合同中的标准条款。条款库应支持条款的分类和搜索,以便快速应用到合同中。

4)服务包配置。服务包是将相关服务条款和条件打包的工具,系统应支持服务包的创建和管理,简化合同起草过程。

电子章管理是确保合同签署合法性和安全性的关键部分,包括:

1)电子章生成与存储。系统应支持电子章的生成,包括公司公章、法人章等,并提供安全的存储环境。

2)盖章流程自动化。在合同签署过程中,系统应实现电子章的自动盖章功能,确保盖章过程的便捷性和合规性。

3)电子章使用记录。系统应记录电子章每次的使用情况,包括使用时间、使用人、合同信息等,以便审计和追踪。

对于合同的流程管理,企业需要明确合同和合规内容的负责人,并把这些负责人也融入合同的审批流程。签约流程管理涵盖合同从发起到签署的全过程,包括:

1)合同发起与审批。系统应支持合同的在线发起,提供多级审批流程,确保合同内容的合规性。

2)合同审核。在合同签署前,系统应提供详细的审核流程,支持人工审核和自动化审核,确保合同内容无误。

3）合同签署。系统应支持电子签名和时间戳，确保合同签署的合法性和不可篡改性。

4）合同归档。签署完成后，系统应自动将合同归档，支持电子归档和物理归档，确保合同文件的安全存储和便捷检索。

在合同签署完成后，还要注意合同的签后管理。这是指合同签署后的各项管理活动，确保合同的有效执行和监控。

1）续约管理。系统应提供续约提醒功能，自动跟踪合同到期日期，协助企业及时处理续约事宜。

2）合同履行跟踪。系统应支持合同履行情况的跟踪，记录合同的执行进度，处理合同变更、终止等事宜。

3）补充协议管理。对于需要修改的合同，系统应提供补充协议的创建和管理功能，确保合同内容的更新和合规。

4）合同出证。系统应支持合同证明文件的生成和管理，确保出证过程的合规性和安全性。

2. 知识产权合规

知识产权合规涉及两个方面：知识产权合规风险的识别、建立知识产权管理机制。

（1）知识产权合规风险的识别

知识产权的保护客体丰富多样，企业需要充分考虑自身经营活动、产品、服务与运营等方面的需求，识别经营过程中可能遇到的知识产权合规风险场景。根据不同场景下不合规所导致的相关后果确定风险等级，并在此基础上确定风险控制措施。

（2）建立知识产权管理机制

1）建立健全知识产权管理体系。制定完善的知识产权管理制度和流程，明确各部门的职责和分工，确保知识产权管理的规范化和标准化。

2）提高员工知识产权意识。通过培训、宣传等方式提高员工的知识产权意识和合规意识，加强员工对知识产权合规风险的认知和理解。

3）定期进行知识产权合规检查。定期对知识产权进行全面检查，及时发现和解决存在的合规风险。

4）加大知识产权维权力度。对于侵犯企业知识产权的行为，要积极采取维权措施，保护企业的合法权益。

5）建立知识产权风险预警机制。通过监测和分析相关数据，及时发现和预警可能存在的知识产权风险，为企业提供决策支持。

3. 招投标合规

在构建企业招投标合规管理系统时，项目招投标管理是两个核心部分，它们共同确保了招投标过程的合规性、效率和透明度。

（1）项目招标管理层面

项目招标管理是招投标流程的起点，涉及从项目立项到招标公告发布的全过程。这一部分的核心功能包括：

1）项目立项与规划。系统应支持项目立项的记录和规划，包括项目背景、目标、预算、时间表等关键信息。

2）招标条件设定。在招标前，系统应允许用户设定招标条件，如资质要求、技术标准、交付时间等。这些条件将作为评估投标者的重要依据。

3）招标文件编制。系统应提供工具支持招标文件的编制，包括招标公告、投标须知、合同条款等。

4）招标公告发布。系统应支持招标公告的发布，包括在企业网站、行业平台等多渠道传播。

5）审批流程管理。招标过程中的每一步都应经过严格的审批流程。系统应支持多级审批，确保招标活动的合规性。审批流程应透明，记录审批意见和决策过程。

6）合规审核。在招标条件和招标文件确定后，系统应进行合规性审核，确保所有内容符合相关法律法规。合规审核应包括对招标文件的详细检查，以及对招标流程的合规性评估。

7）招标公告管理。系统应提供招标公告的存档和管理功能，便于后续的查询和审计。公告管理应包括公告的版本控制和历史记录。

（2）项目投标管理层面

项目投标管理是招投标流程的另一端，涉及投标文件的提交、审核和评估。这一部分的核心功能包括：

1）投标文件提交。系统应支持投标者在线提交投标文件，包括商务标和技术标。提交过程应确保文件的完整性和安全性。

2）实名认证与资质认证。为了确保投标者的真实性和合规性，系统应提供实名认证和资质认证功能。这有助于筛选出合格的投标者，提高招标质量。

3）投标文件审核。系统应支持投标文件的审核流程，包括对投标文件的合规性、完整性和符合性进行评估。审核过程应透明，记录审核意见和结果。

4）评标过程管理。评标过程是决定中标者的关键环节。评标过程应公正、透明，确保评标结果的合法性。

5）异议处理。系统应提供异议处理流程，确保异议得到公正、及时的处理。

6）投标数据分析。系统应收集和分析投标数据，包括投标者的表现、投标价格趋势等。

7）投标文件管理。系统应提供投标文件的存档和管理功能，确保文件的安全存储和便捷检索。

（二）风险管理合规模型建设

1. 财税风险管理的合规模型

企业财税管理风险指由于企业财税制度不健全、内部组织架构不完善，或者企业财务工作人员缺乏职业经验或职业道德而引起的财务管理系统性失灵进而造成企业经济损失。

企业可以通过识别财税风险、采取适配的应对措施、构建管理体系，做好财税合规，降低财税风险发生的概率。

（1）财税风险的识别

导致财税风险发生的因素有企业内外部两方面。内部因素主要指企业财税管理制度、企业财务人员的专业化程度、财税管理决策机制等；外部因素主要包括国家财政和货币政策、会计准则等宏观因素。外部因素虽然对企业财税风险管理影响很大，但其具有不可控和不确定的属性，因此，财税合规更多关注企业内部因素。财税合规主要包括财务预算、成本控制、税务筹划、会计处理、资金收支等，企业应当建立财务管理制度实现财务控制，包括指定财务决策、编制财务预算、处理财务数据、财务审核等各财务管理环节。

从企业自身层面来看，财税风险包括未能准确理解、遵循税法规定而导致的少缴或多缴税款，税务筹划不当，税务报告和申报不准确、不及时等；或者因财务报告不准确、财务欺诈、资金管理不当导致资金流失、闲置或过度使用等。从股东或企业实际控制人角度出发，财税风险主要体现在申报和缴纳个人所得税时可能存在的违规行为，如隐瞒收入、虚报扣除项目；或者在参与经济活动时未能遵守相关法律法规，如内幕交易、操纵市场等违法行为。

（2）财税风险的管理

为了防范财税风险，需要建立相应的管理制度、设置合理的组织架构和业务管控流程。通常来说，应设立独立的税务部门或税务专员负责税务工作，确保税务合规。此外，财务和税务部门之间应有明确的职责划分，以确保工作的独立性和准确性。同时，应建立完善的业务管控流程，包括合同管理、采购与付款、销售与收款、存货管理等关键流程。

针对税务风险管理，企业需要将税务风险管理从内部环境、目标设定、事项识别、风险评估、风险应对、风险控制、信息与沟通、监控评估等方面，按照国家税务局政策文件要求做好规范。

案例

位于P省Q市的产业园运营企业M，在税务稽查中，被发现存在税务不合规问题，主要涉及"其他应收款"挂账8000万元，挂账公司累计8家，这些款项实际上是企业M实际收取的盈利的挂账，周转挂账的时间超过三年。

税务部门对此进行了核查，要求企业M补缴增值税和相关税费等超过150万元，同时处以1倍罚款，并缴纳相应滞纳金。企业M在财务报表上将8000万元作为"其他应收款"挂账，但实际上这笔款项是企业的盈利未入账。这种行为可能导致财务报表失真，影响企业的决策和判断。

根据税法规定，企业M此类款项应当缴纳相应增值税和对应的所得税。然而，在这笔长达三年的借款中，企业M并未按规定缴纳增值税，构成了逃税行为。企业M在处理这笔借款时，未能充分意识到税务风险，导致在税务稽查中被发现问题，最终遭受较大损失。

2. 用工风险管理

（1）劳动人事合规风险

劳动人事合规就是要求企业的劳动人事管理应当符合现行劳动保障相关法律法规、有关主管机关的监管政策，内部应当制定合法合规的劳动人事管理规章制度，且实际的管理行为符合这些内部规章制度。相较于其他领域的合规管理，劳动人事合规是企业合规的基础领域。

区别于其他领域的合规，劳动人事合规重点关注企业内部管理活动的合规性。说到劳动人事合规风险，人们首先想到的是劳动仲裁、劳动监察等，但其实这些风险主要涉及的是劳动法律风险，而劳动人事合规管理与劳动法律风险在风险识别、风险因素及管理目标上都是有本质区别的。劳动法律风险管理主要是预防和解决劳动纠纷，保障企业的合法权益，避免因违法行为而导致的法律责任和经济损失，劳动人事合规管理则更侧重于企业内部人事管理和员工行为的规范和监督，以确保员工的行为符合法律法规、企业政策和企业文化的规定。

（2）劳动人事违规后果

1）法律责任。企业违反劳动法的相关规定就需要承担相应的法律责任，包括行政处罚、民事赔偿等，情节严重构成犯罪的还要依法追究刑事责任。

2）经济损失。企业如果违反工资支付、工时、休息休假、社保缴纳等规定，将面临行政罚款、员工索赔等情况，影响正常运营和发展。

3）声誉损失。企业的一些违规行为可能对企业的声誉造成负面影响，影响企业形象和品牌价值。

4）劳动关系不稳定。企业的劳动用工管理不规范可能导致企业与员工的劳动关系长期紧张、员工缺乏安全感、企业员工流动性大，增加企业的管理难度和用工成本。

3. 环境保护风险管理

在构建企业环境保护合规管理系统时，企业可以将系统的功能归纳为三个主要部分：环境监测与数据管理、合规培训与风险管理、政策监控与合作企业评估。

（1）环境监测与数据管理

环境监测与数据管理是环境保护合规管理系统的核心，涉及企业日常运营中环境影响的实时监控和数据记录。系统应具备如下关键功能：

1）排放监测管理。

2）资源消耗管理。

3）环境信息公开。

4）环境事件记录与报告。

（2）合规培训与风险管理

关注提升员工的环保意识和企业的合规管理能力，系统应提供如下功能：

1）合规培训教育。系统应提供在线培训模块，涵盖环境保护法律法规、企业内部环保政策、操作规程等内容。

2）环境应急预案。系统应帮助企业制定和维护环境应急预案，指导企业在突发环境事件发生时采取有效措施，减少对环境的影响。

3）风险预警评估。系统应具备风险评估功能，通过数据分析识别潜在的环境风险。

4）审计合规检查。系统应支持定期的环保合规审计，记录审计过程和结果。

（3）政策监控与合作企业评估

确保能够及时响应外部环境政策的变化，并评估合作企业的环保合规性。系统应具备如下功能：

1）政府政策监控。系统应实时监控政府发布的环保政策和法规变化，为企业提供最新的政策解读和合规建议。

2）合作企业调研。系统应支持对供应商和合作伙伴的环保合规性调研。

3）许可证管理。系统应管理企业的环保许可证，包括申请、更新和续期流程。

4. 数据安全风险管理

对于企业数据安全来说，并不是所有数据都是涉密不能公开的。这就需要企业者先对内部数据进行分类分级，然后根据不同类别和级别设置相应的数据权限和使用规范。风险管理合规模型建设如图7-28所示。

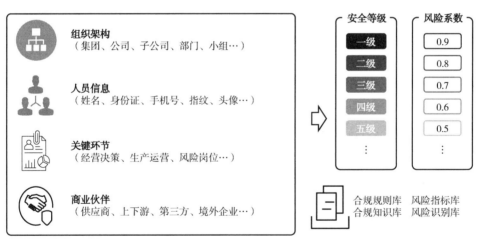

按合规要求进行数据分类

图7-28 风险管理合规模型建设

1）数据分类分级。系统应支持对企业数据进行分类和分级，识别敏感数据和关键数据。

2）个人信息管理。在处理个人信息时，系统应遵循相关的数据保护法规。

3）供应商信息管理。系统应包含供应商信息管理模块，用以评估和管理供应商的数据安全能力。

4）业务合规指引。系统应提供业务合规指引，帮助员工了解和遵守数据保护法规。

5）数据权限管理。系统应实现严格的数据访问控制，确保只有授权用户才能访问特定数据。

6）网络安全防御。系统应集成网络安全防御措施，包括防火墙、入侵检测系统、入侵防御系统等，以防止未经授权的访问和网络攻击。

7）数据加密&脱敏。系统应支持数据在传输和存储过程中的加密，以及在特定场景下的数据脱敏。

8）数据生命周期管理。系统应支持数据的整个生命周期管理，包括数据的创建、存储、使用、归档和销毁。

9）数据合规性检查。系统应定期进行数据合规性检查，确保所有数据处理活动符合法律法规要求。

10）数据备份与恢复。系统应提供数据备份和恢复功能，以防止数据丢失或损坏。

11）数据监控。系统应实时监控数据活动，包括数据访问、传输和操作。

12）数据审计。系统应支持数据审计，记录所有数据操作，包括谁访问了数据、何时访问、访问了哪些数据等。

5. 反舞弊策略

反舞弊合规是指一系列的策略、措施和程序，旨在预防、检测和应对舞弊行为。这些措施旨在确保组织的诚信和遵守法律法规，并保护组织的声誉和利益。反舞弊合规不仅有助于组织遵守法律法规，避免法律责任和经济损失，还可以提高组织的声誉和公信力，促进可持续发展。

通过反舞弊合规，企业可以有效地预防和发现舞弊行为，保护合法权益和声誉。同时，还应加强与监管机构、行业协会和其他企业的合作与交流，共同推动反舞弊工作的深入开展。反舞弊合规的具体实施内容包括：

1）建立反舞弊文化。企业倡导诚信正直的企业文化，营造反舞弊的企业文化环境。

2）评估舞弊风险并建立控制程序和机制。企业应评估舞弊风险并建立具体的控制程序和机制，以降低舞弊风险发生的概率。

3）建立反舞弊工作常设机构。企业应建立反舞弊工作常设机构，如审计部、纪检监察部门等，负责接收舞弊举报、进行调查、报告和提出处理意见。

4）建立举报渠道并保护举报人权益。企业建立完善的举报渠道，鼓励员工及与公司有经济往来的第三方及时报告舞弊行为。

5）加强内部控制和监督。企业建立完善的内部控制制度，确保各项业务流程和管理活动的合规性和有效性。

6）开展反舞弊培训和教育。企业应定期开展反舞弊培训和教育活动，提高员工的反舞弊意识和技能。

7）建立舞弊风险应对机制。企业应建立舞弊风险应对机制，一旦发现舞弊行为，应立即采取措施进行调查、取证和处置，并对举报人进行保护。

二、AI 智能合规模型的核心功能

（一）AI 智能风险管理合规模型建设

1. 风险识别与分析

AI 可以分析大量的法规、政策文件、行业标准及历史案例，帮助企业识别潜在的合规风险点。通过自然语言处理（NLP）技术，AI 能够理解文本内容、提取关键信息，并与企业的业务流程相结合，预测可能的合规风险。

1）数据收集与整理。收集相关的法律法规、政策文件、行业标准及历史案例数据，这些数据可能来自政府网站、行业报告、法律数据库、企业内部文档等。

2）构建知识库。使用自然语言处理（NLP）技术，将整理好的文本数据转化为结构化的知识库。这包括实体识别（如法规名称、关键条款、责任主体等）、关系抽取（如法规之间的关联、条款之间的逻辑关系）等。

3）风险模型开发。基于知识库，开发风险评估模型。这可能包括机器学习算法，如分类模型、回归模型或深度学习模型，用于预测特定业务流程或活动的风险等级。

4）业务流程映射。将企业的具体业务流程与风险模型相结合。这需要对企业的业务流程有深入理解，以便将业务活动映射到风险模型中。

5）风险评估与预测。使用训练好的模型对企业的业务流程进行评估，预测潜在的合规风险。模型会输出风险评分或风险等级，帮助企业识别高风险区域。

6）持续监控与更新。法律法规和政策是不断变化的，因此，AI 模型需要定期更新，以适应新的合规要求。

7）报告与决策支持。AI 可以生成详细的风险评估报告，包括风险点、风险等级、改进建议等，供企业管理层参考。

2. 第三方风险管理

在与第三方合作时，AI 可以帮助企业进行尽职调查，评估第三方的合规风险。通过分析第三方的历史记录、业务模式和相关文档，AI 可以提供风险评估报告，帮助企业做出更明智的决策。

1）数据收集。

2）构建风险评估模型。

3）历史记录分析。

4）业务模式评估。

5）文档审查。

6）风险评分与报告。

7）持续监控。

8）决策支持。

（二）AI 智能合规模型建设

1. 合规培训与教育

AI 可以用于开发定制化的合规培训课程，通过模拟不同的合规场景，提供互动式的学习体验。这有助于提高员工对合规重要性的认识，并确保他们了解最新的法律法规要求。

1）课程内容开发。利用 AI 的自然语言处理能力，从法律法规、政策文件和行业标准中提取关键信息，构建培训课程的内容框架。设计课程内容，确保涵盖所有必要的合规知识点，同时考虑员工的学习风格和偏好。

2）互动场景模拟。使用 AI 技术创建虚拟场景，模拟合规相关的实际工作情境，如客户互动、内部审计、第三方合作等。设计互动问题和挑战，让员工在模拟环境中做出决策，从而实践合规原则。

3）个性化学习路径。AI 可以根据员工的学习进度和表现，提供个性化的学习建议和资源。例如，对于理解能力较强的员工，可以提供更深入的案例分析；对于新手员工，则提供基础的法规解读。AI 还可以追踪员工的学习进度，确保他们按照既定的培训计划学习。

4）智能问答系统。开发一个智能问答系统，让员工在学习过程中能够随时提问，AI 能够提供即时的解答和解释。这个系统可以基于预先构建的知识库，也可以通过机器学习不断优化回答的准确性和相关性。

5）评估与反馈。设计在线测试和评估工具，以检验员工对合规知识的掌握程度。AI 可以自动评分并提供反馈，帮助员工了解自己的强项和需要改进的地方。收集员工对培训内容和方式的反馈，用于持续改进培训课程。

2. 合规文档管理

AI 可以帮助企业自动化管理合规文档，如合同、协议、政策等。通过文本分析，AI 可以确保所有文档符合最新的法律法规要求，并在必要时提供修改建议。

1）文档收集与预处理。收集企业内部所有相关的合规文档，包括合同、协议、政策文件等。对文档进行预处理，如去除格式错误、统一文档结构、提取关键信息等，以便 AI 模型能够更有效地处理和分析。

2）构建合规知识库。使用 AI 的自然语言处理（NLP）技术，从法规、政策文件、行业标准中提取关键合规要求，构建一个全面的合规知识库。

3）文档内容分析。AI 模型将对收集到的文档进行深入分析，识别文档中的关键条款、责任分配、合规义务等。

4）合规性评估。AI 模型将根据分析结果评估文档的合规性，识别出可能的合规风险点，如缺失的条款、不明确的表述、与法律法规冲突的内容等。

5）自动化修改建议。对于识别出的问题，AI 可以提供自动化的修改建议。这可能包括添加缺失的条款、重新表述不明确的语句、调整与法律法规不符的内容等。

6）文档版本控制。AI 可以帮助企业维护文档的版本历史，记录每次修改的内容和原因，确保文档的透明度和可追溯性。

7）持续监控与更新。AI 模型需要定期更新，以适应法律法规的变化。这包括重新训练模型以包含新的法规内容，以及更新合规知识库。

8）报告与审计。AI 可以生成合规性评估报告，总结文档的合规状态、风险点及修改建议，供企业管理层和合规部门参考。

3. 数据合规与隐私保护

AI 可以帮助企业确保数据处理活动遵守数据保护法律法规，可以监控数据访问、使用和存储，确保敏感信息的安全。

1）法规理解与映射。AI 首先需要对数据保护法律法规（如 GDPR 或中国的个人信息保护法）进行深入理解，包括法律法规的具体要求、合规标准和违规后果。将法律法规要求映射到企业的数据管理流程中，确保数据处理活动与法律法规要求保持一致。

2）数据分类与标记。使用 AI 的自然语言处理（NLP）技术，对企业内部的数据进行分类和标记，识别敏感信息（如个人身份信息、财务信息等）。对于敏感数据，AI 可以建议采取额外的保护措施，如数据脱敏、加密存储等。

3）数据访问监控。AI 可以监控数据访问日志，分析数据访问模式，识别异常行为，如未经授权的访问尝试或数据泄露事件。设定访问控制策略，确保只有授权用户能够访问敏感数据。

4）数据处理与传输合规性检查。AI 可以检查数据处理活动是否符合法律法规要求，如数据最小化原则、目的限制原则等。对于数据传输，AI 可以确保数据在传输过程中的加密和完整性，防止数据在传输过程中被截获或篡改。

5）隐私影响评估（PIA）。在新项目或新服务推出前，AI 可以协助进行隐私影响评估，预测可能的隐私风险，并提出相应的缓解措施。AI 可以自动化生成 PIA 报告，帮助企业提前识别并解决潜在的隐私问题。

6）数据主体权利支持。AI 可以帮助企业处理数据主体的请求，如数据访问、更正、删除等，确保企业能够及时响应并满足数据主体的权利。AI 可以自动化处理这些请求，提高响应效率，同时确保处理过程符合法律法规要求。

7）数据泄露应急响应。当发生数据泄露事件时，AI 可以协助企业快速定位泄露源头、评估泄露影响，并制订应急响应计划。AI 可以提供实时监控和预警，帮助企业在数据泄露发生时迅速采取行动，减少损失。

4. 合规咨询与支持

通过模拟人类专家的知识和推理能力，AI 能够为企业提供即时、高效、准确的合规咨询服务。如下是 AI 在这一领域的具体应用和优势：

1) 即时合规咨询。AI合规顾问能够提供不间断的咨询服务，无论何时何地，员工都可以通过AI获取关于特定合规问题的解答。员工可以通过自然语言与AI进行交流，无须等待合规部门的回复，这在紧急情况下尤为重要。

2) 减少对合规部门的依赖。传统的合规咨询往往依赖于合规部门的专业知识和人力资源，AI合规顾问可以帮助分散合规部门的工作负担，让合规专家能够专注于更复杂、更需要人类判断的问题。同时，AI可以处理大量的标准化问题，提高整体的合规效率。

3) 数据驱动的合规决策。AI能够处理和分析大量的数据，帮助企业从海量信息中提取有价值的合规洞察。通过机器学习算法，AI可以识别合规风险的模式和趋势，为企业提供数据支持的决策依据。例如，在反洗钱（AML）和反欺诈（Fraud Detection）领域，AI系统能够实时监控交易数据，识别异常行为，从而提前预警潜在的风险。

4) 智能合规培训和教育。AI可以用于开发智能合规培训和教育平台，通过虚拟现实（VR）、增强现实（AR）等技术，为员工提供沉浸式的学习体验。

5) 自动化合规审查。AI技术尤其是自然语言处理（NLP）和机器学习，可以用于自动化合规审查流程。AI系统可以阅读和理解合同、政策文件、法律法规等文本，自动检查合规性，确保所有文件都符合相关法律法规的要求。

6) 风险预警与测试。AI系统可以构建风险预警模型，通过分析历史数据和实时数据，预测潜在的合规风险。这种预测能力可以帮助企业提前采取措施，避免合规问题的发生。

7) 个性化服务。AI合规顾问可以根据员工的角色、职责和历史咨询记录提供个性化的合规建议。

8) 跨文化和多语言支持。随着全球化的深入发展，企业面临的合规环境越来越复杂。AI合规顾问可以支持多种语言，帮助跨国企业理解和遵守不同国家和地区的合规要求。

9) 持续学习和适应。AI系统具有自我学习和适应的能力，能够随着法律法规的变化和企业业务的发展不断更新其知识库。

（三）AI智能内部审计管理合规模型建设

AI在合规审计与评估领域的应用逐渐成为企业风险管理和内部控制的重要组成部分。通过利用先进的数据分析技术和机器学习算法，AI能够辅助审计人员进行更高效、更深入的合规审计工作，确保企业运营的合规性。如下是AI在合规审计与评估中提供帮助的几个关键方面：

1) 数据分析与风险评估。AI可以处理和分析大量的数据，帮助审计人员识别潜在的合规风险。这种能力使得审计人员能够提前发现问题，采取预防措施，而不是在问题发生后进行补救。例如，AI可以分析交易数据，识别异常交易模式，从而帮助企业防范欺诈和洗钱风险。

2) 自动化审计流程。AI可以自动化开展许多烦琐的审计任务，如数据收集、整理和初步分析。自动化工具可以快速扫描大量文档，提取关键信息，为审计人员提供清晰的数据视图。

3）提高审计质量。AI 的可解释性（Explainable AI）技术可以帮助审计人员理解 AI 模型的决策过程。这对于确保审计结果的透明度和可接受性至关重要。

4）自我评估与持续监控。AI 可以帮助企业进行自我评估，识别合规流程中的薄弱环节。通过持续监控企业的内部流程和操作，AI 可以实时提供反馈，帮助企业及时调整策略，改进合规实践。

5）跨部门协作。AI 可以促进不同部门之间的信息共享和协作。在合规审计过程中，AI 可以整合来自不同业务单元和系统的数据，提供一个统一的视角。

6）应对复杂法律法规。随着法律法规的不断变化和复杂化，企业面临的合规挑战日益严峻。AI 可以帮助企业跟踪法律法规变化，确保合规策略与最新的法律法规要求保持一致。AI 系统可以自动更新其知识库，为企业提供最新的合规指导。

7）提升审计报告的准确性。AI 可以辅助审计人员生成更准确、更详细的审计报告。通过分析相关数据，AI 可以提供更深入的见解，帮助审计人员识别关键问题和改进建议。

三、风险管理应用场景架构设计分类

企业通过数字化手段，利用大数据对业务管理数据、合同信息数据、发票数据、销售和存货数据等进行自动计算、比对、校验，快速发现数据异常情况，准确定位内部风险控制的问题，再辅以人工审核确认，快速诊断企业内部控制和舞弊风险，实现内部控制的高效率运行。风险管理场景主要从如下具体的场景点位发挥作用：

1）企业运行指标体系管理模型。研究企业内外部大数据分析及指标管理需求，科学合理建立覆盖企业产品、市场、项目、采购、物流等经营管理链的企业运行指标体系，反映企业经营管理思路和价值导向，根据监管要求不断更新调整，持续优化完善，实现企业监管指标标准的统一。可视化管理指标体系，实现指标体系落地，通过具体场景呈现指标、指标关联关系、指标的使用路径和分析方法，指引企业正确地使用指标体系。

2）以业财数据为核心的"企业画像"。利用大数据、AI 等技术进行数据建模，利用业财数据构建企业画像，通过数字技术创新工作模式，创造提升价值的新机会，让数据创造价值，进一步为企业发展提供个性化的定制服务，如数据分析、经营预测、税务筹划、风险防范等。

3）企业管控关键指标监测应用。通过构建企业总部管控关键指标监测应用，实现企业本部、下属企业均能及时掌握业务发展情况、发现业务问题，有助于企业经营决策和对各下属企业进行业务指导，保持全公司业务的健康有序发展。

4）基于业财融合的企业风险分类监测模型。通过信息化手段，融合业务、财务领域的数据和应用场景，推动企业风险防控，实现企业财务资金的高效配置，结合知识图谱等新分析技术手段，提升监测指标模型的智能分析能力，辅助提升企业经营活力。

5）重点战略新兴产业经济监测模型。对重点战略新兴产业经济的历史数据进行分析，研究建立监测重点战略新兴产业经济模型，实现对重点战略新兴产业经济运行情况的动态监测分析，为监测分析企业价值提供参考。

6）企业价值监测分析模型。对企业的经营、业务、监管等数据进行分析，结合企业所属产业的监测分析，研究建立企业价值监测分析模型，实现对企业价值的动态监测分析，为相关决策提供参考。

7）客商资信评价模型。基于外部数据及内部交易信息，建立客商资信评价模型，合理评估客商资信水平，针对重大工程、大宗贸易类交易客户的信用风险，提升预判与处置及时性。

8）合同逾期风险预测模型。构建事中风险预警与监测机制，识别关键风险征兆信息，选取特征变量，定义评分规则，建立逾期风险预测模型，提高风险预警的前瞻性。

9）供应商履约能力评估模型。充分利用企业采购数据、第三方权威数据等，利用人工智能语义识别等技术手段，挖掘采购附件文本数据，构建供应商履约能力指标体系，依据国家和企业的供应链风险防范相关要求，建立面向供应商的多维度识别模型，为供应链风险防范提供服务。

10）供应商寻源模型。基于内外部的专利和交易数据，以技术能力、履约能力为核心，构建内外部潜在供应商寻源模型，提升内部供应商的利用和培养能力，扩大外部潜在供应商，尤其是新兴技术提供方的来源，提高引入效率和准确性，降低单一供应商或技术提供方依赖性，同时提升供应商的合理竞争和配合度。

11）用户满意度数据分析预测模型。基于"用户体验数据＋用户行为数据＋企业运营数据"的全量数据预测工具集，通过挖掘用户体验数据与不同系统之间的相关行为数据，运用人工智能、大数据、自然语言处理等技术，构建预判模型，实现全量用户满意度提前预测、投诉提前感知，并通过全量用户标签与精准的用户画像，匹配不同用户的服务策略，提前进行干预，推动服务落地。同时，形成质量分析报告，定期发送各单位并督促改进、提升。

12）数据全流程可视化监控。通过对数据全流程节点进行监控，实现数据流向、数据质量、态势感知预警等，加强对敏感数据操作的实时监控，实现非正常违规操作的及时告警，及时将风险下发到相关负责人，提升数据全流程监控水平。

第六节　本章小结

依托风控一体化管理模型，企业首先对企业数字转型体系进行分层，从具体的业务数字化、数字化业务和营运层面，透视企业运营维度的场景，将资源配置情况与数字运营结合起来构建合规管理的支持决策体系，同时在嵌入数据思维的基础上融合经营思维丰富风控一体化管理模型的内涵，考虑整个数字生态通过数据交互和数据连接集成风控一体化系统,打造由风控底座实现的管理仪表盘和动态实时分析可视化闭环数据监控系统。为了强化风控一体化模型的实施效能,通过做组合、构建防火墙的方式,从企业组织结构到制度管理机制、技术赋能、金融支持等方面助力合规管理落实。随着信息技术的发展,供应链的透明度、可溯性和供应链管理效率已成为决定企业发展的重要因素,衍生出更多的基于供应链管理的合规风险。合规风险管理借助数据分析和人工智能技术,依据靶向施策原则,依托供应链各链条、链点进行发力,重点进行数字化科学技术风险管理,从生态集成、风控融合、模块共享三个维度打造供应链风险免疫力。风控一体化模式的应用场景,打造系统落地集成和综合协同的应用环境,提升风控管理效果。

企业统一推动风控运维体系建设、落实网络安全治理体系建设、实现数据中台升级及数据治理、解决企业统一门户平台建设、实现企业通用风控业务中台建设,企业以流程中心、以文档中心为出发点,推动风控技术中台建设,实现风控的人工智能中台、应用开发中台、边缘计算、物联网、数字孪生、区块链技术中台。系统按照参考人工智能平台、应用开发平台的系统建设规模和系统复杂度预估,系统建设企业风控能力共享平台。

第八章
企业风控合规平台化系统建设

企业合规系统集成建设的中心目标是：将合规要求嵌入业务经营流程，强化对经营管理活动合规情况的动态监测和过程管控，包括提高合规智能化系统与内部其他智能化系统，以及与外部数字化系统的衔接互联水平，实现合规智能化系统共建、合规数据信息共享、合规风险共治。其技术方案在于全流程业财一体数字化场景式的智能风控赋能模式；风控智能方面，需要激活风控数字系统，系统构建风控价值体系。

企业建立一套集成数字化和智能化技术的合规系统，不仅能够提高合规工作的效率，确保能够及时响应法律法规变化，还能够通过自动化工具和数据分析深入挖掘潜在的合规风险，从而实现全面的合规管理。数字化合规风控系统技术架构层面，依据大数据、区块链、人工智能的科技驱动的数字化合规风控平台，该数字化合规风控平台与现有共享交换体系、大数据中心、数据治理体系有机融合，形成一套体系化的风险防控平台建设和应用服务体系。

第一节　合规系统平台集成建设

搭建开放式、可扩展、可高效连接多方系统的智能化合规平台，在数据管理、数据分析、监测模型、可视化展现等五个维度进行集成，技术方案包括：Restful 架构，通过 REST 提供远程调用 API 的能力；采用 OAuth 2.0 标准协议，进行用户鉴权；数据沙箱（Sandboxing）用于隔离测试模块与正式运行程序的安全机制，待接入模块须先到沙箱里进行充分的验证。

业务融合是将合规要求融入企业的日常运营，确保合规管理与业务发展同步进行。这一过程涉及如下三个关键步骤。

1）企业内部业务自查，定期对企业的业务流程、管理制度和操作实践进行全面审查，识别潜在的合规风险点。

2）流程梳理，优化业务流程，确保合规要求在各个环节得到有效执行，同时提高业务效率。

3）参与者和事件梳理，明确在合规管理中各个参与者的角色和责任，以及可能发生的合规事件，为应对策略提供依据。

五位一体合规穿透融合系统的建设框架如图 8-1 所示。

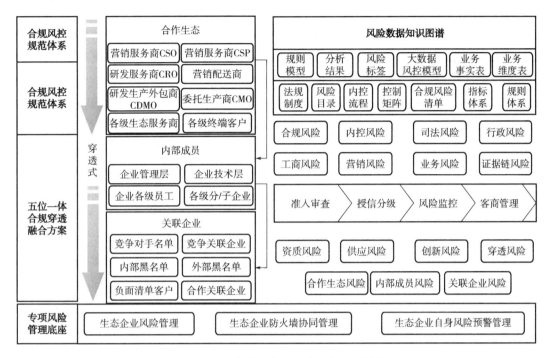

图 8-1 五位一体合规穿透融合系统的建设框架

一、数字底座的合规底座嵌入设计

推动实施数据战略，加快完善数字基础设施，推进数据资源整合和开放共享，保障数据安全，践行新发展理念。按照数字化转型规划要求，数字底座建设上，通过数字化基础设施和数字化能力中心的建设，打造现代企业的数字化生态体系。通过平台引领，加强数据管理，提升技术复用性和敏捷度，强化业务灵活度。通过数字化技术提升生产侧供给水平和生产效率，以及企业运营决策精细化水平。

（一）合规智能化的业务融合嵌入逻辑

1. 明确合规智能化建设标准和规范

（1）服务松耦合原则

具体包括：

1）面向接口实现。

2）异步事件解耦。

3）服务提供者位置解耦。

4）版本松耦合的方式实现。

（2）服务依赖原则

具体包括：

1）有价值的领域模型。①价值导向层面，确保业务中心的服务都与企业的商业理想保持一致、相关联。②简捷为美层面，业务逻辑和流程避免复杂化。③领域洞察层面，紧贴业务的核心目的，从业务原则指导业务逻辑的设计。

2）服务间最小依赖。①高内聚层面，落实同一类服务归在一起；②低耦合层面，服务间保持最小联系；③能力与接口层面，业务流程和业务逻辑的操作都作为中心服务实现，而提供给外部调用的接口数据模型都会转化为服务；④识别通用性层面，识别每个通用能力的可扩展的类型，从设计上支持它不断扩展，并在接口定义上满足其不断升级的需求。

3）能力实体层次性。①能力与接口层面，分离接口实体与能力实体；②接口实体与限定元素层面，将接口实体核心元素与接口操作的限定元素分离；③接口实体的层次结构层面，建设接口实体和上下文限定元素的层次结构，延迟对技术组件的依赖；④捆绑依赖层面，避免在无关的技术组件之间引入新的依赖。

（3）服务设计原则

具体包括：

1）优化远程调用层面，服务间的远程调用分为同步调用和异步调用两种模式。分析服务调用场景，选择较优的调用模式。

2）去冗余数据层面，尽量去掉接口实体中客户端不需要的冗余字段。

3）设计粗粒度的服务接口层面，与前端一个用例或一个业务场景相对应减少远程调用次数，降低学习成本。

4）识别并设计通用的服务接口层面，支持不同的应用，不同应用在功能丰富性上有很大差异，服务接口最大限度保证广泛兼容性。

5）服务接口层面，需要详细规定服务与客户端双方对接的内容与形式等，对双方形成强有力的约束和保障。

6）服务接口向下兼容层面，在服务公开发布之后就要保证相当的稳定性，不能随便重构，即使升级也要最大限度考虑向下兼容性。

（4）服务颗粒度与设计原则

具体包括：

1）服务应是内聚而完整的，能够独立完成一项职责。在服务内部可以由多个逻辑上密切相关的代码块共同组成。

2）服务操作设计原则上，使用具体的业务含义定义操作。

2. 有关系统合规的体系建设

系统合规的体系建设中有三个部分需要注意：网络安全治理体系、数据中台升级和数据治理、技术中台。

（1）落实网络安全治理体系

完成数字化资产测绘与风险管理系统、接入安全管理管理平台、数据备份与数据安全项目和威胁情报处置平台的建设。

（2）落实数据中台升级和数据治理

明确软件扩容；科技创新、公司治理、综合管理、投资管理、巡视巡察、法务、审计监督、风险管理、战略管理、数字化管理等管理域和企业的市场与生产领域，和其他生产数据域的数据治理实施形成系统推动。

业务牵引下数字关联实现风控融合路径如图8-2所示。

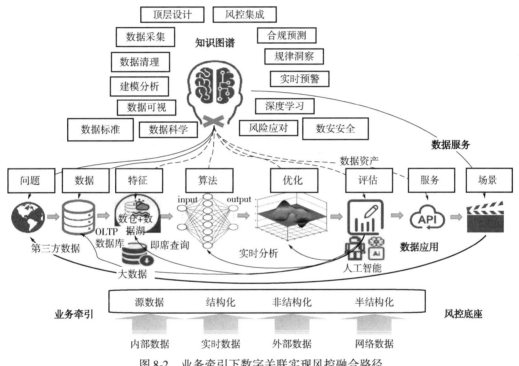

图 8-2　业务牵引下数字关联实现风控融合路径

（二）能力共享平台建设

能力共享平台是将业务中台和数据中台提供的服务能力进行统一管理和提供，实现对内部能力的统一注册、统一管理，同时对外部合作伙伴的访问进行统一注册、统一管理。从传统的数据开放形态，向服务、应用和知识形态的开放，通过统一的技术架构、统一的协议标准、统一的运营标准，降低研发成本、降低交互门槛、提升运营质量。

合规系统嵌套的能力共享平台建设如图8-3所示。

企业平台化管控模式，借助运用统一工作部署等方式完善企业管理，推动一体建设，保证一体化工作体系的各个环节稳步运行。为系统克服五项职能本身各个环节职能规范等制度体系过多、容易出现偏重单项职能而忽略五项职能融合的流程管理，从而导致企业实践脱节的低效等问题。

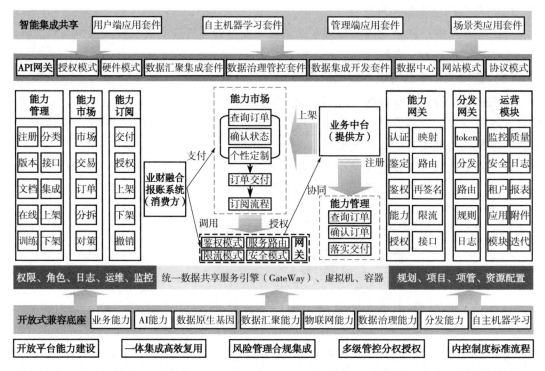

图 8-3 合规系统嵌套的能力共享平台建设

二、数字底座的合规底座融合中台嵌入设计

业务中台介于前台与后台之间，采用共享式的方式解决以往企业"烟囱式"和单体式架构设计产生的多并发、数据分散、试错成本过高等问题，以高内聚低耦合、数据完整性、可运营性、渐进性等方式推动建设。中台则是通过沉淀、迭代和组件化地输出服务前台不同场景的能力，为前台业务的正常运营和创新提供专业的共享平台。后台主要是提供基础服务设施建设、服务支持与风险管控，为前台和中台提供保障。

业务中台将企业的核心能力以数字化形式沉淀为各种服务中心，其目的是"提供企业能够快速、低成本创新的能力"。业务中台提炼了各业务线的共性需求，沉淀了相对稳定的可共享的业务服务能力，支持快速多变的前台业务。具备如下三个优势。

1）敏捷。一个单体大型应用，庞大的开发团队对单一应用的变更变得越来越困难。将大应用变为多个小的应用组合，适应外部的快速变化，实现业务的敏捷。

2）解耦。随着业务的发展，一个功能的修改可能会影响很多方面。只有将需要大量交互的功能独立，从应用中拆解出来，才能使应用之间的耦合度大幅下降。

3）复用。一些公共的能力通过复用大大提高了开发效率，避免了重复建设，同时使数据和流程得以集中管理和优化。

(一) 数据中台应用现状

数据中台在政企数字化转型过程中,对各业务单元业务与数据的沉淀,构建包括数据技术、数据治理、数据运营等数据建设、管理、使用体系,实现数据赋能。

在市场中,老用户难以留存、新客户的获客难度加大、消费者拥有丰富使用场景并对用户体验提出极高要求,这些商业环境新变化都要求企业能够释放数据价值,做到数据驱动,实现业务敏捷,既保障前台业务创新性,还要平衡后台的稳定性。在这种趋势下,中台价值得到全面凸显。

当前数据中台行业集中度较低,公有云厂商、数字化解决方案提供商、数据与智能公司及垂直的独立中台开发商纷纷入局。但随着数据中台的技术架构和方法论趋于完善,现阶段建设的难点更多聚焦在如何将成熟的技术方案与行业及企业的实际情况和特征结合,即企业更需要厂商切身的咨询规划服务,以发挥数据中台的效能。

数据中台应用的业务领域和场景众多,其中营销领域发展最早,目前应用也最广泛和成熟;而在管理会计领域,由于数据价值高且对经营决策意义重大,数据中台深化管理运营的效用明显。从行业来看,当前数据中台在金融和泛零售行业的应用和部署程度高,在政务、工业、医疗等行业仍有较大的发展空间。

(1) 数据中台的实时计算趋势

数据处理向准实时、实时趋势方向发展。传统的数仓设计限于技术体系无法实现实时计算。而采用分布式大数据技术不仅能实现构建 PB 级别的数据中台(历史上把这类计算场景称为数据仓库),还能将实时计算与历史数据结合,实现流批一体开发,满足新一代数据中台强调的数据时效性和分析能力。

数据中台的实时计算技术并不是对原有的业务流程进行再造,而是通过实时数据流与数据仓库指标结合的方式实现更高效的业务分析。利用实时技术可以快速进行 BI 分析和业务预警,如实时营销策略、实时风控策略、实时反欺诈。这些场景都可以嵌入实际的业务系统。

(2) 数据中台上层应用的移动终端化趋势

BI 洞察分析是数据中台数据呈现的最重要的方式,现阶段绝大部分的 BI 呈现都以 PC 端为主,以手机端为辅。互联网由 PC 端向移动终端发展的一个必然趋势是数据应用也随之移动终端化。这几年,在数字化分析领域,多个 BI 厂商发布了移动终端展现的配套产品,但并未在市场上大规模普及,究其原因既有屏幕尺寸难统一等客观问题,又有移动终端受众场景个性化程度高的情况,因此,数据中台的应用移动终端化必须适应终端的要求。

(二) 技术中台应用现状

按照系统资源集中管理,技术能力封装抽象的原则,形成对前端业务或项目的交付模式。交付模式需要与技术中台、研发或交付中台进行整合，形成基于快速交付的中台生态。

在整合和包装云计算资源的基础上，通过封装常用的各种技术组件，如中间件、微服务组件、分布式缓存、消息队列、搜索引擎、分布式数据库等，并在分层解耦的基础上，为业务应用提供简单易用的能力接口。

构建专注于提升技术开发效率的管理平台，涉及项目管理、团队协作、流程、测试、部署、运营、监控等方面。在流程和持续交付能力方面，包括敏捷开发管理、开发流水线、部署流水线、持续交付等。敏捷管理则包括问题、迭代、实施，以及任务跟踪和完成情况监控等方面。开发流水线则涉及源代码的版本管理、分支的创建、合并和提交，半成品的构建、存储和使用，以及产成品的构建。部署流水线是将产成品部署到指定环境并上线运行。

AI 技术最为重要的价值是能为现实场景所用，如人脸识别的一个典型应用场景是替代密码实现手机登录。构建技术中台之后，企业用户可积累丰富的指标数据，这些数据都是算法和 AI 依赖的基础。技术中台用户比较普遍的 AI 应用场景是销量或流量预测、千人千面的推荐算法、营销活动的预测等，这些都是对业务决策提供直接辅助的场景。

在激烈的市场竞争下，企业都期望 AI 计算能在短时间内帮助实现销量增长或成本下降的效果，其实通过 AI 算法为一线员工提供数据的便利性使用也是提高生产效率的一大途径。例如，阿里巴巴内部有这样一款数据产品，员工可以向它模糊提问，产品直接回复员工用户所关心的指标数据，降低了数据查询的门槛，方便一线员工的使用。

风险数据知识图谱的中台规则如图 8-4 所示。

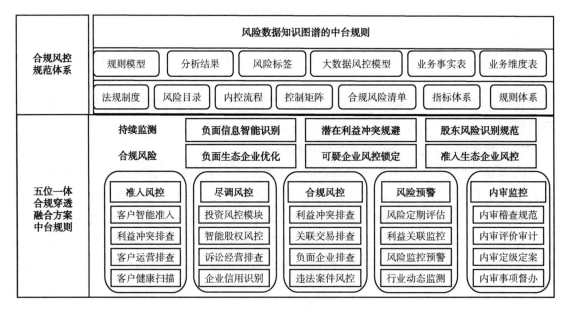

图 8-4　风险数据知识图谱的中台规则

第二节 合规系统模型集成建设

应用大数据技术，集成商业 BI 等中间件，实现合规风控的数据监测及可视化呈现，如合规风险地图、合规风险热力图、合规管理进度看板等。

一、实施方案与嵌套合规设计安排

数字化转型的数字底座建设上，数字底座建设作为企业数字化转型的技术基础，在建设过程中，应该基于分层解耦、数据同源、服务化、云化、一致体验的基本原则，按照"统一规划建设、统一技术标准、统一管理制度、统一业务流程、统一资源调配、统一合规管理、统一风险溯源"的七个统一性原则，确保企业在实施数字底座建设的顶层设计具备高起点、高标准的目标。

数字底座建设采取分步骤、分阶段的实施方法。分阶段实施降低整体项目实施风险，确保关键需求优先得到解决，快速达到支持企业建设业务的快速发展的目标。

实施具体方法包括如下：

（1）先试点后推广的实施策略

（2）敏捷的开发方式，成熟一个功能上线一个功能

在敏捷开发方法中，整个开发工作被组织为一系列的短小的、固定长度项目，实现一系列的迭代。每一次迭代都包括定义、需求分析、设计、实现与测试。支持敏捷开发的要点如下：

1）组织建设。也就是团队建设，建立以产品经理为主导，包含产品、设计、前后台开发和测试团队，快速进行产品迭代开发；扁平化的团队管理，团队成员有共同目标，更有成就感。

2）敏捷制度。要找准适合自身的敏捷开发方式，主要是制定一个完善的、效率高的设计、开发、测试、上线流程，制定固定的迭代周期，让用户更有期待。

3）需求管理。任何方式下都需要有，需求一定要有交互稿，评审通过后，一定要确定功能需求列表、责任人、工作量、完成时间等。

4）工具配置。指能够快速完成某项事情的辅助工具，如需求管理工具，开发环境的一键安装，各种底层的日志、监控等平台，发布、打包工具等。

5）系统架构。支持良好的扩容性和可维护性；组件化基础功能模块：代码耦合度低，模块间的依赖性小；插件化业务模块：降低营销活动与业务耦合度，自升级、自维护；客户端预埋逻辑；技术预研等。

(3) 业务主导项目实施

应由专业公司牵头,加大完整性体系、标准的执行力度,对于部分不明确的流程,必须进行细致的梳理和固化,为系统的设计开发和顺利推广打下坚实的基础。

二、合规嵌入业财系统的融合

(一) 企业流程梳理及合规方案设计

在企业合规管理的构建中,对关键业务流程的梳理是识别潜在合规风险点和设计相应控制措施的关键步骤。这一过程要求企业深入理解其业务运作的每一个环节,从最基础的交易处理到复杂的决策制定,都需要进行细致的审查。通过对流程的梳理,企业能够发现那些可能导致合规问题的风险点,从而采取有效的措施预防和应对。

首先,企业应建立一个跨部门的团队,由合规、法律、风险管理、信息技术和业务部门的代表组成。这个团队将负责对企业的业务流程进行全面的梳理,确保所有可能涉及合规问题的环节都被识别出来。团队成员应具备相应的专业知识和经验,以便准确评估每个流程的合规风险。

其次,在设计合规方案时,企业还应考虑如何将合规要求与业务目标相结合。合规不应被视为业务的障碍,而应被视为支持企业长期成功的重要因素。通过将合规融入业务战略,企业可以确保其业务活动不仅合法,而且能够为股东、客户和社会创造价值。

最后,企业应建立一个持续的流程改进机制,以适应不断变化的法律法规环境和业务需求。这包括定期审查和更新流程,以及对合规风险进行持续监测。企业还应建立一个合规风险评估框架,以识别、评估和控制合规风险。

(二) 企业统一门户平台建设

统一门户系统的平台建设,通过系统提供门户工作台搭建工具,汇聚各类消息、待办及高频应用,可按业务领域、权限分类展示,利用门户工作台的系统建设,实现快速触达员工,明确员工层级的风险问题,协同门户的基础功能组件和门户技术底座嵌入风控合规作业,实现风控合规的系统融合。风控合规系统嵌入的统一门户平台建设如图8-5所示。

1) 风控合规系统的功能组件层面,通过消息组件,连接人,建立可信、可控和安全的沟通环境。基于企业微信特色的即时通信能力,为全体职工建立一个可信沟通、可控沟通和安全的沟通环境,并与个人微信互通,实现与外部企业人员沟通。

2) 风控合规系统的技术底座层面,为工作台和功能组件应用提供基础技术底座,包括门户管理后台、应用商店、消息中心、通知中心以及安全组件等。

3) 风控合规系统的系统集成层面,形成与OA系统、邮箱系统等集成,同时提供企业微信的互联互通的扩展能力,方便后期接入其他业务应用,逐步形成数字化办公应用生态圈,积累数字化风控数据。

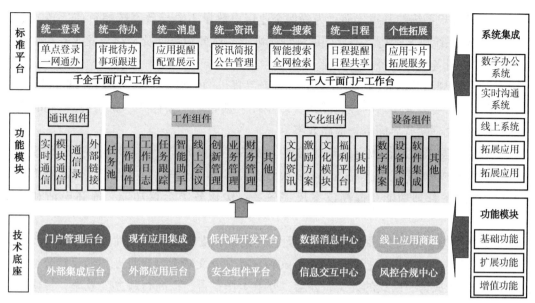

图 8-5 风控合规系统嵌入的统一门户平台建设

4）风控合规系统的门户平台层面，企业门户平台企业的员工、客户、合作伙伴和供应商提供统一的应用入口，为不同的应用系统提供统一的支撑平台，实现业务展现、信息展示、应用整合、统一待办等功能。

5）风控合规系统的数字化系统升级层面，通过升级 OA 系统，提升系统性能、提高稳定性，同时提高对浏览器和各操作系统的兼容性；业务定制，满足合规和相关业务办公需要；提供文事会一体化、智能应用等功能，使合规融合的系统业务智能便捷。风控合规融合的集成数字化系统建设如图 8-6 所示。

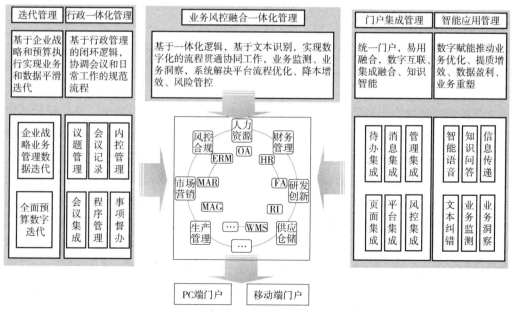

图 8-6 风控合规融合的集成数字化系统建设

6）风控合规系统的升级层面，为确保企业用户数量不会导致系统超负荷运转的稳定性问题，保障系统稳定运行，需要同时保证标准产品业务和数据及定制开发业务和数据平滑升级，提高对各操作系统的兼容性。

7）风控合规系统的界面优化层面，标准产品提供的经典界面（包括PC端和移动端）不能满足用户需要，采用新的界面模式（新空间、新布局、新样式、新元素），同时把用户常用功能摆放到缺省界面上，提高效率。

8）风控合规系统的行政事务优化层面，做好相关的功能优化，实现办公管理模块的落地和督察督办功能实现，提高办理企业层面重大事项的效率，督办人可以随时查询相关反馈；新增议案管理功能，提高议案反馈效率；优化各类会议功能，提高申请和使用效率。

9）风控合规系统的文事会一体化层面，证据链和支持材料合规性的材料很重要。企业需要把公文、会议、督办打通，适应公文转督办、公文转会议、督办和会议转公文等场景，使OA系统成为一站式的办文、办会、办事工作平台，提高行政办公效率；提供会议室预定、会议通知、回执、参会、会议纪要、会议任务等全过程管理，让会议通知到位、会议结果可落地执行。

10）风控合规系统的智能应用层面，企业通过语音命令进行人机交互，让工作变得更加便捷、轻松，释放双手；使用智能问答可以自动提供行政、人事、客服、产品知识、管理规定等不同方面的常见知识问答；运用人工智能技术精准识别公文中常见常犯的各类错误。

11）风控合规系统的统一门户集成层面，企业把OA系统的待办、消息、页面、工作台都集成到统一门户中进行统一显示，用户仅登录统一门户即可处理OA业务。

第三节　合规系统中台方案建设

建设各类数字化应用所需的通用能力中台，为业务应用提供标准化、统一化和共享化的数字化能力内核，包括：企业数据中台升级及数据治理项目、企业统一门户平台建设、企业通用业务中台建设项目、企业技术中台建设项目、企业能力共享平台建设项目。

合规系统中台方案建设包括如下内容：①云数据中心：建设私有云平台，建设多云管理平台，完成业务迁移上云；②全域网络升级改造：完成内网改造和互联网收口，建设互联网出口安全防护设施；③统一运维体系；④网络安全治理体系：启动终端管理、云安全资源池建设和威胁情报处置平台项目建设；⑤数据中台升级和数据治理：数据中台软件升级替换，接入企业人资、财务、物资管理域数据，完善生产数据域，数据治理体系设计，人资、财务、物资管理主题域的数据治理；⑥统一门户；⑦通用业务中台：流程中心、报表中心；⑧技术中台：人工智能模型扩容、应用开发；⑨能力共享平台。

一、通用业务中台建设

（一）业务中台的模式

业务中台包含基本业务单元的抽象，为上层应用开发提供业务组件，提升开发效率，沉淀共性业务能力。通用业务中台建设包括：流程中心、文档中心、报表中心建设。

1）流程中心层面。以流程全生命周期管理为核心，沉淀流程数据资产，通过多维度流程运营可视化分析，实现流程一点看全，以数字化手段助力流程优化再造。以 API 方式实现流程标准能力开放共享，提升流程业务建设效率的同时，显著降低建设成本。具备强大的流程引擎、流程分析能力，支持分租户、分层级在线自助运营流程，使流程运营由项目组集中运管方式向租户自助运管转变，进一步释放运营活力。

2）文档中心层面。文档中心提供企业文档统一存储能力、企业网盘和知识库等服务，随时随地轻松实现文件存储、共享与浏览。具备强大的全文索引引擎、存储空间管理过程、智能化文档标签，并采用文档传输存储全链路加密、访问控制、安全水印、分享外链管控等手段，为企业提供访问安全、行为安全、数据安全等值得信赖的文件安全防护体系。

3）报表中心层面。企业各业务系统的建设都可能需要用到报表展示、大屏展示、驾驶舱建设等报表类通用需求。通过建设通用的报表中心，为各应用系统提供统一的报表设计、生成和展示能力，避免重复建设，促进报表能力的共享。

（二）技术中台技术应用

各应用系统的建设都需要一些共性的技术架构支撑，从企业层面有必要建设统一的技术中台，为各应用系统的开发提供统一的底层技术开发能力，为应用赋予现代化、智能化、孪生化的现代技术内核，节省企业的技术投入，提升开发效率，降低开发风险。

技术中台是构建在业务中台、数据中台之下，为后者提供通用技术能力支撑的平台。技术中台提供的通用技术能力包含物联网、区块链、人工智能、数字孪生、边缘计算等技术组件。

1. 物联网

物联网接入平台架构包括如下四个层面：

1）感知层层面。感知层相当于物联网的皮肤和五官，完成识别物体、采集信息的任务。感知层设备主要分为两类：①自动感知设备。能够自动感知外部物理物体与物理环境信息的设备，包括：RFID、传感器、GPS、智能家用电器、智能测控设备。②人工生成信息设备。人工生成信息的智能电子设备，包括：智能手机、个人数字助理（PDA）、计算机，它们是自动感知的辅助手段。

2）通信层层面。通信层又称网络层，网络层包括各种通信网络与物联网形成的承载网络、5G 网络等。

3）接入层层面。物联网接入层相当于计算机网络 OSI 参考模型中的物理层与数据链路层。RFID 标签、传感器与接入层设备构成了物联网感知网络的基本单元。

4）汇聚层层面。汇聚层位于接入层与核心交换层之间，基本功能是：汇接接入层的用户流量，进行数据分组传输的汇聚、转发与交换；根据接入层的用户流量，进行本地路由、过滤、流量均衡、优先级管理，以及安全控制、地址转换、流量整形等处理；根据处理结果把用户流量转发到核心交换层或在本地进行路由处理。核心交换层为物联网提供高速、安全与具有服务质量保障能力的数据传输环境。数据层负责各类资产运营数据的汇聚、标签化。

对于物联网应用开发平台而言，既要向下实现"管、控、营"，还要向上为应用开发、服务提供及系统集成提供 PAAS 服务。根据平台功能的不同，可分为如下四种类型：

第一种类型，设备管理平台。主要用于对物联网终端设备进行远程监管、系统升级、软件升级、故障排查、生命周期管理等功能，所有设备的数据均可以存储在云端。

第二种类型，管理平台。用于保障终端联网通道的稳定，网络资源用量的管理、资费管理、账单管理、套餐变更、号码/IP 地址资源管理。

第三种类型，应用开发平台。主要为 LOT 开发者提供应用开发工具、后台技术支持服务、中间件、业务逻辑引擎、API 接口、交互界面等，此外还提供高扩展的数据库，实时数据处理、智能预测离线数据分析、数据可视化展示应用等，让开发者无须考虑底层的细节问题将可以快速进行开发、部署和管理，从而缩短时间、降低成本。

第四种类型，业务分析平台。为客户提供数据分析、数据可视化、数据洞察等服务，通过创建新的分析模型，帮助企业快速获取信息并采取行动。

2. 区块链

联盟链网络及 BaaS 平台服务建设上，联盟链网络及 BaaS 服务平台建设基于 IssA 资源服务搭建区块链服务平台，管理须包括但不限于区块链节点、通道、应用、记账节点、智能合约、区块链浏览器、区块链监控等管理需求。区块链 BaaS 平台以底层区块链平台为依托，提供应用认证、可信数据上链服务、区块链存证等功能，支撑链上数字资产和链下实物协同、跨平台跨应用可信账户协同，支持企业研发人员以多租户方式方便、快捷、安全地享受区块链服务，帮助用户更专注于核心业务的研发和创新，构建基于区块链的创新应用。

1）区块链节点管理。支持对新建区块链节点进行快速安装、部署，能实现对已有区块链节点进行软件升级等操作。

2）区域链通道管理。具有通道的创建和管理功能，选择联盟链的全部或部分节点作为记账节点。

3）应用认证。在通道内建立应用，并建立应用相关的账本结构。加入的应用需要提供资料进行认证，认证审核通过之后才能加入平台。

4）证书服务。提供公私钥生成、公钥写入、私钥签名与管理；提供应用层用户信息与区块链地址的映射；支持实名认证及审计的监管需求。

5）智能合约管理。提供智能合约的管理功能。

6）区块链浏览器。区块链浏览器具备查看联盟链/通道统计信息，包括但不限于活跃节点数、业务模型数量、智能合约数量、区块高度、交易总数等信息。

7）其他服务：提供区块链 BaaS 平台的基础功能服务，如系统日志、统计报表、安全、数据万能导入和告警管理等。

应用接入、设计及建设中，应方便其他应用的快捷接入，平台须提供丰富的接口供业务接入。

1）区块链统一记账服务。针对不同的业务表单，区块链应能提供统一记账的服务，无须定制开发即可实现上链服务。

2）区块链存证服务。具有区块链存证服务功能，具有对原始数据和链上存证比对并提供预警的功能。

3）链上数字资产和链下实物协同。具有链上数字资产和链下实物的协同服务功能。

4）可信数据流通服务。具有基于可信账户的可信数据流通服务功能，授权信息上链。

5）跨平台、跨应用的业务协同。支持具有跨平台、跨应用的业务协同功能，包括但不限于区块链账户和业务数据的协同。

3. 人工智能

AI 能力包括图像识别能力、语音识别能力、语音合成能力、自然语言处理能力、知识图谱等。AI 能力统一运营上，要解决如下四方面问题。

1）统一纳管问题，包括解决 AI 能力分散、无序问题，提供 AI 能力的统一规划、统一纳管，构建 AI 集成、纳管、开放的 AI 生态，融合多家 AI 能力、算法的供应商，百花齐放，资源共享。

2）分级运营问题，解决统一接入、统一管理、按需调用、资源共享、分级运营、效能最优快速交付和决策支撑能力。

3）可视化问题，实现 AI 资产可视化、服务调用可视化、业务监控可视化及 AI 能力的动态管理和运营展示。

4）统一监控问题，从业务维度实现对 AI 资源的调用情况的实时监控和问题定位下钻、实现监控预警通知、实现业务对服务调用情况的一体化监控服务。

应用开发层面，包括前端设计器，提供数据源管理器、页面布局设计器和页面交互逻辑设计器，以可视化形式完成常见页面功能开发。

1）数据源管理器。结合后端设计器，将一个数据模型或 API 接口定义为页面可调用的数据集。

2）页面布局设计器。对页面常见组织形式进行抽象整理，将页面元素结构划分为基础组件、业务组件、模板、页面四个层级。基于 DSL 技术设计规划元数据协议，以 JSON 形式描述组件、属性、交互逻辑。

3）页面交互逻辑设计器。对页面常见交互逻辑进行抽象整理，划分逻辑节点、逻辑关系节点、常用动作类型等。基于 DSL 技术设计规划元数据协议，以 JSON 形式描述各节点和动作类型。支持高码代码段。提供可视化设计器，以流程图设计方式，定义页面交互流程。

4）后端设计器。提供数据模型设计器、API 设计器、接口逻辑设计器，以图形界面和可视化方式完成常见后台功能开发。

5）数据模型设计器。针对业务应用中的数据模型，提供可视化的图形界面，完成数据模型设计。

6）API 设计器。针对业务应用中前后端交互的接口，提供统一的接口协议，并提供可视化交互界面，完成接口、入参、出参的设计和管理。

7）管理类功能。除前后端设计器主要功能，还应提供微服务组件管理、API 路由、服务自动接入微服务组件等功能。

4. 数字孪生

搭建数字孪生管理平台，可以支持实现表格查看和浏览各类文件，包括常用的二维和三维绘图软件、工程计算软件、工艺流程设计软件及工程采购管理等数据全生命周期中涉及的相关软件或平台的结果文件。

通过数字孪生管理平台，可以快速发布二/三维信息化模型数据及相关的文档、图样，平台能够根据一定规则对图样文档进行智能分析及数据提取，对图样及文档进行深度挖掘，并建立对象及对象间的关联关系，将非结构化的数据及文件结构化，实现对象化的信息检索、查询和管理功能。

数字孪生管理平台支持文件与工程对象的搜索功能，能够快速查找图样和文件，可以对图样进行缩放、移动。支持在查看二维图样时进行协同，对二维图样进行标注。当标注保存后，其他用户可以对该标注进行查看、隐藏等。

基于数字孪生管理平台，实现实体现场对象的可视化，指导实体现场管理，例如工程施工过程中的碰撞检查、材料统计、二/三维信息化模型浏览、系统关系查询等。

数字孪生管理平台可按照不同的组织方式对数据对象进行查看，可以提供按资产、按文件类型、按文档目录等方式进行浏览分类。按照不同分类进行查看时，平台应该给予相应的提示，统计该类别下对象的具体数量。发布数据时，能够在系统中定制相应的查询报表，以验证数据移交完整性及有效性。

5. 边缘计算

1）边缘算法任务管理。应实现各类智能分析任务的创建、修改、删除等状态操作，支持对应用任务执行状态信息进行展示，任务管理接口。

2）边缘算法任务配置。应实现智能分析任务的时间布控的动态管理，可灵活配置 ROI 区域、屏蔽区域等调度策略。

3）应用智能调度。解析任务智能调度模块是智能任务调度的核心，其功能包含解析任务视频多分辨率智能调度。上层应用平台提交各类解析任务时，解析任务智能调度模块会根据视频数据分辨率对其做任务策略设计。

4)数据标注。标注数据集管理,支持不同类型的数据标注,如图像、视频、文本、音频等。预识别任务,支持用户自定义标注模板,以适应不同的数据和业务场景数据。智能标注支持图像类型、音频类型的数据的辅助标注工具,标注任务管理等丰富标注功能。

5)模型训练支持。支持多种深度学习框架等,内置多个案例算法模板能帮助用户快速上手平台,基于不同的场景快速使用建模功能,支持各种类型的自动化建模和模型的自动调优,支持分类算法、算法自定义,对当前平台内产生的模型进行效果测试、模型自动调优,可导入第三方模型进行统一管理。

二、智能合规中台建设七步法

在合规领域,企业可以充分整合大语言模型的优秀能力,将其结合业务实际场景,按照七步法打造一个完整的智能合规平台。智能合规平台系统建设如图 8-7 所示。

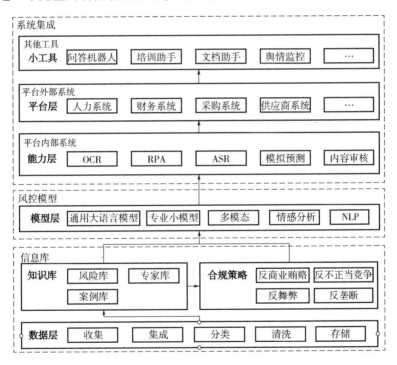

图 8-7　智能合规平台系统建设

(一)企业数据的收集与处理

企业需要使用的相关内外部数据非常多,内部有业务相关的数据、管理相关数据,外部有市场、社会、竞争对手、合作伙伴等相关数据。这些数据对于合规的应用都是非常有价值的。由于它们的维度、格式可能都不一样,要进行收集、清洗、分类等相关处理。

1. 数据需求的分析与规划

在数据收集、清洗、分类开始之前，先按照整体规划设计，从全局视角分析数据需求、现有数据及需要补充的数据。

在这个阶段，首先需要与合规团队、业务部门、IT 部门及可能涉及的其他利益相关方进行深入的沟通。目标是确保所有关键利益相关方对合规平台的需求有共同的理解，并达成一致。需求分析应涵盖如下几个关键方面：

1）企业拥有的数据。先确认企业拥有的数据，如销售数据、采购数据、生产数据、库存数据、成本数据、财务数据、人力资源数据。再确认企业拥有的这些数据是否全面、准确，如是否缺少内部业务数据、是否就可以让业务系统增加相应功能进行收集，对于不准确的数据需要从数据源头进行数据治理和修正。

2）哪些数据是企业无法自己生产的。对于这些数据，采用外部采购或者网络爬虫的方式获取。在爬取相关数据前要遵守数据保护协议，必要时可以咨询相关律师建议。

2. 数据源识别与评估

识别所有潜在的数据源，并评估它们的数据质量、格式、更新频率和可用性。

1）确定已有数据对类型。明确平台需要处理哪些类型的数据，如客户身份信息、交易记录、合同文本、员工行为记录、市场监管信息等。

2）确定数据来源。识别所有可能的数据来源，包括内部系统和外部数据源（如监管机构的数据库、合作伙伴提供的数据、公开市场数据等）。

3）明确数据负责人。确定以上信息后，还需要确定这些数据对应的负责人。企业将数据和对应的负责人进行细化，方便数据出现问题后的对口解决。

4）合规要求。确保所有数据集成活动符合相关法律法规，这可能涉及数据保护、数据传输安全、数据存储地点等。

3. 数据集成策略制定

数据一般分散地存储在不同的数据表中，数据集成是把多个数据源的数据结合到一个数据存储中。

1）确定数据集成目标。在制定策略之前，首先应明确数据集成的目标，包括确定哪些数据需要集成、集成的频率、数据的用途及预期的集成效果。目标的设定应与企业的业务需求和合规要求一致。

2）选择数据集成方法。数据集成可以采用实时数据流处理或批量数据导入，具体方法的选择取决于业务需求和数据特性。

3）设计数据抽取和转换流程。设计数据抽取流程时，需要考虑数据源的多样性和复杂性。对于结构化数据，可以直接从数据库中抽取；对于非结构化数据，可能需要使用文本解析、图像识别等技术。

4. 数据清洗与预处理

开发数据清洗和预处理流程，以提高数据质量，包括去除重复记录、填补缺失值、纠正错误、标准化数据格式等。

1）识别数据质量问题。在开始数据清洗之前，首先需要识别数据集中存在的质量问题，包括重复记录、缺失值、不一致的数据格式、错误的数据输入等。

2）设计清洗流程。设计一个系统化的数据清洗流程，包括数据清洗的各个阶段，如数据验证、清洗规则制定、清洗操作执行及清洗结果验证。

3）去除重复记录。重复记录会影响数据分析的准确性。可以通过比较记录的唯一标识符（如客户 ID、交易 ID 等）识别重复记录，并根据业务规则决定保留哪条记录或合并记录。

4）处理缺失值。缺失值是数据集中常见的问题。处理方法包括删除含有缺失值的记录、使用统计方法填充缺失值（如均值、中位数、众数等）、使用模型预测缺失值，具体选择哪种方法取决于数据的重要性和缺失值的性质。

5）纠正错误。错误数据可能是由于输入错误、系统错误或数据传输过程中的损坏造成的。通过数据验证规则（如数据类型、范围、格式等）识别错误，并进行相应的修正。对于无法修正的错误，可能需要进一步的调查或联系数据源。

6）标准化数据格式。不同数据源可能使用不同的数据格式。标准化数据格式有助于统一数据分析和报告。

5. 数据存储与管理

1）选择合适的存储技术。数据仓库适用于结构化数据的存储和复杂查询，而数据湖更适合于处理大规模的非结构化数据。云存储服务提供了灵活性和可扩展性，但需要考虑数据的地理位置和传输成本。

2）实施数据存储解决方案。设计并实施数据存储架构，包括数据的物理存储、备份策略和灾难恢复计划，确保数据存储解决方案能够支持企业的业务连续性和合规要求。

3）建立数据管理政策。制定数据管理政策，明确数据的生命周期管理，包括数据的创建、存储、使用、维护和销毁。

4）实施访问控制。建立严格的数据访问控制机制，确保只有授权用户能够访问敏感数据。这可能包括角色基于访问控制、属性基于访问控制等技术。

5）监控和维护数据存储。实施数据存储监控系统，实时监控数据的存储状态、访问活动和系统性能。定期进行数据存储的维护和优化，确保系统的稳定性和性能。

在数据收集处理环节需要重点关注的问题如下。

1）全面性。确保需求分析涵盖所有相关方面，避免遗漏关键数据源或业务流程。

2）准确性。需求分析应基于准确的业务理解和技术评估，避免因误解需求而导致的资源浪费。

3）数据一致性。确保在不同系统和流程中使用的数据保持一致。

4）变更管理。随着业务发展和法规变化，数据集成策略可能需要调整。建立灵活的变更管理机制，以适应这些变化。

5）数据安全。在设计存储解决方案时，应优先考虑数据的安全性，包括数据加密、访问控制和安全审计。

6）合规性。确保数据存储和管理符合相关法律法规，如 GDPR 和 SOX，特别是在处理个人数据和财务信息时。

7）性能优化。数据存储解决方案应支持高效的数据访问和处理，避免影响业务操作和分析效率。

8）可扩展性。随着企业数据量的增长，存储解决方案应具备良好的可扩展性，以适应未来的需求变化。

（二）企业合规库的建立

对于合规三库（风险库、专家库和案例库）的建立，三库制度主动识别和应对合规风险，以提升合规管理水平。

1. 数据标注和风险库的建立

（1）风险库的建立

风险库的建立首先需要企业对内部业务流程进行全面梳理，识别所有可能涉及合规风险的环节。包括采购、销售、生产、研发、投资、财务、人力资源等各个领域，根据实际工作中发生过或者行业发生过的类似的合规问题分析这类问题需要哪些数据。将这些风险数据归集至风险信息库。在建设风险信息库后，除了应收集新数据，还应收集和整理历史数据，包括已发生的合规事件和潜在风险点，以及相关法律法规的变化。相关信息包括但不限于如下七个方面：

1）交易数据。包括交易金额、交易时间、交易类型、交易双方信息等，这些数据可以帮助识别异常交易模式，如洗钱行为。

2）客户信息。包括客户的身份信息、交易历史、信用评分等，用客户合规性检查。

3）合同文本。包括合同条款、协议内容、合规声明等，用于确保合同符合法律法规要求。

4）通信记录。包括电子邮件、通话记录、即时消息等，用于监控内部沟通中的合规风险。

5）市场监管信息。包括监管机构发布的法规、指南、处罚案例等，用于跟踪法律法规变化和行业标准。

6）员工行为数据。包括员工的培训记录、违规记录、绩效评估等，用于评估内部合规文化和员工行为。

7）第三方数据。供应商、合作伙伴的合规记录，用于评估第三方风险。

（2）数据标注

在进行数据分类后，针对风险库中的数据进行标注，主要涉及的数据标注方法如下：

1）文本标注。使用自然语言处理（NLP）工具，如正则表达式或命名实体识别技术，自动识别和标记文本中的关键词、实体和短语。对于合同文本，可以标注合同条款中的关键合规点，如数据保护条款、反贿赂条款等。

2）结构化数据标注。对于交易数据和客户信息，可以创建数据标签，如"高风险交易""可疑客户"等。使用数据可视化工具，如电子表格或数据库管理系统，为数据项分配颜色编码或图标，以直观展示风险等级。

3）图像和音频标注。对于涉及图像和音频的数据，如身份证件、录音等，可以使用图像识别和语音转文本技术进行初步处理。人工审核并标注关键信息，如证件有效期、录音中的敏感词汇等。风险库的建立还需要制定一套风险评估和分类的标准，对收集到的风险进行量化分析，确定风险等级。

4）风险等级标注。根据风险评估模型，为每个数据点或数据集分配风险等级，如"低风险""中风险""高风险"。使用自动化工具，如风险评分卡，为数据项打分，并根据分数自动标注风险等级。

5）合规性标注。对于市场监管信息，标注其合规性要求，如"必须遵守""建议遵守"等。对于员工行为数据，标注合规培训完成情况、违规行为记录等。此外，企业应建立风险库的更新机制，定期审查和调整风险信息，以反映最新的合规环境和业务变化。风险库的建设还需要技术支持，如数据库管理系统，以便于风险数据的存储、检索和分析。企业应确保风险库的安全性，防止敏感信息泄露。

2. 数据标注和专家库的建立

专家库的建设首先需要明确专家库的目标和范围，确定需要哪些领域的专家，然后通过内部推荐、行业会议、学术论坛等多种渠道征集专家。在专家选拔过程中，应注重专家的专业背景、实践经验和行业声誉。一旦确定专家名单，企业应与专家签订合作协议，明确双方的权利和义务。专家库的运行需要建立一套管理机制，包括专家的职责分配、咨询流程、成果评估等。

此外，企业应定期组织专家进行培训和交流，以保持专家库的活力和专业性。专家库的建设还应考虑专家的激励机制，确保专家能够积极参与并贡献其专业知识。

3. 数据标注和案例库的建立

案例库的建设首先需要确定案例的收集范围和标准，通常包括国内外的合规案例、行业最佳实践及企业内部的典型案例，这可能包括企业和行业相关新闻报道、法律判决书、行业报告、内部审计报告等。

为了提高案例库的实用性，还应对案例数据进行相应标注：

1）案例类型标注。为每个案例标注类型，如正向案例或反向案例。

2）合规领域标注。根据案例涉及的合规问题，标注案例所属的领域，如税务合规、环境合规等。

3）法律分析标注。对案例中的法律问题进行标注，包括适用的法律法规、法律解释和判决依据。

4）处理过程标注。详细记录案例的处理过程，包括企业或个人采取的措施、监管机构的介入等。

5）启示和教训标注。总结案例的教训和启示，为企业提供实际操作的指导。

在收集和标注案例时，应确保案例内容的合法使用、尊重原创作者的版权、对涉及敏感信息的案例进行适当的脱敏处理。在应用案例库时，企业可以结合大语言模型，以案例库作为知识库，生成对应的培训课件和考试题目，让受训人员与AI直接交互，完成案例学习。

案例库的建设还需要定期更新，确保案例信息的时效性和相关性。此外，企业应鼓励员工分享自己的经验和教训，形成案例库的持续补充。案例库的建设还应注重案例的版权和知识产权保护，确保案例内容的合法使用。

（三）企业合规策略管理

反商业贿赂、反不正当竞争、反舞弊和反垄断是企业合规管理中的关键领域，它们直接关系到企业的声誉、市场地位和法律风险。为了有效应对这些挑战，需要建立一套全面的系统策略，让AI可以根据系统策略，通过判断人工在线上操作时产生的数据，有效识别对应的风险行为。

1. 反商业贿赂策略

反商业贿赂指企业在商业活动中，不得通过提供、承诺或给予任何形式的利益（如金钱、礼物、回扣等）影响交易决策，以获取不正当的商业优势。反商业贿赂的目的是确保交易的公正性和透明度，防止腐败行为，维护市场秩序。

1）自动化风险评估。系统应具备对交易和合作伙伴进行风险评估的能力，通过分析历史数据和行为模式，识别潜在的贿赂风险。

2）合规培训模块。集成在线培训平台，为员工提供反贿赂法规和公司政策的定期培训。

3）第三方尽职调查。系统应包含第三方尽职调查工具，对合作伙伴和供应商进行全面审查，确保其合规性。

2. 反不正当竞争策略

不正当竞争行为包括但不限于虚假宣传、侵犯商业秘密、低价倾销、不正当有奖销售、诋毁竞争对手商誉等。企业应遵循公平竞争原则，不得采取误导消费者或损害竞争对手的行为。

1）市场监控系统。实时监控市场动态和竞争对手行为，分析企业自身是否存在不正当竞争行为。

2）合规审查工具。为市场活动和广告宣传提供自动化合规审查，确保内容不违反反不正当竞争法规。

3）案例库参考。建立案例库，收录反不正当竞争的案例分析，为员工提供参考和警示。

3. 反舞弊策略

反舞弊指企业内部建立有效的制度和文化，以预防、发现和处理员工或管理层利用职务之便进行的欺诈行为。这些行为可能包括贪污、挪用资金、伪造财务记录、滥用职权等。

1) 内部控制系统。集成内部控制流程,包括财务审计、资产监控和异常行为报告。

2) 举报与调查平台。建立匿名举报系统,鼓励员工举报可疑行为,并支持自动化调查流程。

3) 数据分析引擎。利用数据分析技术,对财务数据进行深入分析,识别潜在的舞弊迹象。

4. 反垄断策略

反垄断法规旨在防止企业通过不正当手段控制市场、限制竞争,损害消费者利益。这包括但不限于滥用市场支配地位、垄断协议(如价格固定、市场分割等)、未依法申报的经营者集中(如并购)。

1) 市场分析工具。系统应包含市场分析工具,帮助企业评估其市场地位和竞争行为的合规性。

2) 合规决策支持。为重大商业决策提供合规性分析,确保不触犯反垄断法规。

3) 法规更新追踪。实时追踪和更新反垄断法规,确保系统策略与最新法规保持一致。

(四)企业合规模型建设

关于三位一体模型,企业可以根据自身需求情况选择使用哪种 AI 模型。随着现状大语言模型技术的成熟,一般情况下采用大语言模型技术+企业自建小模型的方式解决。

对于企业来说,如果之前没有大语言模型,现在为了合规的需求自建一套大语言模型虽然效果比较好,但是成本也非常高。大语言模型也有其自身的问题,那就是其更多关注通用型场景,所以对于自身企业在某些场景下的合规应用,大模型的表现往往不太理想。此时,可以考虑在使用大语言模型的基础上,根据大语言模型表现不好的方面研发自己的 AI 小模型进行补漏,这种 AI 小模型更具备适配企业场景需求的灵活性,也能有效针对性地弥补大模型的不足,并且两个模型相互配合有助于控制开发成本和维护成本。

1. 特征工程

特征工程是机器学习中的关键步骤,涉及从原始数据中提取、选择和转换特征,以提高模型的预测能力。首先,需要对数据进行深入分析,识别与业务目标相关的特征。例如,在金融领域,可能需要关注交易金额、频率、用户行为模式等。这些特征应该能够反映数据的关键信息,如用户信用风险或市场趋势。

中台特征生成与输出模式如图 8-8 所示。

特征工程还包括特征生成,即创建新的特征以提高模型性能,可能涉及数据的组合、交互项的创建或使用领域知识构造新特征。例如,在自然语言处理中,词嵌入(Word Embeddings)是一种常见的特征生成方法,它将文本转换为数值向量,捕捉词汇间的语义关系。提高模型性能的特征工程如图 8-9 所示。

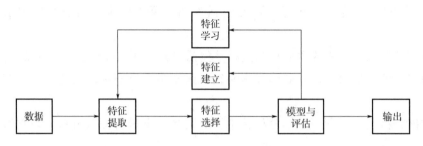

图 8-8 中台特征生成与输出模式

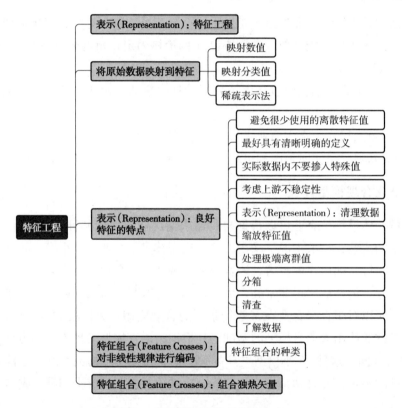

图 8-9 提高模型性能的特征工程

2. 选择合适的模型架构

模型的选择应基于数据的类型、结构及业务需求。对于文本数据，自然语言处理（NLP）模型如循环神经网络、长短时记忆网络或转换模型是常用的选择。这些模型能够处理序列数据，捕捉文本中的长距离依赖关系。

对于图像数据，卷积神经网络因其在图像识别和处理方面的强大能力而成为首选。通过卷积层自动提取图像的局部特征，适用于图像分类、目标检测等任务。在结构化数据上，决策树、支持向量机或逻辑回归等传统机器学习模型可能更为合适。可解释的 AI 模型如决策树、线性回归或局部可解释模型，帮助企业理解模型的决策过程，提供透明度。

3. 模型训练与验证

模型训练是使用标注好的训练数据集来学习数据中的模式。在训练过程中，需要选择合适的损失函数和优化算法。例如，对于分类任务，交叉熵损失是常用的选择；对于回归任务，均方误差是常用的选择。在训练过程中，应监控模型的损失和准确率，确保模型在训练集上表现良好。

在验证集上评估模型性能是确保模型泛化能力的关键，涉及模型在未见过的数据上的表现。如果模型在验证集上表现不佳，可能需要调整模型参数，如学习率、正则化系数等，或者尝试不同的模型结构。交叉验证是一种常用的方法，它通过将数据集分成多个子集，轮流作为训练集和验证集，以更全面地评估模型性能。

4. 模型部署与集成

模型部署是将训练好的模型应用到实际业务中的过程，包括将模型封装为 API、服务或集成到现有的应用程序中。在部署过程中，需要确保模型能够处理实时数据流，并提供快速的预测响应。模型的可扩展性和维护性也是部署时需要考虑的因素。

将模型集成到企业的业务流程中，如合规审核系统或决策支持系统，需要与现有系统集成。这可能涉及 API 的创建、数据接口的适配及用户界面的更新。在集成过程中，应确保模型的输出能够被业务人员理解和利用，同时提供必要的监控和反馈机制，以便在模型性能下降时能够及时进行调整。通过这些步骤，企业可以确保 AI 模型在合规审核和决策中发挥最大作用。

（五）合规系统能力建设

1. RPA 能力

在企业合规管理中，RPA 技术的应用可以显著提高效率、降低成本并减少人为错误。通过 AI 技术的辅助，RPA 可以进一步智能化，实现更复杂的合规检查流程自动化。如下是利用 RPA 和 AI 技术实现流程自动化的详细步骤和策略。

（1）流程识别与分析

识别和分析企业中可以自动化的合规流程，了解流程的当前状态，包括手动操作、数据输入、决策点和输出。对于 KYC（了解你的客户）和 AML（反洗钱）检查等合规流程，分析其关键步骤，如客户身份验证、交易监控和风险评估。

（2）RPA 工具选择与部署

选择时应考虑工具的易用性、可扩展性、集成能力和支持的 AI 技术。部署 RPA 工具时，确保它能够与现有的企业系统兼容，并且可以轻松地集成到现有的 IT 架构中。

（3）流程设计

设计自动化流程时，应考虑如下因素：

1）流程映射。详细映射每个步骤，确保 RPA 机器人能够模拟人类操作，如点击按钮、填写表单、读取屏幕等。

2）异常处理。设计流程以处理异常情况，如系统错误、网络中断等。这可能包括重试机制、错误日志记录和通知系统管理员。

3）数据输入与输出。确保 RPA 机器人能够正确处理数据输入，并生成所需的输出，如报告和通知。

（4）AI 技术集成

AI 技术可以增强 RPA 的智能化水平，特别是在处理复杂决策和模式识别。如下是几种常见的 AI 技术及其在合规流程中的应用：

1）机器学习（ML）。用于分析大量数据，识别潜在的合规风险。

2）自然语言处理（NLP）。用于理解和处理文本数据，如自动解析合同条款、客户通信等。

3）图像识别。用于验证身份，如通过人脸识别技术进行验证。

4）预测分析。用于预测未来的合规风险，帮助企业提前做好准备。

（5）合规风险自动化反馈

在合规平台中，自动化流程应能够将分析结果自动反馈到业务流程中。例如，在发现合规风险时，RPA 机器人可以自动触发内部审计流程，或者生成报告发送给相关管理人员。

（6）安全与合规

在整个自动化过程中，应确保所有操作符合数据保护法律法规。实施严格的数据安全措施，如数据加密、访问控制和审计日志。

通过上述步骤，企业可以利用 RPA 和 AI 技术实现合规流程的自动化，提高合规效率，降低风险。随着技术的进步，自动化流程将变得更加智能和灵活，帮助企业应对不断变化的合规环境。

2. 人工智能赋能 OCR 和 ASR 能力

OCR（光学字符识别）和 ASR（自动语音识别）技术的应用日益广泛，它们在提高工作效率、优化用户体验等方面发挥着重要作用。然而，尽管这些技术已经取得了显著的进步，但在实际应用中仍面临着准确度的挑战。

OCR 技术的核心在于从图像中准确识别和提取文本信息。为了提升这一过程的准确性，深度学习和机器学习技术的应用至关重要。通过使用卷积神经网络和循环神经网络，模型能够更深入地理解图像内容和字符结构，从而提高识别率。此外，数据增强技术通过模拟真实世界中的各种情况，如旋转、缩放和添加噪声，增强了模型的泛化能力。文本纠错技术，特别是结合自然语言处理（NLP）的语言模型，能够在 OCR 识别后进一步提高文本的可读性和准确性。多模态学习方法，如图像、文本联合嵌入，以及端到端的 OCR 系统，直接从图像到文本的转换，都有助于减少中间步骤，提高整体识别效率。注意力机制的引入使模型能够关注图像中的关键部分，进一步提升识别精度。

ASR 技术则致力于将语音信号转换为文本，其准确度的提升同样依赖于人工智能的进步。端到端 ASR 系统通过简化系统结构，直接将声学信号映射到文本，显著提高了识别准确率。预训练语言模型，通过在大量文本数据上预训练，能够理解语言的深层次结构，这对于提高 ASR 的语义理解能力至关重要。声学模型的优化，如使用深度神经网络（DNN）和长短时记忆网络（LSTM），有助于更好地捕捉语音信号的时序特性。数据增强和噪声鲁棒性的提升，通过模拟不同环境下的噪声，使 ASR 系统在嘈杂环境下也能保持高准确度。多任务学习通过共享模型参数，结合语音识别和其他相关任务，如语音分割和说话人识别，提高了整体性能。实时反馈机制和自适应学习允许 ASR 系统根据用户反馈调整参数，实现更加个性化的服务。同时，利用上下文信息，如对话历史和用户偏好，ASR 系统能够在特定场景下提供更准确的识别结果。

3. 模拟预测与决策能力

大语言模型同样具备模拟预测的能力，可以帮助企业发现意想不到的问题，提前进行风险防范。由于模拟预测的场景比较多，这里用模拟审计进行举例。

（1）构建知识图谱

在企业审计领域，知识图谱的构建是实现智能化审计的关键步骤。这一过程涉及将审计业务的各个方面，包括内外部规章制度、行业政策、法律法规、业务数据、审计报告、审计底稿案例及审计经验等，整合成一个结构化的知识体系。知识图谱的核心在于其能够将这些分散的信息点通过实体、属性和关系连接起来，形成一个网络状的知识结构。这样的结构不仅有助于大型语言模型（LLM）理解审计的上下文和规则，还能够提供丰富的背景信息，使得模型在处理复杂审计任务时能够更加准确和高效。

在构建知识图谱的过程中，首先需要对审计相关的数据进行深入分析，识别关键的实体和概念，如会计科目、审计标准、法律法规条款等；然后需要通过自然语言处理（NLP）技术从文本中提取实体间的关系，如因果关系、包含关系、顺序关系等，这些关系构成了知识图谱的骨架；接着需要通过图谱数据库或图谱管理系统，将这些实体和关系进行存储和管理，形成一个可查询、可分析的知识库。

此外，还需要注意审计领域的法律法规和行业标准经常更新，知识图谱需要定期更新，以确保模型能够基于最新的信息进行学习和决策。知识图谱的审计构建如图 8-10 所示。

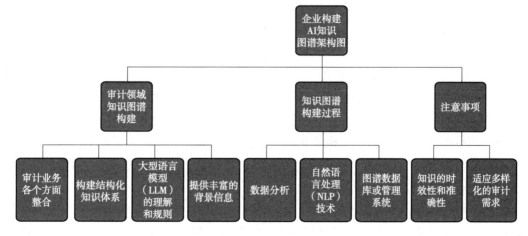

图 8-10 知识图谱的审计构建

（2）模拟审计场景构建

在大型语言模型（LLM）训练完成后，模拟审计场景的构建成为实现审计自动化的重要环节。这一过程旨在通过模拟真实的审计环境，让模型在没有实际执行审计任务的情况下，也能够进行有效的学习和决策。模拟审计场景包括财务报表审计、内部控制审计、合规性审计等多个方面，每个场景都需要设计特定的数据输入和预期输出，以验证模型的性能。

首先需要准备相应的审计数据集，这些数据集应包含真实的审计案例及对应的审计结果和建议；然后需要通过数据预处理将这些数据转化为模型可以理解的格式，如结构化数据或标记好的文本；接着需要将这些数据输入模型，让模型执行分类、预测、异常检测等任务。在这一过程中，模型将学习如何识别财务报表中的异常、评估内部控制的有效性，以及判断合规性问题。

其次，还需要考虑审计流程的复杂性。审计工作往往涉及多个步骤，如数据收集、分析、证据评估、报告撰写等。因此，模型需要能够在这些步骤中进行有效的信息处理和决策。此外，模拟场景还应该包括对模型输出的验证，确保模型的预测结果与实际审计结果相符。知识图谱的审计模型结果预测如图8-11所示。

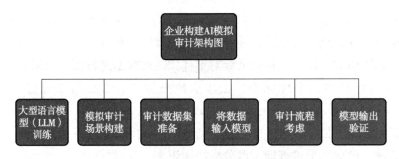

图8-11　知识图谱的审计模型结果预测

（3）结果分析与报告生成

在模拟审计场景运行结束后，需要深入分析模型输出的结果，以确保审计的质量和准确性。这一步骤涉及对模型识别出的风险和违规问题进行评估，确定其严重性和紧迫性。在分析过程中，审计人员可以利用可视化工具，如热力图、趋势图等，直观地展示审计结果，帮助理解数据背后的趋势和模式。

报告生成是审计工作的重要环节，它不仅记录了审计过程和结果，还为企业提供决策支持。在这一环节，大型语言模型可以发挥其强大的文本生成能力，自动生成审计底稿或审计报告的写作提纲。模型可以根据审计结果，结合知识图谱中的相关信息，生成结构化、逻辑清晰的报告草案。审计人员可以根据这些草案进一步补充细节和专业意见，最终形成完整的审计报告。

报告生成过程中，模型的可解释性也非常重要。审计人员需要理解模型的决策过程，确保报告的合理性和可靠性。通过这种方式，大型语言模型不仅提高了审计工作的效率，还增强了审计过程的透明度和可追溯性。

4. 内容审核能力

在企业的内容管理系统中部署经过训练的大语言模型，是确保文本内容合规性的关键步骤。这一过程涉及将模型集成到内容创建的各个环节，无论是合同起草、营销文章撰写还是公告发布，模型都能够实时或定期地对文本进行深入分析。大语言模型通过其强大的自然语言处理能力，能够识别出文本中的错别字、敏感词汇、潜在的法律风险及可能违反企业政策的内容。

（1）审核规则与 AI 模型的准备

在企业内容合规审核的初步阶段，选择合适的 AI 模型是至关重要的。一种选择是自行训练一个专业的 AI 审核模型，这通常需要大量的合规数据和专业知识，以便模型能够准确地理解和执行企业的合规策略；另一种选择是利用现有的大语言模型，这些模型已经在大规模的文本数据上进行了预训练，具备强大的语言理解和生成能力。使用大语言模型时，企业可以将自身的合规策略和知识库内容通过技术整合形成一个知识库，然后通过特定的告知模型使其在分析文本时能够参照这些合规标准。这种方法的优势在于能够快速部署，同时利用模型的通用性处理多样化的文本内容。

（2）实施合规审核

一旦 AI 模型准备就绪，就可以将其部署到企业的内容管理系统中。在内容创作阶段，无论是合同起草、营销文章撰写还是公告发布，都可以将文本实时或定期输入模型进行审核。大语言模型会深入分析文本内容，识别出可能的合规风险，如错别字、敏感词汇、法律风险等，并提供相应的修改建议。对于简单明确的问题，模型甚至可以直接进行修改，并突出显示修改前后的对比，以便内容创作者快速理解和接受。而对于更复杂的合规问题，如是否泄露了公司敏感信息或违反了特定的行业规定，模型会提供详细的分析和建议，这些建议需要由人工复核。

（3）结果分析与人工复核

尽管大语言模型在合规审核中发挥了重要作用，但人工复核仍然是不可或缺的环节。模型输出的合规性评估结果需由专业的合规团队进行复核，以确保其准确性和完整性。在复核过程中，人工审核者可以根据模型的标记和建议对文本进行深入分析，必要时进行调整，最终确定内容是否完全符合企业的合规要求。通过这种持续的学习过程，AI 小模型能够更加精准地执行企业的合规策略，提高机器审核的效率和准确率。

（六）系统集成与平台化建设

企业相关系统较多，涉及人力系统、财务系统、采购系统、供应商系统，对于如此多的系统，监控这些流程是否合规，不可能让这些系统的流程在智能合规平台上重新做一遍，而为了实现合规的目标，需要将这些系统的数据通过 API 接口的方式对接到智能合规平台。

1. API 对接原则与对接方法

RESTful API 设计采用 RESTful 架构风格，确保 API 的简洁性和可扩展性。这包括使用标准的 HTTP 方法（如 GET、POST、PUT、DELETE）表示资源的操作，以及使用 URI（统一资源标识符）定位资源。

在版本控制方面，为 API 设计版本控制机制，以便在不破坏现有集成的情况下进行更新。这通常通过在 URL 中包含版本号（如/v1、/v2）实现。

在资源导向方面，API 应围绕资源设计，每个资源对应一个唯一的 URI。资源的操作（如获取、创建、更新、删除）通过 HTTP 方法进行。

在状态无关性方面，API 应设计为无状态，即每个请求都包含处理请求所需的所有信息，不依赖于服务器的当前状态。

关于数据交换与双向流动，有数据格式、数据绑定和数据验证三个方面：

1）在数据格式方面，应当选择适合的数据交换格式，如 JSON 或 XML。JSON 因其轻量级和易读性，通常在现代 API 设计中更受欢迎。

2）在数据绑定方面，实现数据绑定机制，将 API 请求和响应自动映射到数据模型。这可以通过使用 ORM（对象关系映射）工具来简化。

3）在数据验证方面，在 API 层面实现数据验证，确保传入的数据符合预期的格式和约束。这有助于减少无效请求，提高 API 的健壮性。

关于安全性设计，可在认证、授权、加密和输入验证四个方面进行：

1）认证。实现强大的认证机制，如 OAuth 2.0 或 JWT（JSON Web Tokens），确保只有授权用户可以访问 API。OAuth 2.0 提供了多种授权类型，适用于不同的场景，而 JWT 则提供了一种无状态的认证方式，便于在分布式系统中使用。

2）授权。在认证之后，实现细粒度的授权控制，确保用户只能访问其权限范围内的资源。这可以通过角色基础访问控制（RBAC）或属性基础访问控制（ABAC）实现。

3）加密。即对所有传输的数据进行加密，使用 SSL/TLS 协议保护数据在传输过程中的安全，同时对敏感数据进行加密存储。

4）输入验证。输入验证即对所有用户输入进行验证，防止 SQL 注入、跨站脚本（XSS）等安全攻击。

2. 系统页面跳转的对接方式

除了 API 借口对接，还可以利用系统间的页面跳转进行交互，确定何种方式比较适用于之前在能力层提到的 RPA 机器人。下面是系统页面对接的一些值得注意的重点和功能：

（1）用户界面设计原则有一致性、简洁性、可访问性和响应性四项原则。

（2）智能导航与跳转功能包括智能推荐、上下文感知和一键跳转。

（3）在交互式反馈方面应当具备实时反馈、智能指示和错误处理的功能。

（4）在 AI 辅助决策支持方面，应当具备智能分析、自动化报告、预测分析的功能。

通过 API 接口对接和页面对接的方式，将之前的合规系统能力如 RPA 能力、OCR、

ASR、模拟预测、内容审核等能力整合到业务系统中。相当于智能合规平台充分发挥了自身的扩展性强、适应性好的优势,快速融入业务系统,为业务系统更好地赋能,实现合规风险的检查与规避。

(七)合规小工具的建设

1. 问答机器人

合规问答机器人是企业合规管理中的一个创新工具,它能够提供即时的合规咨询和指导,帮助员工解决日常工作中的合规问题。利用大型语言模型(如 GPT-3.5)构建这样的系统,可以实现如下功能:

1)实时问答。机器人应能够即时回答员工关于合规政策、法律法规、流程等方面的问题。

2)多语言支持。考虑到企业的国际化,机器人应支持多种语言,以便全球员工使用。

3)案例分析。机器人应能够提供历史合规案例的分析,帮助员工理解合规的重要性和实际应用。

4)政策更新通知。自动监测和更新合规政策,及时通知员工最新的法律法规变化。

5)风险评估。提供初步的风险评估工具,帮助员工识别潜在的合规风险。

6)培训与教育。集成在线培训模块,提供合规相关的教育资源和测试。

7)数据分析。收集和分析员工的问答数据,以优化合规策略和提高机器人的准确性。

8)用户友好界面。设计直观易用的用户界面,确保员工能够轻松地与机器人互动。

利用大型语言模型建设合规问答机器人是一个比较简单可行的办法,可以参考如下建设方式:

1)知识库准备。可以使用之前建立的合规案例库、专家库、风险库中的数据,结合相关风控策略,作为人工智能的知识库。

2)将知识库内容向量化。需要将知识库中的内容向量化,可以使用三房工具如 OpenAI 平台的 embedding 库进行。

3)整合大语言模型。直接使用大型语言模型进行微调,使其专注于合规领域的知识。

4)对话管理。开发对话管理系统,使机器人能够理解自然语言输入,并提供恰当的回答。

构建合规问答机器人的过程是一个系统工程,涉及数据科学、人工智能、法律知识和用户体验设计等多个领域。企业需要跨部门合作,确保机器人能够全面覆盖合规管理的各个方面。此外,随着法律法规的不断变化和企业业务的发展,合规问答机器人也需要持续更新和升级,以保持其时效性和前瞻性。通过这样的努力,企业不仅能够提高合规管理的效率,还能够在竞争激烈的市场中树立良好的合规形象,为可持续发展奠定坚实的基础。

2. 培训助手

企业合规培训助手是提升员工合规意识和能力的关键，应具备如下核心功能：

1）个性化学习路径。
2）互动式学习体验。
3）实时反馈与评估。
4）数据分析与报告。
5）持续更新的内容库。
6）移动学习支持。
7）社交学习平台。

3. 舆情监控

利用人工智能（AI）构建企业合规方面的舆情监控系统，可以有效帮助企业实时监测、分析和应对可能影响其品牌形象和合规风险的舆论动态。具体工具的功能和建设思路可以参考如下步骤：

1）数据收集与整合。在构建企业合规舆情监控系统时，数据收集是基础且关键的一步。系统必须能够从广泛的数据源中搜集信息，这些数据源包括但不限于社交媒体平台、新闻网站、在线论坛、博客及行业特定的报告和分析。为了实现这一目标，网络爬虫技术被广泛应用于自动化地抓取和整合这些分散在互联网上的数据。

2）自然语言处理（NLP）。自然语言处理（NLP）是舆情监控系统中的核心组件，使得系统能够理解和分析文本内容。NLP技术的应用包括关键词提取、实体识别（NER）、语义分析等，这些功能帮助系统深入理解文本的语境和含义。

3）实体识别与分类。实体识别（NER）是NLP的一个重要分支，它专注于从文本中识别出具有特定意义的实体，如人名、地名、组织名等。在舆情监控系统中，NER技术可以帮助系统识别出与企业相关的所有关键实体，并根据这些实体对收集到的信息进行分类。

4）情感分析。情感分析是评估公众对特定话题或事件情感倾向的技术。在舆情监控中，这一功能至关重要，因为它直接影响企业如何理解和应对舆论。系统通过分析文本中的情感词汇、语气和语境，可以判断公众情绪是正面、负面还是中性。

5）趋势分析与预测。趋势分析与预测是舆情监控系统的前瞻性功能。通过运用机器学习算法，系统能够分析历史数据，识别舆情的发展趋势，并预测未来可能的舆论走向。

6）风险评估与预警。结合企业的具体合规政策和历史舆情数据，舆情监控系统能够评估当前舆论对企业合规风险的影响。系统会分析舆情的强度、范围和持续时间，以及与企业合规标准的相关性，从而评估潜在风险。一旦系统检测到可能的风险，它会立即发出预警，提醒企业采取相应的措施。

7）可视化报告。舆情监控系统应提供直观的可视化报告，以便企业决策者能够快速理解舆情状况。这些报告可能包括舆情热度图、情感分布图、趋势图等，它们以图形化的方式展示了舆情的动态变化和关键指标。舆情的动态变化和关键指标如图 8-12 所示。

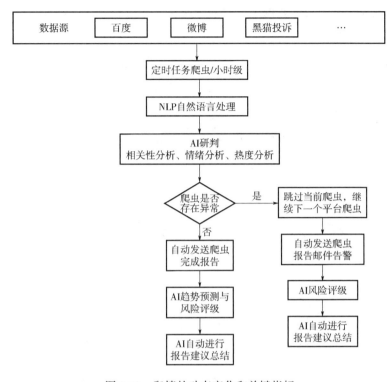

图 8-12　舆情的动态变化和关键指标

第四节　合规系统功能技术建设

合规系统功能技术建设主要为企业开展合规审查、合规检查、合规绩效评价、合规培训等工作提供技术（接口和功能）支持。

一、数字化合规风控系统技术架构

（一）智能化场景功能与技术实现

依据大数据、区块链、人工智能的科技驱动的数字化合规风控平台，该数字化合规风控平台与现有共享交换体系、大数据中心、数据治理体系有机融合，形成一套体系化的风险防控平台建设和应用服务体系。系统分析企业风险管理的构成要素，全面深入地挖掘风险管理知识需求，构建高级的自助知识服务模式，将风险智能识别、风险自动预警和风控方案推荐等风险管理知识需求融入企业风险决策过程，充分满足企业高质量的风险管理知识服务需求。

数字化合规风控系统技术架构主要分为资源层、动态数据层、风控模型服务层、应用层四个部分，如图 8-13 所示。

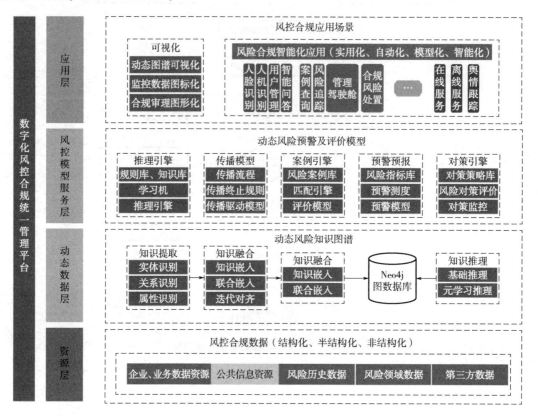

图 8-13　数字化合规风控系统技术架构

智能化场景功能层面，通过网络爬取技术、自然语言处理（NLP）、图片处理等技术实现数据资源的自动和半自动处理，提高数据采集和分析效率。采用 AI 深度学习算法等工具，构建动态风险知识图谱。建立合规规则库，合规知识库、风险指标库、风险识别库、风险数据库，通过数据分析与整合，提升风险预判精度。构建风险预警模型，通过人工智能等方法提高风险监测与预警水平，减少人工分析量，降低合规成本。智能生成合规报告与评估，应用人工智能实现关联方数据的自动筛查和匹配，实现合规报告的自动化生成和报送，提高监管效率。迭代优化风控合规管理工作流程（标准化），实现与业务管理流程无缝衔接。

智能化场景技术层面，采取的关键技术包括：基于知识图谱的动态风险知识图谱、智能风险识别模型、风险评价和预警模型、智能风险对策模型。

（二）企业动态风险知识图谱模型

在大数据环境下，信息爆炸更为明显，信息资源复杂多样，构成了多源异构数据，如

图 8-14 所示。如何合理高效地利用这些半结构化和非结构化的企业风险数据，辅助风险决策者进行高效的风险识别预警及精准的方案推荐，成为企业风险管理者的迫切需求。

图 8-14　多源异构数据资源

随着互联网、大数据与人工智能的发展，以语义网技术、大数据分析技术及数据挖掘等信息技术为代表的知识服务系统为企业风险管理知识服务提供了机遇。

知识图谱将领域知识及知识间的关系与风险领域信息相结合，通过图数据库存储大量的风险管理领域知识。企业风险管理领域知识图谱能够更好地组织与处理企业风险管理领域知识资源，实现风险管理领域知识概念的标准化语义建模与转换，从而为企业风险管理知识服务提供完备的知识支持。知识图谱的关键技术如图 8-15 所示。

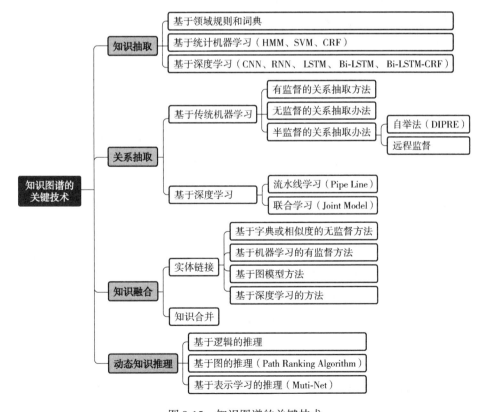

图 8-15　知识图谱的关键技术

在构建企业风险领域知识图谱时，需要将不同层次的风险要素知识与风险知识的时效性有机结合，并将风险知识动态性（时间维度）融入企业风险知识图谱构建的过程。将原有的三元组变更为包含时间戳的四元组，扩展知识的演化性，帮助企业对大数据环境下企业知识资源进行更加有效的组织和利用，形成具有动态性的企业风险知识图谱。

知识抽取技术主要有实体抽取、关系抽取和属性抽取三项主要任务。企业风险管理领域的知识抽取、融合、存储与推理等知识图谱构建流程如图 8-16 所示。

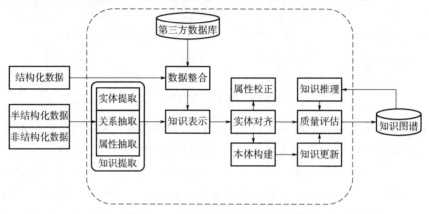

图 8-16　动态风险知识图谱流程图

企业风险管理领域知识获取主要通过手动、半自动、自动等方式从风险领域文本数据中获取风险领域概念、实体及关系等风险知识元素，并形成风险管理领域知识图谱。

1. 实体抽取

神经网络模型方法不断发展和完善，深度学习方法成为比较广泛使用的识别方法，主要包括卷积神经网络、循环神经网络、长短时记忆网络 LSTM 和双向长短时记忆 Bi-LSTM 等方法。LSTM 网络通过引入记忆单元和门的机制对网络中的信息传递过程进行干预，能够更好地记住上下文的特征，具有不错的效果。Bi-LSTM 模型则由两个长短时记忆网络 LSTM 网络结构组成，一个正向长短时记忆网络 LSTM，一个反向长短时记忆网络 LSTM，能够同时捕获文本序列从前到后和从后到前的上下文依赖关系，提升领域实体抽取效率。

2. 知识融合

在企业风险管理领域知识抽取的基础上，针对抽取结果中存在的多源异构的知识进行融合与重组，并将其转化为统一的知识模式的过程称之为知识融合，主要方法有基于贝叶斯估计、基于 D-S 证据理论、基于深度学习的方法等。

知识融合的知识存储层面，知识图谱存储方案主要包括基于关系数据库的存储方案、面向 RDF 的四元组数据库、基于 MongoDB 的属性类知识存储及基于 Neo4j 的图数据库。

知识融合的知识推理层面，知识推理的方法主要有基于逻辑的推理、基于图结构的推理、基于表示学习的推理等方法。多关系循环事件的动态知识图谱推理方法（Multi-Net）具体结构如图 8-17 所示。

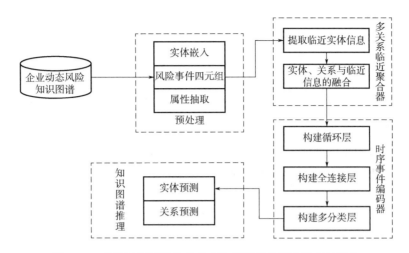

图 8-17　多关系循环事件的动态知识图谱推理方法具体结构

二、合规融合数据合规效益

合规融合数据合规效益具体包括经济效益、社会效益、推广效益三个层面。

1. 经济效益

项目建成后，构建企业统一的数字底座，有效支撑企业及各级企业信息系统的建设，降低新建信息系统的规划设计成本和建设成本。

通过数字底座的平台化能力，赋能企业升级数字化运营，推出创新应用及服务，重塑客户体验，从而提升管理效率和运营效率、降低管理成本。

通过数字底座的科技赋能，促进生产系统的质量改进、工艺优化和设备管理效率，降低生产能耗，从而提升生产效率和质量、降低生产成本。

2. 社会效益

通过数字底座建设带来的企业企业数字化平台实践，可以系统性引入创新，推动技术与商业的融合创新，推动与价值链中各合作伙伴之间的高效协作。

通过数据中台的建设和数字治理，向外输出企业数据治理与管理经验。培养数据文化，打造行业的数据治理标杆。

3. 推广效益

通过数字底座驱动业务数字化转型，可形成适用于行业多业态数字化转型能力中心建设的一站式解决方案和实施方法论，培养一批行业稀缺的数字化转型人才，形成企业特色的数字化方案和服务，赋能行业其他企业数字化转型。

三、智能风控大数据平台建设

针对企业的发展进程中，企业数字化到智能化进程、建立合规风险识别与预警机制、构建信息管理云平台安全防护、完善与零工平台管控模式、防范企业外部链接风险，推动风险防控管理落地。企业借助数字科技的赋能，融合数字管理体系进入企业的风控合规系统，实现合规任务可视化、智慧监控动态化、预警报警实时化的落实。通过数据挖掘、综合分析、指挥调度、智慧决策等方式，实现数据溯源，实现交易本质回归。企业将不同内容的风险类别，在数字赋能之下，动态确定，分层次嵌入风险矩阵的各个环节，将企业的风控模式建设形成一个具有前瞻性的风控预警管理系统。

数字化风控管理系统促使风控管理活动由企业局部的、被动的合规管理向全面的合规管理、积极合规机制方向转变，具体表现为：

1）风控管理工作覆盖面更广。通过可视化的平台管理，使设施设备、维修人员、客户、供应商原本散落的风险点都互联在统一的管控平台上进行监控，提高风险识别的准确性。

2）发现问题的及时性。提高实现风险识别的提前预警，减少隐患；实现统一平台下的任务流转、过程监测、辅助决策等一体化服务系统驱动，使得设备、员工、客户、供应商整个服务链条都处于可控、可调、可管的状态，形成管理闭环，实现管理标准的逐一落地。

3）员工参与风控管理的程度更高、责任心更强。置身于平台管理的每位员工都在各自权限范围对服务链条的不同环节实施监控，不同的是员工监控解决的是设备运行风险，管理者监控解决的是战略风险。

4）分层次管理。风险管控各司其职即各层级根据自身能力和管控要求将资源匹配，以解决不同层级的风险，针对风控管理的痛点提出风控管理的新思路，进而有效提高风险应对整体效率和水平。如图 8-18 所示，数据溯源实现交易本质回归，实现数据风控预警的前瞻性决策。

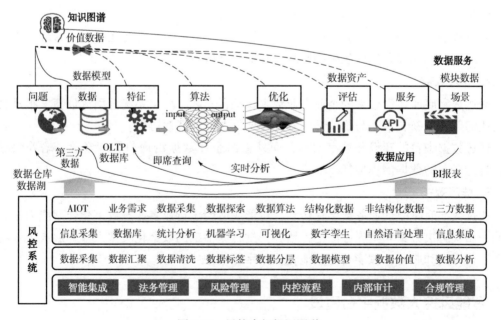

图 8-18　风控合规知识图谱

第五节 合规系统架构方案建设

确定企业合规标准是一个标准制定问题，也是一个合规战略制定问题，应站在企业战略视角进行综合判断。

一、合规嵌套的系统搭建框架

系统的搭建是企业智能化合规平台建设的最后一步，系统建设是实现合规管理信息化、自动化的关键，但系统的建设高度依赖上面的企业合规标准和业务融合，如果没有上述两点，企业的系统搭建只能是一个空壳。在搭建合规系统时，企业需要考虑如下五个方面。

1）自建还是第三方。根据企业的规模、资源和技术能力，决定是自行开发合规系统还是选择第三方服务。自建系统可以更好地满足企业特定需求，但成本和维护要求较高；第三方服务则可以利用专业团队的经验，快速部署和更新系统。

2）架构设计。设计一个灵活、可扩展的系统架构，以支持未来业务的增长和变化。同时，确保系统能够与其他企业信息系统（如ERP、CRM等）集成，实现数据共享和流程协同。

3）技术选型。选择合适的技术平台和工具，如大数据、人工智能等，以提高合规监控的效率和准确性。同时，确保系统的安全性和数据保护能力，防止数据泄露。

4）能力构建。培养专业的合规团队，提升他们在系统操作、数据分析和合规策略制定等方面的能力。

5）AI结合。利用现在较为成熟的大语言模型、多模态等技术能力，通过微调、prompt、langchain等技术架构，可以有效地为企业在合规领域提升效率、降低成本。

基于以上三维模型，企业可以有效打造一个符合企业实际需求的智能合规平台，将合规标准制度、企业业务与系统建设展开，具体如图8-19所示。

二、企业智能化合规落地

基于合规的标准要求，在企业合规制度的制定上涉及如下几个模块的内容：适用主体确认、合规指标确定、专家评估机制、合规专项小组、组织架构与职责、合规项目运行机制、合规信息化建设、合规文化建设、培训与宣传、危机防范与识别、危机应对策略、市场动态监测、案例库、沟通反馈机制、数据安全防范、文件合同管理、流程合规管理、合规中台化管理、AI合规工具管理、合规奖励机制、合规报告总结。

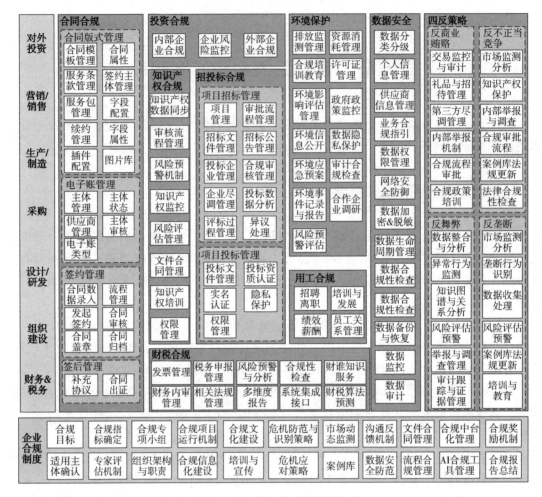

图 8-19 合规嵌套的系统搭建框架

（一）设定企业合规目标

设定明确的企业合规目标是构建有效合规体系的首要任务。这些目标不仅需要涵盖遵守国家法律法规、行业标准和企业内部政策的广泛要求，还应包括对企业资产的保护以及维护企业在市场中的良好声誉。为了确保这些目标的有效性和可执行性，企业应遵循 SMART 原则，即目标应具体（Specific）、可衡量（Measurable）、可实现（Achievable）、相关性强（Relevant）和时限明确（Time-bound）。

在实施这些合规目标时，企业应建立一个跨部门的合规项目组，由合规、法律、风险管理、信息技术和业务部门的代表组成。项目组成员应具备相应的专业知识和经验，以确保合规项目的顺利实施。此外，企业还应明确内部各部门、员工及外部合作伙伴在合规过程中的权利和义务，确保所有相关方都理解并承担相应的责任。

为了确保合规目标的实现，企业需要制定详细的合规政策和程序，包括合规培训、报告机制、内部审计和监督等。这些制度应与企业的业务流程和文化相融合，确保合规要求在企业内部得到有效执行。同时，企业应进行关键业务流程的梳理，识别潜在的合规风险点，并设计相应的合规控制措施。这可能包括流程优化、技术解决方案和人员培训。

企业还应利用信息技术搭建合规管理平台，实现合规数据的集中管理、风险监控和报告。平台应具备数据整合、分析和可视化功能，以支持决策和持续改进。此外，企业应定期评估企业的合规风险，并根据评估结果调整合规策略和措施。通过持续的监测和反馈，不断优化合规体系，确保其有效性和适应性。

（二）构建合规项目组与项目组成员

项目组的成员构成应当多元化，涵盖企业内的关键部门，如合规部门、法律部门、风险管理部门、信息技术部门及业务运营部门，这样的结构有助于项目组全面理解和应对企业面临的合规挑战。合规部门的成员负责监督合规项目的执行，确保所有合规活动都符合既定的标准和程序。法律部门的成员负责提供法律咨询，帮助企业理解和遵守相关法律法规。风险管理部门的代表负责评估合规项目的风险，并提出相应的风险缓解措施。

信息技术部门的成员在合规项目中扮演至关重要的角色，他们负责确保企业的信息系统能够支持合规要求的实施，包括数据保护、信息安全及合规数据的管理和报告。业务部门的代表确保合规项目与企业的日常运营紧密结合，他们需要理解业务流程，并能够将合规要求融入日常的业务活动。

为了提升项目组的专业性和应对复杂合规问题的能力，企业还应考虑聘请外部专家或顾问。这些外部资源可以提供独立的视角和专业知识，帮助企业解决特定的合规问题。此外，项目组应定期召开会议讨论合规项目的进展，解决实施过程中遇到的问题，并根据需要调整合规策略。

项目组的成员应定期接受合规培训，以保持对最新法律法规和行业最佳实践的了解。此外，他们还应参与合规文化的建设，通过内部沟通和培训活动提高合规意识。在项目组的领导下，企业应制订详细的合规计划，包括合规政策的制定、合规培训的实施、合规监控和报告机制的建立等。项目组还应负责监督合规计划的执行，并定期评估合规效果，确保企业始终处于合规状态。

为了确保合规项目组的高效运作，应当建立清晰的沟通机制和决策流程。项目组应当有一个明确的领导结构，确保责任分配明确、决策迅速。此外，项目组应当与高层管理保持紧密联系，确保合规战略与企业的整体战略一致，并得到必要的支持和资源。

在合规项目的实施过程中，项目组需要密切关注外部环境的变化，包括法律法规的更新、行业标准的变化及市场动态。这些变化可能会对企业的合规要求产生影响，项目组应当及时调整合规策略以适应新的挑战。项目组还应当建立一套有效的合规监控和报告机制，以确保合规活动的透明度和可追溯性。这包括定期的合规审计、风险评估报告及合规绩效的定期评估。通过这些机制，项目组可以及时发现潜在的合规风险，并采取相应的措施进行纠正。

（三）明确合规相关方权利与义务

在构建企业合规体系的过程中，明确相关方的权利与义务是确保合规文化深入人心和合规行为得以贯彻执行的关键环节。这一环节不仅涉及企业内部的各个部门和员工，也包括与企业有业务往来的外部合作伙伴，如供应商、客户、监管机构。通过明确各方的权利与义务，可以确保所有参与方都清楚自己在合规过程中的角色定位，以及自己应承担的责任和享有的权利。

首先，企业内部的每个部门都应当明确其在合规体系中的具体职责。例如，合规部门负责监督和执行合规政策，确保企业遵循所有适用的法律法规；法律部门提供法律咨询和指导，帮助企业理解和遵守相关法律法规；风险管理部门评估和控制合规风险，制订风险管理计划；信息技术部门确保信息系统的安全和合规，保护企业数据不受侵犯；业务部门将合规要求融入日常运营，确保业务流程符合合规标准。

对于外部合作伙伴，企业应明确他们在合规过程中的角色。供应商应遵守企业的供应链合规要求，确保其产品和服务符合企业的标准；客户应了解并尊重企业的数据保护政策，确保在业务往来中保护客户的隐私和数据安全；监管机构有权对企业的合规行为进行监督和审计。企业应通过合同条款、供应商协议和客户指南等方式，明确这些外部合作伙伴的权利和义务，并通过定期的沟通和培训，确保他们理解并遵守这些规定。

其次，为了确保所有相关方都理解并承担相应的责任，企业应建立一个清晰的沟通机制。这可能包括定期的合规会议、内部通知和外部沟通渠道，以确保信息的及时传递和问题的及时解决。企业还应提供培训和支持，帮助相关方理解和执行他们的合规职责，确保合规要求得到有效执行。

最后，企业应将合规作为企业文化的一部分，鼓励所有员工和合作伙伴积极参与合规活动。这可以通过奖励那些在合规方面表现出色的员工和部门，以及通过公开表彰那些在合规方面做出贡献的外部合作伙伴来实现。通过这种方式，企业不仅能够提升自身的合规水平，还能够在行业内树立良好的形象，为企业的长期发展奠定坚实的基础。

（四）拟定合规管理制度和措施

在构建企业合规体系的过程中，拟定一套详尽的合规管理制度和措施是至关重要的。这些制度和措施不仅需要覆盖合规培训、报告机制、内部审计和监督等多个方面，还必须与企业的业务流程和文化紧密融合，以确保合规性成为企业日常运营的自然组成部分。

合规培训是确保所有员工理解并遵守合规政策的关键。企业应定期为员工提供合规培训，内容应包括最新的法律法规、行业标准、企业内部政策及合规的最佳实践。培训应针对不同层级和职能的员工，确保每个人都能在自己的职责范围内理解和执行合规要求。此外，企业还应鼓励员工参与合规讨论和案例分析，以提高他们的合规意识和责任感。

报告机制是合规体系中不可或缺的一环。企业应建立一个安全、便捷的报告渠道，让员工能够在发现潜在的合规问题时及时上报。这个机制应保证报告的匿名性和保密性，以消除员工的顾虑，鼓励他们积极参与合规监督。同时，企业应确保所有报告都能得到及时的响应和处理，并对报告人给予适当的保护。

内部审计是评估企业合规状况的重要手段。企业应定期进行内部审计，检查合规政策的执行情况，识别潜在的合规风险，并提出改进建议。内部审计团队应具备专业的审计技能和对企业业务流程的深入理解，以确保审计工作的全面性和有效性。审计结果应向高层管理层报告，并作为改进合规管理的重要依据。

监督是确保合规政策持续有效执行的关键。企业应设立专门的合规监督机构或指定合规监督人员，负责监督合规政策的执行情况，确保所有部门和员工都遵守合规要求。监督机构或人员应有权访问企业的所有相关数据和信息，以便进行全面的合规评估。

在制定这些制度和措施时，企业还应考虑如何将合规文化融入企业文化。这包括在企业价值观中强调合规的重要性，将合规行为作为员工评价和晋升的标准之一，以及在企业内部传播合规成功案例和教训。企业还应鼓励员工提出合规建议，并对那些在合规方面表现出色的员工给予表彰和奖励。

第六节　本章小结

在剧烈变化的外部经济形势下，企业发展尤其面临各个环节各个层面的风险。为此，企业需要及时调整战略、突破发展瓶颈、采取妥善的风控措施、应用合适的风控工具，才能确保可持续发展。

企业的生存需要综合考虑民营面临的市场拓展和持续运行维护方法，做好独具特色的风控系统建设非常关键。

企业面临数字经济背景下和国有系统发展背景下日渐复杂的外部环境，系统做好企业战略规划和优化，持续获得市场份额，确保企业所在赛道的持续竞争的优势，并在成本可控前提下做好一揽子风控措施，实现五项职能的落地非常必要。

企业可以按照集约化方式，解决企业五项职能的风控措施落地，借助十项工具的系统应用，实现流程、制度、平台的协同，实现五项职能的专业化运作，解决企业"三道防线"和证据链支持的协同，推动企业管理向有效风控支持企业可持续经营，并持续向构建企业生态系统进化，改善企业生存状态，实现企业活下来、活得好、活得久的根本目标。

人工智能合规平台的价值如下：

（1）能够通过自动化处理和实时监控为企业提高合规审核与监控的效率。

1）在自动化处理方面，AI系统可以处理和分析大量的数据，包括交易记录、客户信息、市场动态等，这些数据通常由传统的合规团队手动处理，耗时且容易出错。AI能够通过机器学习算法自动识别模式和异常，从而加速合规检查流程，减少人工操作的需求。

2）在实时监控方面，AI系统能够实时监控企业的业务活动，通过自动化工具及时发现潜在的合规问题。

（2）能够在人力资源优化和风险预防方面为企业降低合规作业的成本。

1）在人力资源优化方面，AI合规系统可以承担许多重复性和高耗时的任务，如数据录入、文件审查等，从而减少对人力资源的依赖。

2）在风险预防方面，通过预测分析，AI系统可以帮助企业识别和量化潜在的合规风险，提前采取措施进行风险管理。

（3）增强企业的合规性。

1）AI系统能够做到准确性提升。AI系统通过算法确保合规检查的一致性和准确性，减少人为判断的偏差和错误。例如，在KYC流程中，AI可以快速准确地识别和验证客户身份，确保交易的合法性。

2）AI系统能够做到全面覆盖。AI系统可以监控企业的所有业务流程，确保合规性检查不遗漏任何环节。

（4）帮助企业提高业务透明度和可追溯性。

1）在记录完整性方面，AI系统会自动记录所有合规活动，包括检查、决策和操作的详细记录。

2）在决策追溯方面，AI系统可以记录决策过程，包括数据输入、分析结果和最终决策。

（5）辅助企业领导者进行决策支持。

1）在数据分析方面，AI系统可以深入分析大量数据，提供洞察力，帮助管理层理解合规风险和业务影响。

2）在趋势预测方面，AI系统可以基于历史数据和市场变化预测未来的合规趋势，帮助企业提前规划，如调整产品策略、市场进入策略等，以应对潜在的监管挑战。

通过风控五项职能的融合，形成意识形态、底线思维、战略价值、制衡模式、兜底管控系统的落地；借助企业风险管理、内部控制、审计监督、合规和法务等专业部门的职能整合；通过一体化融合手段，做到既能成功化解存量风险又能筑牢风险防范体系的有效企业治理。

第九章

企业合规精益数智化场景建设

本章讲述企业合规精益数智化场景建设。企业合规精益数智化场景建设的中心目标是：将合规要求嵌入场景化转换，强化企业合规化场景设计，从合规设计角度出发，实现动态的合规场景设计、落地、执行、对比、评价，形成基于企业场景的前置性设计和执行落地动态监测和过程管控，以场景赋能模式，解决企业合规的价值创造问题。

企业完成风控模型设计、合规平台化系统建设之后，可防范和化解重大风险，适应外部经济环境的变化，将面临的不确定性转化为发展机遇。实现针对风险的预防、控制与应对。最重要的是将这些风险形成系统转化，为企业创造价值和挖掘机遇。合规的数据信息库协同、模型优化设计、平台系统建设的功能挖掘，实现商业模式的业务场景化赋能，则可以成为企业合规落地并为企业管理赋能的重要方式。

第一节 数智化金融风控合规场景模式

一、数智化资金场景合规

（一）资金司库合规场景建设

企业在财务共享资金司库模块建设上，为推动资金司库数智化，加强资金司库风险识别的底层建设，需要将资金司库与科技系统融合并推动系统迭代。

企业可以建设智慧企业资金司库中台合规模块，这个合规模块是企业针对资金司库实现信息化、数字化到智能化的业财风控融合价值闭环。业务模块包括信贷风控、票据OCR、业务智能、应用安全与合规。

在信贷风控模块，系统可提取风控指标和标签信息、实时的规则和算法配置，实现全方位自动化、智能化信贷风控和智能分析，有效避免企业端本身的信贷风险。在票据OCR模块，系统提供对公和个人业务中的非标准报表和单据，推动OCR模块系统落地。在业务智能指导模块，系统提供虚拟客户自助业务智能指导，促进业务创新和客户体验。在应用安全与合规模块，系统采用防护策略更新。防护策略是设定前置条件，企业通过测试环境后方可进行部署。将测试环境与生产环境进行隔离，确保数据的安全可靠。

司库场景化合规融合体系框架如图 9-1 所示。

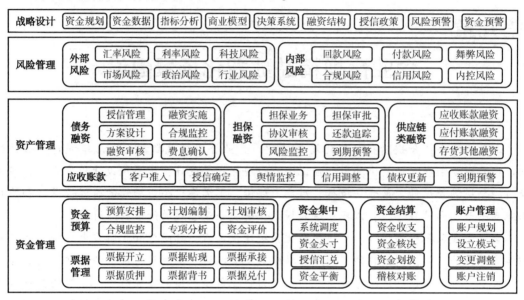

图 9-1　司库场景化合规融合体系框架

智慧企业资金管控中台有如下优势：①统一的 AI 能力服务。系统可兼容已建设的 AI 服务，实现统一管理，减少成本投入。②一体化模型交付上线。可提供统一的模型运行管理、服务监控及用量和计费。③统一的开发管理服务。能够对各种 AI 能力进行统一权限管理，并实现数据隔离。④多样化的数据管理服务。可以支持结构化和非结构化数据的混合管理，提供丰富的数据加工能力。企业场景式风控融合系统建设如图 9-2 所示。

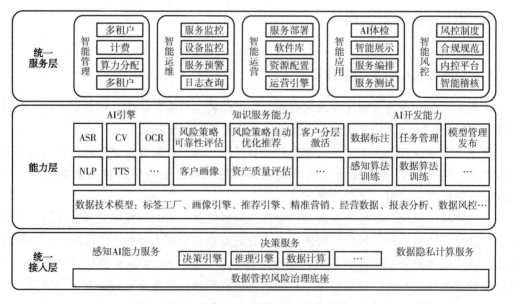

图 9-2　企业场景式风控融合系统建设

(二)资金场景化端到端合规场景建设

在企业端到端生态洞察个性化智慧资金定制数据服务模式方面,业务模块融合的风控合规场景一般包括金融风控、营销场景等。

在金融风控模块,数智化方式基于多维度数据源,有效识别用户欺诈情况及风险情况,为企业对接金融机构信贷审批提供决策建议,在有效降低企业本身风险的同时完成风险模型建设,提升企业工作效率。

在营销场景模块,数智化方式制定用户画像和提升特征标签能力,筛选优质客户,为提升机构场景营销能力提供重要数据支撑。

企业端到端生态洞察个性化定制数据服务模式具有较好的优势:①数据合规方面,通过端对端的数据服务模式,打通金融机构与底层数据源,定制化输出数据产品;②实现定制化服务,定制化数据产品贴合企业用户数据使用需求;③降低数据采购成本,通过反欺诈云模式节省用户评估和采购数据时间和成本;④推动企业建设的风控合规数据建设,实现数据积累沉淀,提升数据增益效果。

企业资金场景化端到端合规模式如图9-3所示。

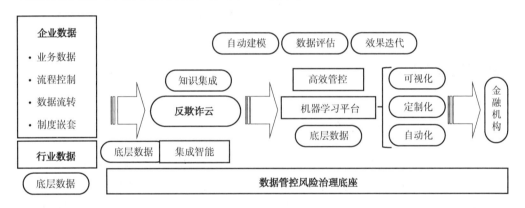

图9-3 企业资金场景化端到端合规模式

(三)财务系统穿透式合规场景建设

在财务防火墙数字交互的合规穿透式落地上,人工智能风控方案的作用在于保障合规实现数据流通价值。企业通过多方安全计算等方式,打造数据安全共享的基础设施,实现数据合规使用,增强数据流通保障。具体来说,包括如下两方面措施:①数据交易流通过程中,加强隐私信息保护;②数据交易流通中,建设数字化的风控方式,避免数据资产被数据需求方二次流转,全面保障数据产权。

在具体业务落地执行上,推动合规的资金结算场景化风控、财务数据联合建模场景化风控等。①资金结算场景化风控层面,企业通过隐私计算技术实现自动和全量的审核,提高结算效率,解决结算业务的风险控制问题;②财务数据联合建模场景化风控层面,企业系统建设数据源及风控模型,通过隐私计算方式实现。

财务系统穿透式合规场景化的智能风控方案模型精度更高,可以支持大数据平台直接接入,支持大数据平台与隐私平台直接高效融合,满足不同部署和监管要求。穿透式合规场景式方案如图9-4所示。

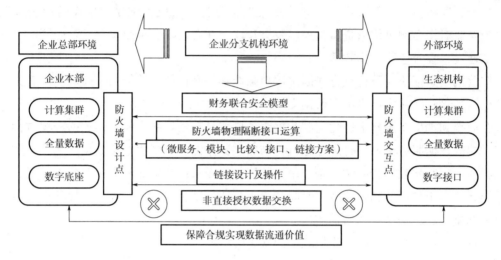

图9-4 穿透式合规场景式方案

二、数智化金融场景合规

(一)企业共享平台合规场景化建设

企业建设的共享服务平台具有模块化、专业化、协同性的特征,在提高运营管理效率、提升整体安全和服务水平方面,具有较强的针对共享服务场景的迭代与优化诉求。因此,企业针对运营合规、客户分析、工厂安保、生产布控、风控合规、系统集成的业务模块进行优化。

在运营合规方面,可以做到通过平台对视频流的智能化接入分析,对企业数字化工厂内和共享服务的物理区域"人、物、事"的合规性进行智能化监测与分析;在客户分析方面,能够通过人脸识别技术,对终端的客户属性进行分析,包括要客识别、区域轨迹、停留时长、实时热力图等;在工厂安保方面,可以实现对工厂人员的出入管控等,提高工厂本身的整体安保水平;在风控合规方面,通过数字哨兵实现对工厂区域的系统自动稽核、既定业务的流程稽核、生产制造与管线和能源消耗的监控等;在系统集成方面,实现与企业工厂的智能化升级改造相关的硬件提醒、设备集中管理控制及其他软硬件系统集成。

数字共享服务场景系统如图9-5所示。

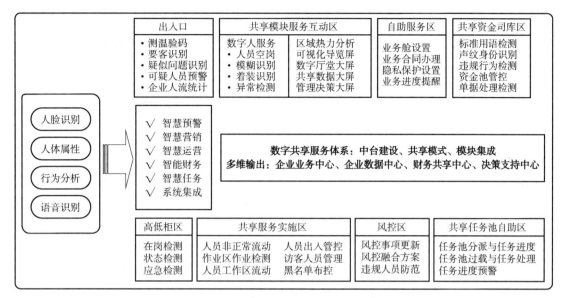

图 9-5　数字共享服务场景系统

（二）数智化财务共享场景化合规建设

数智化财务共享场景化的落地，可以实现业务自动化、财务智能化。基于集预算、资产、报账、资金、税务、核算、报表、数据应用等于一体的业财融合解决方案，企业可以实现内部智能经营管理的定制化服务。

以财务共享为基础，企业可以优化模块，推动共享标准模块精益化的场景化系统建设，并实现合规嵌套与融合，具体包括：共享运营平台、影像档案平台、预算及费控平台、全业务报账平台、收入结算平台、增值税管理平台、集成风控平台和会计引擎平台。

1）共享运营平台场景化模块层面，企业共享运营平台落实共享服务中心标准化的业务处理过程和共享运营支撑；实现针对各类业务系统源提交服务请求，做好外接各类总账系统、资金系统、网银系统、ERP 系统；提供共享作业处理、员工信用管理、质量管理、知识库管理、绩效管理、派工管理等功能模块。

2）影像档案平台场景化模块层面，企业做好电子影像平台可实现影像扫描、上传、存储、检索、归档、调阅等一系列功能；实现与移动 App 联动上传影像，为第三方系统提供影像扫描上传及调阅功能，影像平台基于云存储技术，提供数据的存储能力支撑。

3）预算及费控平台场景化模块层面，企业的预算及费控平台以预算体系为基础，实现预算配置、预算填报与审批及多种预算组合模式管控，并把预算控制手段落实到费控表单和审批过程中；实现针对主流总账系统集成自动化形成凭证，支持与资金系统或网银集成完成报销支付。

4）全业务报账平台场景化模块层面，面向全员提供报账服务，涵盖费用、应收、应付、总账、库存、资产等全业务口径，业务与财务流程、数据等信息深度融合，有力支持标准和管控的落地。

5）收入结算平台场景化模块层面，提供收入服务请求，内容涵盖收入确认、收款认领、其他收入确认、第三方对账等业务，实现财务向业务延伸，加强应收管控的有力系统支撑。

6）增值税管理平台场景化模块层面，增值税管理平台实现与金税系统对接、与税控机对接，完成进项票信息自动下载、纸票扫描识别、勾选认证等功能；还可完成自动开票、电子发票识别与防重处理等，帮助企业建立集中的增值税发票信息库、实现自动化纳税申报等。

7）集成风控平台场景化模块层面，通过企业个性化的业务模型、模板、开发工具、开发框架、中间件、基础类库及研发模式等基础，实现可视化和集成化的开发模式，提供完整的覆盖软件全生命周期的集开发、集成、运行、管理等功能于一体的统一软件平台。

8）会计引擎平台场景化模块层面，通过企业在业务系统和财务系统之间加入一个编译器，实现多业务系统来源的原始业务凭证输入，自定义可扩展的转换规则、编码规则、函数库，实时转换为可落地的会计预制凭证，通过接口管理实现发送至各类财务管理系统形成最终会计凭证。

财务共享场景化如图9-6所示。

图9-6 财务共享场景化

第九章 企业合规精益数智化场景建设

案例：智能合规平台赋能金融合规模式

B市C区的央企Z，过往几年出现了各种不良资产相关违规问题，较大的信贷敞口使资产质量存在许多不确定性。集团旗下房地产业成为集团内贷款最多行业，制造业退至第二。集团旗下银行业质押贷款在总贷款中占比也已过半，存在较大的地产风险敞口与风险抵补能力不足的矛盾。同时，企业Z内生性增长动能不足的同时，还收到不少罚单，风险管理和内部控制等各方面均亟待改善。为此，企业Z计划推动智能合规平台建设。企业Z通过合规平台建设的技术处理，将监管工具应用到合规管理的具体场景中，实现数据可关联、模型可嵌入、知识实时更新、场景全面覆盖，赋能合规管理全流程。

企业Z推动建设采取了如下方式：

1）推动规则库和案例库建设。企业Z利用AI的自然语言处理（NLP）技术，从海量监管规则中精准筛选出现行有效且与企业日常合规管理契合的监管规则及行业监管处罚案例。企业Z通过对法律法规进行条目级文本解析，以及对处罚对象、处罚金额、所在省份、处罚结果、处罚依据等关键字段进行结构化与标准化处理，再对法律法规进行分级分类标注合规标签形成规则库，根据处罚案由对应业务和管理领域进行标注和分类形成案例库。

2）构建风险识别系统。企业Z在构建案例库的基础上，分析行业违规点、标注监管重点与趋势、刻画监管红线，支持合规风险评估、问题管理、相同或近似业务场景的比较分析、合规报告等场景应用。

3）推进合规互动场景模拟。企业Z在应用上，推进AI技术应用于创建虚拟场景，模拟企业业务、投资业务、资产管理业务等全产业链业务场景涉及的合规管理问题。这些场景设计互动问题和挑战，让企业Z的从业人员和管理者在模拟环境中做出合规决策，从而实践和巩固合规原则。

4）构建多种模型，实现合规的持续迭代。企业Z结合合规管理过程中数据收集、处理、标注、应用的场景与需求，综合运用自然语言处理、知识图谱、机器学习、深度学习等专业技术，构建并持续训练智能解析模型和智能理解模型，实现合规数据结构化、标准化处理，并对监管法规语义进行智能抽取和智能理解，赋能合规数据标签化，进而辅助建立合规数据关联、强化合规知识体系管理，帮助基层业务及合规管理人员利用数字化能力提升合规管理质量和效率。

5）完成合规智能问答系统建设。企业Z在智能合规管理系统中同时嵌入智能问答系统，允许从业人员随时提问。AI系统能够即时提供解答和解释，并能够基于预先构建的知识库、案例库和风险库，不断通过机器学习优化回答的准确性和相关性。

6）推动合规执行的评估与反馈。为了检验智能合规系统的使用效果，企业Z在系统中嵌入在线测试和评估工具。AI系统自动评分并提供反馈，帮助企业Z的从业人员了解合规管理方面的诉求。同时，企业Z也收集员工对系统使用的反馈意见，以便持续改进。

第二节　数智化工厂风控合规场景模式

一、数智化工厂人员场景化合规建设

（一）数智化工厂人员场景化合规建设

在数智化工厂的系统建设上，企业需要加强针对风控检查方案的场景化落地。

首先，企业需要实现工厂区域相关人员在进入工厂到离开工厂监管区的全流程、全场景智能监管。数智化工厂数字化风控检查的业务模块包括三部分：员工一脸通过企业工厂、自助通过企业工厂、员工安全管理。

1）员工一脸通过企业工厂层面，基于人脸检测、人脸结构化 AI 算法，精准定位员工身份，实现员工人脸识别、智能测温、多维信息采集；助力工厂形成员工画像，实现员工全链条数据共享、全程闭环信息化管理。

2）自助通过企业工厂层面，企业针对工厂场景实现个性化场景化的定制开发。实现基于数智化工厂自助通道建设；集人证核验、智能测温、信息采集、智能验放、语音提示等多种功能于一体，助力员工实现"无感自助通过企业工厂。

3）员工安全管理方面，支持新建布控库或对接企业工厂需要设置的风险分析系统；形成事前多渠道发送布控指令、事中全场景布控与处置、事后对布控指令绩效分析优化的员工布控管理闭环，系统解决数字化工厂的人员合规化管控。

数字化工厂的风控合规场景化如图 9-7 所示。

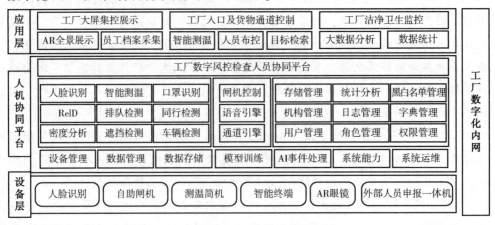

图 9-7　数字化工厂的风控合规场景化

(二) 数智化工厂数字人场景化合规建设

数智化工厂数字人是企业工厂基于生产制造的需要，构建虚拟数字人，通过丰富数字内容的形式和体验，系统提供数字人交互服务，从而降低整个企业工厂的服务成本和生产制造的出错率。

企业通过数字化工厂的形象化的交互体验，提升工厂形象，助力工厂数智化转型。数字化工厂业务模块包括形象构建、全链路 AI 技术、管理运营和多样化接入与展示。在形象构建方面，其能结合用户需求提供虚拟数字人形象定制。在全链路 AI 技术方面，实现自研语音识别、多模态语义理解、语音合成，用于实时交互、对话等场景。在管理运营方面，实现支持个性化换装、更换背景，数字人回复内容支持插入动作、表情、图片、视频，带来丰富有趣的视化效果。通过多样化接入与展示功能支持私有化部署、云端部署终端支持各类主流系统。

数字化工厂数字人场景化风控模式如图 9-8 所示。

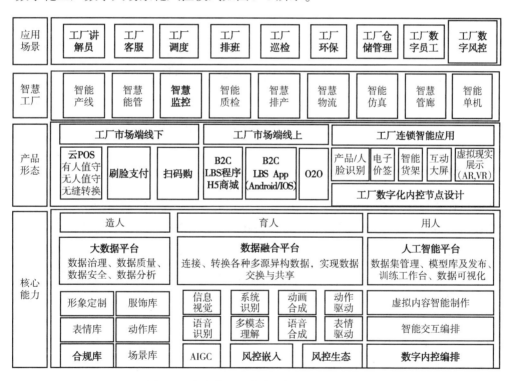

图 9-8　数字化工厂数字人场景化风控模式

(三) 数智化工厂流动场景化风控建设

在数智化工厂建设上，为实现全流程、全场景的智能人车监管的落地，同时完成场景的风控监管，达成人车监管的合规标准，企业针对进入厂区人车进行全过程的监管和场景化管控。

从工厂生产仓储通过卫生检查区域与行李提取区域到离开工厂监管区的全流程全场景智能监管，实现自助卫检通道，集人证核验、人脸识别、智能测温、核辐射检测于一体，助力人车同步无感便捷通过工厂检查。业务模块包括：证书OCR识别与数据结构化提取、证书本体比对、签名比对、货物等轨迹显示。

数字化工厂流动场景化风控模式如图9-9所示。

图9-9 数字化工厂流动场景化风控模式

（四）数智化工厂AR场景化合规建设

在数智化工厂建设上，常规涉及AR立体监管的模式。针对数智化工厂的AR融合需求，企业需要建立AR立体监管模式。通过物联网、增强现实AR、智能分析、GIS、大数据与软件集成等多种先进技术，企业可以构建实景式、网格化立体防控系统。运用增强感知、异构数据汇聚、空间坐标测算、设备联动通信、标签交互封装、界面融合呈现等方法，企业可以打造视频实景地图效果，实现在统一门户下完成多个业务场所的监管指挥业务。

数智化工厂AR立体监管模式业务模块一般包括AR实景监控、高低立体化监控和员工安全管理。在AR实景监控方面，基于多路视频融合、多镜头联动、场景信息叠加、设备管理能够实现工厂立体化实时监控；在高低立体化监控方面，建立标签体系，通过标签联动低点监控画中画查看细节，实现监控画面的整体与局部同时覆盖，形成高低两级的立体化防控体系，真正做到把握全局、控制局部的立体化监控。在员工安全管理方面，支持在系统新建布控库或对接企业的风险集成系统和合规系统，形成事前多渠道发送布控指令、事中全场景布控与处置、事后对布控指令绩效分析优化的布控管理闭环及风控合规闭环。

数字化工厂 AR 场景化风控模式如图 9-10 所示，数字化工厂 AR 场景化可视平台风控模式如图 9-11 所示。

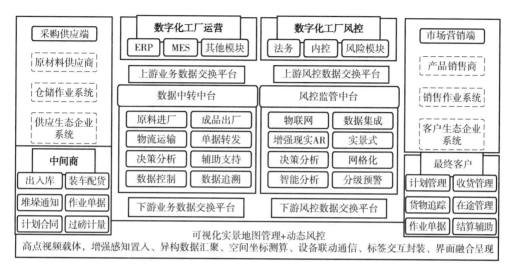

图 9-10　数字化工厂 AR 场景化风控模式

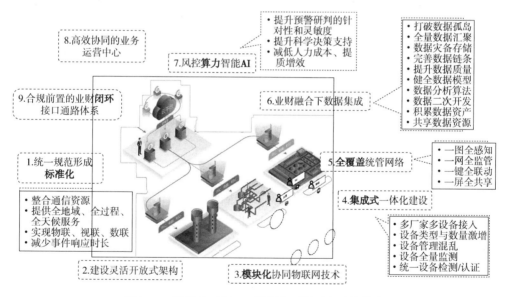

图 9-11　数字化工厂 AR 场景化可视平台风控模式

二、数智化工厂作业场景合规建设

（一）数智化工厂安全作业场景化内控建设

数智化工厂安全作业内控模式落地角度，企业基于多模态技术能力，在从容通用大模型的基础上，结合视觉影像监控情况，对视频图像进行智能识别，实现安全风险的智能判定。企业通过联动安全手册的响应方式，进行业务处置调度，实现任务的自主下发、联动处理。

企业借助业务模块，包括引用知识抽取及管理、知识计算和知识服务。实现基于语言大模型对文本资料进行抽取处理，实现知识向量化及管理，为后续知识匹配及服务提供基础。企业借助知识计算方式，按照文本知识逻辑，生成知识响应流程、知识图谱等，围绕安全生产作业等环节的风险进行处置计算并智能化调度。在知识服务方面，企业基于多场景诉求，实现知识的搜索、问答、智能匹配推荐、业务处置伴随等。同时，企业按照风控合规的要求，融合底层数据规范，落实各个场景和相关节点的内部控制确认工作，形成合规与内控融合。

数字化工厂的线上线下融合场景化风控模式如图9-12所示。

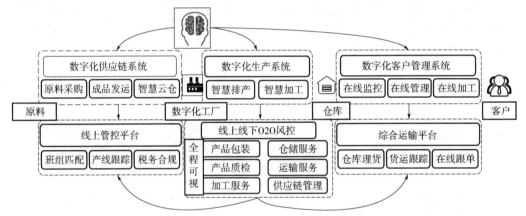

图9-12 数字化工厂的线上线下融合场景化风控模式

（二）数智化工厂模型场景化合规建设

数智化工厂的建设离不开大模型建设。企业基于多模态技术能力，在通用大模型的基础上，结合工厂数据进行训练微调，形成针对工厂作业的工厂大模型。在业务模块上，企业可以推动工厂智能场景模块、大模型知识助手模块、安全维修风控模块等的建设。

1）在工厂智能场景模块，企业按照工厂业务场景，打造个性化、专业化的工作伴随助手，实现智能化交付，助力工厂工作人员提升工作效率。

2）在大模型知识助手模块，企业按照工厂大模型中的语言大模型基础能力，对工厂政策类、操作类、规章制度类、设备说明类等各类文档资料进行智能化处理，实现知识随问随答、快速获取。

3）在安全维修风控模块，企业按照多模态大模型，实现对工厂各安全场景隐患的智能识别、智能调度、智能维修问答，助力工厂用户安全管理。

为系统形成企业的数智化工厂的核心竞争力，核心技术能力还需要系统推动智能化落地，包括：

1）基于场景化的智能化，企业扩大知识图谱和优化机器学习算法，强化数据分析能力；强化人工智能技术，以提高落地能力，提升管理解决方案的有效性。

2）基于场景化的合规化，企业强化多模态技术能力，包括针对数字算法及数字融合方案应用，拓展价值链能力和风控合规稽核能力，打造一体化一站式服务平台。

3）基于场景化的网络化，企业持续发展线上线下管理服务网络，扩充大模型业务布局，持续打造数字化中台，赋能行业数字化升级，开发针对数字工厂的作业大模型。

数字化工厂模型场景化合规模式如图9-13所示。

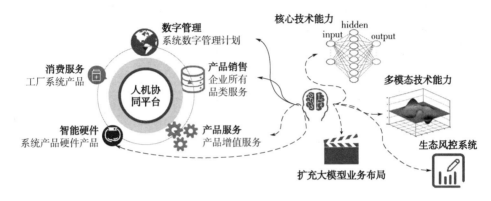

图9-13　数字化工厂模型场景化合规模式

第三节　数智化运营风控合规场景模式

一、数智化内控场景化合规建设

（一）数智化风控平台与溯源场景化合规建设

1. 数智化风控平台场景化合规建设

企业的数智化风控平台一般包括风控咨询、资信授权、合规稽核等场景。

1）风控咨询场景化建设上，业务模块帮助企业提供风控咨询服务，提供整体风控业务规划，支持联合建模应用及风控策略部署等服务。

2）互联网业务场景化建设上，线上业务模块可以针对企业需要，建立互联网模式实时的客户触达方式，实现业务事前、事中、事后全流程风控体系及风控系统建设。

3）企业对公业务场景化建设上，对公业务模块解决对公业务痛点，建立企业信用评级模型，有效提升对公业务的线上化决策能力。

风控自营场景模块协助企业打造针对产品和服务的设计与规划，形成风控体系、风控流程及风控系统平台的融合建设。数字化风控平台场景化风控集成模式如图9-14所示。

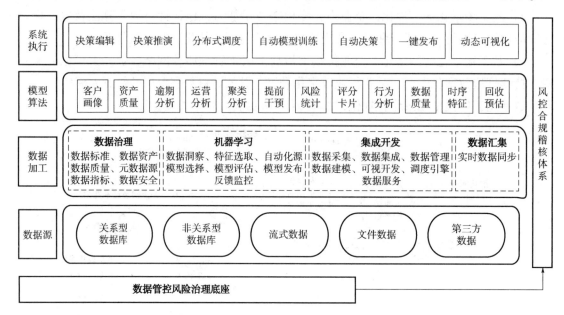

图9-14　数字化风控平台场景化风控集成模式

2. 企业风险溯源场景化合规建设

风控协同溯源能力在于，若发现一个风险点，相关数据、信息均可展现。因此，基于企业风险溯源的要求，需要针对企业的风险落实评估、监测，并就风险评估、监测反馈结果同步做好风险事件库的建设和事件的积累。

具体过程主要分为如下三个步骤：第一步，普通风险事件上报。在风险事件库完成风险事件上报。第二步，完成进展上报。事件有进展时完成上报进展落实。第三步，终结上报。事件可以销号，完成溯源风险的落实后销号工作。事件触发时，自动发起销号审批流程，流程审批通过后状态显示终结。

风控协同溯源能力的场景化风控迭代模式如图9-15所示。

总体来说，风控协同能力具有如下特点：

1）一体化。风险、内控、合规统一管理，动态更新，支持上报、审批、修改、反馈，形成全过程闭环。组织按实际，可分可合。

2）系统化。从文件管理变为系统化管理模式，实现制度落地，制度、流程、规则多位一体，相互穿透支撑。

3）智能化。与业务系统、第三方平台全面集成，实现流程中自动检测合规情况，主动预警，形成报表，监控流程制度落实情况。

4）集成化。设定不同业务的风险规则，可在内外部各业务条线系统、模块中预设埋点，动态监测，智能预警。

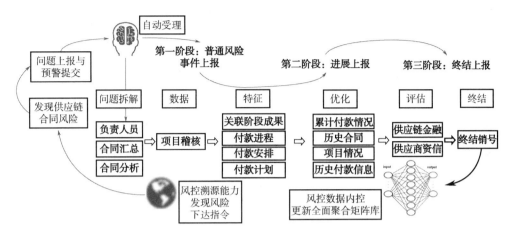

图 9-15　风控协同溯源能力的场景化风控迭代模式

5）分级分权。一体化的分级分权管理体系，根据不同的分/子公司设定风险、内控及合规的要求，满足集团化企业的风控要求。

6）全面移动化。风控管理全过程都能够在移动端实现，所有 PC 端应用均可在移动端使用，并可连接企业微信。

（二）数智化风控与内控场景化合规建设

1. 企业风控应用场景化合规建设

企业从数据收集到风险定价，构建基于场景的多维度风控系统，具体如图 9-16 所示。

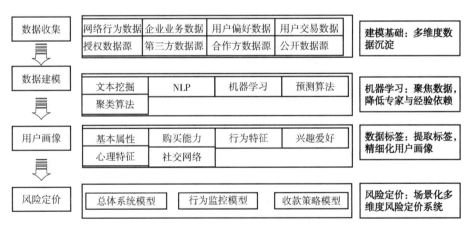

图 9-16　风控应用场景化合规建设路径

数据风控是企业的基本需求。企业的风控应用底层业务逻辑一致，供产销模式不同导致模式的差异。

风控是企业的核心能力。一方面，监管层对企业的风控能力提出详细的要求；另一方面，风控直接会影响企业的盈利能力。对于企业而言，风控是根基，涉及用户全生命周期数据，而全生命周期数据又有助于企业各个应用场景的拓展。

大数据、AI技术的融合和优化，能够提升企业数字化风控效果。通过算法调优和计算能力提升，半监督学习等新技术正在应用于反欺诈等风控场景，降低对专家经验和数据的依赖。

企业通过区块链方式，建立多方数据共享平台，解决数据孤岛问题，降低获取数据的门槛与成本。物联网提供线下数据，丰富数据维度。通过传感器等设备采集线下数据实现风险定价，提高风控系统的响应速度。

大数据风控价值赋能成果如图 9-17 所示，大数据风控场景化融合趋势如图 9-18 所示。

应用领域 性能	风控	精准营销	精细化经营	产品创新
通用性	●	○	◐	◔
核心性	●	◐	◐	◐
延展性	●	◐	◐	◐
进入门槛	●	◔	◐	◐
综合价值	●	◔	◐	◐

弱 ○ ◔ ◐ ● 强

图 9-17　大数据风控价值赋能成果

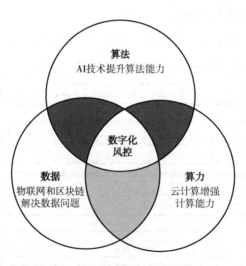

图 9-18　大数据风控场景化融合趋势

2. 企业内控应用场景化合规建设

在内控场景的建设落地上，基于数智化企业建设落实各个关键节点，针对技术、数据、场景理解、客群和获客做好内控的制度建设和流程管控，系统打造核心竞争力。同时，通过内控节点，企业按照技术和算法积累及业务场景的理解积累，提升内控制度的协同建设，形成内控赋能企业技术和场景的作用。

数字化风控需要对大量用户行为数据进行模型训练和调优；需要拥有海量数据，覆盖足够多的用户；用户数据价值密度高、噪声少，数据清洗容易；用户数据维度多，能够形成丰富的用户画像；自身业务场景能够获取有价值的数据；拥有大量反馈数据，利于模型调优。

数字化风控的场景化模式如图9-19所示。

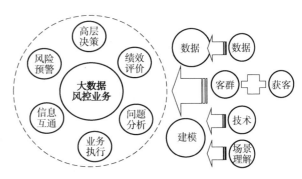

图9-19 数字化风控的场景化模式

企业基于全面内部控制建设的合规管理，需要做到内部控制系统的流程内控和信息访问权限事前、事中和事后全程管理，包括企业风险与合规管理、访问治理、信息安全与数据保护、客户贸易等，实现企业合规运营，加强风险管控。

企业场景化动态运营风险管控模式如图9-20所示，数字化人才场景化管控模式如图9-21所示。

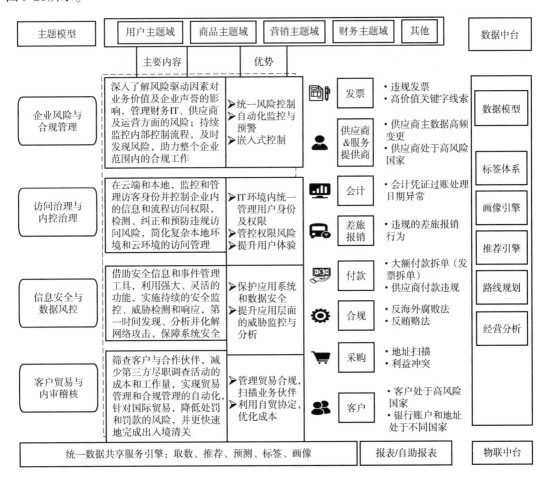

图9-20 企业场景化动态运营风险管控模式

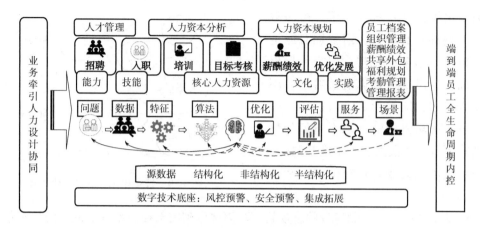

图 9-21　数字化人才场景化管控模式

企业的数智化内控落地上，一般具备规则融入流程自动检测的能力；风险控制由事后管理演变成事中管控、事前预警制度规则融合能力。将业务环节中风险控制的每个关注点落实到每一条流程、每一个节点，一旦风险发生，及时预警；事后审计变为事中管控、事前预警，增强企业抗风险能力。

企业内控核决与场景化规则融合动态管控模式如图 9-22 所示。

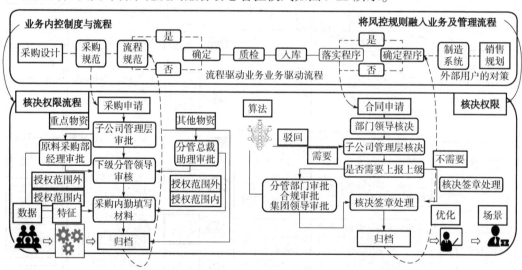

图 9-22　企业内控核决与场景化规则融合动态管控模式

二、数智化业务场景化合规建设

（一）数智化运营场景化合规建设

1. 数智化全域营销场景化合规建设

在数智化全域营销场景化建设上，企业通过数字电商平台模式，识别不同产品对于不同用户的偏好,用以交叉销售或向上销售;通过深度挖掘优质客群,扩大资产规模、增加盈利。在全域营销模块的落地上,企业基于大数据与行内数据,运用机器学习建模,筛选客户,提升电销转化率;运用大数据、机器学习算法或传统逻辑回归算法,筛选优质客户。标准化市场营销客户管理风险管理架构如图9-23所示。

五位一体职责	法务管理		风险管理		内部控制		合规管理		内部审计	
客户模块管理	穿透式一体化应收账款风险管理									
	客户准入		授信分级		账期风控		客户管理			
	客户准入筛查	准入复核	客户资信评估	财务分析	风险监控预警	定性预警	客户档案建设	合同管理		
	负面企业管理	合规审查	业务营运能力	评级授信	关联风险防范	定量预警	资信定期更新	货款清欠		
业务协同流程	客户准入规则		智能资信授信		风险实时监控		客户优化经营			
	客户准入审核		企业指标评价		负面事项监控		客户管理			
	生态风险扫描		财务指标评估		舆情突发监控		数据治理			
	负面企业穿透		尽调报告编制		风险量化监测		定期尽调			
	生态关系筛查		评级授信确定		关联风险排查		财产线索			
数据协同风控	客户信息风险	误入风险	授信缺失风险		经营风险	企业穿透风险	账期风险	客户优化风险	闭环风险	

图9-23 标准化市场营销客户管理风险管理架构

数智化全域营销场景化项目的优势如下:①数据生态维度丰富。有维度丰富的数据生态,可以帮助企业快速接入并使用数据生态中的各类数据。②全流程代运营。提供需求分析、客户筛选、客户触达等全流程代运营服务,全面提升营销效果,进一步降本增效、预防流量欺诈。③用户全景画像。以消费者为中心,融通多元消费数据,构建客户全景画像。借助营销内部控制制度的纵向与横向贯通和风险合规节点嵌套,实现场景化营销合规落地。数字化营销的线上全域场景化风控模式如图9-24所示。

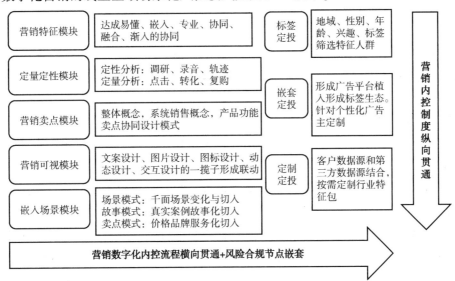

图9-24 数字化营销的线上全域场景化风控模式

2. 企业资信授权场景化合规建设

企业资信授权领域流程是基于多维数据构建全渠道智能化客户经营体系，真正做到智能营销。大数据覆盖信贷领域各个流程，重点是获客、身份验证和授信环节，具体分为如下两步：第一步，获客环节建立用户画像，跟踪用户完整生命周期；第二步，授信环节汇聚多方数据源，通过建模进行风险定价，输出信用评分给企业端使用。

风控场景化融合模型体系见表9-1。

表9-1 风控场景化融合模型体系

模型理解	数据准备	数据处理	特征选择	模型构建	模型评估	模型部署
1.1 模型定义	2.1 数据获取	3.1 数据质量检查	4.1 特征工程	5.1 算法	6.1 评估指标	7.1 部署形式
1.2 模型发展	2.2 好坏定义	3.2 数据分析	4.2 变量筛选	5.2 训练	6.2 模型报告	7.2 模型迭代
1.3 模型分类	2.3 时间窗口	3.3 数据处理	4.3 变量评估	5.3 调参	6.3 模型调优	
1.4 模型工程	2.4 样本设计		4.4 变量转换	5.4 测试		
1.5 岗位理解	2.5 灰度定义					
	2.6 样本准备					

3. 数智化数字员工场景化合规建设

在数智化数字员工场景化合规建设上，企业通过全链私域客户运营，推动业务模块私域流量沉淀，差异化、自动化营销触达和优质客户的持续经营。

1）私域流量沉淀方面，有大量存量客户的企业，可以通过交互程序实现批量化、自动化的私域流量添加，并通过数字员工完成客户数据的沉淀和客户标签的搜集，实现从公域流量到私域流量的转化。

2）差异化、自动化营销触达方面，基于企业私域客群，通过数字员工系统实现客户全方位自动化、精准化营销触达。

3）优质客户的持续经营方面，从产品、服务、生活、社交、资讯等多场景切入客户，通过产品提供和服务协同的融合、场景嵌入等多策并举，增加用户触点，实现客户的持续经营，提升用户转化率。

私域营销的优势如下：

1）零售客群全量增长。通过自动化形式扩大触达面，整个营销过程中自动触发，活动之间相互导流，提升流量使用效率。

2）全量客群触达。通过数字员工及数字助理，数字员工与人工结合、相辅相成，实现全量客户覆盖及触达，实现最优成本。

3）全程智能营销。依托流程配置实现自动化智能营销，以大数据和人工智能等技术为基础，通过建立360°用户画像体系及精准营销模型，实现"千人多面"的模型驱动营销。

4）数据化决策支持。在营销的各个环节进行数据埋点及采集，通过数据分析，为产品、运营及领导决策提供更多维度的数据支撑,有效提高营销转化率及运营管理水平。

基于风控底座依托的营销端私域场景化合规模式如图 9-25 所示。

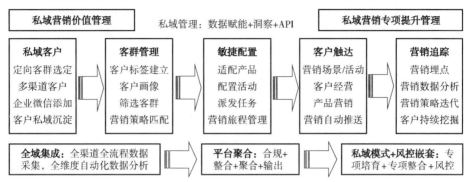

图 9-25 基于风控底座依托的营销端私域场景化合规模式

4. 数智化智能客服场景化合规建设

数智化智能客服的场景化落地上,针对智能客服风控融合模式的业务模块包括四部分:营销场景、业务咨询与查询、智能回访、催收场景。

1) 营销场景模块,营销环节的客户触达、客户咨询、业务办理等,有效筛选潜在客户后可进行相应人工服务。

2) 业务咨询与查询模块,客户进行业务咨询和业务查询时,可以通过智能客服方式进行。

3) 智能回访模块,对于老客户回访、新客户业务回应、满意度调查、工单回访、服务回访等场景,根据设定的话术进行回访,自动收集客户回访信息。

4) 催收场景模块,具有信用卡催收、消费贷催收、其他欠费场景催收等功能。

智慧营销的智能客户风控融合模式的优势如下:①在多渠道触点、统一能力层方面,通过智能化平台建设,提高用户智能化交互体验,统一业务受理、统一业务查询;②服务规范化、人员效能提高,提高客服代表效能与服务规范化,进而提升整体服务水平;③在挖掘数据、应用分析方面,能做到大数据应用分析,深入挖掘用户潜在价值数据,为客户提供关键决策信息;④在技术应用方面,效率得到提升,实现客户服务的智能化人机协作,提高客户服务的效率,降低人力开销及新人业务知识学习成本。

数字化机器人场景化服务与风控融合模式如图 9-26 所示。

(二)数智化反舞弊与反欺诈场景化合规建设

1. 企业反舞弊场景化合规建设

企业反舞弊的场景化合规建设层面,通过系统实现反舞弊领域的应用,具体如下:

1) 采取集中管理与标准化管理。智能合规平台可以将企业的合规要求集中归纳,形成全面的合规框架和知识库,实现对企业各个环节进行全面管理和监控。这有助于企业更好地执行合规政策和标准,防止舞弊行为的发生。同时,平台还可以将政府和行业标准纳入合规框架进行管理和执行,大幅提高企业的合规能力和效率。

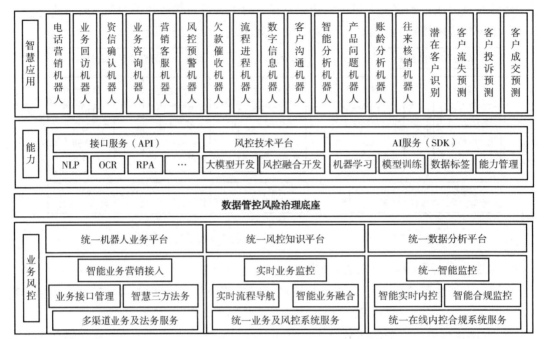

图 9-26　数字化机器人场景化服务与风控融合模式

2）落实智能识别与风险预警模式。通过大数据和人工智能技术，智能合规平台可以对企业行为进行实时监测和风险识别，并及时提醒企业管理人员进行处理。这有助于企业及时发现潜在的舞弊行为，并采取相应的措施进行防范和应对。此外，平台还可以对异常情况进行预警，帮助企业及时应对可能的风险。

3）通过企业全覆盖寻找舞弊点。智能合规平台可以围绕重点领域，如合同、招投标管理、内控过程管理、业务审批流程等关键方面，全覆盖寻找常见舞弊点，构建专项知识图谱。这有助于企业更全面地了解潜在的舞弊风险，并采取相应的预防措施。

4）创新性建立"耦合性"权重体系。智能合规平台可以创新性建立舞弊风险点与岗位、主体、业务、权限之间的"耦合性"权重体系。这有助于企业更准确地评估不同岗位和业务领域的舞弊风险，为制定针对性的反舞弊策略提供有力支持。

5）按照闭环式监管模式推动场景化合规。企业通过数据技术，智能合规平台实现对合同运行和招投标的"全领域、全流程、全天候"制约，实时监测、记录和跟踪合同管理行为，自动化挖掘信息，获取更全面、完整、准确的信息链条。这有助于企业建立"闭环式"监管体系，对潜在舞弊行为进行全程跟踪和监控。

2. 企业反欺诈场景化合规建设

企业反欺诈的场景化合规建设层面，通过系统实现反欺诈领域的应用。在实时反欺诈模块，在账户安全、营销推广、交易支付和数据安全方面发挥作用。在账户安全方面，防止批量垃圾注册、账号盗用、账号隐私、身份伪造等；在营销推广方面，防止推广作弊、恶意退货等；在交易支付方面，防止盗卡交易、虚假交易、恶意套现、信用炒作等；在数据安全方面,防止数据泄露、数据伪造、数据破坏等。

企业反欺诈场景化合规建设层面,需要结合数智化模式的嵌套方式推动,主要涉及以下三个方面:

一是服务体系在反欺诈领域的应用,在于通过数据和技术甄别供销领域的潜在风险,以技术能力分析潜在风险。通过关联维度挖掘,识别并科学量化分级模型,严格企业供销层面的场景验证,及时洞察企业供销两端和生产端的风险和危险行为及合规问题,系统应对企业运营风险和合规风险。数字化工厂企业供销场景化反欺诈模式如图 9-27 所示。

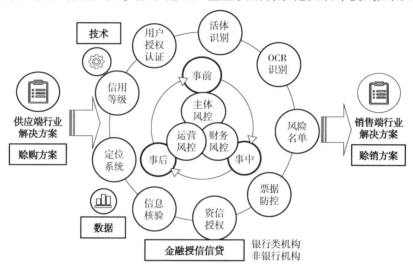

图 9-27 数字化工厂企业供销场景化反欺诈模式

二是反欺诈模式的落地上,企业从底层系统搭建到上层算法调优,可以构建完整技术架构。通过搭建能够处理海量数据的底层技术架构,提供开源技术及算法的场景化风控平台解决方案。开源技术及算法的场景化风控平台解决方案如图 9-28 所示。

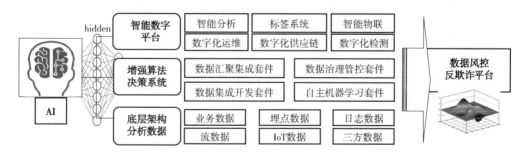

图 9-28 开源技术及算法的场景化风控平台解决方案

企业反欺诈场景化合规建设的优势如下:

1)安全合规的全链路解决方案。私有化本地部署,无缝兼容原有风控系统,全链路反欺诈风控体系,提供涵盖客户端、通信链路、业务系统的全链路反欺诈风控体系。

2)强大的数据挖掘与关联网络。内置各类反欺诈与风控数据,支持多方数据的配置化接入与沉淀；构建全方位的风险图谱，帮助银行和金融机构精准识别有团伙性质的欺诈成员。

3）智能模型平台与定制化建模。一站式的自动化智能模型开发平台，提供快速建模与全周期模型管理；具有针对性的联合建模服务，根据业务进行全流程建模、模型全生命周期跟踪。

4）高效、灵活的风险决策能力。分钟级策略、模型上线能力，支持策略和模型的热更新，快速应对各类突发风险。

场景化与集成式风控融合模式如图9-29所示。

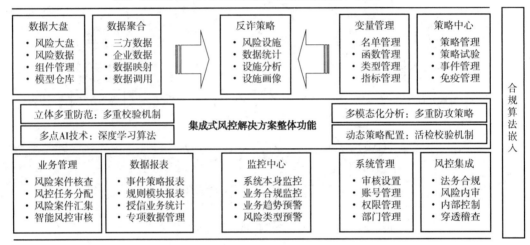

图 9-29 场景化与集成式风控融合模式

三是整合多重活体防攻击策略，构建立体化防御体系。

1）立体化多重防攻击。移动端和服务端多重校验机制，层层把控人脸识别流程中的设备数据安全、人脸图像质量、活体特征、行为分析，防御现有各类攻击。

2）多点 AI 技术。深耕人工智能领域多年，采取计算机视觉、生物识别、数据挖掘等多点 AI 技术，全面应对各类攻击，特别是基于深度学习算法的深伪、生成对抗攻击。

3）多模态分析校验。整合 AI 算法、移动威胁感知、数据安全、反欺诈等多重防攻击策略，综合分析人脸识别过程中的设备、系统、图像、内容、行为等多模态信息。

4）动态策略配置。前端兼容不同类型活检校验机制，支持根据场景需求、用户安全风险等级动态配置动作活体、静默活体、光线活体等多元化校验策略。

案例：医药制造企业智能合规平台销售端应用

Q 市 F 区的医药制造企业 C，成立迄今 20 余年。当前，企业 C 生产的药品超出 50% 为新药类药品。企业 C 因在市场销售中采取商业贿赂行为，其所占该医院药品采购数量的份额逐年上升，直接排挤了竞争对手，破坏了公平竞争的医药购销秩序，违反了《中华人民共和国反不正当竞争法》，构成商业贿赂。

而智能合规平台可以解决上述问题，同时提升合规效率。在实际应用中，企业 C 运用合规系统按如下步骤实现合规目标：

步骤一：数据收集与整理。企业 C 通过智能合规平台，从政府网站、行业监管机构、国家或有关部门公开的法律数据库、司法机关的司法文书库及企业内部制度汇编中全面收集关于药品销售的法规、政策文件、行业标准和既往司法判例，并对这些数据进行清洗和预处理，确保数据的质量和一致性，同时过滤无关因素。

步骤二：构建知识库。企业 C 通过人工标注的方式，安排专家将整理后的数据转化为结构化的知识库，包括识别法律法规及司法判例中的行为主体、行为动因、实际实施的行为及产生的结果，从中提取关键信息，并识别哪些属于违规行为及对应的处罚结果，标注相应的风险等级，最终形成较为完整的知识库。

步骤三：风险规则模型开发。基于构建的知识库，企业 C 整合大语言模型开发风险评估模型。该模型采用 Prompt 引导大模型学习知识库中案例的风险识别规则，同时根据规则所需要的相关数据，使用 Langchain 架构驱动爬虫工具从互联网搜索相应数据，或者向企业内审合规人员进行反问获取，最终实现模型可以按规则智能获取数据以供合规判断，并能根据知识库中案例规则判断相应业务是否存在合规风险。

步骤四：业务流程映射。企业 C 将自身的药品销售流程与《药品器械购销合同》内容输入给风险模型，详细分析每个流程步骤及业务场景与相关法规的对应关系。企业 C 通过签订无息借款合同换取销售机会的行为，根据风险模型的评估，可以预判为存在商业贿赂违规风险。

步骤五：风险评估与预测。智能合规平台对企业 C 的业务流程进行了全面评估，预测了各个环节的风险等级。对于高风险区域，平台提供了具体的法规条款和改进建议，帮助企业 C 优化流程，降低合规风险。对于涉及违规的业务行为，平台也将结合既往案例及文献给予纠正建议，从而达到事前控制风险、保障业务合规进行的目的。

步骤六：持续监控与更新。为了应对法律法规的不断变化，企业 C 的智能合规平台具备实时监控功能，能够自动更新知识库，并在必要时触发模型的重新训练，能确保风险评估的时效性和准确性。

步骤七：报告与决策支持。企业 C 的智能合规平台可以生成详细的风险评估报告，包括风险点、风险等级和改进建议。

通过智能合规平台的应用，企业 C 提高了合规管理的效率，降低了潜在的风险，从而降低了运营成本。平台的实时监控和持续更新功能确保了企业 C 能够迅速适应法律法规变化，保持业务流程的合规性。此外，定制化的风险评估报告为管理层提供了清晰的决策依据，促进了企业 C 的稳健发展。

第四节 数字化供应与创新合规场景模式

一、数字化供应链合规场景模式

(一) 供应链管理的三维融合场景合规模式

供应链指一系列企业、组织、人员和活动,在从原材料采购、生产制造、物流配送到销售售后等各个环节中,形成的从供应商到终端消费者的物质和信息流动的过程。供应链管理指对供应链的各个环节进行有效的协调和管理,以达到提高效率、降低成本、提高服务水平等目标的一系列管理方法和工具。

所有企业都需要加强与上下游企业的合作及协作,实现产业链的整合和资源共享,从而提高供应链效率和效益。同时,企业为实现发展布局和资源的整合,提高竞争力、影响力,需要系统推动供应链的数智化。企业通过数智技术提高供应链的透明度、可追溯性和效率。

同时,运用数据分析和人工智能等技术,企业可以更准确地预测其市场需求及生产计划,实现精细化管理和智能化调度。需要系统从生态集成、模块共享、风控融合三个维度打造供应链风险免疫力。

1) 在生态集成层面,企业在供应链端搭建生态网络是当下企业发展很重要的落地安全方式。通过系统的数字电商和数字供应链集成方式,可以系统解决企业的产品供应和产品服务落地问题。

2) 在模块共享层面,企业在供应链生态建设上,通过供应商的分类分层,形成对供应商的专项管控,提高供应链供应的成熟度,形成供应链模块共享。企业通过供应链生态建设,将供应链运维提升到稳态和动态优化的协同迭代运营状态。

3) 在风控融合层面,企业通过专业化的风控协同,提升风险管理技能,将供应商的管控形成协同预警、危机处理、业态融合,实现供应链风险管控融合的能力建设。企业持续提升供应链成熟度、强化风险管理,实现风险抵御防线的技能及优化生态资源网络的布局。

三个维度供应链场景化风控提升模式如图 9-30 所示。

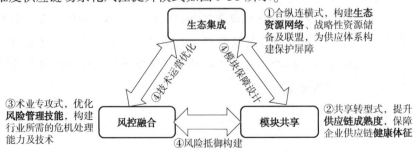

图 9-30 三个维度供应链场景化风控提升模式

第九章 企业合规精益数智化场景建设

企业针对风控合规嵌入下的供应链管理模块共享方式，提升供应链上供应客户的动态管理，识别供应链客户的层级和服务能力、动态资信能力，形成供应链客户的企业"资信评价"，形成优质供应资源网络的沉淀，提升供应链客户的资源获取度，系统预防原料和服务层面的供应问题。在供应商寻源和落地层面，提升危机处理能力。在危机发生时精准快速评估危机对供应链的影响并部署应对措施。

企业借助数字电商融合的风控合规生态集成模式，可以协同实现供应链生态资源网络建设。企业充分利用外部优势资源，有效地为供应体系构建保护屏障，而并非仅仅依赖自身资源及能力应对所有风险的冲击。具体细分来说：

第一，对于业务稳定的传统制造型企业，实现供应链成熟度提升。按照合规预警模式设计，企业需借助数字化模式提高管理水平，最大限度地规避不必要的风险。传统制造业以模块共享推动形成一体化。

第二，对于快速成长的新兴制造或服务企业，由于业务结构及供应模式处于快速变化中，面临供应保障性挑战。"随机应变"地保障供应连续性的固化成为重要的落地安排。按照合规预警模式设计，企业安排匹配相应资源及人才保障企业自身发展。快速成长的新兴制造或服务企业以风控融合推动形成一体化。

第三，针对多元化发展的集团型综合类企业，需要系统、高效地打造生态能力。按照合规预警模式设计，企业需要集成供应链端，形成强联合的外部生态，打造抵御风险的生态防火墙。多元化发展的集团型综合类企业以生态集成推动形成一体化。

在供应链端的合规场景建设上，需要针对供应链端口做好生态网络建设，形成模块共享，以此嵌入风控合规模式，实现在规划前期确定应对措施；充分调用生态资源，制定丰富的方案并进行对比及选择，借助企业供应风险管理模型，落实多个维度的供应链协同，有效渡过不同层面的供应链危机。

穿透式供应链一体化风险管理模式如图 9-31 所示。

五位一体部门	采购管理	财务管理	法务管理	风险管理	合规管理
	穿透式供应链一体化风险管理				
	事前		事中		事后	
穿透闭环业务	供应商寻源	供应商准入	供应商分级	供应商监控	供应商调整	定期供应评级
	供应链溯源	供应商认证	供应链分级	供应过程管理	供应链调整	供应周期管理
	供应链尽调	招标审查	供应链监控	合同订单管理	供应模式优化	负面企业退出
	采购寻源	准入排查	尽调评价	合作监控	供应管理	风控管理
模块协同流程	业务模式寻源	自动准入设置	供应风险变化	负面监控	供应多级管理	动态风险管理
	产业模式寻源	资信风险尽调	智能尽调诊断	舆情监控	供应数据治理	数据流程管理
	区位地理寻源	关系协同尽调	供应尽调报告	供应链监控	供应价格管理	风险回溯管理
	招标订阅协同	批量自动排查	智能供应评级	交付履约监控	负面清单管理	内审确认督办
数据协同风控	基本信息	准入风险	经营管理	经营风险	优化调整	优化风险

图 9-31 穿透式供应链一体化风险管理模式

（二）供应链合规场景化的模块共享建设

供应链的模块共享场景节点层面，供应链集成的各个模块成熟度是衡量企业供应链管理绩效的重要指标，能够相对全面地反映企业供应链整体的运营水平。通过模块化建设和共享集成，可以系统性盘查修复企业供应链的运营健康程度。

通过供应链端的模块分解，企业相关管理人员可以系统掌握供应链整的运营的每个模块节点和数智化融合现状，发现运作差距，做好供应链的整改规划。从供应链的职能角度分解模块，包括研发、采购、计划、生产、交付、退货、换货等供应链核心职能。针对每个职能进行全面分析和系统评估，完成各个职能间的整合协作，形成系统的链接。同时，针对供应链的战略、运营、流程、组织、工具层面，形成逐层梳理与精益化建设，系统提升供应链模块的精益化和专业化服务水平。

在采取数字电商和数字化供应链融合方式上，企业在模块共享方面，做好业务数据、供应链运作及沟通均依赖内部系统及网络建设，系统提升模块的融合度，保障系统及网络的安全稳定性，推动供应链运营稳定性，确保供应链的正常运作。

供应链场景化业务融合风控合规模式如图9-32所示。

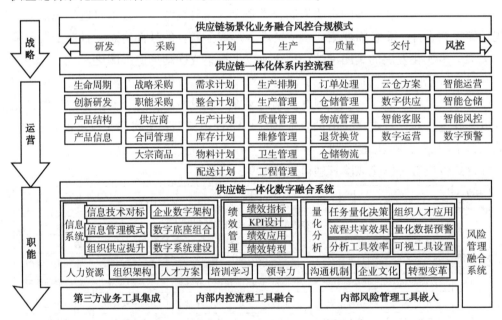

图9-32 供应链场景化业务融合风控合规模式

（三）供应链合规场景化的生态集成建设

搭建强大的生态资源网络，快速聚合共享的资源及资金网络，是供应链有效落地的重要方式。企业将生态建设作为战略性市场策略是克服危机的重要方法。企业需要做好市场发展过程中形成的产品合作伙伴，构建或加盟真正有生态资源的网络是关键节点。

这些都将对企业从业务到供应链产生至关重要的助力。企业在供应链端的生态建设，有助于降本增效，提升前端运行效率。在生态的搭建与管理中，结合供应链生态集成场景合规要求，关键要素如下：

1）在生态网络场景化建设上，动态地审视各类伙伴的角色，形成集中物料采购，形成合力，降低原料或服务成本。

2）在数字化网络平台建设上，全面梳理跨行业等相关机构的各类资源状况，系统洞察并识别各类合作机会；借助生态网络形成协同，解决应急问题。

企业的生态网络系统实施商，全面、长期地推动建设和优化工作，借助数字化平台形成数字供应链电商模式和线下供应链模式的链接，加强供应链寻源模式的设计，全面、系统、网络状地按照场景化合规设计，及时锁定资源，在危机预警和危机发生时快速制定应对措施并实施落地。

数字化供应链体系场景生态合规模式如图 9-33 所示。

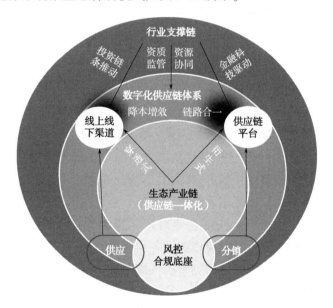

图 9-33　数字化供应链体系场景生态合规模式

（四）供应链合规场景化的风控融合建设

在供应链的风控融合建设上，企业通过优化风险管理技能，部署匹配度高的风险应急能力。将优化风险管理技能的方法总结成"产业扫描、风险评估、预案设计、数据赋能"的风控融合的合规场景化建设模式，实现供应链端口的系统落地。一般来说，供应链合规场景化的风控融合建设主要分为四步：

第一步，系统性合规风险覆盖性检查。随着企业的不断发展壮大，其内部运营环境日趋复杂，外部供应网络错综交汇，且需实时应对多变的宏观环境。企业应当全面、系统地做好风险的全面覆盖性检查，至少按年对供应链供应商生态进行评价、落实资信授权额度等。通过风控模型提前进行预判，筛选应对方案，系统保障供应链安全运营。

企业同步系统性梳理产业链的上下游，明确供应链的潜在风险，明确并建设供产销一体化穿透式的"风险地图"，在合规遵从性上做好防范。

穿透式场景化供产销风险合规解决路径如图 9-34 所示。

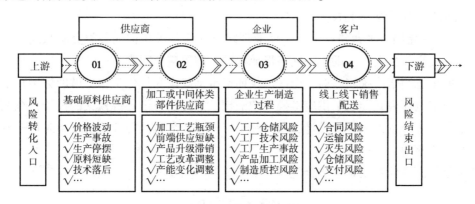

图 9-34　穿透式场景化供产销风险合规解决路径

第二步，系统性合规的风险量化评估。对于企业整体供应链的生态价值链存在的风险进行定期梳理，至少按年系统评估风险，明确企业从遭受风险、重新建设到完全正常态运作的生产能力底线。按此反向思维，推动企业场景化合规的风险量化，找到风险应对的有效方式，形成企业场景化合规的有效量化方案。在关键风险点应对措施上，企业需要针对重建时间相对较长的关键风险做好提前规划，应提前考虑部署一定的预防措施及应对方案，制定详尽的备份供应或替代供应方案。

第三步，系统性合规的提前规划风险应对措施。企业在供应链风险措施应对上，需要主动介入管理上游风险。由于行业头部企业对企业整个产业链的各个环节都产生巨大影响，风险管理同时考虑内部和上游供应资源的各类风险。针对供应链资源出现类似资金风险、物资短缺风险均需要提前介入，协助牵引供应商进行盘查及提前预备，并在高风险点给予一定的支持及补助。

企业同样需要做好下游的疏通扩容。高效和顺畅的下游网络在保障供应链效率的同时，亦可通过提升客户满意度反哺业务。因此，企业需要密切关注其下游运力的调配及扩容计划，与第三方物流伙伴提前制定各类场景方案，确保顺畅交付。

第四步，系统性合规的数字化赋能风险管理层面。人工智能、大数据、区块链、物联网等技术都将有效地辅助企业提升风险监控及预警能力。企业部署数字电商模式、数字化赋能模式，建设数字电商，同时实现数字化风险管理系统建设和嵌套融合，从而实现更宽泛的扫描、更精准的识别、更完善的措施。

数字化风险预警方式上，企业利用数据库、爬虫等技术对内外部关键指标进行实时监控，并利用 AI 等功能自动分析评估供应链风险，实现对潜在供应链风险进行实时、高效的预警。

五位一体场景化合规预警输出模式如图 9-35 所示。

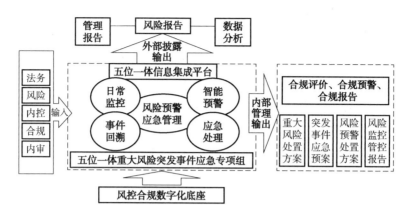

图 9-35　五位一体场景化合规预警输出模式

二、数字化创新的风控合规场景模式

（一）数智化创新风险管理的三分设计

为协助企业系统性提升研发创新的风险管理能力，基于创新风险管理办法，创新研发风险管理的三分设计如下：

（1）穿透式风险识别层面

1）结合企业创新研发的价值链上下游风险树立，实现价值链创新研发风险识别与应对措施的设计。

2）结合链条上的价值链风险确认，实现数字化创新研发风险知识图谱和风险地图建设。

3）借助网状布局，实现"实时监控，快速响应"监控指标体系的风险预警管理机制建设。

4）结合创新研发实时监控与响应模式，实现网络布局备份和数字化工具部署，推动维护与迭代。

（2）创新研发数字建设层面

1）创新研发的线上线下一体化和平台化穿透式内控系统建设。

2）基于当前整体成熟度和数字化融合的风险管理评估，明确数字提升方向。

3）数字化策略和结合业务发展需求的创新研发流程嵌入细分策略提升，完成创新模式生态图谱，提升生态成熟度。

（3）生态链固化层面

1）基于企业总体战略，规划创新研发生态资源网络策略的顶层设计。

2）基于创新研发生态资源网络共赢模式，嵌入风险管理的风险管理策略。

3）基于生态链网状模式，确定生态资源分布和资信状态，实现合作伙伴的动态梳理，实现资源及合作主体最优融合。

4）按融合的生态伙伴合作策略，实现创新研发内控制度匹配的流程嵌入与团队整合。

5）结合系统的顶层设计模式，实现生态资源网络的网状固化，形成生态资源固化＋赋能个性化的落地格局。

当企业内部形成孤岛思维时，风险管理变得更加困难且效率低下。在数据、分析学和技术领域投资，改善对数据、分析学和技术的运用；公司层面风险管理培训正规化；将风险管理融入战略规划；深化对新兴风险的认识，提高风险治理水平。

将数字化技术风险评估纳入企业全面风险管理和战略性风险管理框架（如企业全面风险管理计划），有助于企业更加全面地了解风险状况。

将风险管理融入战略规划可以帮助企业更加清楚地掌握"即将发生的情况"，包括可能改变商业模式的技术。通过管理技术的升级与整合，使信息查询更加便捷，进一步突出数字化科技技术的互联互通性及数字化科技技术对企业的影响。

（二）技术创新合规场景化的三维建设

三维分析框架的建立，是由于技术创新风险贯穿创新主体的技术创新过程，而各种环境因素的不确定性、项目的难度及创新主体综合创新能力的制约常常导致技术创新活动中止、撤销、失败，或者达不到预期经济技术目标，进而造成损失。其中，包括三个要素：

1）技术创新主体。即从事技术创新活动有其目的和利益追求，是创新活动可能带来的收益的享有者和损失的承担者。

2）技术创新客体。即技术创新项目。创新项目的选择与确定、项目开发的难度、技术的发展趋势及项目所针对的市场的状况，均对创新项目成功与否有着重要的影响。

3）技术创新过程。这一过程包括从创新构思的产生到创新成果投放市场及其改进的一系列活动，具体涉及的技术、工程、设计、制造、管理、商业活动及其逻辑关系。一项技术创新涉及多方面的复杂因素，在进行风险分析时必须建立一个系统分析框架。此分析框架包括三个维度：逻辑维、决策维和风险维。在三维分析框架中，逻辑维用来描述技术创新过程中各个相互联系的阶段；决策维用来描述创新主体在整个创新过程中所做出的不同层面的决策；风险维给出技术创新活动可能遇到的各类风险因素，其作用类似于一个风险审核表。

技术创新三维场景化风控合规模式如图9-36所示。

设置风险维的目的在于便于分析技术创新活动中各种可能的风险因素。

1）认识技术创新风险来源。企业技术创新有三个可能的来源：①环境风险，是技术创新系统以外的环境因素及其变化的不确定性而导致创新

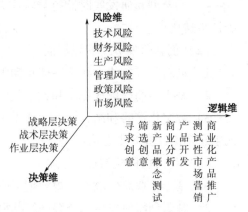

图9-36 技术创新三维场景化风控合规模式

项目失败的可能性。②技术创新项目自身因素。按创新项目开发的难度与复杂性，将其分为低级、中级、高级、超高级四类。显然，后两类技术开发最复杂，技术风险很大，然而一旦成功，由此产生的新产品模仿难度很高，一般可以保证获得较大的利润。而前两类由于模仿的难度低，进入障碍较小，市场风险较大，很难获得持续的垄断能力。③技术创新主体的有关因素，如开发主体的综合能力（如投资能力、技术能力、组织管理能力等）的有限性。

2）分析潜在的各类风险因素。常见的技术创新风险有：技术风险、市场风险、财务风险、生产风险、管理风险、政策风险等。从企业经营管理来看，市场调研、技术开发、资金筹措、财务管理、生产管理、组织管理、战略管理、决策等方面存在的失误，均可能导致技术创新失败。

3）重视非过程性风险因素的影响。在技术创新活动中，一类是与创新过程密切相关的风险因素，它们比较直观，也比较容易识别和防范；另一类是与创新过程不是显性相关的风险因素，它们不属于创新过程及特定阶段，如战略风险、观念风险、企业的组织结构不协调可能导致的风险。这两类风险因素同时存在、共同起作用。企业通常比较关注过程性风险因素，而忽视非过程性风险因素。

4）监测不可控因素的变化。技术创新风险因素按照是否可控分类，可以分为可控性因素和不可控性因素。可控性因素主要是技术创新系统的内部因素，对此可以采取相应的技术和管理措施加以控制。不可控因素主要是环境因素，对此主要通过分析和预测加以防范。

5）对创新主体能够承担的风险损失进行估计。不同的创新主体由于创新能力和能够运用的创新资源存在差异，对创新风险的承受能力也是不同的。

综上所述，三维分析的合规场景式框架模式系统揭示了创新过程的不同阶段、不同层次的决策和各类风险因素之间的相互关系，是一个实用的分析技术创新风险的分析框架。

第五节　数字化内审风控合规场景模式

一、风险数据库量化分析防控融合路径模式

从企业风险防控角度看，建立风险数据库风险量化分析框架，持续推动针对数据形成、数据资产、数据结果等一揽子的数据审计，是非常有必要的管理手段。特别需要在系统的设置设计上注意可审性，确保每一个审计单元都具有明确的机构范围和业务范围；注意矩阵架构，从企业产品的多样性与经营机构的多层次性两个维度进行综合考虑；注意可评估性，确保原来的业务内容系统性上线，且每一个审计单元都具有可识别的风险要素；

注意风险特性,在智能化的审计框架、矩阵式的审计单元架构下,将各类审计单元按照固有属性或风险特性进行分类或分层。

风险审计的智能信息化平台可以有效赋能,风控内审的数字化和智能化体现在提质增效、精准锁定风险上。企业的风控稽查应用程序可以实现持续审计、审计数据分析、机器人流程自动化审计的协同。在对企业的全部数据及外部信息进行风险识别和证据收集、实现审计程序的自动化的同时,风控审计系统的取数并自动比对功能,可以将执行审计的频率从每年或每季度更改为接近实时。为进一步利用工业 4.0 技术,特别是打通物联网(IoT)、服务互联网(IoS)、网络物理系统(CPSs)和智能工厂的技术接口,可以实时从组织及其关联方处收集财务和运营信息及其他与审计相关的数据。

如果经济条件允许,企业还可以在风控审计端口应用数字孪生模式解决审计结果模拟和技术过程数据重新融合设计问题,通过持续传输条件、位置、周围环境等将物理世界链接到"镜像世界",将组织中的每个对象及其业务合作伙伴映射到价值链的虚拟模型中。审计员随后可以依赖在"镜像世界"中收集的信息构建用于异常识别的分析模型,并自动执行各种审计过程,如远程库存、现金余额评估、实时故障和异常检测等。

二、风控"三道防线"场景化路径模式

企业相关审计部门可以采用类似持续审计智能即服务的技术,此类技术可以帮助审计人员在经验和知识有限的情况下操作所谓复杂业务平台。此类持续审计及服务,一般是借助云服务、人工智能、数据挖掘和机器学习相结合的方式,实施全面的审计数据挖掘和风险聚焦的智能化审计平台建设。

审计人员可以通过该平台捕获和传输其客户数据,自动制定审计模型并生成智能应用程序,以及在自己或客户的站点进行部署。如果审计人员不能执行模型制定,或者想探索新的应用程序,则推荐系统可以进一步帮助审计人员在特定项目中部署最合适的应用程序。

审计人员随后根据审计或业务逻辑对这些模型进行细化,并用于构建智能应用程序。这些应用程序会被部署在审计人员的计算机上以收集证据,或者被部署在客户的网站上以实时监控交易。这些应用程序还会存储在云市场中,以供将来使用。审计人员的负担大大减轻,可以专注于根据智能应用给出的审计结果做出审计判断。

企业还有必要在业财融合过程中嵌套智能化稽查检查的应用模块或系统,推动风险管理的智能化,从传统模式下各自为政的风险管理向全面风险管理转型,从而为经营管理者提供风险管理框架和流程方面的专业知识和经验;协助高管和经营管理层分析和量化企业对各经营单元的风险偏好和风险容忍度;开展用于风险确认的标杆管理;协助确认和估计各种风险化解方案的成本和效益,指导管理者应对风险;支持涵盖风险管理的完善公司治理等。

通过积极参与企业的经济活动,将风险管理整合进企业持续的管理活动,完善基于证

据链的风控集成决策和实施体系，改善并推动证据链完整（提质提效实现业务与管理协同和风控协同），都对企业的可持续发展具有实质性贡献。

案例：数智化内部审计平台应用

某总部位于 S 市 N 区的民营科技创新型医疗企业 M，是区域的龙头企业。基于复杂的市场拓展业务和全球性服务布局的审计确认需要，为降低审计工作成本，企业 M 设计了智能内部审计平台针对全面五位一体合规遵从度的专项合规智能评价模块。该模块实现了内部审计融合合规咨询系统搭建，能够同步快速帮助企业确认合规管理水平，及时做出合规能力的评价与改进。在达成目标上，企业 M 设计了重要指标：企业 M 是否在建立的统一的合规标准和流程基础上，实现实时的合规数据和信息传递，是否系统降低合规成本和提高效率。

这些审计确认合规遵从度并实时评价融合的方式，有助于企业 M 在全球市场上更好地快速评价合规有效性，系统应对合规挑战，实现可持续发展。具体操作如下：

1）完成即时合规咨询，降低对合规部门的依赖的同时，实现内部审计的确认，形成资源集约化复用。企业 M 通过部署 AI 合规顾问，为员工提供 7 天 24 小时即时咨询服务。企业 M 的员工可以通过自然语言与 AI 交流，快速获得关于合规问题的解答。特别是在紧急情况下，这种即时性显著提高了企业 M 的响应速度，降低了合规风险。企业 M 的 AI 合规顾问分担了合规部门的工作负担，使得合规专家能够专注于处理更复杂的问题。AI 处理了大量的标准化问题，提高了合规咨询的效率，确保企业在快速扩张的同时合规管理不落后。企业 M 的合规节点融合方式，同步实现内部审计需要稽核的数据同步收集和确认工作，达成了确认内审条线的同步和数据实时预警。

2）推动数据驱动的合规决策与内审确认决策同步。企业 M 利用 AI 处理和分析大量数据，提取合规洞察。在反洗钱和反欺诈领域，AI 系统实时监控交易数据，识别异常行为，为企业 M 提供预警，帮助企业提前采取措施。在企业 M 的内部审计协同上，达成数据的快速扫描和确认，在业务发生同时、业务发生结束后的多个维度实现内部审计对合规评价的遵从度确认工作。

3）推动个性化合规培训和教育及内部审计的协同培训和教育，持续推动内部的持续学习工作。企业 M 的 AI 合规顾问根据员工的角色、职责和历史咨询记录提供个性化的合规学习建议，确保员工获得最相关、最有用的信息，提高了合规管理的针对性和有效性。除此之外，企业 M 还开发了智能合规培训平台及融合嵌入的审计稽核接口，一方面，合规培训结合虚拟现实（VR）和增强现实（AR）技术，为员工提供沉浸式学习体验；另一方面，合规平台根据员工的学习进度和理解能力提供个性化学习路径，确保合规知识有效传递的同时形成同步的内审，对上述培训事项进行底层稽核与校验，同步实现关联性和交叉性复核确认。同时，企业 M 将 AI 系统进行拓展，在合规和内部审计层面推动自我学习和适应的能力。企业 M 的合规专项内审系统可以随着法律法规的变化和企业业务的发展不断更新其知识库。

4）借助内部审计的审查模式，实现多维度的自动化合规审查。企业 M 借助 AI 技术，特别是自然语言处理和机器学习用于自动化合规审查流程。企业 M 建设的 AI 系统能够阅读和理解合同、政策文件、法规等文本，自动检查合规性，提高了内部审计审查效率，并减少了人为错误。

5）按照内部审计对风控合规确认的要求，实现针对风险预警模型的建设与测试。企业 M 推动内部审计 AI 系统的风险预警模型建设，通过分析历史和实时数据并进行数智化的内部审计确认，同步预测潜在的合规风险。同时，企业 M 针对内审层面的 AI 应用，推动合规压力测试，通过评估企业应对合规挑战的能力，确保智能化内审嵌入和实时内审作业的实现度，有效应对不断变化的合规环境及审计达成的评价与确认目标。

6）拓展合规与内审融合专项的跨文化和多语言支持。企业 M 为解决国际化问题，针对 AI 合规顾问和内部审计实施需要，落实了系统的多种语言支持，帮助相关员工理解和遵守不同国家和地区的合规要求。这对于在多个司法管辖区运营的企业 M 尤为重要，确保了企业 M 在全球范围内的合规性，同时提升了企业 M 在总部推动内部审计高效运行的效果。

第六节　本章小结

本章针对风控合规专业化融合科技实现场景化生态重塑进行了系统阐述。除了合规、风控、内控、法务的专业化运作，以及内审的确认咨询专业化落地，本章还重点阐述并明确了企业需要夯实风控智能化的场景模式落地。

一方面，企业通过场景式风控合规的衔接赋能，实现对战略的推进，包括按照场景化模式确定风险偏好、风险承受度、风险管理有效性标准，选择基于场景化实现需要的风险承担、风险规避、风险转移、风险转换、风险对冲、风险补偿、风险控制等适合的风险管理工具，并确定风险管理所需人力和财力资源的配置，以场景化工作系统夯实风控合规底座。

另一方面，企业通过场景式风控合规的衔接赋能，创造商业模式的业务和运营场景，实现合规引领的价值赋能并贯穿发展始终，旨在基于识别潜在事项、管理风险的同时，将可能实现的商业机会或降本增效的合规融合对策，在风险容忍度内实现系统的价值转化。

第十章

风控合规生态重塑与战略结论

本章进行了总体概括。适应环境变化,推进公司治理的精益化管控和合规融合,系统推动降本增效、提质增收,是企业永恒的主题。在推动高质量发展、实现稳中求进工作总基调的过程中,提升本身的合规能力和风控合规的专业化和数智化能力,是企业必然的选择。在不断实现风控合规一体化融合的过程中,企业需要采取场景化和架构设计模式实现合规嵌套、合规融合与合规价值创造的协同方式。借助合规场景架构设计的顶层战略与有效执行落地的方式,企业可以实现转方式、调结构、促发展,提升核心竞争力,达成质的有效提升和量的合理增长目标。

借助合规的一体化融合模式,企业推动夯实主营业务,以合规打通持续经营的主动脉,通过数智化的融合,激发内生式增长的主动力。通过加强对重点风险的把控,企业可以聚焦主要矛盾,动态识别风险,把牢发展的主动权。

第一节 风控合规生态重塑

在风控合规专业化提质升级和企业数字化转型的背景下,企业需要做好风控合规的专业化落地,协同形成风控合规的五位一体融合。企业需要坚持战略引领,落实风控合规的系统逻辑,按照产业上下游产业协同联动方式,推动风控合规生态重塑,持续性推动带动业务发展。

一、企业合规治理的基本目标

全面风险管理指企业围绕总体经营目标,通过在企业管理的各个环节和经营过程中执行风险管理的基本流程,培育良好的风险管理文化,建立健全全面风险管理体系,从而为达成风险管理的总体目标提供合理保证的过程和方法。全面风险管理具有五个特征,具体包括:①战略性:站在战略层面整合和管理企业层面风险,是全面风险管理的价值所在;②全员化:企业全员参与;③专业化:风险管理专业人才实施专业化管理;④系统性:风险管理策略、风险理财措施、组织职能体系、信息系统、内部控制系统；⑤二重性：收益与损失并存。

针对全面风险管理在企业中的运用，对企业面临的各种风险进行分类，对各种风险的发生概率、产生原因及影响程度进行分析，给出相应的风险应对方案。通过设计一个风险管理体系，根据主责部门分配不同的关键环节管控措施，设定相应的风险评估和应对策略。生态重塑迭代下的风控合规融合模式如图10-1所示。

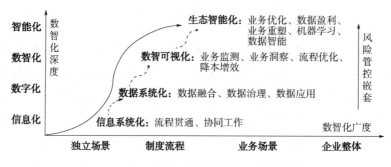

图10-1　生态重塑迭代下的风控合规融合模式

（一）满足企业外部要求

企业既有管理体系可能已经满足合规管理的部分要求，合规融合的五位一体管控上还需要系统结合合规管理体系文件的要求，完善合规管理措施，生成实施证据，形成符合企业外部监管机构要求的支持证据链，协同匹配达成响应外部要求的合规管理，建立符合监管机构、合作伙伴、认证机构等要求的合规管理体系。

企业还需要按照行业监管、上市监管、国资监管等监管机构的要求，系统建立合规管理体系，接受外部监管机构的检查验收和监督评价。随着GB/T 35770：2022-ISO 37301：2021《合规管理体系要求及使用指南》国家标准的推广，企业还有必要在企业合规总体转型升级和重塑环境下，按需建立符合标准要求的合规管理体系，并获得第三方认证。

企业按需建立符合相关方要求的合规管理体系，寻求通关便利、行政许可或政府支持，并接受检查验收和监督评价，按照供产销一体化和公司风控合规治理的五位一体融合要求及外部生态层面的合作伙伴和潜在外部市场的要求，建立全面或专项合规管理体系，接受尽职调查，生成体系有效运行的证据。

（二）达成企业内生需求

一是达成企业治理要求的合规管理层面。股东、投资人、董事会、董事等治理方希望企业进行有效的合规管理，以保护投资安全和个人职业安全，保障企业高质量可持续发展。企业在高质量实现法务管控、合规管控、内控管控、风险管控的基础上，系统提升合规管理与质量管理、全面风险管理、内部控制、法治管理、反舞弊管理等管理体系的协同乃至融合。同时，按照内部审计的咨询与评价的要求，内部审计以《合规管理体系要求及使用指南》等国际标准和国家标准为主要依据，对合规运营和合规管理体系建设实现的设计、运行、检查和改进进行系统评价。

在内部合规评价模式上，企业要保证自身处于治理方的控制之下，不仅需要按照治理方设定的使命、远景和价值观轨道发展，还需要按照合规落地要求，保证重要决策、重要外部合作和高风险交易得到审慎对待，并使得这些重要的业务形态处于合规监督之下。这有助于保证治理方能够及时地、经常性地获得有关企业合规管理状况的真实信息，并对企业合规管理的有效性做出评价，系统保证治理方可以向外部相关方提供履职尽责的证据。

二是达成企业内生需求的合规管理层面。企业是由人、财、物、信息等要素构成的复杂系统。企业识别并利用自然规则和社会规则，获取并加工自然资源和社会资源，协调内部成员和外部合作方的行动，有意识地设立并达成目标，因此，综合的风控合规是企业管理的目标之一。企业系统梳理合规风险，建立合规风险预防、发现和处理机制；针对现有的管理措施，全面梳理合规义务、评估合规风险，融入业务流程，预防、发现和处理合规问题。

从这个层面来说，企业需要实现五位一体的融合实施；拟定合规管理体系建设整体规划和年度工作计划，制定合规管理体系建设实施方案；识别合规义务，开展合规风险评估，建立合规风险数据库，跟踪合规义务和合规风险的动态变化情况；借助内部控制管理，建立合规咨询、合规审查、合规筛查、合规尽职调查、第三方合规等管理机制，制定合规管理专项制度。

企业还需要系统在内部开展合规宣传、教育、培训和认证，培养合规意识，传播合规管理知识和经验；建立合规举报体系，对违规案件进行调查、纠正和补救，分析违规问题的根源，发现和弥补合规管理缺陷；按照规范系统监控合规管理体系的运行情况，发现风险信号，并进行预警、报告和响应；评价合规管理的有效性，生成合规管理工作报告。

二、风控合规融合价值呈现与结论建议

（一）五位一体风控合规的价值呈现

从企业建设有效的合规落地层面，精益化风控合规落地实施上采取的措施包括：

1）系统建设有效的风控一体化融合的组织架构。企业可以系统推动合规管理专业知识的学习。在企业例行工作外，合规管理负责人主动向总经理等高级管理人员汇报和宣讲并提出合规管理建议。通过会议形式等方式向企业主要负责人和管理层班子成员汇报合规工作开展情况。企业通过促进合规联络员或兼职合规管理人员的沟通和学习方式，组织对合规联络人的培训，培养企业相关人员掌握履职所必需的知识和技能。

2）建设基于全员参与的风控合规制度。企业有必要系统实现针对风控合规制度的学习，可以使用信息化手段组织制度学习和测评。精益化的合规落地上，针对合规制度建设基础，落实签署《合规承诺书》及全员全面学习《合规行为准则》等措施。通过制订合规管理制度建设工作计划、制订合规管理制度相关计划、采用列表的方式明确制度建设工作的目标、内容和进度安排，形成有效的风控合规的制度与执行的协同。各个后勤和供产销等相关部门可以以法律法规和公司规章制度的具体规定为依据制定合规管理专项指引，完成针对企业五位一体风控合规的不同业务阶段的"常见雷区风险提示"，并结合具体合规管理操作要求，在此基础上形成合规管理专项指引，可以用于指导实践、业务部门自查和监督检查。

3）确定企业数智化合规与岗位融合方案。企业推动识别具体的合规管理高风险岗位，并明确合规管理职责。将采购管理岗、投资管理岗、物资管理岗、人力资源管理岗、薪酬管理岗、劳务派遣管理岗、工程项目管理岗、安全管理岗列为重要风险岗位，系统制定每个岗位的合规管理职责清单。合规重要风险岗位的合规职责清单，明确与合规审查相关的岗位职责、合规职责、合规依据、合规审查内容和审查证据，并与《合规风险清单》相关内容关联。

4）建设有效、协同的风控评估检查机制。企业需要针对合规工作的开展，针对五位一体的风控合规的具体措施，系统性开展合规风险年度评估，并将风控合规的各个重点节点形成协同，从而系统实现法务的管理、合规管理、内控管理、风险管理的协同和规范开展内部审计工作。企业通过制定合规审查表单，明确合规审查要点，与合规风险清单相关联，实现业务部门发布审查意见方式，推动合规工作的落实。企业还需要加强宣传合规举报渠道，通过公示合规举报渠道方式和设置实物举报信箱接收举报等方式，加强合规的落地实施。

5）持续协同数字化合规信息库建设和动态迭代建设。企业需要支持合规管理人员参加继续学习，采用丰富多彩的形式开展合规宣传，采用知识答题、普法教育活动等形式开展法律合规宣传，并对宣传活动进行记录和总结。企业还需要按照平台运作模式，系统动态迭代风控合规的体系建设。企业对所属分/子企业做好合规管理工作的具体指导。系统制作合规工作方案的模板和相关支持附件，形成标准化作业。借助数字化创新底座和合规能力中心建设，形成系统有效的合规数字化输出能力，动态预警企业风险，明确应对和应急方案，实现合规管理体系建设的系统成果。

风控合规基础智能标准化系统如图10-2所示。

（二）五位一体风控合规的结论建议

企业在实现风控合规体系的生态重塑之前，本身已经建立了法务、全面风险管理、内部控制等管控体系，并都包含部分合规管理元素。按照专业化和数字化的推动要求，企业需要系统形成风控合规的生态重塑的系统性建设，系统建成组织架构清晰、合规管理职责明确、管理体系文件完整、运行机制和保障机制完备、数智化合规信息库协同的企业合规体系。

第十章
风控合规生态重塑与战略结论

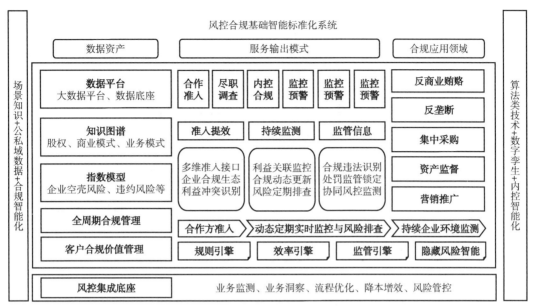

图 10-2　风控合规基础智能标准化系统

为此，企业主要负责人、合规管理负责人、合规管理工作人员、其他各级员工需要从上而下推动合规管理的文化落地和价值赋能，并在合规协同的逻辑落地中，形成合规意识的潜移默化的系统转化，实现合规管理体系建设的合规规范、合规执行、合规管理、合规举报的协同。具体涉及如下四个层面：

1）加强风控合规的专业培训。通过对企业管理层和相关人员的合规管理培训，提升思想意识和专业协同能力。通过培训内容的系统输出，借助理论学习、集中轮训、交流研讨、沙盘推演等方式，系统性、多维度推动基于风险管理的合规管理的基本概念、原理、内容和方法，使企业所有中高层管理干部充分认识合规管理工作的重要性，深入理解合规管理与本企业经营管理活动的具体联系，熟练运用合规管理专业术语和知识，系统组织企业及相关部门开展合规管理工作。

2）系统规范合规风险评估工作。通过编制合规风险评估指导手册，在手册中明确合规风险评估重点，使所有相关人员明确合规概念、风险分类、信息采集方式等重要内容，推动参与合规风险评估的人员及角色、任务协同，通过报告和记录的操作步骤，明确示范表单、文本、常见问题的处理和实践案例的协同。借助指导手册的要求，系统开展合规风险评估工作。

3）系统规范合规风险审查工作。通过编制合规风险审查指导手册，在手册中明确合规审查的重点，使所有相关人员明确合规审查概念、信息采集的方式等重要内容，推动参与合规风险评估的人员及角色、任务协同，通过明确示范表单、文本、常见问题的处理和实践案例的协同方式，协同明确操作步骤。借助指导手册的要求，系统开展合规审查工作。

4）通过培训培养风控合规管理类专业人才。企业在合规管理中普遍遇到合规管理人员数量和能力不足的问题，通过系统针对合规管理专业人才的需求，系统制订人才培养计划,设计培训课程,打通合规人才职业发展通道,按照"三全"的"三库"建设模式,建立风控合规人才库,系统搭建风控合规类人才梯队。

第二节 风控合规战略规划

在当前的企业数字化转型风控合规系统落地的应用方案中,各类型企业的数字合规落地诉求主要体现在业务流、服务流、数据流、科技流四个方面与合规协同落地实现。

1)数据流层面,深度挖掘客户信息,通过大数据技术清洗沉淀数据、对用户进行精准描摹、对用户进行深度开发。

2)服务流层面,建立平台,帮助企业更好地服务用户消费端,实现业务场景的合规赋能。

3)业务流层面,通过数字赋能帮助企业突出产品营销亮点,帮助服务性企业实现数字架构下的业财一体化发展。

4)科技流层面,企业落实系统的开发技术,实现对现有数据的开发、对现有流程的优化、对资源配置的优化等,提供数字化系统解决方案。

这其中,数据流是整个数字化改造的底层,服务流是中层,业务流和科技流是前端,明确数据流是确认数字化发展的底层逻辑。在合理合规的框架下开展工作,可预见的常规化业务支出是可以在财务预算中体现的,应当根据开展业务需要纳入数字化的管理前置流程,这样就可以避免业财不匹配的问题。很多企业面临如何将有限的资源高效配置和解决合规运营的问题,可通过数字化合规的规划和改造,实现数字化服务平台的供给侧的充分运作,提升效率,实现企业、员工、外部利益相关方的多方收益。

顶层合规设计落地,需要企业明确发展的战略目标。为此,企业按照业财一体化的数字化解决方案,系统解决业务和财务的匹配度,按照协同度的匹配和合规化的融合植入,将企业有实际意义业务行为并不能直接体现在现金流的变化上的重要性的合规行为落地,借助合规融合业财一体化思维,实现合规对价值增值的过程进行合规赋能。通过数智化的合规模式,把对企业价值创造有间接作用的合规行为体现在数字合规价值流上,实现基于企业合规驱动的业财税一体化融合与价值贡献。

基于合规顶层战略规划的融合模式如图10-3所示。

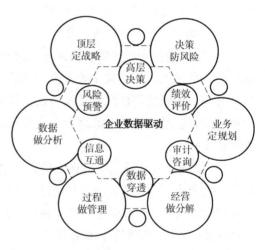

图10-3 基于合规顶层战略规划的融合模式

一、风控合规数智化实现两大基础

第一大基础:企业风控合规的硬件基础。硬件主要包括数字化体系建设和风控合规专业的评价程序、标准规范和制度类指引。这些是企业强化风控合规以内控体系刚性约束的有效手段,有助于提升企业管控能力。

通过硬件落地,可以实现企业风控合规体系与业务信息系统互联互通、有机融合。①企业可以将风控合规体系形成流程和节点,实现管控措施嵌入各类业务数字化系统;②企业可以充分利用数字化技术手段,将管控节点嵌入接口,根据自身风险承受能力设定风险监控阈值,通过数据汇集、清洗、标签、挖掘等技术,实现风控合规体系在线监测、及时预警并发布异常信息,提升风险应对的及时性、有效性;③企业可以建立风控合规专业化控制评价程序,匹配系统的标准规范、实施要求、缺陷认定、整改标准,并嵌入风控合规系统的自评价系统内,通过数字化系统的自动校验,规范风控合规实施、内控执行评价、内审稽核确认工作,从而精准锁定企业风险点和内控缺陷点,精准落实缺陷整改销号的跟踪落实机制。

第二大基础:企业风控合规的软件基础。软件主要包括数字化体系建设和制订统一的风控合规独立评价计划、统一调配资源、监督合力共促整改等方面,实现有效的查错纠弊。①企业可以促进不断优化风险管理、内控体系、合规管理、法务管理。结合合规管理穿插内部控制的实施,企业按照职责分离的原则推动内部控制工作和风险防控工作的有序开展。同时,企业的数字化系统还可以系统实现内部控制评价分为自评价、管理评价和独立评价体系,形成职能相互制约、互为补充的良性运行机制。②企业可以加强风险预警工作、合规预警工作,并结合内控独立评价计划,实现上下协同、横向贯通,借助内部审计确认与评价功能的落地,系统确认风险合规面,防范风险,系统减少资源浪费、重复建设。③企业可以持续优化资源配置,通过招聘引入专业人才、多种形式培训锻炼、合理分工,提高资源利用效率效果。④企业可以加强成果运用,通过审计的咨询与服务功能的落地,实现审计结果的多重复用,实现"一审多项""一审多果""一果多用",借助审计加强制度优化,推动缺陷整改,实现审计的价值创造。

二、风控合规数智化演进三阶段

企业可以通过顶层设计、分步实施,实现三层进阶方向和落地实施重点,实现各阶段目标的融合优化迭代。

企业在发展的螺旋上升过程中,不断聚焦和明确各阶段的共性与迭代优化事项,实现各阶段的数字化业务牵引,借助业务牵引的数字化融合实现企业战略目标,同时实现风控目标与企业战略规划的主要任务的协同融合。五位一体风控合规演进如图10-4所示。

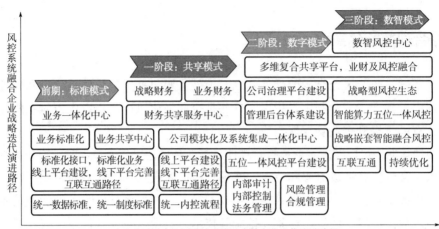

图 10-4 五位一体风控合规演进

在这个过程中，企业按照商业模式的主线优化业务发展模式和合规建设方案；通过科学技术的迭代，实现数字化赋能下的专业化、数智化协同建设，实现专业化落地的管理闭环；借助数字化的合规信息库系统，系统推动合规生态重塑，并持续推动顶层战略规划的落实；借助数据能力控制，分析纠偏，形成合规知识体系；借助数智化模式强化合规知识体系的固化；借助标准化后的数字化合规信息系统，在合规数据信息库的基础上，进一步构建合规规则库、合规知识库、风险指标库、风险识别库等；通过不断结合合规制度和合规实践需要，建设合规风险智能监测模型，为识别、防范和化解合规风险提供技术支撑。

同时，企业针对合规数据信息库的不断优化，实现风控合规的专业化与数智化的双轮驱动，带动风控合规的管理提升与业务融合，形成基于商业模式与技术迭代的证据链风控体系建设。

五位一体风控合规演进的迭代闭环模式如图 10-5 所示。

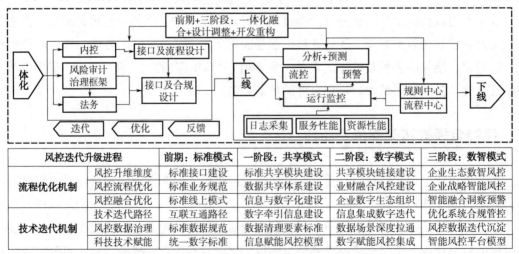

图 10-5 五位一体风控合规演进的迭代闭环模式

三、风控合规数智化落地四步法

风控架构设计实施层面，按照数据、模型、系统、场景四个层面的设计实现企业的数智化、场景化的架构转型，具体如下：

首先，企业解决合规"数据"问题。企业借助信息一体化建设的迭代进阶，系统解决"数据"本身层面问题。①根据合规审查、过程管控的要求，针对关键节点数据进行分类分级；②设计技术改进方案，这个关键节点是针对尚未信息化的节点内容（文件扫描、OCR识别、语音转文字、自然语言处理等），实现数据的标准设置，实现数据可控制、可追溯、可检查；③按照规划合规管理系统与其他系统互联互通方案，打通企业供产销、人财物的业务层面、财务层面、研发创新等各个层面的互联互通方案；④在尽可能不影响其他信息系统的情况下，采用接口网关代理等相关技术，实现数据流转推动监测。

其次，企业解决合规"模型"问题。企业开展针对性的数据合规风控标准化工作。进程实施方案上：①在企业合规风控的数字化转型规划指导上，将信息化数据进一步分类分级。②按照要求，建设合规的各类模块库，具体包括合规规则库、合规知识库、风险指标库、风险识别库等。③应用AI深度学习算法工具构建合规模型，包括类似的AI深度学习算法工具（如LTSM）构建合规监测和风险诊断等模型推动合规模型建设。④利用"沙盘推演"等技术模拟合规管理与系统联动。在这个模拟过程中，企业按照模拟合规管理系统与多个业务管理系统的联动方式，解决合规团队与实施团队需求表达脱节、合规人员无法准确表达数据端最终需求、建模人员不理解数据功能背后的业务逻辑的问题，从而系统推动模型匹配融合工作。⑤迭代优化风控合规管理工作流程，实现合规管理流程的标准化，以此解决并实现与业务管理流程无缝衔接的落地落实工作。

再次，企业解决合规"系统"问题。企业通过推动针对性工作实施，实现基于数字底座的贯通，完成贯通合规体系管理流程的任务。在系统解决问题实施方案上：①在数据管理、中台建设、算法模型、分析应用、可视化展现等多个维度展开针对性工作，实现系统落地合规多维度实施工作；②应用AI工具提高信息数据的自动化和结构化，利用自然语言处理和大模型技术处理大量文档文本等非结构化数据；③部署实时动态监测和风险分析模块，针对重点环节、关键节点部署实时动态监测和风险分析模块，实现合规风险即时预警、快速处置；④贯通多业务系统、合规目标的达成上，借助系统落实方案，完成合规风控管理的识风险、测风险、控风险、报风险四大任务；⑤针对智能化的个性化配置，设置应用自定义工作台和管理驾驶舱，根据不同管理需求灵活配置页面，以满足不同角色的管理需求。

最后，企业解决合规"场景"问题。企业结合相关数字化技术，将合规要求嵌入场景化转换，强化合规化场景的设计，从合规设计角度出发，实现动态的合规场景设计、落地、执行、对比、评价，形成基于企业场景的前置性设计和执行落地动态监测和过程管控，以场景赋能模式，解决企业合规的价值创造问题。

第三节 数智化合规与合规场景架构师

数智化场景的融合，是企业在数字科技赋能之下，畅通大合规体系，以可持续增长为目标的重要协同和价值赋能。这里，合规场景架构师的新生模式和岗位，有助于企业快速实现合规的智能化转型。

一、数智化合规的场景化实现思路

将合规要求嵌入业务经营流程，强化对企业经营管理活动合规情况的动态监测和过程管控，包括提高企业合规智能化系统与企业内部其他智能化系统和外部数字化系统的衔接互联水平，实现合规智能化系统共建、合规数据信息共享、合规风险共治。

企业坚持稳中求进的工作基调，在推动达成经营行稳致远的目标时，要按照风控合规的要求补短板、强弱项、防风险，注重提升效益效率指标，持续推动价值提升和高质量发展。企业要围绕风控合规的公司治理功能定位，推动数智化风控合规的总体设计和业务布局，系统落实风控合规的"三道防线"功能，通过风控合规赋能，推动业态培育和业务发展。在合规有效落地层面，企业需要结合发展目标，统筹考虑当前和长远，针对合规的规范要求，做好合规专业化和合规数字化融合工作。

合规融合可以实现传统合规的落地，是包含时间、空间多维度的企业合规的前置，从多个维度在横向、纵向的多个视角进行分析，做好合规底线和合规模式的协同，支持企业经验情况分析、企业未来情况预测及企业战略提供合规建议，融合前端，固化中台输出，实现合规企业数据中心价值。

当前的科技技术呈现从弱智能向强智能转型趋势。弱智能层面，人工智能、RPA等新技术能快速从海量数据中识别出关键信息及风险点，让企业数据中心成为现实；强智能层面，集成AIoT等，可以让合规融合实现前端支持服务的无缝融合与集成，实现数据清洗优化集成，可以系统实现企业式合规的数据判断与预警。

二、合规场景架构师的模式与方案

基于企业业务模式的合规场景赋能层面，企业需要针对业务场景做好相关的设计和规划，以及合规场景的场景化设计；按照合规管控要求，细化针对业务的营收体量要求，分解成本的合规支付路径和合规规范，落实具体的费用项目的合规支付路径与合规规范，解决用人层面的合规设计规范，明确既有有形资产和无形资产的应用，推动市场拓展和内部降本增效、提质增收。因此，合规场景化的架构师模式成了重要的核心岗位，并具有很大的持续发展空间。

具体来说，合规场景架构师主要实现路径与模式有四类：智能合规管理师（日常合规管理操作）、智能合规工程师（合规算法和合规架构）、智能合规运营师（业务合规和风控预警）、智能合规规划师（合规战略落地，合规运营优化，合规商业模式协同设计），这些相关合规场景架构师成为重要的转化落地机遇。

（一）企业合规数据信息库动态架构设计

合规场景架构师基于场景的数据动态设计要求，通过梳理企业业务流程，评估合规风险点，辨识和记录关键环节、重点事项的数据特征；通过合规审查、过程管控的要求，针对关键节点的数据进行分类分级，借助通过机器流程自动化（RPA）技术提升合规应用能力，如编制、运行合规管理操作脚本，实现绝大部分重复性合规管理工作的信息化处理；通过利用包括光学字符识别、语音识别（ASR）、自然语言处理等技术，对合规管理涉及的图片影像材料进行智能化识别，提取有价值信息；借助大模型（LLM）技术及其垂直行业应用的小模型（SLM）技术，实现对关键节点的数据进行智能标签标注；通过应用大数据及搜索技术，记录和归档合规管理体系运行产生的文件化信息，如合规管理制度文件、合规审查意见、合规检查原始文件等的相关信息和文件记录。通过数据角色权限管理、主从备份等技术进行数据安全防护，防止数据遗失、泄密、不当使用或完整性受损。

因此，在场景数据的协同和设计层面，合规场景架构师推动合规数据在数字赋能的企业中落地实践，在企业运营过程中嵌入合规节点和方式，实现动态合规监管的全面性与重要性融合，解决重要场景的监管问题。

（二）企业合规风控模型建设

合规场景架构师基于场景的模型建设动态管控要求，通过细化风险报告机制、细分风险类别、量化报送等级，并根据合规风险类型制定和选择合规风险应对设计技术实施方案；针对合规业务流程涉及的数据相对简单低维、易于用规则描述的，应用规则模型进行监测和诊断；针对合规业务流程涉及的数据属于复杂高维或具有一定时序关联性的（不易于用规则描述的），可通过将相关数据进行（特征）向量化处理，并利用AI深度学习模型，如长短期记忆网络（Long Short-Term Memory，LSTM）模型进行学习训练，实现对合规风险的（分类）识别。合规场景架构师协同利用"沙盘推演"的技术，模拟合规管理系统与多个业务管理系统的数据互联互通，既可以在一定程度上缓解AI深度学习（正负）样本数据不足的问题，解决合规团队与实施团队需求表达脱节、合规人员无法准确表达数据端最终需求、建模人员不理解数据功能背后的业务逻辑的问题，高效推进合规风控模型的建设，又可以通过不断迭代优化合规风险监测模型的参数，方便企业学习合规规则，实现合规样本数据训练。

因此，在场景模型的协同和设计层面，实现企业针对风控合规模型的实施推动，解决系列管理模型方式的多样化落地问题，为企业系统创造巨大的价值。具体包括：企业运行指标体系管理模型、以业财数据为核心的"企业画像"、企业管控关键指标监测应用、基于业财融合的企业风险分类监测模型、重点战略新兴产业经济监测模型、企业价值监测分析模型、客商资信评价模型、合同逾期风险预测模型、供应商履约能力评估模型、供应商寻源模型、用户满意度数据分析预测模型、数据全流程可视化监控等模型建设方案。

(三) 企业合规平台系统集成建设

合规场景架构师基于场景的平台系统建设动态管控要求，通过搭建开放式、可扩展、可高效连接多方系统的智能化合规平台，在数据管理、数据分析、监测模型、可视化展现等五个维度进行集成。技术方案包括：Restful 架构，通过 REST 提供远程调用 API 的能力；采用 OAuth2.0 标准协议，进行用户鉴权；数据沙箱（Sandboxing），用于隔离测试模块与正式运行程序的安全机制，待接入模块需先到沙箱里进行充分的验证；通过应用大数据技术（数据仓库、数据挖掘、数据分析等），集成商业 BI（Business Intelligence）等中间件，实现合规风控的数据监测及可视化呈现，包括合规风险地图、合规风险热力图、合规管理进度看板等；通过与大模型（LLM）技术结合，实现智能报告针对潜在的性质严重或可能给企业带来重大合规风险的事件的识别预警，自动输出面向决策层、管理层的报告等；通过为企业开展合规审查、合规检查、合规绩效评价、合规培训等工作，提供技术（接口和功能）支持。

因此，在场景模型的协同和设计层面，通过合规场景的设计，实现企业的提质增效，强化生产成本费用管控，强化施工组织设计管理，压缩管理层级。通过合规场景的设计，持续提升风险管控能力，强化对资金、预算、投资计划等方面的管控，加强对项目并购、股权交易等尽调力度，依法合规，规避风险；通过合规场景的设计，深化法务、风险、合规、内控与审计的协同、立体式监控，实现合规"全覆盖"的体系建设，实现夯实系统生态的合规管理，推动企业提质、增效、可持续发展。

第四节　不足与进一步努力方向

本书整理了相关理论，呈现了风控合规的大合规体系，将风险管理、内部控制、法务管理等涉及合规相关方面和融合方面的内容进行了最新层面的整理，针对内部审计的确认与咨询功能、监察系统的监管整改功能与大合规体系做了系统梳理，并结合边界厘定和集成对策，系统展示了由公司治理转型升级推动的合规生态重塑的融合实践案例及数字化转型下合规一体化的精益化管理融合实践案例，并将其作为问题分析与思考的基础。

由于公司治理的不断发展演进，数字技术尤其是 OpenAI、ChatGPT、AIGC 等相关 AI 职能的不断融合和延展，本书也与时俱进，通过充分理论归纳与系统实践归纳得出结论，通过诸多项目实践完成了验证并证明有效性和可行性。虽然本书结合了最新的国家宏观政

第十章
风控合规生态重塑与战略结论

策意见、最新的科技技术、最新的实践案例,但是由于数字经济转型依然处在不断迭代和赋能产业的道路上,公司治理的风控合规模式及大合规体系的国家政策引导,使得企业合规建设面临美好的前景和落地的转型过程问题。科技赋能的尝试使得很多场景处于突破前的"蓝海"。但由于尚未形成系统推广格局,不少合规场景也囿于数据资产入表等尝试前期,不少合规的融合底座设计和实施仍处于小范围测试阶段。

从实际内容看,本书虽然采取了比较前沿的方法,并与相关技术人员进行了深度的协同,实现了不少大型项目的有效推动,也对传统的合规相关理论进行了有助于企业落地的通俗的转换、优化、更新,但尚未形成统一的、大规模复制的合规落地的智能化结论,前进方向也处于待明确阶段。

因此,本书的部分研究仍存在局限性,未来需要不断优化迭代,主要包括如下七个方面:

1) 本书的编写是作者进行实践和研究的结果。鉴于合规的创新受企业商业模式、业务模式、公司治理模式的限制,合规的节点嵌入和落地受制于企业业务迭代和商业模式迭代,企业所推进的合规建设更多是基于穿透模式;严峻的外部环境使得企业面临推动合规的数字化转型的困境,受制于企业发展的其他客观因素,针对合规的持续性投入亟待继续跟踪企业的实际情况,以此更新实践结果和理论路径等相关内容。

2) 本书的编写更多地基于企业自身顶层设计规划角度执行,并未从软件施工方或软件推广方等中介机构角度考虑,针对法务管理、内部控制、合规管理、风险管理的具体国际标准和国内标准要求,相关行业标准要求并非完全一致、严丝合缝。相关理论归纳层面均结合作者实践感受,并按照相关规定和规则和结合实践总结得来,虽符合全部规范性要求,但难免有所遗漏。此外,按照企业的实际需求和实践结果,科技赋能之下企业需求方基于成本效益和投入产出的客观情况,不少企业合规的落地更多是基于总体合规模式,不少数字化合规细节场景的落地尚需要时间检验。此外,由于企业甲方本身对合规有保密性要求,使得企业有内部防火墙和保密密级的要求,本书写作中调研的企业样本量中有部分企业核心的内容并未全部覆盖。

3) 本书针对专业化和精益化的合规落地,针对数字化与实现数智化的合规实施,是基于企业内外部环境和产业演进到一定阶段,不少过往的合规模式面临的场景发生了根本性变化,企业面临整体合规的生态重塑。也就是系统转型升级的大踏步转型,有可能是飞跃式提升,还有可能是颠覆式转型。这使得企业的合规转型需要结合企业的数智化科技赋能融合情况落地,很多合规节点的嵌入个性化很大,不少结果尚未得到实践检验,或是实践检验的样本量较少。因此,本书更多的是顶层设计和执行层面的反馈验证。

4) 受制于案例研究视角与数据的可获得性和持续性,以及企业多方面的限制,本书并未引用有关推动合规的软件推广方的实现模式和路径落地案例,采取的案例包含两个层面:一个层面是作者及作者实施团队实际参与及主导的案例。这个层面的案例出于项目实施企业保密考虑,受保密协议约定要求并未将公司名称列示,但实际操作均已经实施并大部分完成。同时,不少合规案例的不足部分也是不少企业对此非常敏感和不愿意曝光的,本书写作的结果存在一定偏差。也正因为如此，本书涉及的合规场景和业务融合层面，可能未必与企业本身的合规动机和实际结果完全匹配，所以本书有关案例的单位均以字母替代。

5) 本书写作完成之前，不少企业合规推动进展上，已经顺利推动到相关阶段，但受制于时间进程的束缚，一些已经形成阶段性较高成果的企业，可能因其他战略规划、顶层规划、资金投向等问题而失败，甚至引发生存危机，但并不妨碍本书针对性进行系统分析。此外，由于案例的时间延续性和样本量不够大，需要在将来的研究中进一步完善样本数据。

6) 本书写作完成之前，调研的不少企业的合规转型和基于合规要求的阶段性成果尚在实践检验阶段，还有部分企业采取的合规场景架构赋能的价值创造上实现了较大的成果，但合规的价值创造成果的计量往往存在统计问题，在数字资产入表等国家推动的标准落地之前，价值创造成果结果还无法以数值方式呈现。

7) 本书收集的政策制度类资料截止时间为2024年3月31日，为国家及各级政府部门发布的正式文件的相关内容，涵盖法务管理、内部控制、风险管理、内部审计、合规管理的相关企业落地层面的所有相关知识点。结合国际标准和国内标准对这些资料做了系统、全面的梳理。对国际和国内的政策、制度、规章类文件及数字化转型和人工智能类相关的主要实现的技术也基本做了整理，并完成了基本的实践。但相关合规发展在不断演进，科技技术在加速迭代，本书不包括2024年3月31日之后的制度或科技变革的内容，这些也应作为未来进一步努力的方向。

第五节　本章小结

在风险管理方面，企业全生命周期不同发展阶段的风险承受能力和风险管理水平不尽相同。企业需要高效精准地识别风险因素，降低信息不对称的负面作用，完善数据治理体系，全面提高企业风险管理的及时性、准确性、敏感性。这对企业实现可持续发展、强化风险管控等方面具有重大意义。

企业需要通过融合数字科技等技术，基于业务牵引的商业模式变革，结合发展战略，做好数字化蓝图的顶层设计工作。企业面临构建业务牵引下的风控系统转型趋势，面临数字化与智能化技术创新过程中融合风控措施等变革带来的诸多挑战，需要不断结合外界环境变化要求谋求风控系统集成并协同风控预警的转型发展。企业需要借助风控融合模式的协同，实现新的业务增长点的落地，逐步带来持续稳定的、符合风控合规要求的收入和利润，实现风控一体、系统合规、有效持续的长远发展。

基于此，企业应充分将数字化赋能自身资源禀赋，将产业协同、品牌协同、自主创新逻辑融合风控的底层设计；充分将风控系统融合，实现生态重塑，实现高质量发展，对标世界一流，抓住全面产业结构的调整优化、各行各业的数字化赋能科技迭代更新的新机遇，持续完善并嵌入风控合规模式，推动业务紧密相关的业务场景的合规匹配性，落实系列风控达标的协同证据链，助力企业可持续性发展；探索实践具有个性化特色的风控合规融合并嵌入可持续发展业务形态的生态重塑，实现可持续发展道路的顶层设计规划的有效落地，从而塑造新动能、新优势。

附 录

名词解释

1. 合规风险

因违反法律或监管要求而受到制裁、遭受金融损失及因未能遵守所有适用法律、法规、行为准则或相关标准而给企业带来信誉、经济等方面损失的可能性。对比法律风险，合规风险更侧重于行政责任和道德责任的承担。合规风险产生原因包括违反法律法规、监管规定、行业准则、国际条约、国际规则、企业章程、企业规章制度等。

2. 合规管理

企业以有效防控合规风险为目的，以提升依法合规经营管理水平为导向，以经营管理行为和员工履职行为为对象，开展的建立合规制度、完善运行机制、培育合规文化、强化监督问责等有组织、有计划的管理活动。

3. 政治风险

完全或部分由政府官员行使权力和政府组织的行为而产生的不确定性；开展投资、贸易等活动前必须充分评估，并高度警惕与经济、金融的互动性。政治风险产生原因包括主要领导稳定性、政策稳定性、政商环境、限制投资领域、设置贸易壁垒、外汇管制、进口配额和关税、SPV 持股限制、金融限制、没收资产等。

4. 法律风险

企业经营过程中因自身经营行为的不规范或者外部法律环境发生重大变化而造成的不利法律后果的可能性。对比合规风险，法律风险更侧重于民事责任的承担。法律风险产生原因包括国内外政治法律环境与政策、员工道德操守、重大协议与合同遵守与履行、法律纠纷、知识产权等。

5. 文化风险

指文化这一不确定性因素给企业经营活动带来的影响。文化风险产生原因主要为：跨国经营活动涉及的东道国与母国文化差异等；并购活动，尤其是跨国并购，涉及的组织文化、种族文化差异等；组织内部因素，如组织文化变革、员工多元化文化背景等。

6. 技术风险

分为范围和所处阶段两个角度。从范围角度，广义来说指某一种新技术给某一行业或某些企业带来增长机会的同时，可能对另一行业或另一些企业形成巨大威胁；狭义来说指技术在创新过程中，技术本身复杂性或其他相关因素变化的不确定性导致技术创新遭遇失败的可能性。从所处阶段的角度，包括技术设计风险、技术研发风险、技术应用风险。

7. 市场风险

企业所面临的外部市场的复杂性和变动性所带来的与经营相关的风险。市场风险产生原因主要为：产品或服务价格及供需变化；能源、原材料、配件等物资供应的充足性、稳定性和价格变化；主要客户、主要供应商的信用情况；税收政策和利率、汇率、股票价格指数的变化；潜在竞争者、竞争者及其主要产品、替代品情况；市场风险指因市场等外界条件变化而使企业产生经济损失的风险，包括商品价格与物资供应风险，客户、供应商信用风险，税收风险，利率、汇率风险，竞争风险等。

8. 战略风险

企业在战略管理过程中，内外部环境的复杂性和变动性及主体对环境的认知能力和适应能力的有限性，导致企业整体性损失和战略目标无法实现的可能性及损失。战略风险产生原因主要为：战略不明确、超出实际能力；偏离主业、因主观原因频繁调整；执行不到位；战略风险指企业在战略的制定和实施上出现错误，或因未能随环境的改变而做出适当的调整，从而导致经济上的损失引发的风险。

9. 运营风险

企业在运营过程中，内外部环境的复杂性和变动性及主体对环境的认知能力和适应能力的有限性，导致运营失败或使运营活动达不到预期的目标的可能性及损失。运营风险产生原因主要为：企业组织效能、管理现状、企业文化，高、中层管理人员和重要业务流程中专业人员的知识结构、专业经验；期货等衍生产品业务中曾发生或易发生失误的流程和环节；质量、安全、环保、信息安全等管理中曾发生或易发生失误的业务流程或环节；因企业内、外部人员的道德风险致使企业遭受损失；产品结构、新产品研发；新市场开发，市场营销策略，包括产品或服务定价与销售渠道、市场营销环境状况等；企业风险管理的现状和能力；对现有业务流程和信息系统操作运行情况的监管、运行评价及持续改进能力等。

10. 财务风险

企业在生产运营过程中，由于内外部环境的各种难以预料或无法控制的不确定性因素的作用，使企业在一定时期内所获取的财务收益与预期收益发生偏差的可能性。

11. 静态风险

社会经济正常情况下的风险，是自然力的不规则作用和人们的错误判断和错误行为导致的风险。包括：资产的物理损失、欺诈及犯罪的损失、法律的错误判断、利润的减少、经营者行为能力的丧失。

12. 动态风险

社会经济的变动为直接原因的风险，是由于人们欲望的变化、生产方式和生产技术的变化，以及企业组织的变化导致的风险。

13. 数据中台

数字化能力中心（数据中台、业务中台、技术中台）的其中一部分。数据中台指聚合和治理跨域数据，将数据抽象封装成服务，提供给前台以业务价值的逻辑概念。数据中台是数据服务（Data API）工厂，数据中台的核心：Data API 数据服务；未来企业的业务运营，从操作本质上来讲就是加工和处理数据。数据中台就是企业的数据服务工厂，完成从数据到价值的加工过程。数据中台对于企业的价值，是加速从数据到价值的过程，提高企业的响应力。数据中台就是将技术能力沉淀到一个体系中，变成数据开发的能力，变成可以复用、二次加工的数据服务工厂，加快数据开发和协作的速度。数据中台和数据仓库、数据平台的关系为：数据仓库和数据平台是提供数据的系统，而数据中台是提供业务服务的系统，数据中台可以构建在数据仓库、数据平台之上。数据中台能够以提供数据服务的方式直接驱动和改变业务行为本身，数据中台距离业务更近，为业务产生价值的速度更快。数据仓库、数据平台提供的是数据本身，而数据中台提供的是有直接业务价值的数据服务，数据中台距离业务更近。

14. 业务中台

数字化能力中心（数据中台、业务中台、技术中台）的其中一部分。业务中台与数据中台是相辅相成的。业务中台中沉淀的业务数据进入数据中台进行体系化的加工，再以服务化的方式支撑业务中台上的应用，而这些应用产生的新数据又流转到数据中台，形成循环不息的数据闭环。数据闭环上，企业不断产生数据，强化洞察管理。包括：自动化、智能化的数据采集、汇聚和融合；实时与离线数据融合；数据开发，深度挖掘数据价值；开放数据服务到各业务场景中。

15. 技术中台

数字化能力中心（数据中台、业务中台、技术中台）的其中一部分。技术中台模式通过资源集中管理、通用能力抽象、成果沉淀复用提升技术交付专业化程度，提高技术人员利用率，使业务获得更多的灵活性和创造性。

16. 数字化转型

企业智慧数字化解决方案的开发建设、数字化基础设施的开发建设、数字化应用服务，企业运维，企业数字化、智能化改造，企业管理平台建设，基于数字技术的工厂智能化系统的开发建设运营，智慧企业管理平台的开发、运营、服务。

17. 综合服务

指通过综合系统，对需求侧的建设、运维、管理、销售、金融及技术设备等多类型服务需求实施一体化、集成化提供，推动安全、高效利用。

18. 综合项目投资、建设、运营一体化

建设运营多能互补的区域型综合系统，开展智能运维管理、托管等综合服务。

19. 算力

集信息计算力、网络运载力、数据存储力于一体的新型生产力，主要通过算力基础设施向社会提供服务。算力基础设施是新型基础设施的重要组成部分。

20. 产业+算力

算力基础设施的投资建设运营,以及算力平台开发、算法调优、产业融合等技术服务。

21. 企业负责人

内部经济责任审计的对象是企业负责人,包括按照干部管理制度规定的企业法定代表人,或者虽不担任法定代表人但实际行使相应职权的董事长、执行董事、总经理及主持工作一年以上的副职领导人。

22. 经济责任

企业负责人在任职期间,对其管辖范围内贯彻执行党和国家经济方针政策、落实各项决策部署,推动经济发展,管理企业资金、企业资产、企业资源,防控重大经济风险等有关经济活动应当履行的职责。

23. 经济责任审计

内部审计机构依法依规对内部管理的企业负责人经济责任履行情况进行监督、评价和鉴证的行为。总部分支机构负责人、所属企业分支机构负责人、系统内其他实际控制的分子公司负责人的经济责任审计,参照企业负责人的要求执行。对企业总部或企业集团总部按照干部管理制度授权由下一级或下两级企业管理的企业负责人,其经济责任履行情况的审计监督,原则上通过其上级企业负责人的经济责任审计或其他管理专项审计实现延伸、覆盖。下一级或下两级企业管理的企业负责人经济责任审计可由企业总部立项并组织实施。

24. 资产收购

一家企业("受让企业")购买另一家企业("转让企业")实质经营性资产的交易。受让企业支付对价的形式包括股权支付、非股权支付或两者的组合。

25. 股权收购

一家企业("收购企业")购买另一家企业("被收购企业")的股权,以实现对被收购企业控制的交易。收购企业支付对价的形式包括股权支付、非股权支付或两者的组合。

26. 合并

一家或多家企业("被合并企业")将其全部资产和负债转让给另一家现存或新设企业("合并企业"),被合并企业股东换取合并企业的股权或非股权支付,实现两个或两个以上企业的依法合并。

27. 股权支付

企业重组中购买、换取资产的一方支付的对价中,以企业或其控股企业的股权、股份作为支付的形式;所称非股权支付,指以本企业的现金、银行存款、应收款项、企业或其控股企业股权和股份以外的有价证券、存货、固定资产、其他资产及承担债务等作为支付的形式。

28. 虚拟数据中心

又称为虚拟化数据中心，英文简称为 VDC（Virtual Data Center），是云计算概念运用于数据中心的新型的数据中心形态。VDC 可以通过虚拟化技术将物理资源抽象整合，动态进行资源分配和调度，实现数据中心的自动化部署，并降低数据中心的运营成本。数据中心完全实现虚拟化，这时的数据中心才能称为 VDC。VDC 会将所有硬件（包括服务器、存储器和网络）整合成单一的逻辑资源，从而提高系统的使用效率和灵活性，以及应用软件的可用性和可测量性。

29. 逻辑回归（Logistic Regression）

一种广泛应用于机器学习的分类算法，主要用于解决二元分类问题，其核心思想是将原始的特征空间映射到一个概率空间，从而能够在 0~1 之间量化某个实体的类别概率。

30. 支持向量机（Support Vector Machines，SVM）

一种用于识别领域的监督学习算法，旨在找到一个最优超平面，将不同类别的数据分开，同时保证最大边距，在解决小样本、非线性及高维模式识别中具有较多优势。

31. LightGBM（Light Gradient Boosting Machine）

一种基于梯度提升决策树（GBDT）的机器学习算法。GBDT 是机器学习中一个常用的模型，主要思想是利用弱分类器（决策树）迭代训练以得到最优模型。该模型具有训练效果好、不易过拟合等特点。

参 考 文 献

[1] 新华社. 中华人民共和国国民经济和社会发展第十四个五年规划和2035年远景目标纲要 [EB/OL]. (2021-03-13) [2024-02-26]. https：//www.gov.cn/xinwen/2021-03/13/content_ 5592681.htm.

[2] 财政部，证监会，审计署，等. 企业内部控制基本规范（财会〔2008〕7号）[EB/OL]. (2008-11-17) [2024-02-26]. https：//czj.beijing.gov.cn/zwxx/zcfg/zcqtwj/202210/t20221028_ 2846989.html.

[3] 夏鹏. 关于完善企业内部控制评价体系的思考 [J]. 财务与会计，2022（14）：7-11.

[4] 中国注册会计师协会. 关于印发《企业内部控制审计指引实施意见》的通知 [EB/OL]. (2011-10-18) [2024-02-26]. http：//www.mof.gov.cn/zhengwuxinxi/zhengcefabu/201110/t20111018_600262.htm? eqid = e405b4d30000461c00000006646451ec.

[5] 张能鲲，邓一波. 万物智联，线上数字：数智化转型升级理论与实战 [M]. 北京：中国财政经济出版社，2021.

[6] 中共中央，国务院. 数字中国建设整体布局规划 [EB/OL]. (2023-02-27) [2024-02-27]. https：//www.gov.cn/zhengce/2023-02/27/content_5743484.htm? eqid = b3ef2b740001a1ed000000066458bbec.

[7] 国务院国资委. 关于加快推进国有企业数字化转型工作的通知 [EB/OL]. (2020-09-21) [2024-02-26]. http：//www.sasac.gov.cn/n2588020/n2588072/n2591148/n2591150/c15517908/content.html? eqid = ee75e9e70002afc7000000066437c192.

[8] 中共中央，国务院. 数字中国建设整体布局规划 [EB/OL]. (2023-02-27) [2024-02-28]. https：//www.gov.cn/zhengce/2023-02/27/content_5743484.htm? eqid = 9b5c07270001466000000000066460825d.

[9] 国务院国资委. 关于加快推进国有企业数字化转型工作的通知 [EB/OL]. (2020-09-21) [2024-02-28]. http：//www.sasac.gov.cn/n2588020/n2588072/n2591148/n2591150/c15517908/content.html? eqid = beeef8590000cc1f0000000564804d91.

[10] 北京市国资委. 关于市管企业加快数字化转型的实施意见 [EB/OL]. (2021-09-09) [2024-02-28]. https：//www.beijing.gov.cn/fuwu/lqfw/gggs/202109/t20210909_2488564.html.

[11] 中共北京市委办公厅，北京市人民政府办公厅. 北京市关于加快建设全球数字经济标杆城市的实施方案 [EB/OL]. (2021-08-05) [2024-02-28]. https：//www.beijing.gov.cn/zhengce/zcjd/202108/t20210809_2459557.html.

[12] 王益谊，杜晓燕，吴学静，等. 《合规管理体系 要求及使用指南》标准解读与应用 [M]. 北京：企业管理出版社，2022.

[13] 国务院国资委. 国资委关于印发《中央企业合规管理指引（试行）》的通知 [EB/OL]. (2018-11-02) [2024-02-28]. https：//www.gov.cn/gongbao/content/2019/content_5366493.htm.

[14] 发展改革委，外交部，商务部，等. 企业境外经营合规管理指引 [EB/OL]. (2018-12-16) [2024-02-28]. https：//www.gov.cn/xinwen/2018-12/31/5353734/files/c75caa6935204a6b9db03e250231081e.pdf.

[15] 国务院国资委. 关于印发《关于加强中央企业内部控制体系建设与监督工作的实施意见》的通知 [EB/OL]. (2019-10-19) [2024-02-28]. http：//www.sasac.gov.cn/n2588035/c12670064/content.html.

[16] 财政部，证监会，审计署，等. 企业内部控制基本规范 [EB/OL]. (2008-07-10) [2024-02-28]. http：//kjs.mof.gov.cn/zhengcefabu/200807/t20080704_55982.htm.

[17] 财政部，审计署，银监会，等. 企业内部控制应用指引 [EB/OL]. (2010-04-15) [2024-02-28].

http：//kjs. mof. gov. cn/zhengcefabu/201005/P020230421440664863663. pdf.

［18］财政部，证监会，审计署，等．企业内部控制评价指引［EB/OL］．（2010-04-15）［2024-02-28］．http：//kjs. mof. gov. cn/zhengcefabu/201005/P020230421440665077950. pdf.

［19］财政部，证监会，审计署，等．企业内部控制审计指引［EB/OL］．（2010-04-15）［2024-02-28］．http：//kjs. mof. gov. cn/zhengcefabu/201005/P020230421440665264815. pdf.

［20］国务院国资委．中央企业全面风险管理指引［EB/OL］．（2006-06-06）［2024-02-28］．http：//www. sasac. gov. cn/gzjg/qygg/200606200105. htm? eqid = c6ba188c000288f300000004642d5fac&wd =&eqid = b01506440000769c00000006648a5bc6.

［21］国务院国资委．中央企业合规管理办法［EB/OL］．（2022-09-14）［2024-02-28］．http：//www. sasac. gov. cn/n2588035/c26018430/content. html? eqid = a439fce100210fae000000026447f3d6.

［22］中国内部审计协会．IIA 在三道防线模型基础上推出新的三线模型［EB/OL］．（2020-08-17）［2024-02-28］．http：//www. ciia. com. cn/cndetail. html? id = 78454.

［23］财政部．关于印发企业内部控制规范体系实施中相关问题解释第 1 号的通知［EB/OL］．（2012-03-23）［2024-02-28］．https：//www. chinacoop. gov. cn/HTML/2012/03/23/74552. html.

［24］党济深．内控评价与内部审计融合发展的思考与实践［J］．财会通信，2021（13）：133-137.

［25］田雷，石乔生．推进商业银行内控评价与内部审计深度融合［J］．中国银行业，2021（8）：58-61.

［26］北京市国资委．关于加强北京市国有独资公司董事会专门委员会建设的指导意见［EB/OL］．（2009-12-18）［2024-02-28］．https：//gzw. beijing. gov. cn/xxfb/zcfg/201912/t20191228_1535064. html.

［27］发展改革委，外交部，商务部．企业境外经营合规管理指引［EB/OL］．（2018-12-26）［2024-02-28］．https：//www. gov. cn/xinwen/2018-12/31/5353734/files/c75caa6935204a6b9db03e250231081e. pdf.

［28］国务院国资委．关于加快推进国有企业数字化转型工作的通知［EB/OL］．（2020-09-21）［2024-02-28］．http：//www. sasac. gov. cn/n2588020/n2588072/n2591148/n2591150/c15517908/content. html? eqid = beeef8590000cc1f0000000564804d91.

［29］最高人民检察院，司法部，财政部，等．关于建立涉案企业合规第三方监督评估机制的指导意见（试行）》及配套文件［EB/OL］．（2021-06-03）［2024-02-28］．https：//www. spp. gov. cn/spp/xwfbh/wsfbh/202106/t20210603_520224. shtml.

［30］美国管理会计师协会．财务报告内部控制与风险管理［M］．大连：东北财经大学出版社，2008.

［31］林泉，邓朝晖，朱彩荣．国有与民营企业使命陈述的对比研究［J］．管理世界，2010（9）：116-122.

［32］CROUHY M, GALAI D, ROBERT M. risk management［M］. Beijing：China Financial&Economic Publishing House, 2005.

［33］陈雪梅．基于 COSO 框架的企业财务内控制度分析［J］．经济研究导刊，2010（23）：157-159.

［34］陈淑魁，李凤德．建立约束机制遏止权力寻租［J］．财经问题研究，1994（12）：26-30.

［35］财政部会计司．企业内部控制规范讲解 2010［M］．北京：经济科学出版社，2010.

［36］陈有为，郭建峰，温景岗，等．基于大数据的网络金融风险管理体系研究［J］．经济研究导刊，2017（32）：136-138.

［37］邢晟，王珊珊．基于大数据的金融风险预测与防范对策研究［J］．科技创新与生产力，2018（13）：1-4.

［38］付璟琦．大数据分析技术在金融风险控制中的应用研究［J］．全国流通经济，2019（2）：117-118.

［39］石影．大数据在互联网供应链金融风险管理中的应用［J］．财经界（学术版），2019（3）：10.

[40] 邱晖，许淑琴. 大数据在互联网供应链金融风险管理中的应用［J］. 会计之友，2018（7）：35-37.

[41] 李晓龙. 大数据分析技术在金融投资风险管理中的应用［J］. 时代金融，2018（33）：16.

[42] 李春荣. 经济新常态下企业财务风险及其防范［J］. 会计师，2019（13）：38-39.

[43] 工业和信息化部办公厅. 中小企业数字化赋能专项行动方案［EB/OL］.（2020-03-18）［2024-02-28］. https：//www.cac.gov.cn/2020-03/19/c_1586163239322212.htm?from=groupmessage.

[44] 国家发展改革委，中央网信办. 关于推进"上云用数赋智"行动培育新经济发展实施方案［EB/OL］.（2020-04-13）［2024-02-28］. https：//baijiahao.baidu.com/s?id=1663785583008874469&wfr=spider&for=pc.

[45] 国务院国资委. 关于加快推进国有企业数字化转型工作的通知［EB/OL］.（2020-09-21）［2024-02-28］. http：//www.sasac.gov.cn/n2588020/n2588072/n2591148/n2591150/c15517908/content.html?eqid=beeef8590000cc1f0000000564804d91.

[46] 财政部，税务总局. 关于继续实施企业改制重组有关土地增值税政策的通知［EB/OL］.（2023-09-22）［2024-02-28］. http：//bgt.mof.gov.cn/zhuantilanmu/rdwyh/czyw/202309/t20230928_3909765.htm.

[47] 财政部，税务总局. 关于企业改制过程中有关印花税政策的通知［EB/OL］.（2004-01-31）［2024-02-28］. http：//www.mofcom.gov.cn/article/zcfb/zcwg/200401/20040100175876.shtml.

[48] 财政部，税务总局. 关于印花税法实施后有关优惠政策衔接问题的公告［EB/OL］.（2022-06-27）［2024-02-28］. https：//www.gov.cn/zhengce/zhengceku/2022-06/30/content_5698530.htm.